体育学基本理论
与学科体系建构研究

方千华　黄汉升　著

人民体育出版社

图书在版编目（CIP）数据

体育学基本理论与学科体系建构研究 / 方千华，黄
汉升著. -- 北京：人民体育出版社，2021

ISBN 978-7-5009-5806-2

Ⅰ.①体… Ⅱ.①方… ②黄… Ⅲ.①体育科学—研
究 Ⅳ.①G80

中国版本图书馆 CIP 数据核字(2020)第089010号

*

人 民 体 育 出 版 社 出 版 发 行
北京盛通印刷股份有限公司印刷
新 华 书 店 经 销
*
710×1000 16开本 26.75印张 498千字
2021年12月第1版 2021年12月第1次印刷
*
ISBN 978-7-5009-5806-2
定价：115.00元

社址：北京市东城区体育馆路 8 号（天坛公园东门）
电话：67151482（发行部） 邮编：100061
传真：67151483 邮购：67118491
网址：www.sportspublish.cn
（购买本社图书，如遇有缺损页可与邮购部联系）

前　言

　　体育学是研究体育现象及其规律的科学，它在与自然科学、人文社会科学众多相关学科的交融中汲取了丰富的营养，逐渐建立起具有鲜明的综合性和应用性特征的科学体系。相对于社会学、经济学、政治学、语言学等学科，体育学还属于发展中的学科，同时，当前体育学学科整体发展态势良好，学科研究不断深化和拓展，学科体系逐渐优化和合理。现阶段，全面、系统地研究体育学基本理论与学科体系构建，对于促进我国体育学学科理论创新和提升学术地位都具有重要意义。

　　本书为国家重大招标项目研究成果，主要编写人员有方千华、黄汉升、王雷、王润斌、李博、李凤梅、徐建华、郭惠杰、张晓义、谢正阳、贾明学等。本书沿着探究体育学本质与规律的逻辑主线，结合学科研究基础要素，运用多元研究方法，分别从体育学元理论分析、学科发展史、知识生产与流动、学科创新与发展、学科体系建构等方面展开具体研究。在研究过程中，本书突出定量与定性、全面性与系统性相结合，深入探索与揭示体育学发展的内在规律，其学术贡献表现在以下方面：①明确了体育学学科形态确立的理论路径。运用波普尔的知识增长理论和默顿的学科制度理论，通过对学科史的全面考察提出了体育学学科形态确立需要经历"问题→知识→知识领域→知识范畴→学科"五个阶段。②阐述了体育学的10种学科特征。从历史、制度和知识三个维度，论证了体育学具有教育的源发性、健康的驱动性、认同的差异性、发展的低度性、非均衡性、跨学科性、运动实践性、外在决定性、应用性、综合性10种特征。③论证了"身体练习（physical exercise）是体育学学科的逻辑起点"。采用跨学科比较的方式，基于不同学科逻辑起点的归纳和探究，进一步对体育学的逻辑起点进行辨析，提出"身体练习

（physical exercise）"应当作为体育学学科的逻辑起点，体育学的学科发展应当以此为基础展开。④考察了体育学的核心关联学科及体育学的主体分支学科构成。运用知识计量学方法对体育学的知识演进进行了考察，指出医学、生理学、心理学、教育学、生物学和社会学六大学科是体育科学相关学科中的核心学科，它们是体育科学最传统和稳定的知识来源。⑤提出了体育学学科体系建构设想。认为在体育学的学科体系中，应关注人文社会科学与自然科学发展的均衡性，提升运动医学学科地位。体育学具有典型的跨学科特征，在学科定位上应当超越教育学的"领地"。体育学以一级学科加强建设，注重各二级学科特色与优势，全面提升学科整体水平。

在体育学长期发展进程中，学界始终都在关注体育学基本理论问题，尤其是体育学处在快速发展的现阶段，既呈现出良好的学科发展状态，也出现了学科之间交叉融合不够畅通、学科管理体制与制度缺陷、跨学科知识渗透文化障碍等问题，其根本原因在于对体育学学科发展规律认识不够深入。本书希望能抛砖引玉，期待有更多同仁参与研究学科发展中出现的新问题，对体育学学科建设规律的认识更加系统，对体育学学科发展方向的把握更加准确，促进体育学学科理论创新，提升体育学学科地位。

作者

2019年10月

目 录

第一章　绪论

习近平总书记在党的十九大报告中指出，创新是引领发展的第一动力，是建设现代化经济体系的战略支撑。加强国家创新体系建设，强化战略科技力量，为科技工作指明了前进方向，明确了战略任务，提出了新的要求。学科发展是科学发展和技术进步的重要基础，《国家中长期科学和技术发展规划纲要（2006—2020年）》把学科发展列为基础研究发展的首要问题。相对于社会学、经济学、政治学、语言学等学科，体育学还属于年轻的学科，但是，当前体育学整体发展态势良好，已形成了相对独立的学科体系，学科研究不断深化和拓展，学科体系逐渐优化和合理，学科地位得到了前所未有的提升。现阶段，全面、系统地研究体育学基本理论问题，重构体育学学科体系，对于促进我国体育学学科理论创新、增强学科整体实力和提升学术地位都具有重要的现实意义与深远的战略意义。

第一节　选题依据

一、世界范围内体育学术地位的提升

随着世界经济和文明的发展，人类较之以往更加关注自身幸福。体育能够帮助人们掌握体育锻炼的方法进而促进身体健康。同时，人们能够通过参与或欣赏体育运动收获精神层面的愉悦与满足。体育诸多促进人类福祉的功能使其在今日的受关注度远高于以往。

在此背景下，近年来世界各国特别是发达国家在科学研究领域呈现出对体育高于以往的研究热情。同时，也提升了对体育学的独立学术地位的重视度和认同度。美国长久以来始终将体育视为一种研究领域，体育相关研究分散在不同的学科中。然而，在进入21世纪后，随着体育价值的愈加凸显，学者群体开始将体育学作为一种独立学科谋求其学术地位，并在2006年以"Kinesiology"

作为其通用名称，获得美国国家研究委员会（NRC）的认可。在2009年，美国体育学联合会（AKA）为明确体育学核心价值和内容框架，发起专项研究项目，对体育学核心课程知识体系进行构建，并发表白皮书。在欧洲，欧盟科技框架计划是世界上规模最大的官方综合性科研与开发计划之一。最新一期的"第七框架计划"投入经费501.82亿欧元，在其公布的十大研究领域中，"健康"是一个单独领域，且位列第一，此外还有五个领域均在具体的跨学科研究中涉及与体育学（Kinesiology）合作的相关内容，表明当前主流科学研究中体育地位的凸显。作为传统教育和体育强国，德国的体育学（Sportwissenschaft）被国家高等教育发展中心（CHE）作为单列学科进行评估。此外，德国体育学的理论研究也在持续升温。德国学者在2011年和2013年连续出版专著 *Interdisziplinare Sportwissenschaft*（《跨学科的体育学》），对体育学的跨学科问题进行探讨。2009—2013年，德国包含体育理论研究在内的体育人文类文章比例由16.1%上升到40%。从我国来看，自1997年开始，体育学单独进入国家社科基金进行资助评审，国家自然科学基金中以体育为主题的科研立项稳步提升，均体现了学界对体育学学术地位的认同。自2014年以来，京津冀体育发展创新中心、江苏体育产业协同创新中心以及山东大学体育产业研究中心与智慧健身协同创新中心的创立，体现了跨学科视域下体育研究的新发展。此外，体育学在人才培养的层次和规模上的提升与扩张也说明了社会对体育专业人才的需求。基于体育学在国际范围内学术地位的提升，需要进一步探究体育学学科发展规律，为新时期我国体育学学科的未来发展提供重要参考依据。

二、我国社会发展对体育人才培养提出新要求

学科发展有两大中心任务，一是科学研究，二是人才培养。在前面的表述中可以清楚地看到体育学学术地位在世界范围的提升。而从人才培养角度看，我国同样面临着对体育学人才培养的新要求。

从高等教育发展看，我国从1999年实施高校扩招政策至今已有17年。这期间体育学类的招生规模持续扩张，在培养层面和就业层面均出现了诸多问题。在《国家中长期教育改革和发展规划纲要（2010—2020年）》和2014年教育部下发的《关于全面深化课程改革　落实立德树人根本任务的意见》这两份高等教育纲领性文件中，均明确提出在今后的工作中应当"加快解决经济社会发展对高质量多样化人才的需要与教育培养能力不足的矛盾""进一步明确各学科具体的育人目标和任务"。

根据国家统计局资料显示，2013年我国人均GDP达到7000美元，进入中等收入国家行列。从发达国家的体育发展经验看，在经济发展的这一时期，居民体育消费量和方式将迎来转折性增长与变化，体育人才需求将呈现多元发展走向。基于这一规律性变化，2014年，国务院发布《关于发展体育产业促进体育消费的若干意见》，明确提出到2025年体育产业总规模超过5万亿元，人均体育场地面积达到2平方米，经常参加体育锻炼的人数达到5亿。同时，意见明确提出，"鼓励有条件的高等院校设立体育产业专业，重点培养体育经营管理、创意设计、科研、中介等专业人才。鼓励多方投入，开展各类职业教育和培训，加强校企合作，多渠道培养复合型体育产业人才""鼓励街道、社区聘用体育专业人才从事群众健身指导工作"。从国外经验和国内体育事业发展情况看，我国体育人才培养的多样化趋势已经较为明确。基于上述现实背景，需要进一步探索体育学的学科本质，发现学科发展的必然规律，把握学科自身特性，才能体现其学科人才的独特价值。在此基础上才能够进一步与社会发展相适应，与社会需求相吻合。

三、我国体育理论研究与实践发展的脱节

我国实行改革开放后，随着经济社会的高速前行，体育事业的发展也进入了快车道。从我国体育实践的发展看，我国在竞技体育和体育产业等方面已经取得了令人瞩目的成绩，群众体育和学校体育也在国家的大力推动下取得了长足发展，体育人口持续增加。如今困惑体育发展的不再是外部条件的限制，而是我们无法对一系列越来越复杂的体育现象做出合理解释，进而规范其发展。从内部原因来看，这是对体育学的发生机制分析不够深入，对体育结构的特殊性及其规律认识不够深刻造成的。

体育学是研究体育现象及其规律的科学，而现象其实是体育实践的现象，规律亦是体育实践的规律。由此来看，体育实践成为体育学研究的基础与对象。从体育的本质看，其具有典型的实践性特征，其外在表现均是通过实践得以达成的。大家关注体育、喜爱体育、参与体育一般讲的都是实践层面的体育运动，同时体育理论也是来自实践。但是源于实践的理论，并不仅是对实践经验的概括和总结，更重要的是对实践活动、实践经验和实践成果的批判性反思、规范性矫正和理想性引导，规范并指导着实践行为。由此可以看出理论研究的重要价值。从当前我国的研究现实看，体育实践的发展已经远远超出了体育理论的发展，理论对实践指导不力的后果将是增加实践发展的盲目性。从整

体看，体育理论研究与实践发展产生了脱节现象。

研究体育学的基本理论，尤其是从本体论出发对体育学元理论相关问题的研究，探讨体育学的对象、性质、功能、结构等问题，是体育学及学科发展的内在动力；从认识论出发对"体育学是什么"问题的探讨，即对体育学的分类、价值、方法、学科、范畴等问题的探讨，一方面影响人们对体育学元理论的探讨，另一方面影响人们对体育学实践应用的认知，从这种意义上讲，从认识论出发对"体育学是什么"问题的探讨，是连接体育学"本体论"与"实践论"的重要纽带。因而从实践论的角度出发，对体育学的活动、组织、动力、发展等问题进行研究，一方面可以解决体育学在实践过程中出现的问题，进一步明确社会发展对体育学提出的新要求，另一方面可以指导体育学学科体系的重构。从这种意义上讲，从认识论与实践论出发对"体育学是什么"及其在社会实践中的应用等问题的探讨，是体育学发展的外在动因。因此，从本体论、认识论、实践论三大论域出发对体育学基本问题进行研究，明确体育学研究的论题与范畴、体育学发展的内在与外在动因，促进体育学理论的发展与体育学学科体系的重构，无疑具有重大的理论意义与价值。

总之，通过体育学基本理论与学科体系重构研究，深入探索与揭示体育学发展的内在规律，对于深化体育学学科性质认识，丰富和发展中国特色社会主义的体育学理论宝库，占据国际体育学学术发展前沿，提升中国体育学研究在国际学术舞台上的话语权和影响力，促进体育学学科理论创新，提升体育学学科地位，推动体育学人才培养，增强体育学的社会服务功能都具有十分重要的理论价值和实践意义。

第二节 研究思路

一、研究思路

本书沿着探究体育学本质与规律的逻辑主线，结合学科研究基础要素，完成"阐明体育学基本理论"与"重构体育学学科体系"这两大基本任务，基于本体论、认识论和实践论三大论域进行分析，遵循继承与发展结合、理论与实践结合、宏观与微观结合、国际与国内结合，分别从元理论分析、发展审视、方法探索、创新发展、体系重构等方面展开具体研究，制订出研究体育学基本理论与学科体系重构的最佳模式、可行路径和操作方法。

二、研究视角

本书借鉴哲学、教育学、历史学、经济学、社会学、心理学、人类学等学科基本理论研究成果，对众多学科探讨本学科基本理论所涉及的核心要素进行归纳、总结，结合作为综合应用性的体育学学科特点，在专家论证基础上提出体育学基本理论的十四大基本要素，试图以基本要素为切入点，系统对体育学基本理论问题与学科体系重构进行研究。

各个议题包含的要素和侧重点不同，如体育学元理论主要以"对象""性质""结构""功能"等要素为侧重点展开研究，体育学发展史主要以"学科"发展"创新"等要素为侧重点展开研究，体育学知识生产问题研究主要以"学科交叉""知识流动""学科分类"等要素为侧重点展开研究，体育学创新与发展问题主要以"组织""期刊""人才培养"等要素为侧重点展开研究，并在此基础上，深入探讨体育学学科体系的完善与重构问题。

三、研究路径

确定研究目标，制订研究计划，明确研究过程，分析研究结果及其反馈。首先，查阅大量体育学及其他学科相关研究文献，全面了解国内外研究基本现状，在前人研究的基础上寻找突破点，通过咨询权威专家获得相关信息，确定研究目标。其次，检索与查阅相关文献资料，并对其进行梳理分类，进一步通过专家咨询及访谈，不断完善与调整目标，制订具体的研究计划。再次，在掌握大量国内外文献资料的基础上，总结国内外经验，确定方法论与理论依据，通过问卷调查、专家访谈、实地考察、逻辑分析、历史分析等研究方法与手段，结合中国体育学科发展的具体情况，研究体育学基本理论问题，深入阐述体育学元理论研究、体育学发展史研究、体育学知识生产问题研究、体育学创新与发展研究议题，在基本理论研究的基础上重构体育学学科新体系，撰写研究报告，提交相关专家审阅。最后，收集各类反馈意见，进一步完善研究报告，提交终稿（图1-1）。

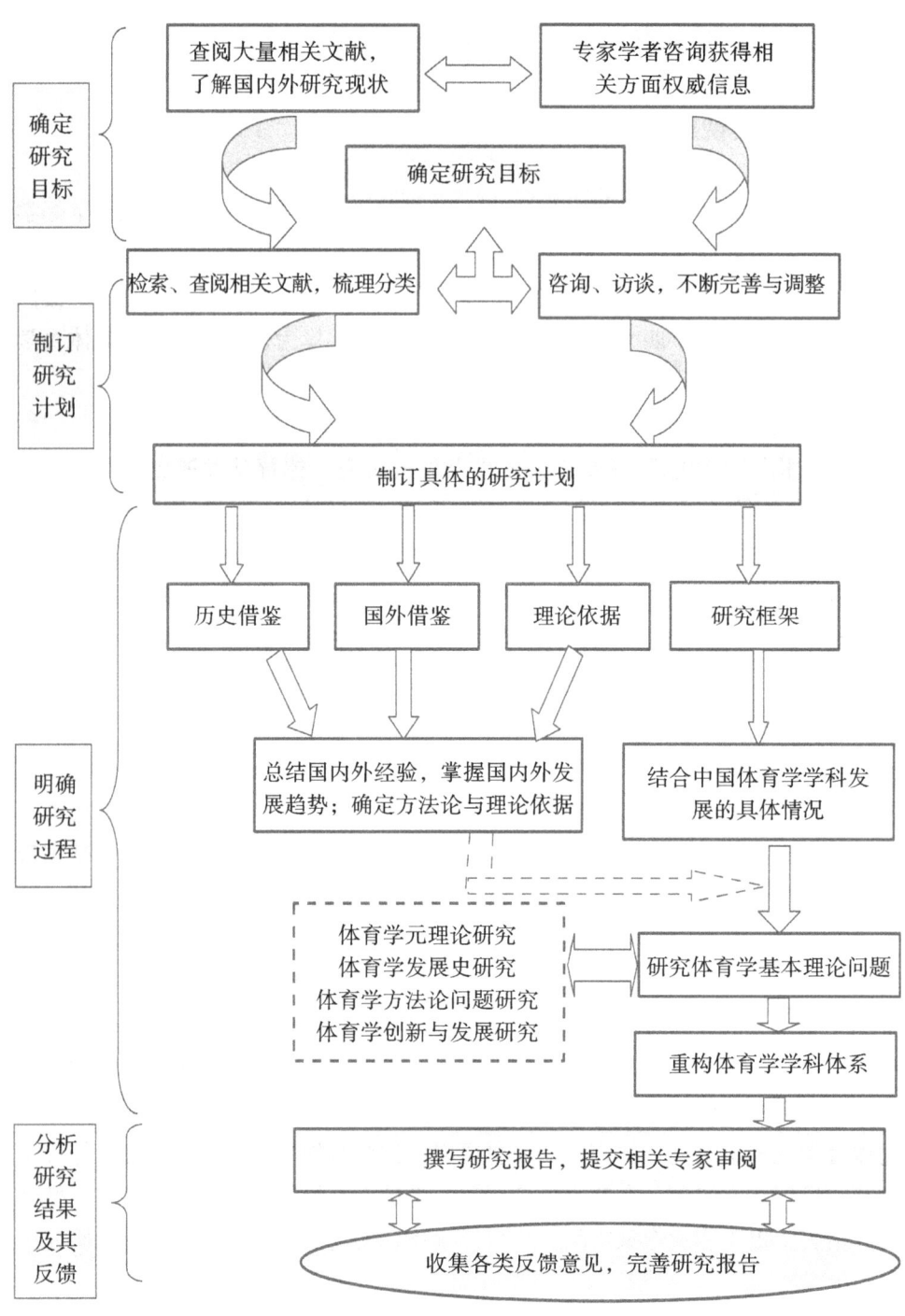

图1-1　研究路径

四、学理依据

本书遵循哲学社会科学研究的基本要求，按照确定研究目标、制订研究计划、明确研究过程、分析研究结果及其反馈四个基本的研究阶段展开研究。在研究中注意总结国内外经验，掌握国内外发展动态，并结合中国体育学科发展的具体情况，在此基础上确定方法论与理论依据，然后按照要素构成展开专题式研究。所设计的研究思路经过专家多轮讨论，不断修改与调整，研究方案、技术路线合理科学，有效可行；本书主要采取对体育理论专家进行深度访谈，对体育学创新与发展的实践情况进行实地调研，对体育学学科发展相关指标数据进行计量分析，这些科学有效的研究技术能保证项目圆满完成。

第三节　研究方法

研究方法是由特定的研究对象决定的，而具体研究方法的选择要以研究目标、研究对象为依据，最终必须以顺利完成研究课题为宗旨。因此，本书确定的研究方法均为拟要达到研究目的的基本手段。本书按照确定研究目标、制订研究计划、明确具体研究过程、分析研究结果及其反馈等具体研究路线，在方法论上，坚持宏观与微观研究相结合、定性与定量研究相结合、历时研究与共时分析相结合等研究原则，根据研究内容，具体运用以下方法：

一、文献资料法

本书进行文献检索的内容涉及相关的元体育学理论、体育学发展史、体育学方法论研究、体育学创新与发展、体育学学科体系及具体学科基本理论等研究成果。课题组先后到国家图书馆、北京体育大学图书馆、福建师范大学图书馆、浙江大学图书馆等单位，查阅中外文期刊、图书、学位论文及特种文献，进一步通过国内外部分大学图书馆网站查询相关数据库。这些文献资料所涉及的领域包括体育学、科技哲学、社会学、管理学、历史学等，通过对文献资料的整理、鉴别和分析，获取了研究对象的大量信息，并通过对这些信息的研究，形成了对本书所要探讨事实的基本认识，为确保实现本书的创新性和顺利进行提供了有力的理论支持和指导。

二、专家访谈法

从选题立意到具体的研究过程，本书广泛咨询不同学科领域专家的意见和建议。如在研究我国体育学元理论与体育学发展史过程中，根据相关内容对学界有影响力的专家进行访谈，并根据访谈结果充实研究内容，增加研究结果的说服力。在体育学学科体系重构研究中，一方面对国内外有关研究者进行访谈，另一方面，对国务院学位委员会、教育部等各级体育学学科管理部门的负责同志进行访谈。本书采用结构式访谈和非结构式访谈相结合的方法，通过走访、电话或电子邮件的方式对有关专家学者进行访谈。专家们的意见和建议，对启发思维、认证观点、丰富知识和检验研究成果，以及本书的理论研究和体系建构将起到重要作用。

三、个案分析法

在本书的具体实施中，个案研究法的运用主要体现在以下几个部分：①在体育学科史的研究部分，对民国时期体育图书出版进行了系统梳理，探究我国体育学发展初期的学术演进脉络及学科形成规律；②在体育学知识生产研究部分，以非常重要的文献计量研究方法——知识图谱分析法为例，阐释它的产生背景及在体育学研究中的应用和价值，以及未来发展趋向，探究大数据时代背景下体育学研究方法的创新与实践；③在体育人才培养研究部分，选择具有代表性的体育院校和综合性院校，考察体育人才培养规模、人才质量、就业情况、职业发展情况、课程设置、国培计划实施等方面的内容，试图探究体育学人才培养的规律。

四、问卷调查法

本书将根据研究内容的需要设计调查问卷。例如，考虑到体育学学科体系建设发展的理论性与实践性兼顾的特点，本书计划在体育学学科体系建构方面设置三个问卷，分别针对部分高等学校分管体育学科建设的校领导和业务主管部门领导、国家省市分管学科工作的相关部门负责同志、体育学学科研究专家；问卷内容涉及各高等学校体育学学科体系建设发展情况，当前体育学学科体系建设发展的经验、问题、前景展望等条目。问卷设计在2014年12月前完成，完成后进行信效度检验，信度检验采用重测法，效度检验采用专家效度法。问卷的发放和回收在2015年6月完成，问卷使用SPSS进行统计分析，在2015年12月完成。

五、历史研究法

本书采用历史分析法，通过对体育学的基本理论进行历时性的考察和共时性的分析，阐明体育学的研究对象、基本范畴、学科属性、知识体系、学科结构和方法论等重要内容。同时，通过对体育学的学科发展史问题、人才培养问题、组织化问题、跨学科和方法论问题、学科体系建构问题进行系统梳理和全面分析，研究和总结上述问题在不同发展阶段的历史性特征、主要变化及其影响因素，梳理出其发展的基本脉络，探究和呈现关于诸问题的规律性知识，进而为体育学的理论发展和实践创新提供重要的思想资源和现实动力。

六、逻辑分析法

本书以体育学的基本要素为逻辑起点，通过综合法与分析法的综合使用，同时基于对"由原因推导结果"与"由结果寻找原因"的使用范围的思考和选择，对由体育学的基本要素进一步扩展和衍生出的主要理论和实践问题，即元理论问题、方法学问题、学科发展与分化问题、人才培养与专业建设问题、学术活动与成果转化问题、学科体系建构和优化问题，进行系统的分析、客观的判断和严格的推理，拟探明上述问题内部及其相互之间的逻辑结构，归纳和概括出关于体育学的一般性认识，最终为解决体育学发展过程中出现的理论和实践难题，提供学理层面和逻辑层面的重要参考。

七、计量学研究法

运用词频分析、共词分析、引文分析、社会网络分析、内容分析和知识图谱等科学计量方法，并依托民国期刊文献数据库、中文全文期刊数据库、中文社会科学引文索引等大型数据库，对百年来的体育学术文献进行计量分析。特别是知识图谱方法，作为一种可视化技术与方法，不仅能动态清晰地展示学科知识结构及其与相关学科关系的发展历史与演变路径，而且能直观形象地全面解读学科的国内外前沿热点与研究进展。此外，还借助Citespace、Wordsmith、Ucinet等科学计量学统计分析软件对量化信息进行分析。

第四节　研究的重难点与创新点

一、研究的重点与难点

本书拟解决的关键性问题是"探究体育学本质与规律"，拟突破的重点和难点问题分别为"阐明体育学基本理论"与"重构体育学学科体系"。就五个子课题而言，拟突破的重点和难点问题具体如下：

（1）体育学元理论中的研究重点：体育学的学科性质研究和对象研究。学科性质是关系到学科定位、学科功能、学科特点、学科结构的基础性问题。体育、体育学、体育科学、体育学科是几个关系密切的不同范畴，明确体育学与其他几个概念之间的区别和联系，进而明确体育学学科应确立的研究对象和范畴。研究难点：体育学元理论结构和体系的研究。元理论研究作为对学科本身的研究，有助于借助元理论研究的范式和更高层次的研究视角，来进一步阐释体育的学科体系及体育学这个学科本身的结构和体系。

（2）体育学发展史中的研究重点：①梳理体育学发展的基本脉络。对体育学基本脉络的梳理，不仅可以系统认识和全面理解体育学发展的轨迹，也利于对体育学的发展趋势进行科学的展望，从而促使体育学在强国建设和社会发展中发挥更大的作用。②探究体育学的基本理论著作、知识形态、学科分化与学科体系之间的关联。通过系统梳理与分析体育学发展历程中的移植与借鉴、传承与断裂、应然与实然、目的与手段之间的关系，为体育学的理论创新和实践发展提供宝贵的学理支撑和历史参考。研究难点：揭示体育学发展的一般规律。通过对体育学发展过程中可能存在规律性知识的探究和呈现，不仅利于解决体育学发展中诸多现实问题，而且利于体育学自身理论体系趋于成熟和完善。

（3）体育学知识生产问题中的研究重点：体育学作为一门具有综合性的学科，其知识来源和学科知识是探究体育学内在结构的重要依据。结合体育学学科史，重点从学科交叉视角来考察体育学知识生产的演变，发现体育学知识来源特征和不同阶段下体育学知识结构演变规律。研究难点：如何客观、准确地评价体育学学科交叉的态势。拟解决的方法是在前人提出的指标基础上，构建学科交叉的测度指标体系。综合考虑学科交叉的聚和性、多样性两个维度，在这两个维度的基础上各选取三个指标，构建出学科交叉测度指标体系，并通过雷达图的方式来展示学科交叉的测度指标，提高对于学科交叉评价指标的全面性、客观性、准确性，使评价指标更加清晰、直观。

（4）体育学创新与发展中的研究重点：体育学人才培养的学科建设、专业建设和课程建设关系研究及科学合理的体育学人才培养体系研究；体育学跨学科的规律及机制研究；体育学组织的历史演变、阶段划分及规律的研究；体育学成果转化机制及转化率问题的研究。研究难点：体育学创新与发展的实证资料的获取，如大规模的体育学人才培养的相关数据、培养方案等的收集、体育学跨学科现象的实证材料的获取、体育学成果转化的优秀实践案例的收集等。

（5）体育学学科体系重构中的研究重点：确定历史阶段的划分依据，总结中国体育学学科体系发展的总体特征与变化，以此为建构新的体系提供历史借鉴。在历史借鉴与国外借鉴的基础上，结合我国目前体育学学科体系的研究成果，完善和重构中国体育学学科体系。研究难点：国外体育学学科体系历史与现状资料的获取是本书的难点之一；以逻辑学为方法论基础对体育学学科体系进行建构，但建构的过程始于一个逻辑起点，因此如何准确定位本书的逻辑起点是本书的难点之二。

二、研究的主要创新点

（1）立论新颖

本书以学科研究基本要素为切入点，努力突破传统的基本理论研究范式，在大学科背景下全面、系统研究体育学基本理论与学科体系重构问题。体育学基本理论涉及面广、研究要素多，以往的体育学基本理论研究存在着一定程度上的研究领域交叉、论域边界不清的现象。本书围绕学科研究的基本要素，探究体育学本质与规律，解决体育学基本理论与重构体育学学科体系的两大基本任务，从本体论、认识论和实践论三大论域进行分析，注重继承与发展、宏观与微观、国际与国内、理论与实践四个结合，包括元理论分析、历史审视、方法探索、创新发展、体系重构等具体内容。本书遵循一条主线、两大任务、三大论域、四个结合、五大议题，着力研究体育学基本理论与学科体系重构的最佳模式、可行路径和操作方法。

（2）理论创新

本书在国内相关领域的研究中首次系统、全面和深入研究体育学基本理论问题。此前我们对体育学相关理论的研究，多是从某个具体问题，如概念、研究对象、研究范畴、学科性质及学科体系等出发，进行了片段、零散的研究，而本书则是针对学科整体进行的研究。本书基于清晰和严谨的理论研究框架建构逻辑思路，整合多种研究方法，实现多学科融合，努力实现体育学基本理论与实践的深度结合，以全球视野推动体育学理论创新，提升体育学学科影响力，推动体育学学科建设。

重构体育学学科体系是本书的重要理论创新。体育学学科体系研究是30多年来学界关注的重要领域，特别是近年来体育学科建设意识日益增强，体育新学科的涌现和成熟体育学科的分化，体育学科研究的广泛开展及体育专业教育改革的日益深入，体育学学科分类体系已不能适应体育实践发展对体育专业教育提出的新要求。课题组成员在前期研究成果的基础上，通过重大项目平台协同攻关，从体育基本理论视角去考察，在借鉴、继承与批判的基础上，结合我国当前体育学学科体系的实际情况，重构中国体育学学科体系。

（3）学术观点创新

本书通过系统研究体育学基本理论，探讨体育学元理论、发展史、方法论、学科体系及创新与发展等具体领域，在学术观点上具有重要创新。如在体育学发展史研究中，首次从"化中国"和"中国化"两个层面审视体育学的发展历程，突出体育学研究在民国时期具有的"化中国"的启蒙价值，强调其在建国后经历的"中国化"的学科建构，并且探明两者间的特殊关系及其对体育学发展的影响；在体育学组织化问题研究中，对不同阶段体育学发展进行历时态的考察和现时态的分析，从"逻辑与历史、历史考察与现状分析、宏观和中观"三个维度对体育学组织历史演变和现时态进行剖析，总结体育学组织在初创期、奠基期、发展期和展望期的演变规律，在宏观和微观方面总结世界体育学组织结构和功能特点。

（4）研究方法创新

科学方法的进步必然带来体育科学的突破，要开拓创新，就要有新方法、新手段。本书以方法创新推动理论创新，利用多元研究方法，进行多学科交叉的综合研究。

其一，在研究方法运用过程中，突出定量与定性结合，改变传统"重定性，轻定量"的现象，弥补了过于注重经验与文献的定性思维模式的不足，特别是利用国内外权威可靠的数据库资源，在通过词频、共词、引文等定量分析的基础上，突破以往的纯文字表达，利用概念地图代替自然语言来表述知识，梳理中外体育科学史的脉络，描述未来体育学图景，提出核心体育学问题，勾勒出一幅清晰详细的体育学发展前沿的画卷。其二，突出全面性与系统性，改变过去体育科学研究忽视"国际性"和"整体性"的不足，弥补了同类研究局限于经验层面的"理论性"欠缺和过于依靠定性的"整体观"不足，通过对国内外体育学整体发展的研究，发现我国体育学基本理论研究的优势与不足，进一步完善基本理论框架，重构体育学学科体系。其三，有效实现方法论与具体研究方法的衔接，针对以往研究中研究方法论基础与具体方法断裂的问题，本书在具体操作过程中严格按照科学研究的规律与原则进行研究。

（5）话语体系突破

本书借助"翔实的数据"和"丰富的史料"两种力量来支撑本书的话语体系。①翔实的数据：本书在注重质化研究的同时，也注重定量研究，依靠翔实的数据，能较准确地揭示体育学基本理论各要素之间的逻辑关系，较精确地描述研究成果与规律。在体育学元理论研究中，通过分析不同时期文献高频关键词、主题词聚类来考察体育学术研究的理论基础、知识体系、学术规范等基本范畴问题的演变，以寻求体育学术的本体性基础。体育学成果转化问题研究，采取实地调查与中外对比相结合，立足于目前中国的国情和实际，借助具体事例和数据，从现实中寻找问题的症结所在，又从国内外的对比中寻找差距，突破以往研究的局限，结合体育学成果转化的环境和历史因素，寻求突破和创新，形成了以"数据说明概念，事实产生结论"的话语体系。②丰富的史料：课题组通过国家图书馆民国数据库、各体育学院图书馆编写的文献资料检索汇编及中国台湾部分高校图书馆资源，查阅大量史料，如罗一东编写的《体育学》（中华书局，民国十三年），曹湘君编写的《体育概论》（北京体育学院出版社，1985），吴蕴瑞与袁敦礼编写的《体育原理》（勤奋书局，民国二十二年）等。在丰富史料的支撑下，力求做到"论从史出、史论结合"。本书的逻辑起点是对体育学元理论问题的探讨。从元理论的视角来研究体育学是一个全新的研究维度，借鉴元理论的研究视角和研究方法，通过对学科本身的研究和反思，重新定位体育学，形成一个对体育学概念、学科属性、学科体系等基本问题较为统一的学术话语体系。

第二章　体育学元理论研究

第一节　体育学形成的理论路径研究

一、学科的理解与考辨

（一）学科界定的意义与作用

本书涉及的关键词有三个，分别是"体育学""学科"和"特征"。这其中，对特征的理解决定了论文的整体论证思路。从《现代汉语大词典》的释义看，特征是"特殊的表征"，之所以能够称其为"特殊"则是需要由自我与他者进行比较后得出，需要通过比较的方法得出。而在进行比较之前，我们首先应该了解体育学自身，确立比较前提，然后通过与作为其他学科的"他者"进行比较，呈现出自身的特征。这其中，第一步便是要对体育学本身有清晰的认识。而从哪些维度对体育学进行认识，以及从哪些维度与其他学科进行比较，便涉及对"学科"和"体育学"的理解。

在"学科"和"体育学"这两个词语中，重点是"学科"。本书中，体育学是作为一门涵盖体育分支学科的一级学科或学科群的面貌出现的。"体育学"只是一个文字符号，之所以选用"体育学"，是因为在中文语境下，学界对此已经形成了使用惯例，前人的论述中也普遍认为"体育学"一词更符合"××学"的学科命名规律。当然，这里并不是说学科名称的界定不重要或不严谨，而只是说在国际背景下对体育学进行研究时，其内在含义的一致更为重要。明确了这一点，我们就会发现"学科"一词在本书中的重要意义。我们所理解的学科的层次与内涵，便是我们将要去探讨的作为学科的体育学的维度与视角。这便是界定和理解"学科"所具有的意义。

（二）国内外对于学科的理解

1. 国内对学科的理解

从国内工具书中对学科的界定看，《辞源》对学科（學科）的解释是：学问的科目门类。《现代汉语大词典》对学科的解释是：①按照学问的性质而划分的门类。如自然科学中的物理学、化学，社会科学中的历史学、经济学等。②学校教学的科目。如语文、数学、地理、生物等。③军事训练或体育训练中的各种知识性科目（区别于"术科"）[1]；《现代汉语辞海》中对学科的解释是：①学问的门类，如物理、生物。②教学的科目，如语文、数学[2]。总的来看，认识较为一致，即学科普遍是被看作一种学问的分类或科目而存在的。对于"学科"一词在我国出现的时间，《辞源》中的举例有一定的参考价值。该书引用《新唐书·儒学传序》的内容为例："自杨绾郑余庆郑覃等以大儒辅政，议优学科，先经谊，黜进士，后文辞，亦弗能克也。"[3] 新唐书是宋仁宗嘉祐五年（1060年）由欧阳修等人编撰的一部记载唐朝历史的纪传体断代史书，前后修史历经17年，是著名的"二十四史"之一。这里的学科，同样指的是学问的分类。由此可以发现，中国对"学科"一词的使用很早，且含义与当前差异不大。此外，当前国内关于学科的研究对象普遍选自《学科与专业目录》。本书专门对我国《学科与专业目录》的制定与颁布进行了溯源，从史学角度考察了学科分类和设立的初衷。

当前我国关于学科设置的文件主要有两份，一份是国务院学位委员会为匹配《中华人民共和国学位条例》而制定和颁布的《高等学校和科研机构授予博士和硕士学位的学科专业目录》（简称《学科与专业目录》）；另一份是国家质量技术监督局颁布的《中华人民共和国学科分类与代码国家标准》（简称《学科分类与代码》）。这两份文件也是学界对体育学学科问题进行研究时的基本参考资料。《学科分类与代码》出现时间较晚，在此不做过多探讨。而《学科与专业目录》是在国务院学位委员会的领导和主持下制定的，是为配合学位条例而颁布的，故而对高等学校的指导意义更大，也更受学者关注。

---

[1] 阮智富，郭忠新. 现代汉语大词典 [M]. 上海：上海辞书出版社，2009：1833.
[2] 张涌，赵文山，宋辉跃，等. 现代汉语辞海 [M]. 北京：中国书籍出版社，2011：1237.
[3] 广东、广西、湖南、河南辞源修订组，商务印书馆编辑部. 辞源 [M]. 北京：商务印书馆，1980：796.

通过史料考证发现，在新中国成立之初，我国先后组织过两次学位条例的起草工作。一次是1954—1957年，由林枫同志主持；另一次是1961—1964年，由聂荣臻同志主持。但是受1957年"反右派运动"和1966年开始的"文化大革命运动"的影响，这两套学位条例都未能实行[1][2]。改革开放后，邓小平同志多次提出建立学位制度的想法[3]，为建立我国学位制度创造了良好的社会环境。1979年3月2日，根据党中央关于建立学位制度的指示，教育部、国务院科技干部管理局联合组成"学位小组"，再次开始研究在我国建立学位制度的问题。1979年12月，"学位小组"拟订了《中华人民共和国学位条例（草案）》，并于1981年1月1日起正式施行，通过立法的方式构建了新中国现代高等教育制度。为指导各门类和学科的学位发放，在1983年3月15日，国务院学位委员会第四次会议决定并公布试行了新中国第一份《学科与专业目录》[4]。

我国《学科与专业目录》设置的主要目的在于为学位授予划定范围和提供依据，为指导人才培养分类提供依据，是从实用主义思想出发的。在1980年2月7日第五届人大常委会第13次全体会议上，蒋南翔在对《学科与专业目录》的一段说明中，这种实用主义思想能够得到更明确的体现。他指出，"1956年拟定学位条例时，认为我国科学比较落后，缺门还不少，学科门类划分细一些，可以鼓励和推进科学水平的提高。故将学位学科门类定为22类。1964年拟定学位条例时，认为各个学科相互渗透，新兴学科不断涌现，分细了不能包罗齐全，主张学科门类划分粗一些。故分为哲学、经济学、文学、法学、理学、工学、农学、医学、历史学、教育学共10类。在我国初设学位制度时，学位学科门类的划分还是粗一点为宜"[5]。也就是说，在管理层看来，将一门学科列为学科门类而不是一级学科，其关键点也许并非单纯地在于该门学科拥有了庞大到一级学科已经无法容纳下的知识体系，更重要的原因还在于当时国家对其需要的时代背景。从中我们发现，在学科的研究中，除了从单纯的科学主义、理智主义思想出发探究其知识体系外，也应当注重从实用主义思想出发展开研究。

[1] 蒋南翔.中华人民共和国学位与研究生工作文件选编［M］.北京：北京航空航天大学出版社，1980：6-7.

[2] 赵沁平.继往开来续新篇——纪念《中华人民共和国学位条例》实施20周年［J］.学位与研究生教育，2001（1）：1-2.

[3] 刘延东.在纪念《中华人民共和国学位条例》实施三十周年纪念大会上的讲话［J］.学位与研究生教育，2011（3）：1.

[4] 中华人民共和国学位与研究生工作文件选编［M］.北京：北京航空航天大学出版社，1980：3-5.

[5] 蒋南翔.中华人民共和国学位与研究生工作文件选编［M］.北京：北京航空航天大学出版社，1980：6-7.

从中国知网数据看，我国在1923年出现了首篇以"学科"为标题的文献[1]。在研究初期，学界更多是将学科理解为一种知识体系、科目类别或知识分类。随着研究的深入，从20世纪90年代开始，陆续有学者结合社会学提出学科作为一种制度所体现出来的"规训"和"权力"方面的理解。北京大学社会学系的方文教授是其中的标志性人物。方文教授2001年在《中国社会科学》上发表了《社会心理学的演化：一种学科制度视角》[2]。该文刊发后，在学术界产生了较大反响。《中国社会科学》编辑部认为，"学科制度"这一概念具有对实际存在的科学研究制度进行反思的可能性。于是，在2002年1月12日，中国社会科学杂志社针对该文专门召开了"学科制度建设"研讨会。至此，学科制度在我国才成为学科研究中普遍被大家关注的一个维度。由此，学科作为一种知识形态和社会形态的综合体得以确立。随后，宣勇[3]、陈学东[4]、孙绵涛[5]、栗永清[6]、谭月娥[7]、袁曦临[8]等人均以较大的篇幅对学科概念及其内涵进行了梳理与考辨。经过数十年几代学人的共同努力，当前国内对于学科的认识已经较为深入和成熟。虽各路学者的用语和表述各有不同，但通过归纳后大致可以呈现国内学界对于学科研究中所形成的如下共识：

（1）学科是知识形态和制度形态的综合体。各位学者或词典将学科界定为"一种逻辑自洽的知识体系""一种专门化的知识体系""一种特定的研究领域"等表述均为知识形态层面的理解。此外的一种主要理解便是将学科作为"一种按照学问的性质而划分的门类""一种高等教育管理制度""一种教学科目""一种科学分类"等，这些表述便属于学科的制度形态。近年来，许多学者结合福柯、哈勒斯坦、托尼·比彻、伯顿·克拉克等国外学者的研究，提出学科的权力属性。这些均可看作在学科的制度形态基础上进一步演化的结果。如果细加考量便可发现，无论是作为一种知识门类、教学科目的划分，还是作为一种科学分类，这些制度层面理解的学科，其内在的核心始终是知识体系，分类和科目划分也均依据不同的知识领域而定。对于这两种形态的关系，

［1］佚名. 各种职业学校非职业学科之种类及数量［J］. 职业与教育，1923：37-39.

［2］方文. 社会心理学的演化：一种学科制度视角［J］. 中国社会科学，2001（6）：126-136.

［3］宣勇，凌健. "学科"考辨［J］. 高等教育研究，2006（4）：20-21.

［4］陈学东. 近代科学学科规训制度的生成与演化［D］. 太原：山西大学博士学位论文，2004：15.

［5］孙绵涛. 学科论［J］. 教育研究，2004（6）：49-50.

［6］栗永清. 学科·教育·学术：学科史视野中的中国文学学科［D］. 上海：复旦大学博士学位论文，2010.

［7］谭月娥. "学科"演进的理性审视［J］. 中国高教研究，2011（9）：38-42.

［8］袁曦临. 人文社会科学学科分类体系研究［D］. 南京：南京大学博士学位论文，2011：1.

龚怡祖有着较为深刻的认识，他指出：知识形态是学科的第一性，体现了学科的内在逻辑，是其自然属性的存在，制度形态是学科的第二性，体现了学科的外在逻辑，是其社会属性的存在。学科的演化遵循其内在逻辑，即知识增长的逻辑，而在学科形成后，则共同遵循知识逻辑与制度逻辑去运行，形成具有两种规范性力量的运行机制[1]。

（2）国内学界普遍将"discipline"作为与国内的"学科"相对应的用语。进而指出，"学科"一词译自英文discipline，与其在法文（discipline）、德文（disiziplin）及拉丁文（disciplina）中的含义类似，一方面指知识的分类和学习的科目，另一方面指对人进行的培育。进而从词义学的角度得出学科具有纪律、训练、训导、规训的含义。此外，汪集德和袁曦临还指出，在英文中的学科表述，除了"discipline"外，还有"subject"。在国外的实际运用中，discipline主要是表示作为学术分类的"学科"，而subject则主要是表示作为教学科目的学科[2][3]。总体上看，国内学界目前对于学科在国外的对应词上主要集中于"discipline"和"subject"两个词语。下面我们通过对国外文本的考察，看看还有哪些语词是与我们所谈论的"学科"相对应的。

2. 国外学界对于学科的理解

本书需要从学科视角对世界上代表性国家的体育学进行考察，这涉及语词对应的问题。即我们所谈论的学科在英语、德语、法语、日语等其他语言中是如何表述的，要确保语义的对等，进而保证研究的科学性。在研究中我们主要考察了两种语境下国外对于"学科"一词的使用。第一种是文件语境；第二种是学术语境。前者主要包含了各国与学科有关的官方文件与文本资料；后者主要包含了各类学术论文。

我们首先考察在文件语境下，各国对于"学科"一词的使用。在英国，从英国官方高等教育质量保障署（The Quality Assurance Agency for Higher Education，QAA）颁布的《学科基准声明》（Subject Benchmark Statements）中，"学科"的对应词是"subject"[4]。在英国泰晤士报发布的世界大学学科排名中，"学科"的对应词也是"subject"。英国高等教育基金委员会成立

[1] 龚怡祖.学科的内在建构路径与知识运行机制［J］.教育研究，2013（9）：12-24.

[2] 汪集德.中国教育技术学科的发展与反思［D］.兰州：西北师范大学博士论文，2007：5-8.

[3] 袁曦临.人文社会科学学科分类体系研究［D］.南京：南京大学博士学位论文，2011：20.

[4] QAA. Subject Benchmark Statements［EB/OL］. http：//www. qaa. ac. uk/en/Publications/Documents/Subject-benchmark-statement-Hospitality-leisuresport-tourism-2008. pdf. 2016-09-11.

的RAE评估小组专门负责英国科研评估工作。该科研评估组织下设15个大的学科评估领域，67个小的学科和评估专家组。该组织的官方文件用"unit"表示"学科"。在美国，由美国教育统计中心发布的学科专业指导目录（CIP）[1]和美国博士学位学科评估中又是用"program"来表示学科[2]；在德国，我们查阅了德国高等教育发展中心（CHE）的学科评估报告及德国联邦统计局颁布的学科分类目录。在这两份官方文件中，与学科对应的词语主要是"fächern"或"Fächergruppen"（学科群），在其英文版的对应翻译文件中使用的是"subject"[3]。《杜登德汉大辞典》对fächern的解释是："划分，把……分类"。在法国，由法国教育部下设的大学委员会颁布的教师职称评定的学科分类文件中使用的是"section"来代表学科。通过对上述不同国家涉及"学科"表述的官方文本的考察可以发现，国外对于"学科"一词的对应词较多，涉及"subject""unit""program""discipline""fächern""section"等。通过对文本的解读可以发现，在国外与学科相关的文件中这些词语更多的是偏向于一种科目和分类的含义，而并未体现过多的"科学"或"学术"的含义。这与我们国家的《学科与专业目录》相类似。

从学术论文视角看，英语是当前学术界的通用语言。在此我们主要考察英文语境下"学科"一词的使用。美国体育教师富兰克林·亨利在1964年发表了第一篇讨论体育与学科关系的文献：《体育教育是一门学术性学科》（*physical education: an academic discipline*）[4]。在此，学科的对应词是"discipline"。从随后众多讨论学科问题的文献来看，"discipline"也是学术界探讨学科问题时较为通用的用语。这其中，"academic discipline"和"discipline"表达着同样的意思。所不同的是，在强调体育学的学术性时，往往采用前者。此外，在涉及学科的衍生词时（如"跨学科""学科间"）也均以"discipline"作为词根，比如"cross-discipline""Interdisciplinary""disciplinary""disciplinary institution"等。在《韦氏高阶美语英汉双解词

［1］Classification of Instructional Programs（CIP 2000）［EB/OL］. https：//nces. ed. gov/pubs2002/cip2000/2016-09-10.

［2］National Academy of Kinesiology Doctoral Programs［EB/OL］. http：//www. nationalacademyofkinesiology. org/doctoralprograms?&LoginOverlay=true&Refdoc=http%3A%2F%2Fwww%2Enationalacademyofkinesiology%2Eorg%2Fnaks-2010-2014-doctoral-evaluation-in-progress%3F.

［3］Bildung und Kultur Studierende an Hochschulen［EB/OL］. https：//www. destatis. de/DE/Publikationen2016-09-11. /Thematisch/BildungForschungKultur/Hochschulen/StudierendeHochschulenVorb2110410148004. pdf?blob=publicationFile.

［4］Henry，Franklin M. Physical education：an academic discipline［N］. Journal of Health，Physical Education and Recreation，1964（35）：32-39.

典》中discipline有8种解释，分别是：1. <名词>（遵纪）训练；训导；2. <名词>（技能的）训练，培训；3. <名词>符合行为准则的行为；纪律；风纪；4. <名词>惩罚、处罚；5. <名词>（经历困难等的）磨炼；6. <名词>科目，学科（a branch of instruction or learning）（正式用语），举例：历史和经济学学科（the discipline of history and economics）；7. <动词>训练，训导；8. <动词>惩罚、处罚；纠正。从中可以看出，在正式用语中"discipline"拥有"学科"的含义，在学术语境下国外基本是采用"discipline"来指称"学科"。

通过以上分析可以发现，西方国家对于"学科"一词的界定较为宽泛，更多时候仅是将其作为一种科目和分类的理解，对应的用语也各不相同。只有在科学研究中，才较为统一地使用了"discipline"一词。这就像英国学者托尼·比彻在其著名的《学术部落及其领地》中提到的那样："学科的概念并不是完全直接明了的，就像许多概念一样，在实际应用中往往存在一些不确定的方面。"[1]

（三）学科与科学的关系辨析

汉语文化广博精深，学科与科学由同样的两个字构成，由于组词的先后顺序不一，产生了"学科"和"科学"两个词语。包括体育学在内的关于学科的各类研究中，学科与科学都是紧密联系的两个词语。为便于在后续研究中更清晰地表述相关内容，在此我们对学科与科学的关系首先进行辨析。

第一，应当明确学科与科学同是以"知识"作为共同基础的。在上述对学科的辨析中我们已经明确了知识形态是学科内在属性的体现，是其第一性的存在。各门学科即代表了各门不同的知识体系。从《现代汉语词典》对于科学的理解看，科学是一套成体系的知识，涵盖了自然与人文科学两大类。此外"科学"作为一个舶来词，我们更需要考察其对应的外来词"science"。对于"science"一词来讲，英国、美国等英语系国家普遍将其视为natural science（自然科学）的简称，代表了自然科学知识体系。像当前自然科学中最为著名的期刊Science，其刊登的研究成果均为自然科学中的发现。要真正掌握"science"的本义，则需继续追溯其原始语系。从已有研究[2][3]看，

［1］托尼·比彻，保罗·特罗勒尔.学术部落及其领地：知识探索与学科文化［M］.北京：北京大学出版社，2015：49.
［2］陈学东.近代科学学科规训制度的生成与演化［D］.太原：山西大学博士学位论文，2004：15.
［3］宣勇，凌健."学科"考辨［J］.高等教育研究，2006（4）：20-21.

对于"science"一词的理解需要重点对拉丁语Scientia（Scire，学或知），希腊语"$\varepsilon\pi\iota\sigma\tau\acute{\eta}\mu\eta$"和德语"Wissenschaft"进行考察。Science来源于拉丁语Scientia，后者的意思是学习和知识，是一种普适意义上的知识，而非单指自然科学知识。同样，西方希腊语"$\varepsilon\pi\iota\sigma\tau\acute{\eta}\mu\eta$"和德语"Wissenschaft"均表示广义上的科学，即涵盖了自然科学和人文社会科学，其对应的英语单词也是"science"。亚里士多德曾经将"$\varepsilon\pi\iota\sigma\tau\acute{\eta}\mu\eta$"分为理论的学问、逻辑的学问和实践的学问等类别。而实践的学问便包括了"伦理学""政治学"甚至"经济学"[1]。由此来看，"$\varepsilon\pi\iota\sigma\tau\acute{\eta}\mu\eta$"所指的是广义上的学问或知识。而从康德对于"Wissenschaft"做出的经典界说来看，他认为任何一门学问（Lehre），只要能构成为一个系统，即按照原则而被组织起来的知识的整体，都可称为科学，即"Wissenschaft"[2]。由此来看，学界对于"科学"的理解也是指向系统的知识或学问。在这一点上，学科和科学有其内在的统一性。

第二，应当明确学科与科学的一个显著区别，即科学几乎不具备学科所具有的制度属性。从上述我国《学科与专业目录》的出台可以发现，学科的出现与划分在相当程度上是作为一种分类和管理办法的形式出现的。学科由此具备了较为典型的制度属性。具有从实用主义出发而产生的种种特点。从这一点来看，学科的设置往往需要能够回答它对国家、社会的发展，人民的切身利益有何实际效用。而就科学本身而言，它所关注的重点则在于知识体系内部，关注什么样的知识能够称得上科学及单纯地探索未知世界。即科学本身并不具备与外界发生过多联系的功能，仅拥有较为单一的理智属性，而学科则在拥有理智属性的同时还拥有制度属性。这是学科与科学两者的一个显著区别。

第三，应当正视和接受学科与科学两个词语在一定范围内的混用。从国内看，××学和××科学是存在混用现象的。以体育学为例，虽有学者对此进行了专门的区分与界别，但体育学和体育科学混用的现象依然存在，而且这种混用还存在于官方层面。比如，国家社科基金的学科分类和教育部《学科与专业目录》中使用的是"体育学"，而教育部人文社科基金和国家质量技术监督局的相关学科分类中则使用的是"体育科学"。从国外看，德国学科目录中各学科的名称一般采用"名目+wissenschfat"的构成方法，

[1] ［德］恩斯特·卡西尔. 人文科学的逻辑［M］. 上海：上海译文出版社，2013：9.

[2] Immanuel Kant, Metaphysische Anfangsgrunde der Naturwissenschaft, KGS, Band 4：467. 转引自［德］恩斯特·卡西尔. 人文科学的逻辑［M］. 上海：上海译文出版社，2013：10.

"wissenschaft"是科学的意思,比如"sprachwissenschaft"应当翻译为语言科学,"religionsvissenschft"应当翻译为宗教科学,但大家却已经约定俗成地翻译为语言学和宗教学[1]。相应的,"sportwissenschaft"的直译是体育科学,同时也可以称为体育学。而"humanwissenschaft"及"naturwissenschaft"则通常翻译为人文科学和自然科学。在这时,科学便拥有了与学科大致相同的理解,即人文科学和自然科学大致与人文学科和自然学科相对应,语言科学、宗教科学、体育科学也大致与语言学、宗教学、体育学相对应。

(四)本书对学科的界分

通过上述分析可以发现,学界对于学科已经有了较为深入和成熟的认识,也已经形成了较为统一的看法。这其中,我们认同学科是知识形态和制度形态的统一体,且知识形态是学科第一性的存在的观点。研究中也将基于这一认识,首先从知识视角来探讨体育学形成的理论路径。同时,通过阅读与学科相关的国内外文献资料并进行整合分析后,本书对于学科的理解大致总结如下:

第一,明确学科是知识形态和制度形态的统一体,学科的内在逻辑是知识体系,这是体现其本质的第一性的存在。制度形态是学科的外在逻辑,体现了学科的社会属性,这是第二性的存在。基于这一点,我们将在下一节中从知识体系的角度形成来考察体育学形成的理论路径。

第二,国外对于"学科"一词的对应用语存在两种类别。在文件和公告中一般采用"subject""unit""program""discipline""fächern""section"等词来表示学科。在这种语境下国外对于学科的理解显得较为宽泛,甚至有些随意。而在学术讨论中则统一地使用"discipline"或"academic discipline"来表示学科。所有学科的衍生词也均以"discipline"作为词根进行组合或衍生。国内学界目前认为只有"discipline"和"subject"两个词语与"学科"相对应的观点,具有局限性。

第三,各国体育学学科制度存在的差异并不影响对体育学学科特征的分析。如上所述,学科是知识形态和制度形态的统一体,这两者都将是体育学学科特征研究中所要涉及的重要内容。知识形态作为学科的内在逻辑在各国均是

---

[1][德]恩斯特·卡西尔. 人文科学的逻辑[M]. 上海:上海译文出版社,2013:12–13.

一样的。而各国的高等教育制度和科研体制的差异会导致体育学在制度形态上的不同，当然这不仅存在于体育学，也存在于物理学、社会学等其他学科。这里所说的制度形态上的不同主要指的是学科的"身份"。本书涉及的国家中，只有中国和法国是教育和科研集权制国家，而其他的美国、德国、英国和日本则属于分权制国家，他们呈现的学科分类等文件多是由国家统计局根据各学科开设的普及程度经过统计得来的。这种学科制度上的差异在此提前指出。同时，我们认为这并不影响关于学科特征的讨论。因为在分权制国家中，学科的设置是由各高校或科研组织决定的，体育学只有得到广大高校与科研组织的认同才能被设置，才会达到教育统计的标准，进而在学科目录中得以体现。这反而是体育学得到广泛认同的一种体现。

第四，学科与科学存在密切的内在联系和显著的外在差异。密切的内在联系体现在它们都是指向一种具有科学属性的知识体系。而当学科作为一种分类体系出现时，××学科与××科学的表述具有相同的内涵和理解。作为一种语言惯用法，我们应当正视和接受"学科"与"科学"在一定范围内的混用。显著的外在差别体现在学科具有知识和制度的双重属性，而科学本身仅拥有较为单一的知识属性。

二、知识与知识增长理论

我们已经论述了知识与学科的关系，由此确证了知识是学科的内在逻辑，或者说是学科第一性的存在。本节的主要任务是选取符合学科本质的适宜理论作为工具，为后面探讨体育学的形成路径奠定理论基础。既然学科在本质上是一种特定领域的知识体系，那么找到一种探讨产生知识体系的对应理论便成为我们所要做的工作。从这一点来看它涉及知识的累积或知识增长问题，即知识如何出现，进而从单一的、零散的知识如何逐渐增长，形成一种围绕特定领域的知识体系。

（一）对知识的界定与分类

探讨知识增长理论，我们首先要知道什么是"知识"。对于知识的界定问题是西方哲学认识论中的一个基本问题，其涉及关于真理、证实、证伪、概率等一系列繁复的内容。对这些问题的论证与辨析是天才们的志业，在此我们仅对哲学界所最终形成的关于知识的共性认识作最简单的说明。

西方哲学界将知识的定义问题称为"泰阿泰德问题"。柏拉图在《泰阿泰德篇》中借苏格拉底之口提出一个关于知识的最早定义[1]。从现有知识论的相关著作来看，在经历了苏格拉底、柏拉图、笛卡尔、休谟等历代先贤的追问后，英国哲学家艾耶尔在1956年出版的《知识问题》全面论证了构成知识所应当具备的三个条件，分别是信念、真和证实。艾耶尔在该书中对知识做出了如下定义：某人S知道命题P，当且仅当（1）P是真的；（2）S确信P；并且（3）S有权相信P是真的[1]。用概念的形式进行表述，即知识是一种被证实的真的信念。在哲学发展史上，哲学家们很少对某些实质性的哲学问题能够产生一致的看法，但是他们对于构成知识的三要素这一问题却没有太多争议[2]。

在这里，信念是构成知识的第一个条件，指的是作为主体的人首先要让某个事物成为你的思考对象并相信某个实事。比如，我们知道地球围绕太阳转动，这是一个科学常识。但如果我不相信这一个实事，那么它对于我而言便不是知识，因为它首先不是我的信念。这其中知识必须首先是信念，但信念却不一定是知识。信念是构成知识的必要条件，却不是充分条件。需要注意的是，哲学认识论在此处谈的信念绝不是纯粹主观的或与主观相类似的信念，而是指与认识的客体密切相连的那些信念。第二个条件是真。即评判认识主体究竟是否"知道"的一个标准就是，有还是没有相应的客观事实与我们已经拥有的信念相符合。比如，我告诉朋友他需要的那本书放在书架的第二层，当他过去寻找，发现这本书确实在那里，那么我告诉他的这个信念便是真的。第三个条件是证实。在形成知识的三个条件中，证实的问题是一个最为复杂和产生最多争议的地方。围绕证实的方法产生了一系列相关知识论流派。

知识的定义非常的抽象，而在论述知识问题时，人们需要具体的载体。由此，历代学者便对知识进行了多样的分类。有学者梳理了人类知识分类办法中最为经典的十种类型，分别是：①按照知识的效用分类；②按照研究对象分类；③按照知识属性分类；④按照知识形态分类；⑤按照事物运动形式分类；⑥按照思维特征分类；⑦按照自然现象和社会现象分类；⑧按照知识研究方法分类；⑨按照知识的内在联系分类；⑩按照学科发展趋势分类[4]。然而即使

［1］陈洪澜.知识分类与知识资源认识论［M］.北京：人民出版社，2008：17.
［2］胡军.知识论［M］.北京：北京大学出版社，2006：66.
［3］陈洪澜.论知识分类的十大方式［J］.科学学研究，2007（1）：26-31.

这样，对于知识的分类依然显得复杂而没有头绪。在本书中，我们根据研究需要，在知识的分类上主要采纳了两种办法。第一种是按照国际通用的学科分类办法，将知识分为自然科学知识和人文社会科学知识两大类；第二种是根据体育和体育学的具体特征将知识分为显性知识和默会知识，或称为理论知识与技艺知识。无论知识体系如何划分，从认识论的视角看，知识是能够不断增加和增长的，这便涉及知识增长理论。

（二）波普尔的方法论立场

在当代哲学认识论或知识论的讨论中，学者普遍将"什么是知识"及"如何论证知识"作为探讨的重点。虽然这些问题均内在地与知识增长问题相联系，但专门针对知识增长问题的成体系研究成果相对较少。匈牙利著名哲学家卡尔·波普尔成为其中翘楚。他在《科学发现的逻辑》（英译本）第一版的序言中明确指出："认识论的中心问题从来都是，现在仍然是知识增长的问题。"[1]

波普尔作为西方批判理性主义的代表人物，是当代著名的哲学家和思想家，其诸多科学认识深受爱因斯坦、梅达华等人的肯定。波普尔的基本论题是："我们能够从我们的错误中学习。"虽然这个理论强调了人们的易错性，但他并不屈从于怀疑论（skepticism），因为他也强调了知识能够增长，科学能够进步的实事，并且承认关于客观真理的存在。他也指出，研究知识增长的最好方法是研究科学知识的增长。波普尔在他的《科学发现的逻辑》《猜想与反驳》《客观知识》等一系列著作中，以科学知识作为知识的代表系统阐述了科学知识增长理论，建立了科学知识增长的理论模型，为本书提供了较为理想的分析学科形成的理论工具。为了更清晰、更深刻地理解波普尔的科学知识增长理论，下面首先对波普尔的认识论立场进行简要介绍。

在传统的"基础主义"认识论模式中，科学的方法被归结为以经验为基础的，对实验观察结果进行归纳的方法。英国哲学家培根（F. Bacon）首先对归纳法进行了哲学上的总结，他也因此被视为近代哲学和实验科学的鼻祖。具体包括以下几个步骤：①对研究对象的观察与实验；②对观察或实验的结果进行比较与分析；③提出假说；④通过实验对假说进行证实；⑤把经过证实的假说

---

[1] 卡尔·波普尔.科学发现的逻辑［M］.杭州：中国美术学院出版社，2008：15.

总结提升为理论[1]。归纳法一直以来都被奉为实验科学所必须遵循的方法。而其后著名的怀疑论代表大卫·休谟（David Hume）认为，感觉材料的反复出现只能证明这些感觉材料在过去发生过联系，不能证明这种联系在任何时间都会发生。因而提出，在经验基础上用归纳法建立起来的知识是不可靠的。围绕休谟的挑战，20世纪初出现了逻辑实证主义者，提出了著名的证实原则：一切关于事实的判断有无异议取决于是否存在能够通过经验来检验这一判断的方法。根据证实原则，科学真理必须服从归纳法的证实、检验，归纳法是达到科学真理的必经之路。

对于休谟的质疑，波普尔给出了不同于逻辑实证主义者的回答。首先，波普尔承认客观真理的存在，进而将自己与怀疑论者划清界限。但是他认为通过证实得出的真理仅是暂时真理或"逼近"真理，而"永恒真理"却永远"在路上"。他的这一主张在科学界被归结为"批判理性主义"。

在此基础上，波普尔提出"猜想—反驳"的科学发现范式，认为科学发现是由一种固定不变的逻辑所支配的。这一逻辑包括三个连续性的环节：首先，科学家建立起研究方案、假说或理论。这些研究方案、假说或理论都是为了解决不可胜数的问题所进行的"尝试"。其次，科学家让他们的"尝试"或"猜测"经受严格、系统的检验。这些检验将进一步地显示，他们能够"反驳"或"证伪"这些"尝试"或"猜想"。最后，从科学家方面来说，应用"试错法"包含着这样的意思：科学家否弃个人的确信，无保留地让自己的猜测在科学团体内部公开地进行讨论和竞争[2]。

根据波普尔的看法，这一"三段式"已确定为科学创造的不可逾越的境遇。它构成了一种"宇宙的图样"。这种宇宙图样是从自然科学开始推论的，但在社会科学中也同样行得通，甚至对管理艺术也会有启发。从科学界的评判来看，这一理论主要有以下几方面的优点[2][3]：第一，它为错误在科学的发展中保留了一种战略地位。通过告诫"任何科学的陈述均不得逃避反驳"，既防止了独断主义与因循守旧，同时又激发了好奇心。它最为直接地在研究中避开了"常规科学"的种种便利，以便使猜测与反驳的"持久革命"取得成功。第二，它把认识活动与解决问题连在了一起。一是它鼓励学者根据"问题"而不是根据"概念"或"对象"进行思考。二是它鼓励学者根据解释而不是意义

［1］赵敦华.赵敦华讲波普尔［M］.北京：北京大学出版社，2006：81.

［2］让·博杜安.卡尔·波普［M］.北京：商务印书馆，2004：27.

［3］赵敦华.赵敦华讲波普尔［M］.北京：北京大学出版社，2006：201.

进行思考。它更希望学者去解决客观的难题，而不是去对某些词语的深刻含义做出裁决。三是它能够更有效率地对科学进行"证伪"。爱因斯坦支持波普尔的学说，并强调自己的研究活动只接受这样的观点：过去的理论皆有待证实。对于知识的进步来说，一次单一的反驳相对于大量的证实而言要重要得多。爱因斯坦的一次实验便能推翻牛顿的物质理论。这一次成功的实验便能够表明牛顿学说的错误或是无效。对大量的证实而言，这种证伪对于科学来说更有效率。

总结波普尔的方法论立场及科学界对其学说的认知，我们认为，从根本上波普尔或许拥有一种中国传统文化中所说的"中庸之道"。表面上看，虽然其立场明确，语言锋利，但波普尔一方面多次声明其学说不是怀疑论的，另一方面又用怀疑论的方法为自己立说。他提出了著名的证伪原则，但这一证伪原则从本质上看却更像是证实原则的逆向思维。虽然如此，但波普尔的"猜想—反驳"学说在科学界得到了爱因斯坦等诸多学者的支持。特别是具体到本书而言，波普尔建基于其批判理性主义思想之上的"猜想—反驳"学说为我们提供了一个学科形成的较为理想的理论工具。

（三）波普尔知识增长理论

在知识增长理论的构建中，波普尔首先讨论了知识增长的基本理论问题。在科学知识增长和知识增长的关系上，波普尔认为，"科学知识的增长是知识增长的最重要、最有趣的实例"[1]。同时，他也指出，康德、休厄尔、穆勒、庞加莱、罗素及怀特海等前辈学者都同意科学知识是常识知识（一般知识）增长的结果。而他们都发现，科学知识比常识知识更容易研究。讨论虽然局限于科学中的知识增长问题，但波普尔相信，其论点不需要很多修改即可适用于一切人，甚至动物获取关于世界的实际知识的一般方式。

对于科学的性质，他深刻地指出相对于人类的思想、政治、历史等问题，"科学却是这样一种少有的——也许是唯一的——人类活动，有了错误可以系统地加以批判，并且还往往可以及时改正。"正因如此，只有科学才能够经常从错误中学习，才可以清楚明白地看到进步。而大多数其他人类活动领域虽然有变化，却很少有进步。波普尔在《猜想与反驳：科学知识的增长》中指出："相信连续性增长是科学知识的理性特点和经验特点所必不可少的，同时，也

---

[1] 卡尔·波普尔.科学发现的逻辑 [M].杭州：中国美术学院出版社，2008：15.

正因为连续增长，科学才成为理性的和经验的。"[1]也就是说，科学家只能从这样的增长中区别各种现有理论，从中选择较好的一种。从这种说法中可以发现，科学知识增长并不是指观察的积累，而是指不断地推翻一种科学理论，由另一种更好的或者更符合要求的理论取而代之。

在对以上知识增长的基本理论问题进行辨析后，波普尔提出了他的知识增长理论模型，并且图式化为"$P_1 \rightarrow TS \rightarrow EE \rightarrow P_2$"（图2-1）。他认为，知识的增长不是始于概念，而是始于问题（problem）。科学家面临着某个问题P_1，在寻求解答的过程中做出各种各样的大胆的尝试性猜想，即假说或理论，以此作为对此问题的尝试性解决，即TS（tentative solution）。但是理论TS不是最终的，它也只是一个试验性解决或试验性理论，它可能在当时的时空背景下是正确的，同时它在部分上或整体上也许是错误的。波普尔称其为"接近于真理的观念或逼真性的观念"。为此，他专门发明了一个新词："逼真性"（verisimilitude或verisimilarité），专门用来指称可以达到一种真理的近似状态。波普尔认为，一种理论被认为是"逼近"真理时，它的"真实性"内容似乎战胜了其"虚假性"内容。这样，即使是一种被部分驳倒的理论，也能够保持"逼真性"的重要部分[2]。

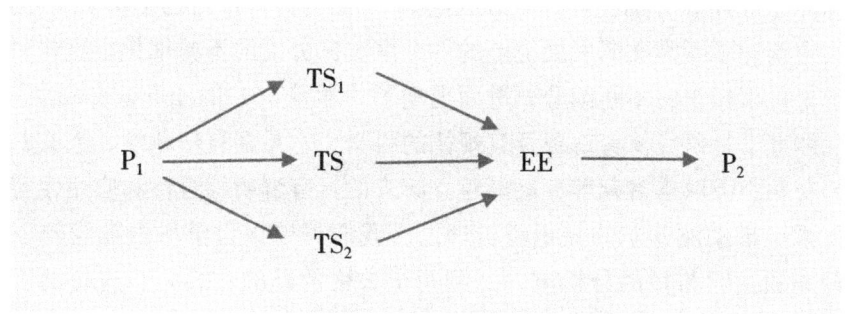

图2-1 波普尔进化式知识增长模型

当一种问题解决方案被提出后，随后的学者将对这一临时解决方案或"猜想"进行严格的检验，即通过证伪消除错误，即EE（error elimination）。这一环节便是"反驳"。通过反驳对已有解决方案进行修正，消除错误，进而达到

[1] 卡尔·波普尔.猜想与反驳：科学知识的增长［M］.杭州.中国美术学院出版社，2003：192.

[2] 让·博杜安.卡尔·波普［M］.北京：商务印书馆，2004：36-37.

更"逼真"的真理。但是由于反驳及更深层次的论证过程又会进而产生新问题P_2。如此反复，问题的探讨便会越来越深入，对问题做尝试性解决的理论的确认度和接近真理的程度也就越来越高。根据这一模式，对每一个问题的每一种解决都引出了新的未解决的问题。在我们知道更多知识的同时，我们也将会发现越来越多的未知有待去解决。如同康德（Kant）所说，"由经验给出的每一个答案都会导致需要回答的新问题产生"[1]，这便促成了人类知识的增长。同时，新理论取代旧理论实现了知识的更迭与增长。

波普尔的这种知识增长从根本上说是达尔文主义的，是达尔文进化论的变种，是一种"知识进化"过程。在上述的问题解决方案中，更确切的表达如图2-1所示。其中，对于问题P_1，有数个解决方案，如TS_1、TS_2和TS等，它们之间存在着达尔文所说的优胜劣汰的存去之争。在通过去伪（EE）的过程后，真正逼近于真理的那一个解决方案才能够被保留。当然，存留下来的解决方案也仅是临时性真理，在面临新环境、新问题和新检验时又会进化成更为"逼真"的解决方案。

三、体育学形成的理论路径确认

涂尔干和库恩分别在《社会分工论》[2]和《科学革命的结构》[3]两本经典著作中阐述了人类文明发展史上的一个事实：分工的不断细化。这在科学史上表现为科学知识的不断细分，进而出现了"学科"（discipline或subject）的概念。体育学是研究体育现象及其规律的科学。它是在自然科学、人文科学等相关的交融中汲取丰富营养，逐渐建立起来的具有鲜明综合性和应用性特征的科学体系。借助波普尔的知识增长理论，我们可以探讨学科内在逻辑下的建构路径。通过对路径的分析可以达到两个方面的目的：第一，这有助于我们从理论上更加深刻地认识和了解体育学；第二，通过对体育学形成的理论路径的分析，能够帮助我们确定对体育学的分析维度，并且系统分析体育学的学科特征。

从波普尔知识增长理论看，问题是科学研究的起点和归宿。关于这一点，国内外学者已形成较为一致的意见。德国数学家希尔伯特认为，"只要一门科

[1]约翰·齐曼.真科学［M].上海：上海世纪出版社，2008：224.

[2]埃米尔·涂尔干.社会分工论［M].北京：生活·读书·新知三联书店，2013.

[3]托马斯·库恩.科学革命的结构［M].北京：北京大学出版社，2012.

学分支能提出大量的科学问题，它就充满生命力；而问题的缺乏则预示着独立发展的衰亡或中止"。[1]沈振东也指出，麦克斯韦和波普尔两个人所提出的"科学理论产生于科学问题"的论断，无疑是正确的[2]。

如前所述，学科在本质上是一种知识体系，是在解决特定领域（研究对象）问题的过程中形成的一种拥有内在逻辑自洽的知识体系。那么，从知识到知识体系，从问题到学科的过程究竟是怎样的呢？它们之间的对应关系又是怎样的呢？龚怡祖曾以"学科的内在建构路径与知识运行机制"[3]为题，对从问题至学科的形成过程进行了深入分析。该文较为清晰且深刻地对知识增长与学科形成之间的活动关系进行了辨析，提出了"问题→领域→范畴→学科"的学科形成路径。从整体上看，笔者认同这一学科形成路径的观点，这使本书能够建基于一个良好的学术起点之上。同时，笔者试图借助波普尔知识增长理论，在龚怡祖教授的观点基础上，对于学科的形成路径进行完善。目前来看，我们认为已有观点在"从问题到知识"和"从范畴到学科"两个环节的演进上存在逻辑论证的不足与缺漏。

（一）从问题到知识，再到知识领域

依据波普尔的观点，科学知识始于问题，而在本质上作为一种知识体系的学科，其发展的原点也必定始于问题。我们便先以问题作为分析的始点。首先这会涉及问题的来源，即问题是如何产生的。依据科学哲学的观点，问题的产生主要来自柏拉图所说的"哲学王"，即现在的学者所具有的两种"命定的品质"：运用智慧追求现象背后的真谛，以便造福人类的天生使命感和学者对现状的天生的怀疑精神，以及对更为理想的境况的不懈追求[4]。这两种品质往往使学者对于问题具有更高的敏感度。在问题的来源上，也通常由学者个人主导。依据波普尔知识增长理论，学者在发现并提出问题后，会给出尝试性的解决方案，这个解决方案可能会成为"暂时性真理"（即知识），但它最终会受到包括自己在内的后续学者的反驳，从而提出更好的解决方案，在这个过程中又会产生新的问题。即：$P_1 \rightarrow TS \rightarrow EE \rightarrow P_2$。这个过程便是由问题产生知识，

[1]黄华新.跨学科研究中的问题意识［N］.光明日报，2011-3-29（11）.

[2]沈振东.科学问题进步性之探微［J］.科学学研究，2013（2）：161.

[3]龚怡祖.学科的内在建构路径与知识运行机制［J］.教育研究，2013（9）：12-24.

[4]方文.学科制度与社会认同［M］.北京：中国人民大学出版社，2008：12.

又产生新问题的过程。同时，这也就是为什么有"知道的越多，不知道的就越多"，这样一种类似于"二律背反"的说法。

由学者个人主导所提出并解决的问题会出现两种情况，我们可以称为临时性问题和长久性问题。临时性问题或因为其意义有限或难度较小，抑或是其他原因使这类问题被关注时间有限，不能够吸引足够多的人群进行持续研究，这类问题形成的"$P_1 \rightarrow P_2 \rightarrow P_3 \rightarrow \cdots \rightarrow P_N$"问题链或知识链较短，进而成了零散性知识，分布于人类知识系统之中。长久性问题则是由学者提出的一些重要科学发现，或与人类、社会、国家利益密切相关的一类问题。这类问题能够引发持续性关注和探讨。比如，牛顿对引力问题的思考及体育领域中的如何能够通过科学的体育运动促进人体健康等问题。这些问题要么与人类切身利益相关，要么与学界关心的一些重大命题有关，它们能够吸引众多学者进行长时间的研究。

在每一个专门问题上都会在问题的解决过程中产生由$P_1 \rightarrow P_N$的成千上万的问题，实现了知识增长。这些围绕一个或一类专门问题所产生的众多知识便会形成一个小的问题域或知识域，这个"域"是以该"问题"为中心或主题的，并在范围上也与其紧密相关（图2-2），这便实现了从单一问题到问题领域的过渡。龚怡祖曾经总结问题领域形态下的特征，指出："与问题研究形态的知识沉淀结晶偏向于发散性结构不一样，研究领域形态的知识沉淀结晶偏向于聚敛性结构。"[1]

（二）从知识领域到知识范畴，再到学科

虽然在"问题域"中，学者都是围绕特定的一类问题进行的探讨（图2-2便表示的是围绕特定的X类问题产生的问题域或知识域），但不同的学者往往是围绕其中某一个针对性的研究方向进行的研究。在图2-2中可以发现，有的学者是围绕问题X_e进行的研究，有的学者则是围绕问题X_K或X_S进行的研究，他们生产的知识之间并未有一种必然的、符合逻辑的相互关系。随着知识的持续增加，围绕问题链产生的知识领域会过于庞杂，为了给后来的学者清晰地展示这一领域的知识结构，到一定阶段时会产生一种"知识管理"的需要。这时便需要对知识片段进行梳理、整合，以及对个案研究进行总结与提炼。一般表示为建立不同层次的概念体系与合逻辑的知识体系。如果说知识领域形态的知

[1]龚怡祖.学科的内在建构路径与知识运行机制[J].教育研究，2013（9）：15.

识结构特质体现为"研究对象的特定化"，那么基于本书范畴形态的知识结构特质则体现为"原理的特定化"。[1] 随着知识整理的完成，范畴形态便得以建立。如图2-3所示，通过知识的概念化和体系化，在知识范畴状态下，特定领域X中的知识是按照类似于"$X_a \rightarrow X_b \rightarrow X_c$"这样有一定逻辑关系的知识结构出现的。而知识形态的这种系统化与逻辑化出现的原因主要在于研究中学说（理论）的确立。在这里，学说是理论、范式、规则、纲领、结构的同义词，它们分别在不同的科学哲学家的著作中被强调[2]。而在我们看来，在讨论学科形态的确立问题上，这些词所表达的含义是相近的。对于体育学的学说问题，我们将在第四章中进行详细论述。

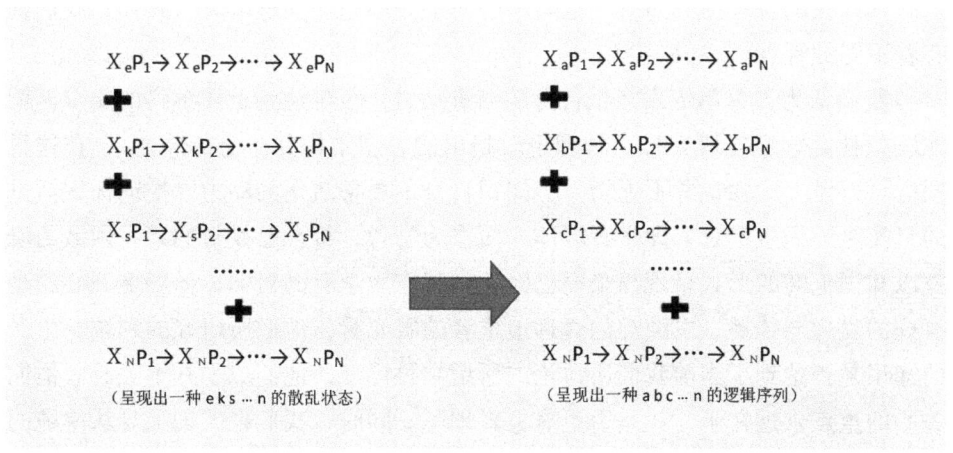

图2-2　围绕X类问题产生的知识领域　　　图2-3　知识领域向知识范畴演进图

　　当知识演进至范畴形态后，是否能够继续通过知识逻辑完成向学科形态的演进呢？对于第一个问题，美国学者尼克森[3]（John E. Nixon）早年曾经在为体育学争取独立学科地位时，从知识维度提出7条确立学科的标准，可供我们参考：①特定的研究领域（an identifiable field）；②可被识别的稳定历史和研究中的典范（substantial history；exemplified by time-tested works）；③唯

[1] 龚怡祖.学科的内在建构路径与知识运行机制 [J].教育研究，2013（9）：14.
[2] 范式与规则、纲领、结构分别是库恩的《科学革命的结构》；A. F. 查尔莫斯的《科学到底是什么》；皮亚杰的《结构主义》等著作在探讨学科问题的特定语境下用到的词语。
[3] John E，Nixon. The Criteria of a Discipline [J]. Quest，1967（69）：42-48.

一的事实相符的合逻辑的概念框架（unique conceptual structure）；④学科的整体性（a unique integrity）；⑤被认可的研究方法与程序（recognized by the procedures and methods it employs）；⑥被认可的过程，能够产生经典的知识、准则和一般性知识（noted knowledge /principles/generalizations）；⑦严谨的语言体系（accurate language）。由研究范畴形态上升为学科形态，很大程度上是一个借助原理化成果而推进知识由普遍反射个别、由一般反射特殊、由抽象反射具体、由整体反射局部的理论指导功能的锻造过程。借助这一过程，学科成为一个更加稳定、更加成熟、更加独立、更加自足的知识体系，由越来越精致的概念、命题、原理、定律等要素组成，建立起一套共同认可的研究方法、技术路线和话语体系作为基本规范和权威标准[1]。我们认为这些说法有其内在的合理性。而对于范畴形态向学科形态的演进动力与路径，我们则有着不同的观点。

我们认为，单单依靠知识自身的演进动力，很难达到上述学科的要求。就像法国社会学家在研究社会学理论时指出的，"结构并不上街"[2]，在这里同样可以说，"知识并不上街"，知识自身不具备演化的动力，推动知识演进的只能是知识生产者，即学者群体。而作为学者，将自己投身的某一领域的研究以知识范畴的形式呈现出来便已经达到其作为学者的目标，他们更关心的是真理的发现与传播。以纯粹的真理追求者的眼光看，他们所研究的领域、生产的知识是否达到了当前我们所讨论的所谓学科标准，他们似乎并不关心。他们关心的重点永远在于"我是否更靠近真理"。同时，我们也的确很难从单纯的知识视角找到促使他们将知识范畴继续向学科标准推动的理由。

这种动力更多应当从制度层面去进行把握，特别是制度当中包含的实用因素。从体育学科最初的演进动力看，事实也的确如此。比如，从美国加州大学的富兰克林·亨利发表的第一篇讨论体育学与学科关系的文章看，在最初争取体育教育的学术认同，进而为其谋求学科地位时，其目的便是为了使美国大学中的体育教师能够获得教授职位的认同[3]。德国《体育科学》期刊的创始人，是推动体育学确立学科地位的主要呼吁者欧姆·格鲁普（Grupe O.）[4]，也是出自同样的原因。从曼海姆的知识社会学及米歇尔·福柯的

［1］龚怡祖.学科的内在建构路径与知识运行机制［J］.教育研究，2013（9）：16.

［2］王东亮."结构不上街"的事故调查［J］.读书，1998（7）：61-67.

［3］Henry, Franklin M. Physical education: an academic discipline［J］. Journal of Health, Physical Education and Recreation, 1964: 32-39.

［4］Grupe O. Einleitung in die Sportwissenschaft［J］. Sportwissenschaft, 1971（1）：7-18.

"知识—权力"学说来看，学者们对于学科形态追求的动力之一在于寻求一种"学科规训"的权力及制度保障下的学术资源的获取。我们认同具有比知识范畴形态更为规范的知识形态，即学科。但同时，依据单纯的知识角度或纯理智视角下的力量，知识范畴形态很难自主上升为学科形态。我们认为，学科形态知识体系是知识和制度双重驱动因素促成的，这其中制度因素首先发挥了作用。也就是说，一些最基础的学科制度，如人才培养机构应当在某一领域的知识演进成知识范畴时，即开始建设或发挥作用。而这些机构的建立普遍来自一种实用主义的驱动。这种驱动或许是国家需要，或许是人民大众的普遍呼吁，抑或是"科学共同体"的共同要求，但它们应当是以实用主义为基础的，需要从制度层面进行理解。

从知识的角度讲，经历漫长的演进过程，围绕某一问题域，能够从问题到知识，到知识领域形态，进而上升为知识范畴形态，这说明该研究领域内的问题应当是持久的和重要的。当知识演进至知识范畴形态，出于某种实用主义的考虑，建立了特定领域的人才培养机构或学术组织，这个时候已有的相关经典专著会变成教科书，一些知名学者会进入机构任职，并培养后辈的"科学共同体"，扩大研究队伍，并指导他们在一些研究薄弱点上继续研究，继续明确概念体系，构建逻辑更加清晰的知识体系……逐渐使知识范畴真正演进到一种更逼近于学科形态的状态。这样看，如图2-4所示，在知识范畴形态向学科形态演进的过程中，除了传统的知识生产外，还需要学科制度作为共同的动力推动知识范畴最终能够上升为学科形态。当学科形态稳固后，就如同尼克森[1]所说，它会拥有稳定的学科史、经典的研究范例、被认同的研究范式、严密的语言体系、逻辑严谨的语言和逻辑框架……这会使它进一步提升学科地位和社会认同，与学科制度相互促进，形成一种良性循环。

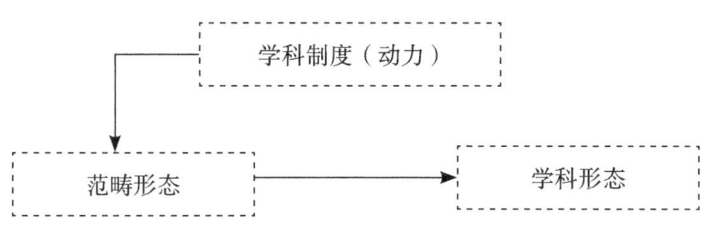

图2-4　知识范畴到学科的演进示意

---

[1] John E, Nixon. The Criteria of a Discipline [J]. QUEST, 1967（69）：42-48.

（三）体育学形成的理论路径展示

哲学认识论告诉我们，了解事物的性质，通常的做法是从现象到本质，即首先通过现象进行分析，在此基础上再进一步深入事物的内在。在前面的论述中，我们分四个图式讨论了由问题到学科的演进全过程。基于以上论述，我们在此用一个完整的图式（图2-5）来表明问题到学科的演进。同时，可以借助这一图示来分析我们可以从哪些角度来认识体育学。

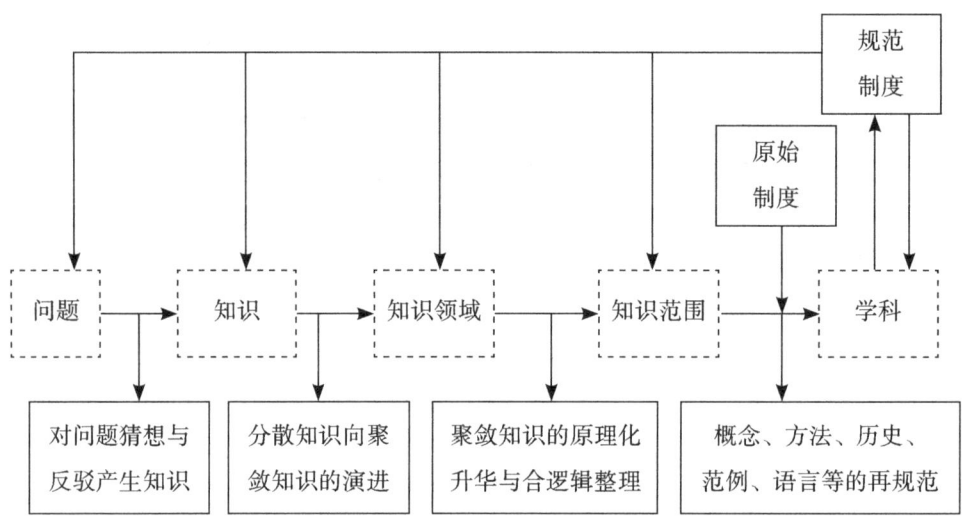

图2-5　由问题到学科的演进示意

四、认识体育学的三个维度

（一）历史维度

从图2-5我们可以清晰地发现，"学科"是一个历史范畴，是知识在历史长河中不断动态演进的结果。从问题到知识，到知识领域，再到知识范畴，最终演进成为学科是一段漫长的经历。而到达学科形态后，它便在制度的规训下继续进行知识生产，如此往复，永不停歇。从这个过程我们能够发现，对一个学科的认识，首先应当讨论的便是其历史维度。

历史是我们认识事物经常要涉及的一个重要方面。那么具体到学科，我们又应当从哪些细分的视角去认识作为历史范畴中的学科呢？从认识论上看，我们可以首先考察事物的一些基本要素。通常，它们可以用"4W"来表示，即"who""when""where""why"。与学科相对应的话就是，这门学科是谁（学科名称），最早是什么时间出现的（起源时间），这门学科从哪里来、或归属于哪个母学科（学科出处），这门学科为什么会出现（学科演进动力）等。此外，从图2-5还可以发现，从历史维度对学科进行探讨时，由知识范畴向学科过渡的这一阶段应该是内容最为丰富的。首先，知识范畴与学科形态的距离最近，联系更为紧密；其次，当一个领域的知识达到范畴形态时，普遍会有一些著作流传下来，能够为我们提供资料来源；最后，通过分析发现，在知识范畴向学科演进的过程中会出现一些处于原始形态的学科制度，这也能为我们的研究提供相关史料信息。相对而言，当学科形成之前，对于某一领域的研究处于最原始的问题形态、知识形态乃至知识领域形态时，由于缺乏史料依据，也很难对其进行深入探讨。比如，我们现在很难考证历史上是谁真正第一个提出了关于体育运动是否能够增强体质的问题。我们所能够考证的更多是一些实质性的存在。比如，是谁出版了第一本体育有关的教科书，什么时间成立了体育专门研究机构等。当然，在学科形态形成之后，由于有了学术专著、学术期刊、学术会议等交流平台，对于"是谁第一个提出了某个问题"这类信息便有了考证的来源。

具体到体育学来看，体育学是一个综合性的科学体系，是由体育教育学、运动医学、体育社会学等一系列分支学科构成的。这些分支学科必然出现在体育学之前。从历史维度考察体育学，首先应当考察的便是这些分支学科。从中我们能够发现体育学最早的起源时间、出现的原因、演进的动力等一系列问题。

（二）制度维度

知识和制度作为分析学科的两个维度已经是学界所公认的。我们在此处主要是借助学科形成的理论路径，进一步分析制度在学科演进过程中出现的原因及其起到的重要作用。从学科的制度维度上看，我们可以发现，知识范畴能够最终演进至学科形态的一个重要前提是当学科范畴形成后，社会上首先应当出现一些基础的"原始学科制度"，在这种原始学科制度的推动下，范畴形态才能最终演进成学科形态。在学科形态形成后又会出现"规范性学科制度"。所以，在从制度范畴对学科进行分析时应当充分注意到"原始学科制度"与"规范学科制度"两个层面的分析。当前学界所提出的学科制度的说法均是从"规范性学科制度"去分析的，并未见到本文所提出的两个层次的学科制度的观点。我们认为，从这两个层次的学科制度来看，制度在学科的形成过程中起到的是一种"工具"或"催化剂"的作用。

首先，从一个领域内的知识达到了知识范畴后，学者达到了其理智动力下的追求目标，而这时便出现了"为什么需要将范畴形态进一步上升为学科形态"的问题。在之前的论述中已经提到，我们认为这是出于一种实用主义的考虑。一般都是由于国家需要或者与学者利益紧密相关。比如，从体育教育学的演进看，德国设立专门的体操学校便可以视为一种"原始学科制度"，其目的是增强公民体质，进而保卫国家安全。在"原始学科制度"阶段，学科制度还没有实现培养后备科学共同体、资助学术研究等一系列功能。它的出现仅是出于一种满足国家或服务社会的简单的实用功能。这时的学科制度并未具备科研属性，仅具备职业人才培养的功能。

当一个领域的知识体系真正达到学科形态之后，知识便按照制度和知识的双重动力进行演进。这时，学科制度便达到了"规范学科制度"的阶段，也就是我们目前讨论的学科制度。在这个阶段，学科制度这个"工具"便有了多重用途。其作用包括：培养后续的科学共同体，充实本学科的研究力量；设置科学研究基金对本学科的研究进行资助；争取更高的学科地位与社会认同；形成权威期刊和学术精英等。

（三）知识维度

从图2-5中的学科演进路线中我们可以发现三点。第一，知识体系是学科的内核。通过对这一知识体系的形态的研究有助于我们理解和把握学科的本质。第二，体育学是各分支学科的综合体，而知识范畴对应的学科是各分支学科。所以，从知识维度分析体育学时需要我们重点从分支学科的视角切入。体育学直观地呈现出一种运动实践和理论知识的结合。从知识分类的角度看，运动实践可以归入默会知识，理论知识可以归入显性知识。由此便能够明确从上述两个细分视角去分析体育学。第三，在知识通过持续演进上升为学科形态的过程中，知识范畴是其中的关键。而知识范畴确立的核心是一种知识原理化的升华。这种原理化的升华，我们认为就是一种学说或理论的创立。比如，物理学最初的"牛顿三定律"的提出，医学中"血液循环学说"的提出及生物学中

"进化论学说"的提出等。

由此来看，我们可以建立探讨体育学的三个维度，分别是历史、制度、知识。三者呈现出一种动静结合、内外结合，从历史到现在、从现象到本质的逻辑关系。

第二节　体育学的逻辑起点问题研究

"学科是人类知识体系中的基本组成部分，是知识体系不断发展和分科深化的结果，也是现代教育和科学研究的重要基础。"[1]中国的体育学发轫于晚清体操学堂的日式课程，历经民国时期的分化、新中国成立后的苏式改造、改革开放后的争鸣讨论，以及20世纪末的快速发展，已形成了相对独立的学科体系。随着研究的不断深化和拓展，体育学学科体系逐渐优化和合理，学科地位得到了明显提升。2015年，党中央、国务院作出的"建设世界一流大学和一流学科"的重大战略部署，是提升我国高等教育综合实力和国际竞争力的必然选择，也为新时期我国体育学学科发展带来了重要的机遇与挑战。基于此，对体育学基本理论与学科体系研究进行系统梳理和全面反思，将有助于丰富和发展中国特色的体育学理论体系，促进体育学学科理论创新，增强体育学的社会服务功能，进而提升中国体育学研究的国际话语权和影响力。

一、体育学基本理论的体系重构

对一个学科而言，"基本理论不是可有可无，而是非搞不可"[2]。体育学基本理论是指体育学中整体性的、根本性的知识，不仅涉及和影响体育活动的所有方面，也对体育学的学科体系构建，以及人们研究体育学的目的和态度等产生深远影响。研究体育学基本理论是把握体育学学科发展态势，探明体育学学科发展规律的总体要求。当前，体育原理、体育学、体育学原理、体育学学科体系等方面的研究，已涉及了体育学基本理论的有关内容；但对体育学基本理论的诸多方面，仍需继续深入探讨。

［1］中国科学院，国家自然科学基金委.未来10年中国学科发展战略（总论）［M］.北京：科学出版社，2013：i-ii.
［2］王甦，等.中国心理科学［M］.长春：吉林教育出版社，1997：22.

（一）不同学科基本理论的构成模式及启示

表2-1为不同学科的基本理论及构成模式。

表2-1　不同学科的基本理论及构成模式

学科	基本理论	观点出处
教育学	本质功能论、研究方法论、变革挑战论、课程教学论、经济法律论	靳玉乐，《教育基本理论问题专题研究》，2012
文学	本质论、构成论、创作论、发生发展论、鉴赏批评论	童庆炳，《文学概论》，1995
经济学	经济组成方式论、经济运行论、经济发展论	刘长龙，《经济学基础理论》，2002
心理学	元理论（学科问题、方法论、基本框架）、实体理论（一般理论和具体理论）	霍涌泉，《现代心理学基本理论研究》，2011
政治学	权力论、利益论、权利论、统治论、管理论、参与论、政党论、国家论、民主论、改革论	郑楚宣，《政治学基本理论》，2001
历史学	本体论、认识论、方法论	庞卓恒，《史学概论》，2006
物理学	力学论、波动论、电磁论、量子论	刘凤英，《物理学概论》，2010
力学	牛顿力学、量子理论、相对论	漆安慎，杜婵英，《力学》（第三版），2012
作物学	起源分布论、选育繁殖论、生长发育论、生态环境论、生产技术论、种植制度系统论	曹卫星，《作物学通论》，2001
临床医学	内科论、外科论、诊断与检查技术论、常见病论	丁锋，《临床医学概论》，2011
战略学	战争观念论、战争面貌论、战争准备论、战争实施论	军事科学院，《战争战略论》，2005

纵观不同学科基本理论的构成模式，主要有以下几种：①对象要素说。文学、政治学、作物学等均按照学科研究对象的构成要素，构建其基本理论体系。以文学为例，文学实践作为一种活动，可以从作品、作家、生活、读者等要素推衍文学的基本理论体系；而政治学视政治权力为学科的逻辑起点，政治利益与政治权力是核心要素，以此衍生出政治统治、政治管理、政治参与等基础要素，继而将其结构化、系统化，形成了政治学的基本理论；相比于作物学围绕农作物的起源、繁殖、发育等要素进行理论建构，战略学主要围绕战争这一核心要素进行不同阶段的理论建构。②结构形态说。经济学、心理学、物理学等按照学科体系的基本结构进行理论分解与重组，如经济学基本理论可从静态结构和动态运行两个维度考查，前者包含了经济形态、经济制度、经济形式的理论，后者包含了生产过程、流通过程、分配过程、消费过程等理论；心理学是从理论心理学与实证心理学的视角，建构其基本理论体系；物理学是依据经典物理理论及其现代演化的不同形态，建构理论体系；临床医学则按照科室的不同结构，建构其学科的基本理论体系。③哲学体系说。教育学、历史学、力学主张从学科的本体论、认识论、方法论等维度，系统地建构其基本理论体系。即教育学以课程内容模块为构成形式，综合理论研究的前沿和基础问题，形成基本理论体系；历史学按照哲学的三论来构成基本理论问题；力学则强调学科的牛顿力学、量子理论和相对论。由此可见，不同学科基本理论构成模式虽然存在某种程度的差异，但都是基于学科知识的内在逻辑。但是必须看到，体育学是多学科集成的科学综合体，横跨人的自然属性和社会属性，涉及自然科学、社会科学和人文研究的多种性质迥异的领域。仅靠借鉴其他单一学科的基本理论内容难免有失偏颇，在构建体育学基本理论体系时必须紧扣体育学独特的综合性学科特征，才能使构建的基本理论体系更好地指导体育学各分支学科的发展。

目前，多数研究者主要采取两种方式构建了体育学基本理论体系：一种是从逻辑起点或认识对象直接过渡到学科体系，如以体育行为作为体育学学科逻辑起点，按照体育行为领域、体育行为方式、体育行为主体的划分方式，构建出竞技运动学、健身休闲学、身体休闲学3个一级学科；因这种方式将人的行为活动体系等同于学科体系，致使难以解决运动人体科学等现有二级学科的归属问题。第二种方式基于体育与社会、自然的关系，根据哲学的基本认识建构体育学的学科体系；因其未能从存在范畴、本质范畴和观念范畴的层次入手，也未遵循从抽象到具体的方式，最终脱离了体育的本质规定性。事实上，若采取逻辑起点、构成要素、基本理论的逻辑递进，尽量避免上述两种取向的不足，可最终在学科体系推衍时具备扎实的理论支撑和明确的理论指向。

（二）国外体育学基本理论的构成内容与借鉴

作为学科知识体系的体育学，应具有跨越时空和区域的普遍性。然而，由于语言习惯、文化情境、管理制度等因素的影响，不同国家和地区在探究体育学基本理论问题时，通常采用符合各自科学知识情境的概念和命题。本书选取不同国家和地区体育学学科导论性的著作，探究其中涉及的基本理论，为建构中国语境中的体育学基本理论提供启示与借鉴。

表2-2为国外部分学者有关体育学基本理论构成内容的观点。

表2-2　国外部分学者有关体育学基本理论构成内容的观点

国家/地区	体育学基本理论构成内容	观点出处
美国	以体力活动为导向的体验论、研究论和职业论	Shirl J. Hoffman，《运动机能学导论》（第四版）〔Introduction to Kinesiology（the Fourth Edition）〕，2013
德国	功能论、知识论、方法论、实践论	Herbert Haag etc.，《德国体育科学》（Sport Science in Germany），1992
英国	生理学理论、心理学理论、生物力学理论	Joanne Thatcher，《竞技体育与锻炼科学》（Sport and Exercise Science），2009
日本	概念论（体育、运动、游戏、竞争），身体观论，学校体育论，政策论，体能及训练论，特殊群体体育论（儿童、老年、残疾人）等	福永哲夫，《体育与运动科学概论》（体育.スポーツ科学概論），2011
俄罗斯	体育理论最概括的原理及方法论，体育社会学理论，体育的科学管理及经济理论，生产、生活、健身、娱乐与康复体育的理论与方法，竞技体育的理论与方法，体育教育的理论与方法	马特维也夫，《体育理论与方法》（Теория и методика физической культуры），1994

由表2-2可知，国外学者们对体育学基本理论的构成内容既存在一致性，也体现出差异性。一方面，他们均基于研究对象和要素的基本表征，建构体育学的基本理论体系，如美国的"Kinesiology"立足于"Physical Activity"，德国的"Sport Science"立足于"Sport"，英国的"Sport and Exercise Science"立足于"Sport与Exercise"，日本的"体育与スポーツ科学"立足于"体育与スポーツ"，俄罗斯从苏联延续来的"体育理论"立足于"体育"。学者们依据研究对象的特殊规定性，将体育学科区分于其他学科，促使学科边界和归属较为明确；即使体育学科称谓各不相同，仅从语言表达层面也能明确学科指向。

相比之下，国外学者们在体育学基本理论构成内容上的差异性更为明显，主要体现在如下方面。①核心要素说。美国学者Shirl Hoffman构建的体育学基本理论体系，全部围绕体力活动（Physical Activity）进行拓展，即体验论包含体力活动体验的领域、重要性及感受，研究论包含体力活动的哲学、历史学、社会学范畴，以及运动行为学、心理学、生理学、生物力学范畴，职业论包含健康与体适能职业、运动康复职业、学校体育职业、社会健身培训指导职业、体育管理职业等。这种方式具有逻辑较为严密和体系较为规整的特点，但当涉及体力活动之外的体育现象时，可能存在理论解释的局限性。②基础理论说。英国学者Joanne Thatcher认为，体育学的基本理论主要应该涵盖生理学、心理学和生物力学三个领域，因为强调竞技性的运动科学与强调健身性的锻炼科学，在目的、动机和形式上都有差异，但是心理学理论、生理学理论和生物力学理论对其同样具有解释力。这种方式从人体运动的生物行为出发，只涉及人体运动的基础理论范畴，并未从建构科学知识体系的学科角度，探究体育学的基本理论体系问题。③对象领域说。日本与俄罗斯学者建构的体育学基本理论体系，涵盖了体育学科的诸多对象和活动领域，如在参与群体上，包括青少年儿童体育、老年人体育、残疾人体育理论，在活动领域方面，包括健身锻炼、竞技训练、体育教育理论，同时还涉及相关的哲学、社会学、政策学、历史学理论等。这种方式相对全面，但比较庞杂，整个逻辑主线不够清晰，不易了解和把握。④哲学体系说。德国学者Herbert Haag认为，体育学科的构建必须探讨学科知识生产的方式与体系，进而明晰学科的方法论及其实践运用；其建构的学科体系主要包括锻炼生理学、运动医学、运动生物力学、运动行为学、训练科学、运动心理学、体育教育学、体育社会学、体育历史学、体育哲学十个分支学科。这种方式较为严谨，且符合一般学科建构的理论逻辑，尤其是形成了从逻辑起点到基本理论再到学科体系的逻辑通路，为我国体育学基本理论的构成与发展提供了有益借鉴。上述观点共同促成了本书以本体论、认识论、方法论和实践论的基本理论为基础来重新审视我国体育学基本理论结构，并以此构建符合中国国情的体育学学科体系。

二、体育学基本理论的逻辑思考

理论是对客观事物的本质和规律的认识，现代科学的理论体系应包括科学的知识结构体系、研究活动体系和实践功能体系。作为一个学科，体育学的本质与规律是对其发展变化全过程最基本的静态与动态描述，涉及的本体论、认识论和实践论的问题及其关系如图2-6所示。

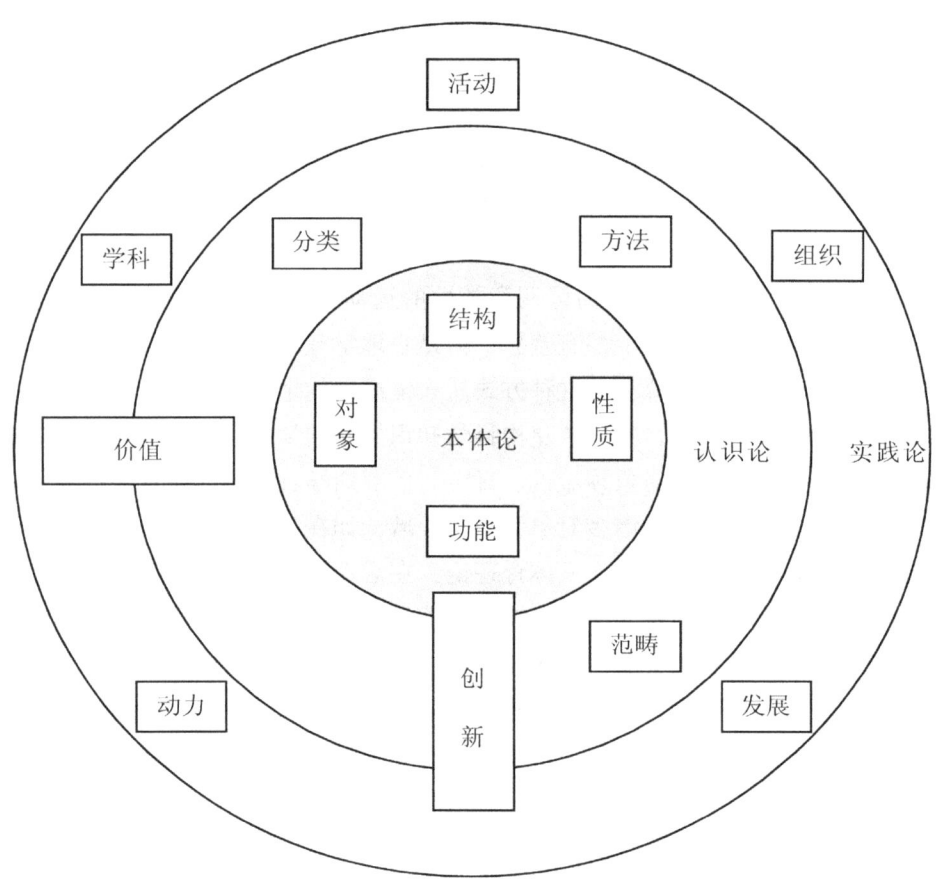

图2-6　体育学基本理论的逻辑框架

　　本体论主要探讨存在本身，即一切现实事物的基本属性。如果说体育学的本质是在体育学理论和体育学学科行动统一的实践中形成和发展的，那么作为体育学本质形成或生成、建构的根本原因（本体）应是相对固定的，包含体育学的对象、结构、性质、功能等。认识论主要探讨人类认识的本质、结构、认识与客观实在的关系，认识的前提和基础，认识发生、发展的过程及其规律，认识的真理标准等问题。采用不同标准对体育学进行定位、分类和范畴划分是认识体育学的理论工具；必须注重从体育学实践中汲取分类、范畴、研究方法的依据及其普遍认识与方法和特殊认识与方法对体育学实践的具体指引。实践论主要探讨实践及其在认识过程中的地位和作用。就体育学而言，对实践论的把握主要体现在体育学的组织、活动、动力、创新及其发展等要素上，既反映出体育学体系的达成是体育学建设的必然结果，也蕴含着体育学体系的实践运行决定着体育学认识的不断深化。这要求应在逻辑起点和哲学范畴之间明晰体育学科的构成要素，因为通过学科要素的梳理切入元理论研究是其他学科的研究范式之一。基于此，体育学可将对象、性质、结构、功能、价值、方法、分类、范畴、创新、动力、发展、组织、活动、学科视为学科的构成要素。

　　首先，对象、性质、结构、功能四要素应属于体育学的本体论论域。体育学的"对象"有自己的特殊性质、实践过程及发展规律；"结构"是组成整体的各部分的组合和层次，从体育学科到学科群，需要进一步综合梳理与重新认识；"性质"是客观上认知体育学科属性的形式，即自然科学、人文社会科学、教育科学、人体科学及人的科学等；"功能"是指事物或方法所发挥的有利作用，体育学的功能可反映学科的影响力，如体育学研究服务社会需求功能加强，可体现出其社会影响力的提升。

　　其次，方法、分类、范畴、价值四要素应属于体育学的认识论论域。"方法"是探索体育学研究的方法学问题，对体育学所使用的宏观方法论、具体方法与操作技术加以整合、比较与批判；"分类"是按事物的不同性质划分类别，体育学学科的不断分化与综合催生了众多学科，学科体系的重构需要依据分类标准明确学科类型；"范畴"关注研究的具体领域的确定，体育学基本理论确定为五个层面的内容，按照本体论、认识论与实践论理论工具，可反映出体育学基本理论问题，为重构体育学学科体系提供理论基础；"价值"是社会发展环境下体育学学科的有用性，理论价值与实践价值是其得以展开的基本维度。

　　最后，学科、组织、动力、活动、发展、创新六个基本要素可归入体育学的实践论论域。"学科"是体育学基本理论研究进入具体领域的结果，我国体育学目前已进入高度分化基础上的综合阶段，综合学科不断成熟，呈现出母学科的"体育学化"及体育学的"母学科化"；"组织"主要反映出体育学学术研究和实践活动开展的动力和途径，尤其需要深入探索体育学术组织与学科发展的关系；"动力"主要说明体育实践发展对体育理论建设的作用或影响，当前的大众体育、竞技体育和体育产业实践已成为体育理论发展的重要来源；"活动"应把体育学学科看作既成的静态知识与动态的生成过程，考虑到体育学学科活动的内在方面及其与其他活动的关系和在人类活动中的地位；"发展"是指学科自身的进步与完善，体育学科发展是实现体育可持续发展的重要基础，也是推动体育科技创新及其产业增长的重要保障；"创新"是有别于常规或常人的思维模式及其成果，需要以新理论、新视角、新方法探索体育学基本理论问题，重构体育学学科体系。

需要说明的是，关于体育学的基本构成要素，既需要考虑学科要素与哲学论域和理论范畴的契合性，同时也应该认识到要素的跨界性。换言之，"价值"要素既是认识论的范畴，也属于实践论的范畴；相比之下，"创新"要素则跨越三个论域。跨界性说明了体育学学科基本要素的复杂性和交叉性，也体现了学科体系的动态性。事实上，优化诸要素的组合关系是体育学学科体系重构的重要依据。

三、对体育学逻辑起点的再思考

作为一门科学或学科结构的基本范畴，逻辑起点"是指理论体系的始自对象，是整个逻辑体系展开和得以完成的一个最初的规定。用黑格尔的话说，就是'科学应该以什么为开端'"[1]。为了探究体育学基本理论和学科体系的构成，需从学科的核心范畴与本质概念入手，探微体育学学科的逻辑起点。体育学的逻辑起点是对体育学学科的基本概念及关系的科学界定，在学科发展的不同阶段，思考逻辑起点均具有重要价值，如在萌芽期思考学科逻辑起点有助于学科地位的确立，成长期有助于丰富完善学科的理论体系，成熟期则有助于反思学科面临的困境。本书采用跨学科比较的方式，基于不同学科逻辑起点的归纳和探究，进一步加深对体育学逻辑起点的认识。

---

[1] 郑金洲，等.元教育学研究［M］.杭州：浙江教育出版社，1999：209.

（一）不同学科逻辑起点的诠释与借鉴

一般来说，学科属性的差异影响限定了学科的内在逻辑和发展脉络。通过考查和比照教育学、经济学、管理学、哲学等学科，尤其是不同学科的重要著作对其逻辑起点的规定，发现它们在认识基础、重要意义、主要依据等方面具有内在的一致性。首先，从认识基础看（表2-3），不同学科虽然在"逻辑起点是什么"的认识上存在异议，但都认为逻辑起点包含着体系对整个发展中的一切矛盾和可能存在的认识，"任何学科体系的构建必须建立在一块基石上"[1]。其次，从重要意义看，众多学科均视逻辑起点为连接学科研究与学术成果的关键环节，是整个学科逻辑架构的关键支撑，促成了学科研究的前瞻性目标与学科逻辑论述起点的有机统一。最后，从主要依据看，"要素论"是众多学科规定逻辑起点普遍采用的方式，如在人文社会科学领域，教育学视"学习"为学科的逻辑起点，管理学以"资源配置"、马克思主义哲学以"实践"、法学以"公平正义"、政治学以"权力"等核心要素为逻辑起点；自然科学中物理学以"工程"、力学以"力"、作物学以"农作物"、临床医学以"疾病"、战略学以"战争"等核心要素作为学科的逻辑起点。

表2-3　不同学科的逻辑起点及基本规定

学科	逻辑起点	基本规定	观点出处
教育学	学习	学习是教育实践中遇到的最普遍现象，最能够抽象地表现教育及其全部特征，且本身不需说明	瞿葆奎，《元教育学研究》，1999
经济学	商品	社会最简单、最普遍、最基本、最常见、最平凡的关系就是商品交换	马克思，《资本论》，2004
管理学	资源配置	在现代化的生产中，管理活动无一不是围绕着资源配置这一问题展开	芮明杰，《管理学》，1999

---

[1] 陈俊钦.试论体育社会科学学科体系构建的逻辑起点［J］.武汉体育学院学报，2009，43（10）：21-23.

（续表）

学科	逻辑起点	基本规定	观点出处
哲学	实践	马克思主义哲学认为实践作为人与世界现实统一性的中介和根据，内在地蕴含着主体与客体对立统一的起点规定性	梁锡棉，《试论马克思主义哲学的逻辑起点》，1988
法学	公平正义	公平正义是法律和法治体系产生的本源和终极目标	张善根，《西方法学流派的逻辑起点及其局限》，2011
政治学	权力	参与公共生活的个人和组织，唯有借助权力，方可实现价值和利益的分配	王惠岩，《政治学原理》，2006
物理学	工程	物理学家关注物质存在的基本形式及它们的性质、运动和转化，进而追寻内部结果和规律	吴国林，孙显曜，《物理学哲学导论》，2007
力学	力	力体现了对物质相互作用规律的理性化追求，并以此分化建构不同的工程学科	国家自然科学基金委，《力学学科发展研究报告》，2007
作物学	农作物	研究农作物的生长发育及与生态环境之间的关系为发展作物生成奠定了基础	苏广达，《作物学》，2000
临床医学	疾病	患者健康受到干扰或威胁的状态是临床医学面对的首要对象	张燕燕，《现代临床医学概论（第2版）》，2012
战略学	战争	战略产生于战争，并研究战争的全局性规律	钮先钟，《战略研究》，2003

　　不同学科对逻辑起点的提炼和归纳，为体育学学科逻辑起点的厘定提供了借鉴。一方面，明确学科逻辑起点在认识学科发展规律中所起到的枢纽作用，以及逻辑起点最简单、最抽象、最起始的构成特征，可以考虑以核心要素的形式提炼体育学逻辑起点；另一方面，在确定体育学学科的逻辑起点时，必须符合逻辑学的理论规定性与体育学的历史规定性，做到历史与逻辑的统一。

（二）体育学逻辑起点的归纳与剖析

相较于其他学科，体育学界在探讨和研究学科逻辑起点问题上还未形成共识。反观教育学学科，1986年就有学者指出：“教育学为了建立完整严密的体系，需要寻求逻辑起点。”[1]后续研究围绕逻辑起点的规定性、逻辑起点的理论争议、逻辑起点的意义、逻辑起点的多元或一元、主观或客观等话题形成了一系列成果。

随着体育学基本理论认识的不断深入，体育学逻辑起点理解也逐渐深化，形成了具有代表性的观点（见表2-4）。如表2-4观点2、观点3主张以体育学的研究对象（或称认识对象）——体育、体育行为或者体育运动中的人为体育学学科的逻辑起点，体育运动中的人是体育的行为主体，体育蕴含着主体性参与的体育活动。这种归纳方式和认识路径看似周延和全面，但也存在商榷之处：其一，无论是体育运动中的人还是人的体育行为都不是最简单、抽象、一般的概念，而是属于内涵丰富的且需要重新解释、可以拆分的内容，这与黑格尔对逻辑起点的原始基质性规定难以相符。若将体育作为逻辑起点，那么对体育活动理解的不同可能导致所建构的理论和学科体系大相径庭。其二，“逻辑起点应与研究对象相互规定，也就是说，逻辑起点要保持它所反映的对象的一致性。”[2]如果非要将体育运动中的人或者人的体育活动发展成为公理化的前提条件，那么在建构的理论体系中，逻辑起点与研究对象的合一会导致至少一方难以被容纳，需要逻辑的传递和补位方可进行理论解释。其三，如果以体育运动中的人或人的体育活动作为体育学学科理论体系的逻辑起点，在逻辑上不可避免地会出现用研究对象定义研究对象的循环论证。在经济学、文化学和教育学领域中并未出现类似的归纳方式，主要原因在于演绎推理的过程只有构成有效的逻辑链条，研究对象才能成为整个学科理论体系的线索和逻辑起点。

---

[1] 冯建军.教育基本理论研究20年（1990—2010）[M].福州：福建教育出版社，2012：7.

[2] 瞿葆奎.元教育学研究[M].杭州：浙江教育出版社，1999：26.

表2-4　体育学学科逻辑起点的代表性观点

观点	理由依据	观点出处
观点1：体育	作为体育学核心范畴的体育，是体育学学科理论体系的枢纽，在整个概念体系中起着统摄的作用	张岩，《体育学的范畴论》，2005
观点2：体育运动中的人	体育实践中的人是体育存在的根本，包含贯穿体育发展全过程的核心矛盾，是体育形成的真正起点	鲁长芬，《体育学科体系研究》，2012
观点3：体育行为	体育行为是体育现象的"本体存在"，是体育现象中最简单、最常见、最抽象的起始范畴，是构成体育科学理论体系的"细胞""元素"	刘一民，《论体育学基本理论范畴体系》，2016
观点4：人体运动	人的运动就是人的运动动作的总称，是体育和竞技的行为根本和逻辑起点	韩丹，《国际规范性体育与运动的基本概念解说》，1999
观点5：锻炼	可以以锻炼标注体育发展的历史起点，锻炼是体育领域中最常见、最简单、最抽象的范畴，锻炼规定了整个体育科学领域的基础学科	唐炎，《体育学学科体系现状考察及建构研究》，2002

相较而言，观点3和观点4借鉴了马克思主义政治经济学对逻辑起点"商品"归纳的经验，在历史与逻辑的基础上考量体育学逻辑起点。由观点3可知，人的活动并不都是人的运动，只有运用运动动作来进行的活动才称为人体运动，人的体育活动及知识体系的建构应围绕人体运动进行推衍和分化；强调竞技性的"大体育"与强调教育性的"真义体育"，都是采用人体运动或人体运动中的身体练习（或身体锻炼），以此演化出各自的逻辑体系和理论学说。观点4将体育学学科的逻辑起点归纳为"锻炼"，因为："锻炼是历史中偶然发生的各种体育客观形态的最基本的共同性，锻炼在逻辑上反映了体育发展过程的历史起点……锻炼的确是体育中最简单、最抽象的一个范畴……锻炼规定了以它为逻辑起点的整个体育科学领域的基础学科。"[1]

[1]唐炎.体育学学科体系现状考察及建构研究[D].重庆：西南师范大学，2002：23-28.

相比之下，"与我国的情况类似，美国的体育学科源于Physical Education，并在困境与争论中不断发展，如今，Kinesiology已逐步成为北美地区体育学科的通用名称。"[1]随着Kinesiology作为体育学学科的总称逐步确立，将体力活动（physical activity）作为逻辑起点的研究和讨论也随之出现。霍夫曼在《体育学导论》中，就以"研究体力活动"为副标题，指出："如同社会学关注人们的社会互动、生物学关注生命形态、人类学关注文化样态，而体力活动就是理解体育学科的关键"；体育学科必须围绕体力活动进行知识生产：体验体力活动（体验性知识）、研究体力活动的理论与概念（理论性知识）和以体力活动为中心的职业参与（职业实践知识）。内维尔则从另一角度强调："体力活动是将体育学区别于其他学科的重要标志，"[2]因为除了体力活动是学科关注的本体外，参与并体验体力活动本身就是体育学的重要认识论手段，这有别于其他自然科学和人文科学的观察、阅读方法。从词源学的角度看，体力活动的含义较广，既包括身体练习，也包括一些不带有锻炼目的的身体活动，如果将其作为逻辑起点，可能导致逻辑起点的扩大化和不周延。

综合国内外各种体育学逻辑起点的讨论，本书倾向于在"锻炼"的基础上进行进一步的限定，即考虑到"锻炼"一词作为逻辑起点在表达与研究对象的一致性上可能存在偏差，将其表述修正为"身体练习（physical exercise）是体育学学科的逻辑起点"。因为从基本内涵看，"锻炼"除了指"通过体育运动使身体强壮，培养勇敢、机警和维护集体利益等品德"外，在自然科学领域特别是冶炼技术领域则指向"锻造或冶炼"，在社会科学领域则指向"通过生产劳动、社会斗争和工作实践，使觉悟、工作能力等提高"。从归纳过程看，体育学的逻辑起点一旦超越了自身反映的对象的一致性，就失去了特定价值。如果加上限定词"身体（physical）"，就可以准确地表述所属的体育学学科逻辑发生的身体指向，避免上述逻辑基项与始项不一致而发生对象偏移甚至失真的情形，毕竟，"并非所有的动作都可以称为身体练习，只有那些为了实现体育的目的任务而采用的体育手段中的动作才能称为身体练习。这些动作不论在形式、内容和方法上都符合体育的要求，有助于实现体育的目的任务。"[3]此外，本书将"physical exercise"翻译成"身体练习"而不是"身体锻炼"的主

————————

[1] 王志强，胡曦. 从Physical Education到Kinesiology：美国体育学科的变革与重塑 [J]. 体育成人教育学刊，2013，29（5）：1.

[2] Mike Mc Namee. Philosophy and the Science of Exercise, Health and Sport [M]. London：Routledge，2005：2.

[3] 周西宽. 体育基本理论 [M]. 北京：人民体育出版社，2007：190.

要考虑是：在划分体育的三大领域时，往往将群众体育的主要技术特征归纳为"身体锻炼"，"身体练习"的表达方式可以避免人们误以为体育学学科的逻辑起点是通过群众体育领域的关键特征来描述。

第三节　体育学的学科特征问题研究

在前面"体育学形成的理论路径与分析维度"中，我们就已经论述了知识与学科的关系，明确了学科主要包含知识和制度两种形态。其中，知识体现了学科的内在逻辑，是学科第一性的存在，一种逻辑自洽的知识体系是学科的内核。通过对知识形态的研究有助于我们把握学科的本质。本章的主要任务是从知识的视角来考察体育学的学科特征。由于体育学从本质上来说就是一种知识体系，所以我们从知识角度来考察体育学的学科特征，说到底就是考察体育学本体最内核的特征。若要从知识视角考察体育学的学科特征，首先需要了解并确认体育学具体包含了哪些知识或知识体系。通过本书对学科形成理论的探讨可以明确，知识来源于问题，而问题则来源于研究对象的确立，在研究对象身上发现问题和解决问题的过程中便产生了知识。此外，从学科的理论来看，一个学科所具备的独特的研究对象大致决定了该学科的范围与边界。由此来看，我们应当首先考察体育学的研究对象，并以此为出发点明确体育学所涵盖的知识范围。

一、体育学的知识范围确认

特定的研究对象是学科确立的基本标准之一，学科的知识范围是围绕着特定研究对象展开的。从已有研究看，国内外学界对于体育学的研究对象均做过较为细致的讨论。其中国内的观点主要集中在两点：①体育学的研究对象是体育运动或体育现象[1]；②体育学的研究对象是运动的人和人的运动[2]。国外的观点也主要集中在两个方面：①体育学的研究对象是身体活动或体育锻炼（physical activity；human movement；physical exercise）[3]；②体育学的研究

[1] 周西宽. 体育学 [M]. 成都：四川教育出版社，1988：10-12.
[2] 鲁长芬. 中国体育学科体系研究述评 [J]. 体育学刊，2007（6）：46-51.
[3] Gregg Twietmeyer. What is Kinesiology? Historical and Philosophical insights [J]. QUEST，2012（64）：4-21.

对象是技能学习（motor learning）[1]。这样来看，无论是体育现象、体育运动、身体活动、技能学习，还是运动的人或人的运动，这些研究对象都是围绕"运动"（sport）为核心词展开的。如果这样对体育学的研究对象进行界定，那么体育运动必然是体育学在研究对象上与其他学科区别的一个主要标志和内核。体育运动是体育技能的一种外在表现形式。抛开这种学理上的分析，即使直观来看，体育学与其他学科最显著的差别也在于体育运动或体育技能。作为体育学的科学共同体，只要被贴上"体育"的标签便注定会与运动实践联系在一起。作为一个体育学者，如果自己没有熟练掌握一至两项体育实践项目，那么一般他将会被怀疑是否是真正的体育学者。当然，从科学研究的角度看，我们可以说这是一种偏见，是一种"局外人"的"浅见"。但是，这也正是体育或体育学在日常提供为外界的印象，我们很难否认。这正是体育学与物理学、社会学、教育学、生物学等学科相比外显于世的差别。

　　本节我们从知识维度对体育学的学科特征进行分析。既然体育运动实践是体育学区别于其他学科的一个重要体现。那么体育运动实践是否可以纳入知识的范畴进行讨论呢？从前面对知识的分类考察来看，运动实践是默会知识的一种，我们能够从默会知识的角度对其进行考察和论说。同时，我们还可以通过默会知识的显性化进一步讨论体育理论知识的形成。如图2-7所示，在本章中，我们将首先通过对默会知识理论的论述，考察运动实践与默会知识的关

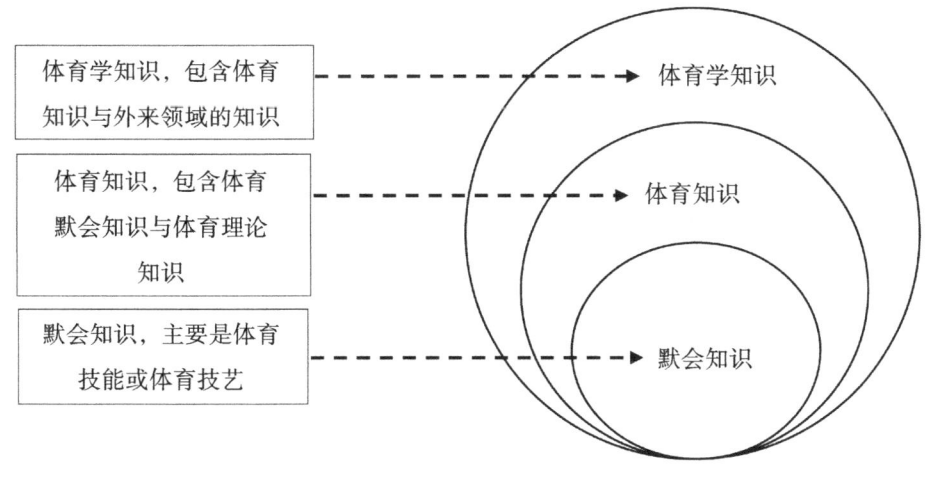

图2-7　体育学知识的范围

[1] Mark G, Fischman. Motor Learning and Control Foundations of Kinesiology: Defining the Academic Core [J]. QUEST, 2007（59）：67-76.

系，进而扩大范围，考察包含了默会知识与体育理论的体育知识，最后考察涵盖了体育知识和其他领域知识的体育学知识。通过对由内而外、由本源到融合的体育学知识的演进状态的考察，最终从知识视角呈现体育学的学科特征。

二、体育技能的默会知识维度

本节中我们将重点阐述体育运动实践在波兰尼默会知识理论中的呈现方式，从体育技术、体育技能、体育技艺三个层次论说体育在默会知识中的存在方式与习得规律。此外，以马斯洛需要理论为基础，阐述体育技能对于体育学的重要价值与作用，为随后知识维度下体育学的学科特征的论述奠定基础。

（一）波兰尼的默会知识理论

1958年，英国哲学家波兰尼出版了其代表性著作《个人知识：迈向后批判哲学》（*Personal Knowledge*）。在著作中，他首先提出了默会知识（tacit knowledge）这一术语。在波兰尼的整个思想体系中，默会认识论居于核心的地位，这也被公认为是他对哲学的最重要的贡献[1]。由于波兰尼在默会知识中列举了与体育运动实践相关的事例作为其论述默会知识理论的论据，所以国内外学者在论述体育运动实践与知识的关系时普遍会将默会知识作为他们的理论基础。本节我们同样以默会知识理论为出发点，试图在前人研究的基础上，将体育技能与知识之间关系的论述推进一步。

通过对波兰尼《个人知识》及相关文献的研读，结合考察体育技能的需要，我们梳理了波兰尼的默会知识理论中的三条核心观点，分别是：①两种意识（觉知）；②技能的不可言传性；③本领与行家绝学的差异。以此作为后面论述体育技能的理论基础。

1. 两种意识

在波兰尼《个人知识》的中译本中，译者将该词翻译为"两种觉知"，而从当前哲学界的主流用法看，偏向于翻译为"两种意识"。在此，我们采用后一种说法。波兰尼认为，人们的日常行为常由两种意识构成，分别是焦点意识（focal awareness）和辅助意识（subsidiary awareness），两种意识可以视为论

---

[1] 郁振华. 波兰尼的默会认识论 [J]. 自然辩证法研究，2001（8）：5.

述其默会知识理论的一个根基。举例来说，当我们用锤头钉钉子时，既留意钉子又留意锤头，但留意的方式不一样。我们看着锤击钉子的效果，当用力向下甩锤头时，只会觉得锤头砸中钉子，而不会觉得锤柄其实同时也在击砸我们的手掌。在焦点意识和辅助意识之间的关系上，波兰尼认为它们是相互排斥的[1]。如果在刚才的事例中，人们把焦点意识从击砸钉子转向握着锤柄的手掌，那么，击砸的力度和准确度肯定会差很多。从这一点来看，焦点意识与辅助意识的确相互排斥。人的默会认识就建立在辅助意识和焦点意识的动态关系之上。

从郁振华的研究看，在默会知识的两种意识中，为了把握某一对象，我们需要将有关的各种线索、细节整合为一个综合体来加以认识[2]。具体来说，我们对各种线索、细节、部分的辅助意识是默会认识的第一个项目，关于对象的集中意识是第二个项目。为了认识后者，我们需要依赖于前者，前者是我们所依赖的东西（rely on），后者则是我们所关注的东西（attend to）。总体来说，默会认识就是展开于从（from）第一个项目转向（to）第二个项目的动态过程中。即"默会认识是一种from-to"的认识[3]。而由于认识的主体是个人，所有意识阐发的是身体（body），所以认识事物所依赖的母体便是个人及其身体。由此，默会知识（tacit knowledge）与默会识知（tacit knowing）便凸显了个人与身体的地位，这也是波兰尼将其著作命名为《个人知识》（personal knowledge）的原因。

2. 技能的不可言传性

波兰尼认为，知识不是绝对客观的，它是客观性与个人性的结合。他指出，知识具有默会的成分，它在一定程度上是不可言传的，从这种意义上说，知识也是具有个人性的[4]。当然，这里波兰尼所说的"不可言传性"并非绝对的不可言传，而是说不能完全地言传、充分地言传。举例来说，游泳者不知自己为什么能在水中漂浮而不沉入水底；品酒师、品茶师能够辨别出不同品种、不同年份甚至不同产地的酒或茶；学会骑自行车的人也不能够描述自己到底是如何能够自主地把控自行车而不致摔倒……这些知识在波兰尼看来，都是不能单靠规则或理论来传授的。在说到技能不可言传的原因时，波兰尼指出，

[1] 迈克尔·波兰尼. 个人知识——迈向后批判哲学 [M]. 贵阳：贵州人民出版社，2000：83.

[2] 郁振华. 波兰尼的默会认识论 [J]. 自然辩证法研究，2001（8）：6.

[3] Michael Polanyi. Meaning [M]. The University of Chicago Press，Chicago，1975：34. 转引自郁振华. 波兰尼的默会认识论 [J]. 自然辩证法研究，2001（8）：5.

[4] 迈克尔·波兰尼. 个人知识——迈向后批判哲学 [M]. 贵阳：贵州人民出版社，2000：6.

"一组落入我们的附带觉知（意识）中的细节如果全然从我们的意识中消失，我们就可能最终全然把它们忘记，无法回忆"[1]。

除了波兰尼自己的解释外，维特根斯坦学派下的哲学家格里门和约翰内森均强调通过一种"强的默会知识论"（the strong thesis of tacit knowledge）来对此进行解释。他们认为，强的意义上的默会知识是存在的，比如说，你可以通过对方的面貌来分辨出一个人，却无法用语言来描述它。而对构成一个行动的各个步骤的先后秩序的知识，即所谓的"行动的舞蹈编排"（the choreography of an action）的知识也都是难以用语言来充分表达的[2]。在这些场合下谈论默会知识，并不意味着在这些情况下语言是不必要的。而是说，对于获取和传达这些知识而言，语言是不充分的。他们指出，认识者若是缺乏第一手的经验，仅依靠语言文字的描述是无法获得知识的。格里门所提出的这种"强的默会知识理论"为我们展现了作为符号系统的语言与知识之间客观存在的某种断裂。

3. 本领与行家绝学的差异

波兰尼在《个人知识》第四章中分两个小节单独论述了"技能的实践"与"行家绝技"。在论述"技能的实践"时，他指出，"实施技能的目的是通过遵循一套规则达到的""一门本领的规则可以是有用的，但这些规则并不决定一门本领的实践，它们是准则，只有跟一门本领的实践知识结合起来时才能作为这门本领的指导"[3]。在谈到"行家绝技"时，他指出，"行家绝技只能通过范例而不能通过技术规则来交流""依赖师父把这些技能和行家绝技传授给徒弟"[4]。在此，波兰尼似乎大致地将技能分为了"一般本领"和"行家绝技"。他承认了在学习基础的本领时，规则是有一定作用的，而在学习行家绝技时则只能依靠范例而不能依赖规则。对此，赖尔也给出了类似的观点，认为"规则的知识对于初学者掌握拥有技艺的实践知识来说，还是有用处的"[5]。由此来看，在波兰尼的默会知识中，大概也有一个模糊的技能分级。这其中，高级技能（技艺，art）只能通过范例进行传授；低级技能（skill）可以通过范例和规则的结合进行学习。在这里，对范例的倚重，归根到底是对个别项、特殊项的倚重。郁振华指出，强调范例之于规则的优先性，实际上就在一

---

[1] 迈克尔·波兰尼. 个人知识——迈向后批判哲学 [M]. 贵阳：贵州人民出版社，2000：93.

[2] 郁振华. 从表达问题看默会知识 [J]. 哲学研究，2003（5）：52.

[3] 迈克尔·波兰尼. 个人知识——迈向后批判哲学 [M]. 贵阳：贵州人民出版社，2000：73-74.

[4] 迈克尔·波兰尼. 个人知识——迈向后批判哲学 [M]. 贵阳：贵州人民出版社，2000：81-82.

[5] 郁振华. 范例、规则和默会认识 [J]. 华东师范大学学报（哲学社会科学版），2008（4）：48.

个重要的维度上，对西方传统哲学在知识观上重普遍、一般而轻视特殊、个别的倾向提出了有力的挑战[1]。

（二）体育技术、体育技能与体育技艺的分层呈现

通过以上对默会知识理论的分析，我们发现哲学界对于默会知识中技能的呈现方式也是有一定分层的。虽然波兰尼与相关默会知识研究者说得并不明确，但将这种思路映射到体育领域便能够产生一些启发。通过上述对默会知识的分析，我们认为体育技术（technology）、体育技能（skill）和体育技艺（art）这三者代表了体育运动中展现默会知识的三个层次。

有学者曾经区分了体育技术（motor technology）与体育技能（motor skill），以概念剖析为切入点，认为运动技能是运动技术的一个构成要件，两者是包含和被包含的关系[2]。在此，我们从默会知识的视角提出一些新的观点："体育技术"（motor technology）一词的出现，主要是在机械还原论的影响下，将人视为一种机器的隐喻，将人在参与体育运动或锻炼时各关节完成的肢体动作视为一种机械活动。根据法国蒙彼利埃第二大学体育学教授格里斯（J. Gleyse）的研究，这种关于体育锻炼的机器隐喻早在17世纪就已经出现[3]。从默会知识的理论来看，我们认为体育技术在体育默会知识的三个分类中是属于较低层次的。因为这一概念仅将人的运动视为一种"机械的"运动，是从机器的层面来展示人的活动，并未涉及人的主观能动的创造力与思想。从这个角度看，"体育技术"（motor technology）与制造汽车时自动焊接机器手臂的运动并无本质性差异。

比体育技术高一个层次的是体育技能（motor skill）。我们可以从两个方面来说明这一看法。第一，"技能"（skill）呈现出一种技巧性的意蕴，体现了人的能动性和智慧性。在这个层面上，人已经超越了机械隐喻（machine body metaphor），不再被视为一种机器，而是作为一种具有主观意识的主体存在。第二，"技能"对应的英文单词是"skill"，同时具备一种"技巧"的解释。是当运动技术掌握熟练之后，通过"孰能生巧"的过程而达到"skill"。

---

[1] 郁振华.范例、规则和默会认识［J］.华东师范大学学报（哲学社会科学版），2008（4）：54.

[2] 张建华，体育知识论［M］.北京：北京体育大学出版社，2012：140.

[3] J. Gleyse. The machine body metaphor: From science and technology to physical education and sport, in France（1825—1935）［J］. Journal of Medicine & Science in Sports，2013（23）：758.

从这两个方面来看，我们大概能够说明体育技能是高于体育技术的一个层次。

从波兰尼的研究看，比技能更高层级的是技艺，从英语上看它们的对应词分别是skill和art，认为技艺超越技能，是更为高级的默会认识[1]。这一观点放到体育领域来，便是体育技艺优于体育技能，是作为更高一个层次的存在。在《个人知识》中技艺大概能够与波兰尼所说的"行家绝技"相对应。从默会知识理论看，说体育技艺超过体育技能主要是从习得方式来说的。从默会知识习得的角度指出，作为较低层次的体育技能依然能够部分地通过"规则"进行学习和掌握；而作为更高层次的体育技艺则只能通过"师父教徒弟"的方式以"范例"的形式进行掌握[2]。如果我们从体育技能和体育技艺的表现形式来看，技艺（art）首先凸显了人体在运动过程中所呈现的美学要素。这也成为体育运动能够吸引大众的一个直接原因。另外，体育技艺相对体育技能来说体现了主体（运动员）能够在技术运用上呈现出一种艺术化和创造性。对于从事体育锻炼或体育运动的人们来说，我们认为他们与体育技术、体育技能和体育技艺三者发生关系的方式和顺序会以这样的方式呈现：通过观看高水平的竞技体育赛事，受运动员展现体育技艺（art）感染，进而产生模仿和学习的冲动，开始学习体育技术（technology），通过体育技术的熟练化达到掌握和运用体育技能（skill）的层次。

三、从体育理论知识到体育知识

在此我们计划在已有认识的基础上，重点针对体育知识的性质展开进一步的探研，力图将认识推进一步。体育知识是认识主体在运动实践中认识客体（运动世界和认识主体自身）相互作用的基础上所获得的运动经验与认识的总和，"体育知识包含了显性体育知识和默会体育知识"[3]。在本章第二节中，我们已经对体育实践知识（即体育默会知识）进行了详细的解说与考察。由于已经明确了体育知识包含体育理论知识（显性体育知识）和体育实践知识（默会体育知识）两类，所以为了全面考察体育知识，在此我们还需要对体育理论知识进行考察。

［1］Turner BRYAN S. The body & society［M］. London：Sage，1996. 转引自：高强. 从"技能"到"技艺"：默会认识论视域下的体育运动［J］. 武汉体育学院学报，2012（7）：5-11.

［2］高强. 从"技能"到"技艺"：默会认识论视域下的体育运动［J］. 武汉体育学院学报，2012（7）：5-11.

［3］张建华. 体育知识论［M］. 北京：北京体育大学出版社，2012：252.

（一）体育理论知识考察

体育理论知识包含了运动技术（方法）、运动战术（方法、运动学习方法、运动规则、一般性体育理论知识和显性的自我知识）。对于体育理论知识，有学者指出它的性质主要体现在"相对客观性、发展性、价值性、文化性和个体性"[1]。我们认为，这些观点对于体育理论知识的论说均有其合理性，但同时也忽略了体育理论知识中另外的一些重要特质。下面，我们将分别展开论述。

通过教材考察体育理论知识是一个好的途径。对于一个领域的知识来说，教材实质上负载了特定学科的理智演化的重要信息，集中体现了已经形成广泛共识的概念框架、方法体系和经典研究案例[2]。体育教材由此成为体现体育理论知识的一个重要载体。这里所说的体育教材是在体育理论知识的范畴下讨论的。所以提到的体育教材仅是涉及纯体育理论知识的，包括中小学体育课程教材、普通高校体育课程教材、运动训练学教材及各类运动项目（篮球、排球、足球等）的教材。

1.体育理论知识具有典型的"残缺性"

我们已经明确了显性的体育知识或体育理论知识，包括运动技术方法、运动战术方法、运动规则、运动学习方法、显性的自我知识和一般运动理论等。从这些知识的内容看，它们主要是各种体育运动技能（默会体育知识）的显性化，也是各类运动实践案例的一般化或规律化。从默会知识理论看，默会知识只能少部分地显性化，更多的默会知识是不能言传的。这也是我们仅通过背诵和学习教材中的各类运动项目的技术方法而无法学会运动技术的原因。下面我们以排球的"体侧双手垫球"技术为例进行考察。排球教材指出，"体侧双手垫球"的动作方法是"（以左侧垫球为例）先以右脚前脚掌内侧蹬地，左脚向左跨出一步，重心移至左脚，保持双膝弯曲，同时，两臂向左侧伸出，左臂高于右臂，右肩微向下倾斜。击球时，用右转体和收腹的动作，配合提肩抬臂在身体左侧稍前的位置截住来球，用两前臂垫击球的后下部"[3]。学生如果仅

[1]张建华.体育知识论［M］.北京：北京体育大学出版社，2012：76-88.
[2]方文.学科制度与社会认同［M］.北京：中国人民大学出版社，2010：35.
[3]黄汉升.球类运动——排球［M］.北京：高等教育出版社，2005：61-62.

通过学习或记忆这段文字描述，他们很难掌握"体侧双手垫球"这门技术。因为完成这项动作更加需要学生对球的位置变化、速度变化及身体与球接触时的肢体感觉做出认知，而这些内容均难以用文字符号进行描述。所以从这个角度看，体育理论知识是残缺不全的，呈现出典型的"残缺性"。这种残缺不是缺少边边角角，而是缺少知识中主要的、核心的部分。这就是需要体育课中体育教师不断示范和纠错的原因。从默会知识理论中对"规则"和"范例"的诠释来看，教材中通过语言符号描述的"规则"只能对初学者学习技能起到一个有限的辅助作用。技能提高的关键在于体育教师应当自身掌握标准的和丰富的"范例"，以供学生"投靠权威"和"毫无批判地委身于另一个人进行模仿"[1]。这样才能够取得好的教学效果。

2. 体育理论知识具有典型的"实践性"

运动技术方法、运动战术方法、运动教学方法、运动规则、训练原则与方法等内容是体育理论知识的代表，那么这些知识是怎么来的呢？我们依然以刚才列举的排球中"体侧双手垫球"的动作方法为例进行考察。从这一知识点的文字表达我们可以看出，"体侧双手垫球"的动作方法其实是对排球运动实践中体侧双手垫球动作的文字符号描述。这一理论知识完全是从实践中得来的。对于这一知识点，排球技能掌握较好的运动员或学生，完全可以不看课本而通过对自己完成这一动作的程序进行直接描述。他所描述出来的动作方法与课本中不会相差太多。对于这一问题，英国利物浦大学的马克·威廉姆斯曾经以足球运动员为例进行过专门的实验研究，结果显示，陈述性知识（declarative knowledge，即理论知识）可以视为技能（skill）的一部分。拥有高水平足球技能的运动员本身便具备更广阔和更准确的（more large and more elaborate）陈述性知识[2]。综上所述，从体育理论知识来源的角度看，我们可以说它具有典型的实践性。除了运动技术方法外，运动战术方法、运动规则、裁判法等各类典型的体育知识均体现了"实践性"的特点。以篮球运动规则和裁判法为例，规则的制定是为篮球运动实践服务的，目的是使篮球比赛在一种规范、激烈、有观赏性的状态下进行。所有的规则条目均是依据篮球竞赛实践的需要而设定的，同样体现了知识的实践性特征。而篮球裁判法直接是历年来优秀裁判员执

[1] 迈克尔·波兰尼. 个人知识——迈向后批判哲学 [M]. 贵阳：贵州人民出版社，2000：79–80.

[2] Mark Williams, Keith Davids. Declarative Knowledge in Sport: A By-Product of Experience or a Characteristic of Expertise? [J]. Journal of Sport & Exercise Psychology, 1995（17）：259.

法篮球比赛的经验和技巧的总结，同样体现了体育知识的实践性。

3. 体育理论知识具有典型的"低规范性"

在上述分析中我们可以发现，现有体育理论知识主要是默会知识的显性化以及运动实践的经验总结，呈现出一种"朴素"的知识形态面貌。通过对体育理论知识的进一步考察，我们发现体育理论知识在多个方面都呈现出一种偏低的规范性。下面，我们从概念界定和知识分层等方面来阐述体育理论知识的这种"低规范性"。

（1）概念界定的角度。概念的重要性早在希腊先哲柏拉图那里就已有论述。他说道："没有任何一种配称为'知识'的东西是从感官得来的，唯一真实的知识必须是有关概念的。"[1] 由此来看，我们可以从概念的视角展开对一个领域中知识的考察。无论是采用形式逻辑还是辩证法，无论是出于"人"的逻辑还是"物"的逻辑，对于概念的界定，各个学科、领域均采取了严谨的、审慎的态度。这也使概念成为知识中的代表。考察体育理论知识，我们发现在一些基础的、核心的概念界定上，依然存在着多重定义、重复定义和模糊定义等问题。以"运动训练"的概念界定为例，运动训练是运动训练学的核心概念，是体育理论知识体系中的核心知识。学界理应对此拥有较为一致的看法。从我们的调研结果来看（表2-5），不同版本的运动训练学著作或教材中学界依然对此存在近十种不同的界定和理解，呈现出一种定义的多重性。这一现象除了运动训练学之外，在学校体育学、体育概论、各类体育项目（如篮球、排球、足球）等教材中同样存在。

表2-5　对运动训练概念的不同界定[2]

序号	定义内容	概念来源
1	运动训练是竞技体育活动的重要组成部分，是为提高运动员的竞技能力和运动成绩，在教练员的指导下，专门组织的有计划的体育活动	田麦久，2012
2	现代运动训练是指运动员为创造和保持专项运动的最高成绩所做准备的全过程	过家兴，1985

---

[1] 罗素.西方哲学史（上册）[M].北京：商务印书馆，1963：196.

[2] 根据田麦久主编《运动训练学》，杨桦、李宗浩，池建主编《运动训练学导论》和王家宏主编《运动选材学　运动训练学　运动竞赛学》的相关内容整理.

（续表）

序号	定义内容	概念来源
3	狭义：运动训练是指最大限度挖掘和提高人的体力和智力，以获得更好的运动成绩的一种有组织的教育过程。广义：运动员为创造或保持专项运动最高成绩所准备的全过程	王家宏，2005
4	运用先进的指导理论和科技成果，采用科学的训练方法，以取得最佳的训练效果，创造专项运动成绩为目的而专门组织实施的一个系统工程	王永盛，1994
5	狭义：借助身体练习，亦即身体负荷所进行的身体、技战术、智力、心理和道德等方面的准备。广义：运动员为夺取较好和最好的运动成绩所做的有计划准备的全过程	（苏联）马特维耶夫，1986
6	运动员根据科学，特别是教育原则，有计划地、系统地为提高竞技能力和竞技准备，夺取某一运动项目的较好和最好成绩而奋斗的全过程	（德国）哈雷，1985
7	运动训练是一个以有计划的发展并在运动考核特别是在运动比赛时表现一定运动成绩状态为目的的综合行为过程	（德国）马丁，1977

此外，是循环定义和模糊定义问题，比如说"完整训练法就是对于一项技术动作或战术配合练习，不分部分或环节，完整地进行训练的方法"[1]，如果把前面的限定语去掉就成为：完整训练法就是一项……完整地进行训练的方法。此外，体育理论知识中还存在模糊定义的问题，比如，对于重复训练法和间歇训练法的定义指出，"运动员做一个练习，负荷与休息交替进行时，各段（次）负荷之间的休息相对比较充分，叫作重复训练法；如果分段次之间的休息明显很不充分，则称为间歇训练法"[1]。这其中对于"相对比较充分"和"明显很不充分"的界定问题则并未很清楚地予以指出，形成了定义中的一种模糊化。

[1] 田麦久. 运动训练学 [M]. 北京：人民体育出版社，2012：64-66.

（2）知识分层的角度。以普通大学生及中小学生的课程为例，体育课的教材内容体现了体育理论知识。在不同年级中，各门课程内容应当具有明显的层次性。比如数学教材内容中以数的分类开始，逐渐深入四则运算、方程、几何、代数……从这个角度看，体育课的知识体系则呈现出层次的模糊化。在王淑英对大、中、小学三个层次的学校体育课程内容存在问题的调查中，学生反映最多的就是"课程内容重复，缺乏系统性"[1]。我们认为，体育理论知识从普通学生体育课程教材内容的角度看，的确存在内容重复和分层不清的问题，但这很难通过书面的教材内容的改革得以有效地体现。原因在于体育课程的大部分内容从根本上说是默会知识（各项运动技能），而默会知识本身就很难进行具体的分级和评判，需要的是"师傅带徒弟"的方式对其技术进行分层和分级。举例来说，排球项目中的发、传、垫、扣4项技术可能在初中体育教材的内容中就已经存在，而到大学的教材中依然会有这4项技术，甚至国家队的训练计划中每天也肯定有这4项技术的训练内容。它在书面上呈现出来的知识点可能是一样的，但其内在的技术层次则肯定是大相径庭的。但从教学目标来看，我们也很难具体用文字来体现不同年级对技术掌握程度的要求，只能在一定程度上进行量化。比如篮球中的"一分钟急停跳投的命中数"，足球中的"20米绕杆的时间"，但这种能够量化的内容毕竟是少数的，我们又如何评价他的战术意识，技术掌握的规范性和运用的合理化程度呢？这也是在技术课考试中"技评"存在的原因，即这种对于技术分层或分级的评价需要"行家里手"根据经验进行判断，而很难用量化的指标和详细的文字表述进行区分。通过以上阐述我们大致可以明确，体育理论知识，特别是以体育课程的教材形式呈现的体育理论知识的确存在着层次模糊化的现象，而这种情况的存在除了理论研究上的不足以外，一个根本原因在于这些知识本质上是默会知识的显性化，从自身性质上来说很难通过文字符号进行分层或分级。

综上所述，从概念界定和知识分层两个方面来考察，体育理论知识确实存在着诸如循环定义、模糊定义和多重定义的现象及知识分层模糊、边界不清等情况。可以用"低规范性"来总结体育理论知识中存在的这些现象。

4. 体育理论知识的碎片化

从上面的论述中，我们已经比较清楚地了解到体育理论知识的范围。可以看到，单纯的体育理论知识主要包含两方面内容：一是以不同运动项目为中

---

[1] 王淑英.学校体育课程体系研究［D］.石家庄：河北师范大学博士学位论文，2010：138.

心而阐发的知识，包括各运动项目的技术方法、战术方法、比赛规则与裁判法等；二是参与运动实践而形成的经验总结，主要包括运动训练或锻炼的原则、方法、手段及竞赛组织编排等方面的知识。可以发现，这些知识均围绕着一个中心点，即运动实践。那么围绕这个中心，我们的体育理论知识从整体上看是否能够按照某种逻辑来形成一套知识体系呢？至少从本书来看，我们尚未发现一套合逻辑的知识体系。咬文嚼字地说，我们所说的"体育理论知识"，其实并非"理论知识"，而只是一种"文字知识"，是一种对默会知识的显性化表达。用"体育文本知识"进行表达会更贴合本义，只是为了遵从惯例，我们才称为"体育理论知识"。为什么说体育理论知识并未形成一种知识体系呢？所谓知识体系，应当是不同的知识点之间能够有机地联系起来形成一个整体，或达成一种结构。在上述体育理论知识所涵盖的两部分内容中，首先，不同的运动项目的知识之间，我们很难看到能够发生联系的点，各项目的知识与技能是相对独立的，要求也各不相同。我们很难想象篮球与排球或者足球与跳高之间怎样能够系统地联系在一起。其次，一般训练理论知识与各运动项目的知识能够发生联系，但这种联系仅是一种点与点之间的联系，一般训练理论知识与各项目发生联系后便成了专项训练理论，甚至它又会和个人训练发生联系形成个案训练理论。但由于项目之间的独立存在，使各专项训练理论也必然孤立地存在，形成体育理论知识中的一个个碎片。当然，一般运动训练理论与各专项训练理论是能够作为知识体系存在的，各项目也能够围绕自身形成一套知识体系。这种知识体系便以《运动训练学》《篮球运动理论与实践》等教材的形式出现。但如果将体育理论知识作为一个整体来看，它是呈碎片化形式存在的。

（二）体育知识考察

对于体育知识的研究，张建华教授曾以《体育知识论》为名撰写并发表了其博士学位论文[1]。作为已知的国内学者首次较为系统和深刻地论述体育知识的成果，该研究为我们全面认识体育知识做出了重要贡献。

在该研究中，作者并未将体育知识作为一个整体进行其性质的论述，而是将其分为体育理论知识和体育实践知识进行了分别论述[1]。但是，"整体

---

[1]张建华.体育知识论[M].北京：北京体育大学出版社，2012：75-94.

并不是各成分的简要总和，它比成分的总和还要多一些，即整体还有作为整体自己的性质"[1]。由此来看，将体育知识作为一个整体进行思考应该更为恰当。首先，体育知识涵盖了体育理论知识与体育默会知识，从这一点来说，体育知识是默会知识与显性知识两者的综合，具有综合性；其次，通过对体育理论知识的考察，我们明确了它的来源是默会知识及运动实践的经验总结。由此来看，可以说体育知识的生长原点应该是默会知识，即体育知识在本质上具有默会性。这一点与艺术知识有相似之处。艺术学中有一句话叫作"不通一艺莫谈艺"[2]，在这句话中，前一个"艺"指的就是一门技艺，而后一个"艺"便是艺术知识或艺术理论。这句话也道出了艺术知识中技艺（默会知识）在逻辑上的优先性。所以，体育知识从总体上看，在很大程度上也具备了默会知识的性质，即不可充分言传性、实践性、个人性、范例学习的优先性等。而纵观体育知识所包含的体育理论知识与体育默会知识，我们也大致可以做出判断：体育知识作为一个整体，其自身的知识体系或知识系统并未形成，它所拥有的是一个个相互间联系松散的知识片段。按照A.F. 查尔莫斯在《科学究竟是什么：对科学的性质、地位及其方法的评价》一书中的思路看，这种游离各处的片段化知识存在的主要原因在于体育知识本身缺乏一个"结构严谨的理论"[3]，导致这些知识不能在一个统一的"纲领"的统整下出现。

四、从体育知识到体育学：体育学知识剖析

至此，我们已经对体育默会知识、体育理论知识及包含这两者的体育知识进行了分析。我们的研究对象是体育学，最终需要从知识视角探讨体育学的学科特征，这需要进一步对体育学的知识进行考察。从前面对学科演进规律的讨论中能够发现，作为体育学，其分支学科必然是首先出现的。各分支学科所呈现出的知识范畴更加聚焦和具体。所以我们在分析体育知识向学科形态演进时首先应当以分支学科为例展开研究。从已有研究看，体育学的分支学科可以分为两大类，第一类是体现体育实践自身逻辑的学科，主要是指运动训练学；第二类是以母学科理论和知识为依托，将体育现象或与体育相关的事物作为研究对象而形成的学科，比如体育社会学、运动医学、运动心

［1］皮亚杰.结构主义［M］.北京：商务出版社，2007.

［2］仲呈祥.当前中国艺术学学科建设发展中的几个问题［J］.艺术百家，2012（1）：1.

［3］A.F.查尔莫斯.科学究竟是什么：对科学的性质、地位及其方法的评价［M］.北京：商务印书馆，1982：89.

理学、体育教育学、体育管理学、体育经济学等。在体育学的分支学科中，后一类占据绝大多数。接下来我们首先剖析运动训练学的知识构成，其次分析第二类以母学科理论和知识为主体而形成的分支学科，最后，我们再从整体上考察体育学知识。

知识增长理论告诉我们，问题是知识的来源，因此也成为学科发展的起点。上述两类分支学科的形成同样遵循这一规律。如果一个学科中没有"问题"，那么即使人为地去构建这样的一些学科，它也必然很快走向凋亡。在上述第二类分支学科的形成中，有些学科借助母学科形成的成熟的知识框架，将其与"体育"或"运动"相结合，便很容易产生出一门新的"分支学科"。然而，这并非学科形成的规律，如果这些学科中不能持续地产生问题，那么它们存在的时间注定不会长久。20世纪80—90年代我国曾经出现过的"体育气象学""体育预测学""体育情报学""体育未来学"[1]等分支学科便昙花一现后逐渐走向衰败。从这种优胜劣汰的自然法则的角度看，体育学目前存在的分支学科大多有着自己专门的问题域。

（一）运动训练学的知识体系剖析：体育自身逻辑无法演进为学科

对照前述体育知识的分析可以发现，如果将体育知识作为一个整体进行考察，那么作为本质上侧重于默会知识属性的体育知识，自身呈现出了碎片化特征。作为以体育技能为核心的体育知识如果能够达到学科层面，那么家具制作、钟表制作、钢琴演奏及烹饪等技艺性领域也均能上升为学科。但从实际来看，这种情况并未发生。由此来看，实践知识很难通过自身演化形成为一门学科。但从体育学的学科体系看，同样属于实践知识，以运动训练实践的经验总结作为主要知识内容的"运动训练学"却成功地演进为一门学科。从知识角度看，它与同属体育知识的"篮球""排球""足球"相比又有何不同，为何后者仅能作为一门课程出现，而无法成为一门学科？

在前面关于体育学形成的理论路径中，我们明确了从知识形态来看，学科的演进路径应当陆续经由问题、知识、知识领域、知识范畴才能到达学科形态。这其中，通过对知识进行概念化提炼、逻辑性梳理的知识范畴环节是核心。从英国科学哲学家A.F. 查尔莫斯的研究看，一个科学领域中概念的提出及其准确性的表达是由于理论（theory）的出现。他指出，"概念的含义对于

---

[1] 邵伟德，马楚红. 体育科学分类体系的科学性探讨 [J]. 中国体育科技，2004（1）：62–63.

概念在其中出现的那种理论结构的依存性和前者的精确性对于后者的精确性和严谨程度的依存性，可以由指出一个概念借以获得意义的其他方式的局限性而变得更加像是有道理的"[1]。这段译文有些绕口和晦涩，其中心旨意在于说明理论对于精准概念体系的决定性作用，而概念体系正是构成一门学科知识框架的关键。具体到运动训练学来说，理论的存在能够使"训练实践知识"上升到"训练实践理性"。这是篮球、排球、足球等具体运动项目所无法达到的，即缺乏一种实践理性的升华。这种实践理性的达成依靠的是理论或者学说（theory）。因为理论有一种独特的能力，即"理论的目标总是在关注是否能发现那些构成具体实践的潜在力量。为了实现这一目标，理论必须超越具体情形和时间，寻求事物的一般属性和过程"[2]。由此来看，我们需要探究运动训练学所依赖的理论究竟是什么，以及发现这种理论到底是依靠体育知识自身演化得来还是依靠外来知识的帮助。

从已有研究来看，运动训练学中所依据的核心理论都是与其研究目标，即竞技能力的形成规律有关的，主要有超量恢复理论、周期训练理论[3][4]。对照《运动训练学》教材的知识体系加以分析能够发现，在运动训练学中所提出的"三从一大"训练原则、适宜负荷与适时恢复原则、适应与裂变效应、重复训练法、间歇训练法等核心知识都是依据超量恢复理论提出的。而多年、年度训练计划安排方法、周期安排原则、变化训练法、训练计划中内容的交替安排原则等一系列知识，则是根据马特维耶夫的周期训练理论运动训练学提出的。在此，我们暂不提当前学界对这些理论的质疑之声，假设这些理论是科学的。在这一前提下对这两个理论进行分析。

依据德国运动训练学著作的界定看，"超量恢复"理论是机体在负荷的刺激下其能量储备、物质代谢及神经调节系统的机能水平产生下降（疲劳），在消除负荷后这些机能能力不仅可以恢复到负荷前的初始水平，而且能够在短期内超过初始水平，达到"超量恢复"的效果。如果在"超量恢复"阶段适时给予新的负荷刺激，"负荷—疲劳—恢复—超量恢复"的过程则可以不断地在高的水平层次上周而复始地进行，由此使机体的能力得到持续的提高[5]。乔纳

[1] A. F. 查尔莫斯. 科学究竟是什么：对科学的性质、地位及其方法的评价 [M]. 北京：商务印书馆，1982：89.

[2] 乔纳森·特纳. 社会学理论的结构（上）[M]. 北京：华夏出版社，2001：2.

[3] 陈小平. 德国训练学热点问题研究述评 [J]. 体育科学，2001：43-46.

[4] 李庆，李景丽，顾扬，等. 现代运动训练周期理论的思考和讨论 [J]. 体育科学，2004（6）：52-55.

[5] Rothig P. u. a.（Hrsg）Sport wis sens chaftlic hes Lexikon [M]. Verlag Hofmann Schorndorf, 1992：490-491.

森·特纳曾经总结了理论的三个特点，他认为，首先，理论的目标总是在关注是否能发现那些构成具体实践的潜在力量。为了实现这一目标，理论必须超越具体情形和时间，寻求事物的一般属性和过程；其次，理论的表述比日常用语更规范，极端情况下理论会用数学的语言来表达；最后，理论可以根据具体情形采用不同的方法对其自身进行系统验证[1]。从实际应用来看，虽然运动训练学所依赖的超量恢复理论和周期训练理论依然存在着争议与准确度不高等问题，但它们能够发现"构成实践的潜在力量"，达到了一种"超越具体情形和时间"对训练实践形成了一种普遍指导意义。在一定程度上达到了乔纳森·特纳所提出的标准。这样来看，在超量恢复理论和周期训练理论的纲领式的统摄下，运动训练学能够在概念形成、知识架构等方面形成自己的知识系统，进而最终形成了向学科形态的演进。

接下来，我们继续分析超量恢复理论和周期训练理论所呈现的知识是从何而来的，进而明确这些理论的形成是属于体育知识自身的演化还是依靠外来知识的介入性研究。首先来看超量恢复理论，从上面提到的德国训练学著作对该理论的定义来看，该理论的研究对象和落脚点在于"运动的人"，研究的内容是人的机能状况在不同运动方式、运动负荷与不同休息间歇情况下的变化情况。内在地进行分析，与体育知识相关的运动方式和运动负荷及间歇时间只是一种实验条件。就是说该理论中，体育知识仅是作为一个实验的"变量"存在的。可以说，超量恢复理论的出现是借助了生物学或生命科学的知识体系、实验范式对体育领域出现的问题进行的讨论。当然，从问题的归属上看，它是属于体育领域的，但它是借助了生物学的知识解决了这个问题，而并非是依赖体育知识本身。按照波普尔的知识增长的理论模型"$P_1 \rightarrow TS \rightarrow EE \rightarrow P_2$"来看，超量恢复理论属于其中的"TS"（tentative solution），即为了解决问题P_1而提出的尝试性解决方案，而它目前所遭受到的种种质疑便属于"EE"（error elimination），即通过证伪消除错误。马特维耶夫依据人体竞技能力演进过程的"形成、保持、消失"三个阶段提出的"准备期、比赛期和过渡期"周期训练理论与此相似，同样是依靠对人体机能变化规律的研究，需要借助生物学知识完成和完善该理论。

由此我们可以看到，无论是超量恢复理论还是周期训练理论，它们的出现不是体育知识自身演化的结果，而是对外来知识的借力。体育知识本质上所具有的默会性使它自身很难提供解决问题的理论性方案。但是引发这些理论出现

[1] 乔纳森·特纳. 社会学理论的结构（上）[M]. 北京：华夏出版社，2001：2.

的问题是属于体育领域的，这些理论出现后的应用之地也在体育领域，所以运动训练学能够依靠这些理论完成对自身知识的系统性和原理性建构进而成为一门学科。同时，我们也应当明确，无论是超量恢复理论还是周期训练理论，它们都是通过运用生物学或生命科学的研究范式而得出的，体育知识在其中仅是作为一个研究变量存在的。所以，我们可以看到，当前对于运动训练领域的研究，始终是以生理学、医学的知识和实验范式为基础展开的。

我们以运动训练学为例展示了体育知识向学科形态演进的详细过程。由此我们大致可以得出以下结论：①理论（theory）的出现，是体育知识演进成学科形态的关键，理论的产出无法依赖体育知识本身，而只能向其他成熟学科寻求帮助。②在运动训练学中，相应理论的出现主要是以生物学或生命科学的知识和研究范式为基础的。所谓依赖体育实践自身逻辑能够使运动训练学完成学科形态演进的说法并不可靠。之所以会形成这种认识主要是由于超量恢复理论与周期训练理论仅在运动训练中运用，成为运动训练学的"专用理论"，容易使人忽略掉它的来源与范式。

（二）直接以母学科为依托的分支学科知识考察

1. 知识归属与建制归属的矛盾存在

在体育学的分支学科中，除了运动训练学外，还有另一种分支学科。它们是直接以各自母学科知识为主体进行架构的。经典教材能够体现各学科的知识架构，通过阅读大量体育学分支学科的经典教材，发现这些教材在知识架构上一般是先描述母学科的理论知识，然后再结合体育领域中与之相关的事件或现象进行分析。比如，在运动医学、运动生理学、体育社会学、运动心理学、体育管理学等学科中，它们的知识框架、理论来源均来自各自的母学科，而非体育，也就不存在由体育知识演进到学科形态的问题。也就是说，从知识归属和学科性质来看，它们应当归属于各自的母学科而非体育学。对于这一观点，各分支学科的教材中有不同程度的承认和体现，比如李世昌在《运动解剖学》中指出"运动解剖学是人类解剖学的一个分支"[1]；王步标在《运动生理学》教材中指出"运动生理学（exercise physiology）是人体生理学（human physiology）的一个分支"[2]；卢元镇在《体育社会学》中指出"体育社会学

[1] 李世昌. 运动解剖学 [M]. 北京：高等教育出版社，2010：1.
[2] 王步标，华明. 运动生理学 [M]. 北京：高等教育出版社，2006：2.

的学科性质是社会学下的一门应用社会科学，具有综合研究性质"[1]；吕树庭也认为"体育社会学既是社会学的分支学科，也是体育科学的一门基础学科"；骆秉全和靳英华也分别在《体育经济学概论》和《体育经济学》中表达共同的观点，即体育经济学是一门以经济学为理论基础，运用经济学的研究方法研究体育产业等问题的一门学科[2][3]；胡小明在《体育人类学》中指出"体育人类学是人类学的分支学科，因此，体育人类学研究必须在人类学理论的指导下"[4]等。由此来看，我们可以明确这些学科从知识归属上属于各自的母学科。但如果从学科建制与各"科学共同体"的实际归属来看，这些学科又是属于体育学的。这便形成了一种知识归属与建制归属间的矛盾存在。结合学科制度理论进行分析可以发现，造成这种现象的原因主要在于"学科规训"的力量。

具体来说，体现两种归属上地位与认同、机会与利益的差异。下面以体育社会学为例进行分析。我们已经明确，从理论来源上看，体育社会学是属于社会学的，但如果将体育社会学纳入社会学的分支学科，在社会学系中开设课程，体育社会学多半会落入非常边缘的位置，呈现出偏低的认同度。但由于存在体育学的学科建制，将体育社会学放置于体育学之中，它便成为一个主要的分支学科与核心课程。这种身份上的巨大差异会导致体育社会学的"科学共同体"主动向体育学靠拢。这是从学科地位与认同的角度来说的。从机会与利益的角度看，由于体育社会学在体育学中具有较高的学科地位与认同度，这使它在体育学中争取基金资助更加容易。同时，体育社会学作为一门主要分支学科，它的学者有机会成为体育学的"学科把门人"，在课题立项、专业设置等重要问题上掌握较大的话语权。而如果体育社会学在建制上归入社会学，这种机会必然会小很多。此外，体育社会学作为一门应用性科学，它所解决的问题本身也在体育领域中。通过这些分析可以明确，"学科规训"的力量会引导体育社会学在现实中归属到体育学而非社会学。在体育学学科体系中，除了运动训练学外，其他学科的情况一般都与体育社会学类似。这些分支学科呈现出一种知识归属与建制归属的矛盾存在。

［1］卢元镇.体育社会学［M］.北京：高等教育出版社，2006：3.

［2］骆秉全.体育经济学概论［M］.北京：高等教育出版社，2014：6.

［3］靳英华.体育经济学［M］.北京：高等教育出版社，2011：10.

［4］胡小明.体育人类学［M］.北京：高等教育出版社，2005：27.

2. 外来学科知识的介入考察

体育学是由各分支学科综合而成的。体育学分支学科所依据的理论和知识主要来源于各自的母学科，是母学科知识与体育知识的整合。从我们对体育学各分支学科发展史的梳理看，各学科发展具有实用主义导向。哪个分支学科发展速度快、知识增长得多，那么我们便可以说社会对于相应分支学科的需要较多。这样来看，相关母学科融入体育学的紧密度便会更高。

针对体育学分支学科知识结构或是亲缘学科的界定等问题的研究成果已有很多。以王琪、赵丙军、李元为代表的学者运用文献计量学的方法对体育学知识的结构进行了大量研究，取得了一批高质量的成果。已有研究表明，主要有医学、教育学、生物学、心理学、社会学等学科的知识介入体育学中[1][2][3]。在此，我们无意继续从文献计量学的角度去探讨体育学与其他学科之间的关系及体育学的知识结构。而是计划运用逻辑思辨的方法从功能视角对体育学对各个外来学科的依存度与需要的优先等级进行分析，进而从另一个角度呈现体育学的综合性。采用新的研究思路的原因主要基于以下两个方面的考虑。第一，运用文献计量学方法对该体育学知识结构的研究已经较为成熟，成果质量很高，依照这一思路很难为学界做出新的贡献。第二，虽然文献计量学的方法具有客观、定量、直观的优点，但它也同时存在一些缺陷。这种方法以各个文献数据库和具体期刊为依托，当研究以不同的数据来源为研究对象时往往会得出不同的结论。而各期刊都有其办刊的倾向性，这种倾向性是运用计量学手段进行研究时无法规避的。

依据涂尔干的观点看，"功能"体现了事物"某种需要之间相应的关系"[4]。也就是说，体育所承载的这些功能与个人、国家或社会对体育的需要密切相关。如果我们按照需要层级理论进行阐释，那么能够大致根据体育的功能梳理出体育学各分支学科对于母学科知识的需要情况和依赖程度，即能够大致了解外来学科知识介入体育领域的程度，或是确立体育学的亲缘学科。

[1] 王琪.西方现代体育科学发展史论：基于知识图谱视角的实证研究 [D].福州：福建师范大学博士学位论文，2011.

[2] 赵丙军，司虎克.基于知识流动的体育亲缘学科定量识别探索 [J].图书情报工作，2013（1）：122.

[3] 李元，王莉.体育科学学科互动研究：知识受馈、回馈与自馈视角 [J].天津体育学院学报，2015（1）：16.

[4] 埃米尔·涂尔干.社会分工论 [M].北京：生活·读书·新知三联书店，2013：13.

　　根据体育的功能，对体育的需要大致可以分为两类：个人对体育的需要与国家对体育的需要。借助"国家的人格化"理论，已有学者从马斯洛个人需要理论出发系统论述了国家利益层次框架[1]。这为我们的分析提供了理论工具。由此，我们便可以通过体育本身所具有的功能与个人和国家的需要层次之间的对应关系来分析体育学的各分支学科在具体满足个人和国家对体育的需要中的优先等级与供给程度，借此发现各分支学科对外来学科知识的需求情况。

　　下面，我们首先分析个人需要层次与国家需要层次。按照马斯洛需要层次理论，人的需要分为5个层级，分别是生理需要、安全需要、爱与归属的需要、尊重的需要和自我实现的需要。这其中生理需要包括饮食、健康和睡眠等；安全需要包括安全、稳定，免受恐吓、威胁等；爱与归属的需要包括在群体中拥有恰当的位置与朋友、拥有和谐的人际关系等；尊重的需要包括来自本身的自尊、自重和外来的信心、威望等；自我实现的需要包括祈盼自己成为自己所期望的那个样子，不断追求更加完美的自我[2]。从这五个层次看，生理和安全两个层次的需要可以视为生物性需要，偏重于人的自然属性；爱与归属、尊重两个层面的需要主要谈论的是人在社会生活与交往中的需要，侧重于人的社会属性；而人的自我实现的需求我们认为偏重于一种理想化的精神追求状态，体现了人的理想属性。由此来看，这五个层次可以简化为生物性需要、社会性需要和理想性需要三个层次。从国家需要层面看，姚玉斐根据国家的"人格化"理论，把国家需要由低到高划分为三个层次，分别是安全、发展和价值[3]。其中，安全需要包括领土、人口、政府和主权；发展需要包括经济发展、政治发展和社会发展；价值需要主要包括普遍人权、价值观、世界和平、国际道德等。

　　按照需要层次理论，个人与国家首先要满足于基础需要之后才会考虑更高一层级的需要。这便要求各体育学的分支学科按照体育的功能来满足个人与国家的这些需要。在需要满足的过程中，应当首先满足个人与国家较低层次或较为基础的需要，然后才会考虑更高层级的需要。由此我们可以大致发现哪些分支学科的被需要性更强，进而推导对外来学科的依赖程度，判断亲缘学科。

[1] 姚玉斐.国家利益层次研究：一种需要层次的视角[D].北京：中国人民大学博士学位论文，2010.
[2] 胡家祥.马斯洛需要层次论的多维解读[J].哲学研究，2015（8）：104.
[3] 姚玉斐.国家利益层次研究：一种需要层次的视角[D].北京：中国人民大学博士学位论文，2010：75.

对照上一小节中我们已经确认体育对个人和国家的功能，结合个人和国家需要层次结构，我们制作了图2-8。从中可以发现，体育应当首先满足个人和国家自然属性的需要。对个人来说是生理和安全的需要，对国家来说是保护国家领土、主权完整和安全的需要。从这个角度看，这与体育所具有的改善健康、强健体魄的功能相适应。而实现这种功能则需要参与体育锻炼，需要体育教育学、运动医学、运动生理学和运动心理学等分支学科的帮助。从第二层次社会属性的需要看，对于个人来说是改善人际关系、形成爱好兴趣、获得认同和归属的需要；对于国家来说是政治、经济和社会发展的需要。从这个角度看，与体育所具有的促进心理健康、休闲娱乐及塑造国家形象与国际交流，推动经济发展的功能相吻合。这需要借助体育教育学、运动心理学、体育社会学、运动训练学、体育经济学、体育管理学等学科的帮助；从第三层次理想属性的需要看，对个人来说是成为自己理想中的样子，不断完善和超越自我；对国家来说就是实现一种世界和平、价值观引导、国际道德等。从这个角度看，这与体育所具有的文化功能和激励个人的精神力量相吻合。这需要借助体育社会学、体育文化学和体育哲学等学科的帮助。

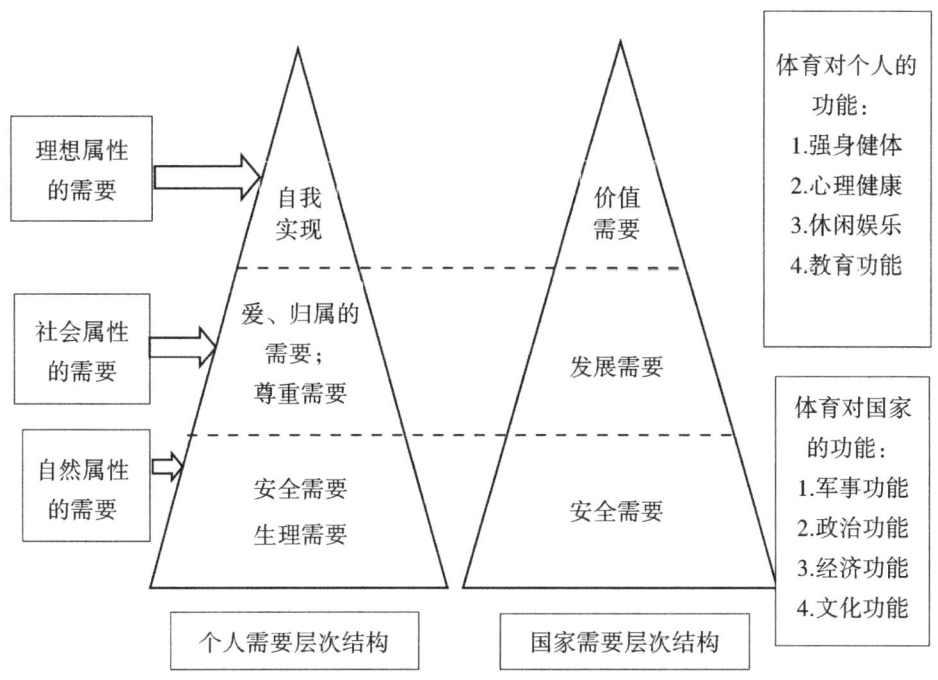

图2-8 体育对个人、国家的功能及其各自的需要层次结构

通过上述分析我们大致可以发现，运动医学、运动生理学、运动心理学等学科关于体育改善健康、提升免疫力、治疗体育伤病、发现运动技能习得规律等方面的研究满足了个人与国家对于体育最基础的需要，由此体现出其作为基础分支学科的地位与作用。运动心理学、体育社会学、体育经济学和体育管理学等学科在体育改善人际关系，促进交往，获得归属与认同，塑造国家形象，推动国际交流，发现体育产业科学发展规律等方面的研究满足了个人与国家对于体育的社会属性方面的需要，构成了体育学学科体系的中坚力量。体育社会学、体育文化学、体育哲学等学科在探讨实现人的自我价值、形成民族文化与价值观等方面的研究满足了个人与国家对于体育的理想属性层面的需要，是体育学分支学科中较高层级的存在。此外，通过对上述问题的分析我们可以发现，在满足个人对体育需要的过程中，群众体育运动的参与是一个基础。从个人层面看，改善身体和心理健康、促进人际交往、获得尊重、实现自我突破与满足都要建立在参与体育运动的基础上。使国民掌握体育运动技能的运动心理学、体育教育学和运动训练学的价值由此凸显。在满足国家对体育需要的过程中，在实现塑造国家形象、推动国际交流、推动经济发展、传递价值观等一系列国家需要的过程中，竞技体育是其中的主要载体。由此来看，推动竞技体育发展的运动生理学和运动训练学的意义得以凸显。

这样来看，运动心理学、运动医学、运动生理学、运动训练学和体育教育学可以视为体育学的基础性学科；体育社会学、体育经济学、体育管理学可以视为体育学的中间学科；体育文化学和体育哲学可以视为体育学的顶端学科。如此来看，基于马斯洛需要理论，可以提出心理学、医学、生理学和教育学是与体育学联系最为紧密的学科；社会学、经济学和管理学次之；与以上学科相比，哲学和文化学与体育学关系相对疏离。

（三）对于体育学知识的整体考察

通过上述分析，我们可以明确体育学知识是由体育知识与外来学科的知识共同构成的。这其中，体育知识是由体育默会知识和体育理论知识共同组成的，从本质上说，体育知识具有默会知识的特性。体育默会知识是整个体育学知识体系的内核。然而，由于各分支学科的出现都是基于特定理论或学说而形成的知识体系。作为体育学知识内核的体育默会知识在此被分为两类：一类是运动训练的实践知识，它们借助超量恢复、周期训练等学说而上升为学科形态，成为运动训练学。而篮球、足球、排球等具体运动项目的默会知识同样向显性知识进行了转化，形成了以各运动项目教材为载体的知识体系。但是由于缺乏理论或学说的支撑，这些知识依然呈现出残缺性、松散性和不规范性的状态。

从体育学各分支学科的角度看，体育知识无法通过自身的逻辑演进形成某种理论或学说。各分支学科均依靠各自母学科的理论对学科知识体系进行建构，可以视为母学科知识在体育领域中的应用和问题解决。从理论归属上看，这些分支学科应当是各自母学科的分支。然而，受"学科规训"力量的影响，在现实中这些分支学科的"科学共同体"会在身份归属上选择体育学。一方面，他们所研究的问题属于体育领域；另一方面，这些分支学科在体育学中能够获得更好的学科地位与认同，学者也有更多的机会通过"符号资本"的积累而成为"学科精英"。

体育学作为一门典型的应用性学科，学科的功能决定了自身独立的学科地位。而学科的功能和作用是通过对研究对象（体育）功能的实现展示出来的。通过学科功能的考察，我们确定了体育学依存度较高的几个学科，分别是医学、生物学（生理学、生物力学）、心理学、社会学、教育学、人类学、经济学和管理学。

虽然笼统地来说，各分支学科都是以"体育"作为研究对象的，但由于"体育"自身无法形成特有的理论或学说，且内涵宽泛，所以这些分支学科很难找到一个工具将各自的知识体系进行有机的串联，加之分支学科的理论普遍来自其母学科，所以体育学在各分支学科的结构组织上很难形成自己的系统性。表面上看，这些学科是依靠"体育"而走到一起，可以看作为了解决"体育"问题而进行的分工合作。然而，由于"体育"的内涵十分宽泛，这些分支学科又是按照各自母学科的研究范式进行演进，所以很难形成一种有机的融合。

五、知识视角下体育学的学科特征辨析

（一）体育学具有运动实践性

从知识维度考察体育学，首先呈现的便是体育学的运动实践性。从哲学的一般意义上来说，实践是人们改造自然与社会的有意识的活动。而在体育运动中的实践并非是对自然和社会的改造，而是人们对自己的一种自我改造。这种"自我"改造应当包括身体与心理两个方面。从这个角度看，人类所热衷的体

育运动可以说赋予了"实践"一种新的意蕴，实践便成为人们改造自然、社会与自我的有意识的活动，由此扩张了"实践"的内涵。

体育学的运动实践性可以从两个方面来说。第一个方面是知识；第二个方面是研究对象。从体育学知识范围的考察可以发现，体育默会知识是体育学知识的内核。体育理论知识也可以看作体育默会知识的显性化。在本章第二节的论述中，我们通过对默会知识理论的考察，结合体育运动实践发现，包含了体育技术、体育技能和体育技艺三个层次的运动实践是构成体育默会知识的主体。由此，我们可以说以肢体运动为表现形式的运动实践是体育学知识的内核，体育学由此体现出典型的运动实践性。这与数学、物理学、生物学、心理学、教育学、社会学等学科相比均体现出明显的差异性，呈现出学科的运动实践性特征。从实践角度上说，体育学与艺术学有相似之处。全国艺术科学规划领导小组办公室主任于平曾指出"艺术学学理建构的特质，在于其具有极高技术含量的实践性"[1]。体育学与艺术学固化学科形态的关键均在于如何将这种"实践性"上升为"实践理性"。而从实践的形式上看，体育学的实践性多体现于单一的肢体运动，而艺术学的实践性则体现在乐器、歌唱、绘画、手工艺、舞蹈、影视等多个方面。

从研究对象来看，我们界定了体育学的研究对象可以概括为"体育现象"。排球运动员竞技能力的提升、篮球运动员的投篮技术的改善是体育学的研究对象；足球运动员的膝关节损伤也是体育学的研究对象；相关体育法律、法规的制定，健身器材的广告宣传与销售也都可以视为体育学的研究对象。由此可以看到，似乎只要与体育沾边的事物都可以纳入体育学的研究范围，成为我们的研究对象。然而，这其中"足球运动员的膝关节损伤"问题也可以作为医学的研究对象；"体育法律、法规的制定"也可以作为法学的研究对象；"健身器材的广告宣传与销售"也可以作为传播学和经济学的研究对象。也就是说，这些内容对于体育学的研究来说不具有唯一性和垄断性，其他母学科同样可以对于这些问题进行解答，而且可能会得出比体育学更科学的结论。从学科学理论来看，这些研究对象不是体育学"独特的"研究对象。然而，与这些研究对象不同，对于之前提到的"排球运动员竞技能力的提升""篮球运动员的投篮技术的改善"来说，体育学之外的学科和专家很难给出这些问题的答案。因为对于这些问题的回答包含了许多默会的成分在里面，没有运动经历的研究者很难给出科学的解答。以"篮球运动员的投篮技术"为例，从运动人

---

[1] 于平. 艺术学：独立学科门类的学域扩张与学理建构 [J]. 艺术百家，2011（4）：15.

体科学角度看，它可以从生物力学的角度进行解答，但现实中，单纯的生物力学专家很难给出科学有效的解决方案。我们也从未听说过哪些拥有优秀投篮技艺的运动员是通过生物力学专家训练出来的。从这个角度看，这些关于运动实践的问题可以视为体育学的"独特的研究对象"。对于这些问题的回答，体育学具有垄断性的、不可替代的地位。由此，我们也可以说体育学具有典型的运动实践性特征。

（二）体育学具有外在决定性

在前面对学科形成的理论路径中，我们已经明确了"知识范畴"是知识向学科形态演进的关键一环。我们认为，学科内独特的理论或学说[1]的存在是确立知识范畴的前提，这是学科的知识内核。之所以这样讲，原因有二。第一，从知识视角来看，一门成熟的学科应当"找出能够不向外面寻求解释说明的规律，能够建立起自己说明自己的结构来"[2]。而要达到这种水准，就需要拥有自己独特的理论与学说，借助其他学科的理论或运用其他学科的研究范式和知识而形成的学说很难从学理上向科学界证明自己学科独立性的基础。第二，理论的确立是学科中概念体系和知识体系形成的前提和保障。因为"理论必须超越具体情形和时间，寻求事物的一般属性和过程"[3]。概念的含义及其精确性对于概念在其中出现的那种理论结构具有极高的依存性。从这两个方面来看，理论的确立是学科学理性存在的依据，可以说是学科确立之根。而产生理论（学说）所采用的范式在很大程度上便决定了学科的性质。物理学、医学、生物学之所以被划入自然科学，不仅在于其研究对象是面向无机自然界和有机自然界，更重要的是其经典学说的产生是采用了科学实验的、量化的研究方法得来的。这样来看，如果一个学科的理论基础是由其他学科所提供，那么这门学科的性质便是由外来学科决定的。

我们考察了自然学科中包括体育学、物理学在内的6个代表性学科，同时还考察了社会学和教育学2个人文社科类学科，并对各自学科的学说进行梳理制作了表2-6。

---

[1] 学说和理论对应的英文翻译均是"theory"，其内在的含义是一样的。本文通常会将"理论"与"学说放在一起使用主要原因在于，在汉语语境下，理论的含义较为宽泛，在不同语境下对"理论"的理解会有差异，而大家对学说的理解则更为单一，两者放在一起不容易使阅读者对"理论"的理解产生偏差。

[2] 皮亚杰. 结构主义 [M]. 北京：商务出版社，2007：译者前言.

[3] 乔纳森·特纳. 社会学理论的结构（上）[M]. 北京：华夏出版社，2001：2.

表2-6　体育学与代表性学科的经典理论（学说）信息表

学科	经典学说和代表人物	学说的特点
物理学	伽利略1590年创立自由落体定律；牛顿1687年提出运动三定律；迈尔1845年提出能量守恒定律[1]等代表性学说	由数学形式呈现的公式和定律；准确的，经过实事验证的，证实的知识
生物学	1839年，施旺创立细胞学说；1859年，达尔文创立物种进化学说；孟德尔的生物遗传学说确立	准确的；经过实事验证的；证实的知识
医学	维萨留斯1543年出版了《人体的机构》，奠定了医学基础；塞尔维特和哈维分别在1553年和1628年出版专著，共同确立了血液循环学说	准确的；经过实事验证的；证实的知识
社会学	埃米尔·涂尔干1893年创立机械团结、有机团结学说[2]；弗雷泽于1919年创造社会交换学说；帕森斯1937年创立社会结构功能学说[3]	暂时准确的；学说随着社会发展呈现不断涌现和变迁；学说升级迭代速度快
教育学	我们认为目前教育学并未体现出其特有的理论或学说，停留于各教育家的教育思想或教育理念层面；教育学的演进主要是以心理学中的行为主义学习理论和认知学习理论为基础	只有教育思想或教育理念，没有理论与学说；比如杜威实用主义教育思想
体育学	苏联学者雅姆波斯卡娅提出超量恢复学说[4]；马特维耶夫1969年提出周期训练理论	依赖生物学的研究范式获取；部分经过实事验证的；有争议

从表2-6中可以发现，自然科学类的物理学、生物学和医学三门学科中均包含了非常具体的经典学说，如我们熟悉的"万有引力学说""血液循环学说""生物进化学说"和"细胞学说"等。这些学说均是一种精确的界说，可视为得到证实的知识。在物理学中，这些学说的表现形式还体现出乔纳森·特纳所提出的"极端情况下理论会用数学的语言来表达"的现象。因为在物理学中，许多理论和学说都是用公式和数学符号来表示的。

［1］王士舫，董自励.科学技术发展简史（第四版）［M］.北京：北京大学出版社，2015：92.

［2］埃米尔·涂尔干.社会分工论［M］.北京：生活·读书·新知三联书店，2000.

［3］乔纳森·特纳.社会学理论的结构（第6版）［M］.北京：华夏出版社，2001：30.

［4］易剑东，熊学敏.当前我国体育学科发展的问题［J］.体育学刊，2014（1）：4-5.

　　在社会学和教育学两个人文社科类学科，首先来看社会学，由于社会始终处于动态发展中，所以社会学面对的是一个动态变化的研究对象。加之社会中要素及其互动的复杂性，所以社会学理论很难以一种严谨的、规范的形态得以体现。然而，虽然社会学的各种理论在不断地更迭替换。但是这些理论在特定的历史时空下大致能够提供一个有解释力的抽象的理论模型和规律。以至于涂尔干在19世纪提出来的"机械团结"与"有机团结"学说[1]依然能够适用于解释当今诸多社会分工方面的问题。纵览社会学的理论与学说，它呈现出一种较为快速的升级迭代。比如功能主义理论在19—20世纪的一百多年里便经历了以孔德、斯宾塞、涂尔干为代表的有机体功能主义学说、莫顿为代表的经验功能主义学说、帕森斯为代表的结构功能主义学说、亚历山大的新功能主义学说，再到卢曼的系统功能主义学说的迭代进化[2]。当然，这种学说的更迭并非对前者的完全否定，而是不断根据社会发展提出的一种更为有效的理论模型。

　　从教育学来看，我们查阅了国内外诸多教育学代表性著作，包括被视为教育学学科确立标志的《普通教育学》[3]（赫尔巴特）和《大教学论》[4]（夸美纽斯），以及当前国内外著名学者数十本教育学基本理论著作。通过研读发现，这些著作中均未提出教育学的任何理论或学说（theory）。一旦开始涉及教育学的理论基础问题，便开始谈论教育的哲学基础、心理学基础、社会学基础等[5][6]。相对于理论或学说的匮乏，教育学谈论更多的是具体教育家的教育思想或教育理念。比如赫尔巴特、杜威的实用主义教育思想，鲍尔斯、弗雷泽、温克的批判主义教育思想等[7][8]。但这些教育思想与理论之间的差异是明显的，他们仅提出了一种教育实践的开展路径，而并未像理论或学说那样为教育学提供一种普适性的理论解释模型。在这些著作中，只有斯滕伯格的《教育心理学》中确切提出了两种理论，分别是"学习的行为理论"和"学习的认知理论"[9]，而这两门学说都是来源于心理学。可以发现，教育学和体育学

[1] 埃米尔·涂尔干.社会分工论 [M].北京：生活·读书·新知三联书店，2000.
[2] 乔纳森·特纳.社会学理论的结构（第6版）[M].北京：华夏出版社，2001：30-38.
[3] 赫尔巴特.普通教育学 [M].北京：人民教育出版社，1989.
[4] 夸美纽斯.大教学论 [M].北京：人民教育出版社，1984.
[5] 冯建军.教育学基础 [M].北京：中国人民大学出版社，2012.
[6] 弗·弗·克拉耶夫斯基.教育学原理 [M].北京：教育科学出版社，2007.
[7] 编写组.教育学基础 [M].北京：教育科学出版社，2008：19-22.
[8] 琼·温克.批判教育学 [M].长沙：湖南教育出版社，2008.
[9] 罗伯特·J.斯滕伯格，温迪·M.威廉姆斯.教育心理学 [M].北京：机械工业出版社，2012：206-233.

存在较为一致的情况，即两门学科都缺乏自己独特的理论或学说，这也是体育学和教育学所面临的共同的学科危机。由于体育学与教育学均无法找到其独特的学说，所以由两者组合而成的体育教育学其自身的科学性也注定是偏低的，而这在第三章对体育学类SSCI期刊的考察中也得到了佐证。从唐莹[1]给出的教育学的学科体系分类框架表来看，其分支学科的构建几乎都是"教育+母学科名称"（比如教育社会学、教育人类学），与体育学的学科体系一样，只是将"体育"换成了"教育"。

也就是说，体育学无法通过"体育"来决定自己的学科性质，只能依赖于其他母学科。运动医学、体育社会学、运动心理学、体育管理学、运动生理学等分支学科的学科性质均是由其母学科决定的。医学属于自然科学，那么运动医学便属于自然科学；社会学属于社会科学，那么体育社会学便属于社会科学。即使是学界认为的体现体育实践自身逻辑的运动训练学，通过我们对其学说的分析，它的学科性质也是由生理学决定的。这样来看，体育学呈现出一种被动的外在决定性。我们对各种体育现象的研究也只能够借助和依赖于相关母学科的知识。

（三）体育学具有应用性

比格兰（Biglan A）通过对不同研究领域中学科特点的分析提出了硬学科与软学科，纯学科与应用学科的分类思想[2]。托尼·比彻在此基础上进一步设计了学科分类框架，提出了纯硬科学、纯软科学、应用硬科学和应用软科学的分类办法。按照他的观点，物理学、社会学分别属于纯硬科学和纯软科学；医学和教育学则归属于应用硬科学和应用软科学[3]。具体到体育学来看，当前体育学已经成为一个包含众多分支学科的学科群。内在地分析，体育学涵盖的这些分支学科在很大程度上决定了体育学的学科性质与特征。通过我们之前从知识视角对体育学分支学科的分析可以发现，各分支学科主要是借助母学科的知识和理论对体育领域中出现的问题进行解答。可以视为母学科知识在体育领域中的应用，通过这种应用实践，在解决问题的过程中进行知识生产，

[1] 唐莹. 元教育学[M]. 北京：人民教育出版社，2002：代序.

[2] Biglan A. The Characteristics of subject matter in different scientific areas[N]. Journal of Applied Psychology, 1973（3）：195–203.

[3] 托尼·比彻，保罗·特罗勒尔. 学术部落及其领地：知识探索与学科文化[M]. 北京：北京大学出版社，2015：40–41.

又生产出与体育相关的知识。当这些母学科与体育进行结合，形成新的分支学科后，这些母学科更多体现出来的是一种应用于体育领域，解决与体育相关的实际问题的作用。比如，运动医学是医学在运动损伤中的应用；体育社会学是社会学在诠释体育运动现象及运动个人与社会互动规律中的应用；运动生理学是生理学在运动的人体中的应用等，体现出一种典型的应用性。托尼·比彻曾经对应用性学科进行了总结，提出应用性学科主要具有"目的性、功利性、明确性、实用性、注重专业实践、注重与物质环境相联系、注重实用个案和判例法"等判定标准[1]。这些知识特征也的确与体育学实际研究中所呈现出的情况相符合。从这些方面看，我们可以判定体育学具有应用性的学科特征。

（四）体育学具有综合性

从知识角度看，体育学呈现出典型的综合性特征。这种综合性可以分为四个层面。一是体育技术、体育技能和体育技艺由低到高的三个层次综合构成了体育默会知识；二是体育默会知识与体育理论知识的综合构成了体育知识，是体育学的内核与彰显体育学特色的地方；三是体育知识与外来学科知识的综合，这种综合构成了不同的体育学分支学科；四是不同体育分支学科的综合形成体育学。这其中，不同分支学科之间的综合构成体育学是最能体现其综合性特征的地方。体育学是由各分支学科综合而成的一门学科或学科体系。"体育"所具有的促进人的身心健康，提供休闲、娱乐、审美，提升国家形象，促进国际交流，推动经济发展等多维功能，决定了体育领域需要借助广泛自然和人文社会学科的知识来回答体育领域中的问题。这使体育学下辖的分支学科必然呈现出一种横跨自然科学、人文社会科学的大跨度。同时，对于体育领域中问题的解决往往又需要同时运用不同学科的知识共同协作，综合完成。比如，对于运动员竞技能力状态的提升便需要综合地借助于生理学、心理学、社会学等学科的知识共同完成。借用涂尔干的社会分工理论，体育学中各种分支学科的综合是一种"机械团结"，而不是一种"有机团结"；借用化学的术语来说，我们认为这种综合是一种"混合"，而未达到一种"化合"的层次。由此，可以说体育学在不同层次的知识构成上均体现出了学科的综合性特征。

---

[1] 托尼·比彻，保罗·特罗勒尔.学术部落及其领地：知识探索与学科文化 [M].北京：北京大学出版社，2015：41.

第四节　体育学的学科认同问题研究

学科是制度形态和知识形态的统一体，一般存在于高等教育和科学研究两大领域。从高等教育领域看，体育学的学科认同主要通过人才培养过程中各类制度性的存在而得以体现。一个学科只有获得了本学科共同体、外学科共同体及社会的认同，才能在高校形成建制，进而展开特定学科的人才培养。而该学科所培养的人才对于人类文明和社会进步做出的持续贡献又会强化该学科所获得的认同度。

由于体育学自身在理论根基上存在的先天不足，体育学的学科认同问题成为体育学基本理论研究领域一个无法规避的话题。2011年艺术学上升为学科门类后，部分学者从学科规模、地位、归属等视角对体育学的学科认同问题展开过一次集中讨论。而从针对性研究看，以"学科认同"为关键词或主题词或篇名在"中国知网"的体育类期刊数据库进行检索得到两篇文献。通过研读发现，仅有曹玉冰的《体育科学学科边界问题的跨学科认识》一文从确立学科边界的视角对体育学的学科认同问题进行了针对性讨论[1]。总体上看，已有研究多是运用逻辑法针对我国体育学的学科认同问题进行的探讨，从世界范围内对体育学在各国存在状态与发展态势的考察很少。

2015年11月5日，国务院对外发布了《统筹推进世界一流大学和一流学科建设总体方案》，简称"双一流"建设。2016年6月，教育部废除原有"985工程"等相关文件，这是"985工程"持续18年后国家重大战略的调整[2]。至此，突出学科建设的逻辑思路成为我国新常态下高等教育制度创新的重要转折。体育学在本质上是一种合逻辑的知识体系，从这个角度看，体育学应当在世界各国具有其内在的同一性，这也使本书中的比较研究路径具备了合法前提。本书试图通过对中国、德国、美国、法国、英国和日本6个国家学科专业目录和50所代表性高校的考察，通过诸多实事论据探研世界范围内体育学的学科认同情况，并在此基础上阐述我国体育学3种可能的发展路径。在推进"一流学科建设"这一国家教育宏观战略背景下，从国际视角系统审视体育学的认

---

[1] 曹玉冰. 体育科学学科边界问题的跨学科认识 [J]. 武汉体育学院学报，2013（10）：10–13.

[2] 康宁，张其龙，苏慧斌. "985工程"转型与"双一流方案"诞生的历史逻辑 [J]. 清华大学教育研究，2016（5）：11.

同与发展问题，不但能够从理论上拓展学界的研究视阈，辨析体育学发展的实然状态，更能够为我国高校在建设体育学成为一流学科的实践中提供思路上的指引，为今后体育专业人才培养改革提供方向上的启迪。同时，研究也有助于我国体育学借助当前的战略契机提升其学科地位与认同度。

一、研究资料的选取与依据

以文献资料法作为主要研究方法。从研究规范来说，文献资料选取的代表性和准确性在很大程度上决定了研究的科学性。在此，首先对资料来源与选取依据进行说明。在研究资料的选择上，选取中国、德国、美国、法国、英国和日本6个国家学科目录和50所代表性高校。从这6个国家来说，除中国外，其余5个国家均是发达国家的代表，涉及欧洲、美洲和亚洲三大洲，同时兼具教育强国和体育强国的双重身份，具有较好的代表性。在代表性国家确立后，我们选取了各国的学科专业目录与代表性高校的相关信息进行分析。

在学科目录的获取上，中国是由国务院学位委员会和教育部2011年联合颁布的《学位授予和人才培养学科目录》[1]；德国是由德意志联邦统计局2014年发布的《科学研究学科群目录》（Fächergruppen Studienbereiche und Studienfächer）[2]；美国是由国家教育部的教育统计中心2010年发布的学科和专业目录（The Classification of Instructional Programs，CIP）[3]；法国是由国家大学委员会（National Council of the Universities）发布的学科分组表[4]；英国是由英国高等教育统计中心（Higher Education Statistics Agency，HESA）2012—2013年发布的英国高等教育学科目录（JACS 3.0 code）[5]；日本是文部科学省发布的学科系统分类表[6]。相关学科目录均是各国教育或统计部门

---

［1］中国学位授予和人才培养学科目录（2011版）［EB/OL］. https：//http：//www. cdgdc. edu. cn/xwyyjsjyxx/sy/glmd/272726. shtml，2017-04-10.

［2］德国高等教育统计中心学科分类表［EB/OL］. https：//www. destatis. de/DE/Publikationen/Thematisch/BildungForschungKultur/Hochschulen/StudierendeHochschulenVorb2110410148004. pdf?__blob=publicationFile，2017-04-10.

［3］美国学科分类指导目录Classification of Instructional Programs（CIP2000）［EB/OL］. https：//nces. ed. gov/pubs2002/cip2000/，2016-10-22.

［4］法国大学学科分类表［EB/OL］. http：//www. cpcnu. fr/listes-des-sections-cnu#groupe12，2016-10-22.

［5］英国高等教育统计中心学科目录与代码表（JACS3. 0）Detailed（four digit）disciplinecodes［EB/OL］. https：//www. hesa. ac. uk/support/documentation/jacs/jacs3-detailed，2017-04-10.

［6］日本文部省学科系统分类表［EB/OL］. http：//www. mext. go. jp/b_menu/toukei/001/05122201/006/004/009. htm，2017-07-18.

近年来发布的资料，具有较好的权威性和时效性。

在代表性国家确立后，在此基础上选取有代表性的大学能够更具体地体现各国对体育学的学科设置、定位及认同的情况。在研究涉及的6个国家中，中国、美国、德国和英国分别针对大学中体育学的发展进行了不同形式的学科评估。对这4个国家，我们依据各自最新的学科评估结果，选取每个评估结果中排名前10位的代表性大学，共计40所。具体来说，对于中国，选用的是2012年教育部体育学科评估中排名前10位的高校[1]；对于德国，选用的是德国高等教育发展中心（CHE）2015年体育学科评估中排名前10位的高校[2]；对于美国，选用的是美国体育学科研究院（NAK）2015年公布的体育学博士点评估中排名前10位的高校[3]；对于英国，选用的是《泰晤士报》（*The Times and Sunday Times Good University Guide*）2014年体育学科评估中排名前10位的高校[4]。除此之外，法国和日本目前尚未见到针对体育学的学科评估。对于法国，我们从"法国卓越大学计划"中选取5所开展体育专业人才培养的大学作为研究对象；对于日本，则是从2015年《美国新闻和世界报道》的大学排名中按序选取了5所具有体育专业人才培养的高校。这样合计确定了50所代表性大学（表2-7）。随后，我们对其院系设置、人才培养等方面的信息进行考察，并制作相关信息表格，为分析提供事实依据。

表2-7　体育学50所代表性高校与选取依据信息

国家	学校名称	选取依据
德国	①弗莱堡大学；②拜罗伊特大学；③波鸿鲁尔大学；④图宾根大学；⑤科隆体育大学；⑥慕尼黑工业大学；⑦耶拿大学；⑧莱比锡大学；⑨法兰克福大学；⑩卡尔斯鲁厄理工学院	2015年德国高等教育发展中心（CHE）体育学科评估排名前10位的学校

［1］教育部学位与研究生教育发展中心2012年体育学学科评估排名［EB/OL］. http：//edu. people. com. cn/n/2013/0129/c1053-20361340. html，2017-04-11.

［2］德国高等教育发展中心体育学科评估高校排行榜［EB/OL］. https：//ranking. zeit. de/che/en/rankingunion/show?esb=45&ab=3&hstyp=1#&left_f1=309&left_f2=23&left_f3=350&left_f4=523&left_f5=35&order=alpha&unionview=table&subfach=，2017-04-11.

［3］美国2015年体育学博士评估高校排行榜［EB/OL］. http：//www. nationalacademyofkinesiology. org/AcuCustom/Sitename/DAM/144/NAK_Doctoral_Review_Results_9-22-15. pdf，2017-04-11.

［4］英国泰晤士报体育学科评估高校排行榜［EB/OL］. http：//timesrank. uker. net/times2017/sport_science. html，2017-04-10.

（续表）

国家	学校名称	选取依据
英国	①拉夫堡大学；②埃克塞特大学；③爱丁堡大学；④杜伦大学；⑤伯明翰大学；⑥巴斯大学；⑦格拉斯哥大学；⑧利兹大学；⑨斯特林大学；⑩谢菲尔德哈莱姆大学	2014年英国《泰晤士报》体育学科评估中排名前10位的高校
美国	①南卡罗来纳大学；②德克萨斯大学奥汀分校；③伊利诺伊大学；④哥伦比亚大学教师学院；⑤佛罗里达大学；⑥俄亥俄州立大学；⑦中佛罗里达大学；⑧明尼苏达大学；⑨宾夕法尼亚州立大学；⑩康涅狄格大学	2015年美国体育学科研究院（NAK）公布的体育学（Kinesiology）博士点评估排名前10位的高校
中国	①北京体育大学；②上海体育学院；③华东师范大学；④武汉体育学院；⑤天津体育学院；⑥沈阳体育学院；⑦华南师范大学；⑧成都体育学院；⑨苏州大学；⑩福建师范大学（并列）	2012年体育学科评估排名前10位的高校
法国	①法国里昂第一大学；②巴黎第十一大学；③巴黎萨克雷大学；④波尔多第一大学；⑤格勒诺布尔第一大学	从"法国卓越大学计划"中选取的具有体育专业人才培养的5所高校
日本	①名古屋大学；②早稻田大学；③北海道大学；④筑波大学；⑤千叶大学	2015年《美国新闻和世界报道》的日本大学排名中按序选取5所具有体育专业人才培养的高校

二、学科认同的理论辨析

从概念史的视角看，"认同"（identity）一词有三个来源，分别是美国心理学传统的"认同"研究、符号互动论及欧陆社会心理学为基础的社会认同理论[1]。认同一词与身份、承认等词关系密切，学科认同问题也成为近年来国际学术研究的热点之一[2]。根据沃勒斯坦的研究，学科主要以三种形态存

---

[1] 曹卫东.从"认同"到"承认"[J].人文杂志，2008（1）：44-45.
[2] 罗志田.近代"道出于二"语境下学科认同的困惑[J].天津社会科学，2015（1）：175.

在：首先，学科属于一种学术范畴，有着明确的研究领域与合理的研究方法；其次，学科是组织结构，拥有特定的院系建制、本学科的学位授予、职称评定、期刊著述及学术组织；最后，学科是一种文化，本学科的共同体有着相似的阅历、学术价值判断与科学研究行为等[1]。这样来看，学科主要存在于高等教育和科学研究两大领域中。

本文中探讨的学科认同主要指的是在高等教育领域内对体育学的学科认同。这种认同有内部认同与外部认同2种方式。内部认同主要是体育学的科学共同体内部的自我认同；而外部认同则又涉及科学共同体中其他学科对于体育学学科地位的尊重、承认及科学共同体外部对于学科的社会认同。在这2种认同形式上，体育学科学共同体的内部认同是基础，外部认同是核心。基于群体利益及对本学科存在必要性的深刻理解，学科内的科学共同体会主动出击向全体科学界与高等教育界阐述体育学存在的价值与意义。美国加州大学体育教师富兰克林·亨利1964年发表的《体育学是一门学术性学科》是第一篇谋求体育学学科地位的文献[2]，可视为体育学科学共同体阐述其内部认同的标志性事件。然而，如果说体育学的内部学科认同依然存在一种自说自话的可能，那么高等教育领域中与其他经典学科同样的学科制度配置则是体育学获得真正学科认同的标志。依据沙姆韦（David R. Shumway）的学科制度理论看，在高等教育领域中学科的制度性存在体现于以下方面：①学科表面的划分（学科目录）：它能够绘画出学科间关系的详细概念地图。②相应院系建制的确立：它能够为科学共同体提供栖身之处。③专业与学位的设置：它能够保证为"门徒"的训练提供规训，使知识生产更加专业化[3]。由此看，我们可以从学科目录设置、院系建制设置和学位与专业设置等方面探研当今世界中体育学的学科认同问题，并借此展示体育学的国际发展态势。

三、高校建制视角下体育学的学科认同

（一）体育学院系名称与定位考察

在大学中，对一个学科进行独立的机构设置能够在很大程度上证明大学

---

[1]伊曼纽尔·沃勒斯坦.知识的不确定性［M］.济南：山东大学出版社，2006：104.

[2]于涛，周建东.美国体育"学科革命"对体育学知识体系构建的影响［J］.上海体育学院学报，2017（2）：75.

[3]华勒斯坦，等.学科·知识·权力［M］.北京：生活·读书·新知三联书店，1999：18–22.

和社会对于这个学科的认同和需要。独立的机构设置会直接催生出职业化的科学共同体、批量的专业人才培养等学科发展中一系列的重要构成要素，是考察学科存在和认同的重要指标。纵览本书涉及的6个国家，它们在大学的机构设置上普遍采用了学院和系的两级机构设置，学院是大学二级机构中最高层次的分类，系是各学院下面的三级机构分支。但各国在这两级机构的表述上各有不同。德国的大学中用的是学院（Fakultäten）和研究院（institut）；美国和英国的大学中用的是学院（college）和系（department或school）；中国的大学中用的是学院和系；日本的大学中用的是学院（学部）和系（分野）；法国大学中用的是学院（facultés/UFR）和系（department）。

本书所获取的所有信息都是从各国大学官方网站获取，保证了研究的科学性和时效性。从收集到的50所大学的院系设置信息看，有35所大学独立设置了体育院系，占到70%。这其中，美国大学中仅有佛罗里达大学设立了健康与人体运动机能学院，其他9所大学主要在健康学院下面设置与体育相关的专业。如果将美国剔除，在其余5个国家的40所大学中，有34所大学独立设置了体育院系，占到了85%。其中，中国、德国和法国的大学中体育院系独立设置比例均为100%。体现了体育学在世界各国高等教育较高的认同度。

在此基础上，我们将专门的体育院校剔除后，继续对综合性大学中体育院系的定位进行考察。按照上述院（college或facualty）和系（department或school或institut）的两级设置考察各大学中体育院系的定位。在这35所高校中有7所是专业体育大学，包括中国的6所、德国的1所（德国科隆体育学院）。去除这7所专业体育高校后还有28家综合性大学。通过统计发现，在这28家综合性大学中，有16所大学设置了独立的体育学院（college或faculty），超过半数。包括德国的5所，英国的2所，中国的4所，法国的3所，日本的2所。此外，还有12所大学设置了体育系所（department或school或institute），归属于不同的学院。从归属来看，德国和法国高校的体育系所普遍归属于人文社会科学学院，日本高校的体育系所普遍下设于教育学院，英国高校体育系所的归属则更为散乱，分布于人文社会科学和自然科学两大领域的不同学科。

从体育院系的命名角度看，院系的名称在一定程度上体现了各高校对于体育学的认知与发展取向。如表2-8所示，我们统计了上述28所综合性大学中的体育院系的名称。从名称看大致可以分为两类，一类是以本国体育学的学科名称直接作为学院的名称，比如中国普遍是体育学院或体育科学学院；德国统一以"Sportwissenchaft"命名；法国统一以"STAPS"命名；日本普遍是以"スポーツ科学部"命名；英国高校体育院系主要以合成词命名，主要以"运动"

（sport）、"锻炼（exercise）"和"健康"（health）等词组成，名称叫作运动健康学院或运动与健康学院；美国高校则普遍没有独立设置体育院系，体育专业人才培养一般放在健康、管理或教育类学院中开展。

通过上述分析可以发现，除美国外的世界主要国家的高校普遍独立设置了体育院系进行独立的体育学类人才培养，中国、德国、法国和日本4个国家体育院系的名称大致统一，体现了当前世界各国对体育学已经具备了基础的学科认同。进一步来分析可以发现，各国对于体育院系在定位和归属的认识上尚未统一，需要进一步对体育学核心知识体系进行探研。

表2-8 德国、英国、美国、法国和日本40所有代表性高校体育学院系、专业与学位设置情况

排名（德国）	高校名称	学士学位专业设置	硕士学位专业设置	博士学位专业设置	学院名称
1	弗莱堡大学	运动与健康 运动康复 体育教育专业	身体锻炼与健康	无	运动与体育科学学院（单列）
2	拜罗伊特大学	体育经济学 体育教育	体育经济学	有（与指导教师商定方向，下同）	体育科学学院（单列）
3	波鸿鲁尔大学	运动康复与预防 健康与训练 体育管理	竞技体育诊断与介入 体育咨询与管理 教师教育	有	体育科学学院（单列）
4	图宾根大学	体育教育 体育健康与管理	体育健康与管理	有	体育科学研究院（从属于经济与社会学院）
5	科隆体育大学	体育管理与交流 体育健康的预防与治疗 竞技表现 体育与户外运动 体育新闻 体育教育	老年人体育锻炼 体育旅游与休闲 体育新闻 体育管理 体育锻炼与教练指导 身体健康与康复 科技与体育 教育硕士（联合办学）	有	运动医疗与康复等21个研究所

（续表）

排名（德国）	高校名称	学士学位专业设置	硕士学位专业设置	博士学位专业设置	学院名称
6	慕尼黑工业大学	健康科学 运动科学	训练与诊断 健康介入与诊断	无	体育与健康学院（单列）
7	耶拿大学	体育管理 体育科学 体育教育	应用体育科学 体育管理	有	体育科学研究院（从属于社会与行为学院）
8	莱比锡大学	体育科学 体育管理 体育教育	竞技能力评价与干预 身体健康与预防 体育教师培养	有	体育科学学院（单列）
9	法兰克福大学	教师教育 运动科学	体育管理 运动医学 体育社会科学 运动康复理疗	有	体育与心理学院（单列）
10	卡尔斯鲁厄理工学院	体育健身与健康管理 体育教育	运动与科技 儿童和青少年运动与锻炼 运动健康与保健	有	体育科学研究院（从属于人文与社会科学学院）
排名（英国）	高校名称	学士学位专业设置	硕士学位专业设置	博士学位专业设置	学院名称
1	拉夫堡大学	体育与锻炼科学 体育管理 体育科学与管理 人类生物学 普通心理学 运动与锻炼心理学	运动生理学、肌肉骨骼运动科学与健康、体育教师教育、运动生物力学、教练员科学、运动与锻炼营养、运动与锻炼心理学、体育管理学	竞技运动表现 生活方式与健康、福祉 体育运动参与	体育、锻炼和健康科学学院（单列）
2	埃克塞特大学	体育与锻炼科学 人体生物科学 体育心理与锻炼科学 运动与锻炼医学	健康与福祉 幼儿锻炼与健康 运动与健康科学	健康和幸福、运动与健康科学	体育与健康科学系（归属于生命与环境科学学院）

（续表）

排名（英国）	高校名称	学士学位专业设置	硕士学位专业设置	博士学位专业设置	学院名称
3	爱丁堡大学	体育教育 运动休闲与管理 应用体育科学	体育舞蹈与教育、运动心理学、体育活动与健康、体育教育 国际体育政策与管理 力量与机能训练	体育教育与健康（包含运动生物力学、青少年体育锻炼监控、教练员领导力）	运动、体育教育与健康研究所（下属于莫雷教育学院，又归属于人文与社会科学学院）
4	杜伦大学	体育、锻炼与身体活动	无	无	体育、锻炼和身体活动系（归属于应用社会科学学院）
5	伯明翰大学	运动与锻炼科学 体育教育与教练员、运动理疗 应用高尔夫管理	高尔夫教练与认证 运动理疗与实践 临床健康研究 体育与锻炼科学	体育锻炼与康复	运动、锻炼和康复科学学院（隶属于生命和环境科学学院）
6	巴斯大学	健康与生理活动 体育与锻炼科学 体育与社会科学 运动训练	体育健康 运动与锻炼医学 运动理疗	残疾人体育研究	健康系（归属于人文社会科学学院）
7	格拉斯哥大学	体育生理学 体育生理营养学	运动医学、运动营养学	运动医学	无
8	利兹大学	体育锻炼科学 体育与生理学	体育锻炼科学、体育与生理学	运动、体育教育与健康 运动与健康科学	无 体育与健康学院（独立）
9	斯特林大学	体育与锻炼科学 体育社会学研究 体育商务管理	体育管理、运动心理 运动训练、运动营养 教练员培训	有	

（续表）

排名（英国）	高校名称	学士学位专业设置	硕士学位专业设置	博士学位专业设置	学院名称
10	谢菲尔德哈莱姆大学	体育教育、体育与健康、体育新闻、体育商业管理体育教练员实践	体育教练员实践体育商业管理、应用运动与锻炼科学、体育工程、体育新闻、体育与锻炼心理学	体育与锻炼科学、运动工程、体育产业	运动与身体活动研究院（归属于健康和福祉学院）
排名（美国）	高校名称	学士学位专业设置	硕士学位专业设置	博士学位专业设置	学院名称
1	南卡罗来纳大学	体育与休闲管理体育教育、锻炼科学、运动训练	体育与休闲管理体育教育、锻炼科学、运动训练	体育与休闲管理体育教育锻炼科学	酒店、销售和体育管理学院单列
2	德克萨斯大学奥斯汀分校	体育学与健康教育	体育与健康	体育与健康	无
3	伊利诺斯大学	休闲体育与旅游专业、体育管理专业	休闲体育与旅游专业、体育管理专业	体育管理	应用健康学院下设体育学专业
4	哥伦比亚大学教师学院	专门的研究生院无本科生	锻炼生理学运动技能学习与控制体育教育	锻炼生理学运动技能学习与控制、体育教育	无
5	佛罗里达大学	运动训练、体育管理	锻炼生理、运动训练、体育管理健康行为	体育管理运动生理	健康与人体运动机能学院
6	俄亥俄州立大学	运动训练体育产业体育教育	体育教育、体育管理、教练员培养	体育管理学	健康与休闲学院
7	中佛罗里达大学	运动草坪维护运动训练、体育和锻炼科学	体育与锻炼科学体育商业管理	锻炼生理学	健康与公共事务学院

（续表）

排名（美国）	高校名称	学士学位专业设置	硕士学位专业设置	博士学位专业设置	学院名称
8	明尼苏达大学	运动科学体育管理	运动科学、体育管理、体育与锻炼科学	运动科学体育与锻炼	无
9	宾夕法尼亚州立大学	运动训练、体育学	运动科学	运动科学	无
10	康涅狄格大学	体育管理	体育管理	体育管理	无
排名（法国）	高校名称	学士学位专业设置	硕士学位专业设置	博士学位专业设置	学院名称
1	法国里昂第一大学	适应体育与健康体育教育与技能学习、运动训练体育管理	运动表现与健康体育教师教育适宜体育能力的干预与形成、体育组织管理动作控制	运动表现与健康适宜体育能力的干预与形成	体育学院（独立，名称缩写为：STAPS）
2	巴黎第十一大学	教育与技能习得体育管理、适应体育与健康、教练员与运动能力提升休闲管理与城市政策健康、健身与休闲	运动实践与心理体育文化、老年体育健康体育休闲与管理城市体育的管理和法律身体运动与体育科学	体育管理锻炼与健康	体育学院（独立）
3	巴黎萨克雷大学	本科为合作办学	适应体育与健康人体工程与人机工程学	身体活动与锻炼	体育学院（独立）
4	波尔多第一大学	适应体育、技能学习体育休闲、体育管理	体育管理、人体运动机能表现、适应体育干预	体育与健康	人文学院，下设有体育系

（续表）

排名（法国）	高校名称	学士学位专业设置	硕士学位专业设置	博士学位专业设置	学院名称
5	格勒诺布尔一大	行为神经科学、体育社会与历史学、运动生理学、锻炼心理学、运动生物力学、人体工程学	行为神经科学、体育社会与历史学、运动生理学、锻炼心理学、运动生物力学、人体工程学	认知行为锻炼心理学	体育学院（独立）

排名（日本）	高校名称	学士学位专业设置	硕士学位专业设置	博士学位专业设置	学院名称
1	筑波大学	体育教育与健康	运动科学与健康体育与健康促进体育与世界和平发展	体育教育、健康与体育科学、教练员科学、运动医学、人性关怀科学、高等体育教育	体育与健康学院（独立）
2	早稻田大学	运动医学、体育与健康、教练员科学、体育教育、体育产业、体育文化	体育文化、体育产业运动医学、体育与锻炼科学、教练员科学	体育文化、体育产业、运动医学、体育与锻炼科学教练员科学	スポーツ科学部（独立）
3	名古屋大学	体育与健康科学终身体育锻炼与体能研究	体育与健康科学终身体育锻炼与体能研究	无	体育系（スポーツ）下设于教育学部
4	北海道大学	体育教育与健康	体育教育与健康	无	没有独立，设在教育学院
5	千叶大学	体育科学专业	体育科学专业	无	没有独立，在教育学院下面

（二）体育学的学位与专业设置考察

学科从本质上看是一种合逻辑的知识体系，需要通过科学研究不断地实现自身知识的更迭与增长。由此可以看出，学科具有典型的科学研究属性。高等教育领域中存在本、硕、博三个层级的学位层次，其中硕士和博士层次人才培养侧重于科学研究。由此看，体育学的学科认同能够通过硕士和博士层次人才培养中对相关研究方向上的设置得以体现。高校中不同专业或研究方向的设置是社会对于体育学人才需求的反映，通过对专业或研究方向设置情况的分析能够反映学科共同体外部对于学科的社会承认，这种承认是学科之外的社会领域对于学科声望与学术贡献价值的承认[1]，体现了体育学的外部认同情况。

从学位设置上看，在本科层面，除美国哥伦比亚大学教育学院外，本书所涉及的另外49所高校均开展体育学本科层面的人才培养。所有50所高校均开展体育学硕士层面的人才培养，其中有43所高校招收体育学博士研究生，占到所考察院校总数的86%。需要指出的是，美国的高校在硕士和博士层面对体育教师教育和体育管理设置了专门的学位，属于专业学位，侧重于应用性。而德国在硕士学位上区分了科学硕士、人文硕士和教育硕士，根据学生的具体研究方向进行学位授予。总体上看，在高等教育领域中体育学已经与其他成熟学科一样普遍涵盖了本、硕、博三个层次的人才培养，体育学的学术性及其存在的必要性已经获得了科学界与高等教育界的普遍认同。

从专业设置上看，体育学人才培养的专业设置兼顾到了运动实践类、自然科学类和人文社科类三个方面，锻炼与健康逐渐成为体育学类人才培养的核心。总体上看，体育学作为一门涵盖自然科学与人文社会科学的综合性学科，各高校开设的体育人文类专业较少。除中国外，只有科隆体育学院、早稻田大学、筑波大学和法国格勒诺布尔第一大学开设了体育新闻、体育文化、人类关怀科学、体育社会与历史学等几个专业。其余高校很少开设体育人文与社会科学类专业，主要以运动实践类和自然科学类专业为主。需要特别指出的是，发达国家对于锻炼与健康相关专业的重视。在研究中发现，在除中国外的40所大学中，有28所大学在本科层面开设了锻炼与健康相关专业，占到70%。而在硕士层面，有33所大学设置了锻炼与健康相关专业，占到81%。可以说，从专

---

[1] 王建华.学科承认的方式及其价值[J].中国高教研究，2012（2）：12.

业设置的角度看，锻炼与健康已经成为体育学在人才培养中的核心。这也体现了体育学的学科内涵从教育向健康动态扩张的显著趋势。当然，在当前以应用为导向的办学理念下，专业设置与就业渠道密切相关。国外目前形成的与健康和锻炼有关的多元化的就业渠道也是相关专业广泛设置的重要因素。就我国来说，虽然当前依然以体育教育为中心，但随着"健康中国2030"战略的实施，以及服务业的快速发展，相信锻炼与健康专业也将在我国体育专业人才培养中占据更加重要的地位。

从博士阶段的人才培养看，其研究方向也呈现出明显的侧重于锻炼与健康方面的趋势。博士阶段的人才培养是以科学研究为主的，培养的是体育学未来的"科学共同体"，与学科未来的发展走向具有直接相关性。而目前来看，体育教育、运动训练、技能习得及教练员科学等反映体育自身逻辑的专业具有典型的应用性和经验性特征，这些专业本身的科学性较差。从国际范围看，上述专业很少被设置到博士学位层次。以体育教育专业为例，除中国高校外，在我们所考察的高校中只有美国哥伦比亚大学教育学院、英国利兹大学、日本筑波大学三所高校明确会培养体育教育专业的博士生。从这个角度看，体育教育专业在世界主要发达国家中的学术地位并没有得到广泛认同。与之相反，从表2-8中展示的信息可以发现，几乎所有培养体育学博士的高校都会设置锻炼与健康类的专业，包括运动医学、运动生理学、康复理疗、锻炼健康等。由此来看，在博士阶段锻炼与健康类专业作为体育学人才培养中心的趋势较为明显。

四、学科认同视角下中国体育学发展的三种可能

（一）人才培养中体育教育专业向锻炼与健康的转变

在我国，无论是本科阶段的体育教育专业还是硕士和博士阶段的体育教育训练学专业，都是招生规模最大的。可以说，以培养体育师资为目标的体育教育专业始终是我国体育学类人才培养的中心。而从本书研究所涉及的国外40所大学的专业设置看，体育教育专业在不同国家和不同培养层次上，已经出现了明显的分化。首先是不同国家上的分化。目前来看，体育教育在德国的本科、硕士层面上依然普遍进行设置。而在美国、英国、日本、法国这4个国家合计30所大学中，在本科阶段只有11所大学设置了体育教育专业（physical education），仅占到36.7%。从硕士层面看，仅有5所大学设置了体育教育专

业。可以说，体育教育专业在这些国家的体育专业人才培养中，已经逐渐从以前的中心地位走向边缘。应当说这并非是体育的教育功能已经消失，而是体育教育作为一个传统专业或称谓目前已经进入转型期。"体育教育"这一名称面临着向"锻炼与健康"过渡的可能与需要。体育教育专业的培养目标是体育师资，而自20世纪90年代以来我国便确立了"健康第一"的学校体育指导思想。"健康第一"的指导思想中，体育锻炼是手段，身心健康是目标。可以说，当前的"体育教育"所针对的内容便是"锻炼与健康"，两者是形式与内容的关系。在"体育教育专业"这一概念框架下，课程建设以教育学知识体系为框架，中小学教材教法、学校体育学、体育教学论等从教育学知识体系延伸出来的课程占据了本科专业课程相当大的比重。体育学知识体系具有典型的跨学科特征，专业名称由"体育教育"向"锻炼与健康"的转变有助于各培养单位从课程设置观念上突破长久以来形成的教育学的理论框架，从而更有益于从跨学科视角针对体育师资开展更为有效的人才培养。此外，从就业层面看，锻炼与健康专业的学生不但能够承担学校体育工作，还能够胜任健身指导、运动康复等方面的工作。而在"健康中国2030"发展战略背景下，相信锻炼与健康专业的人才培养也将更加符合未来中国社会对体育人才需求的趋势。

（二）运动医学在学科体系中由边缘向中心的过渡

纵览体育学的学科发展史，教育学和医学始终为体育学的发展提供着两股最为主要的知识来源，推动着体育学的持续进步。最早从事体育相关工作（如体育教育或运动训练）的人，主要是教师和医生。人类对健康的永恒诉求与体育运动改善人类体质的独特功能相契合，成为体育学能够得到学科认同的实用主义理由。从这个角度看，可以说体育学具有健康的驱动性。从健康的角度看，人类健康是医学的主要研究领域，运动与医学相结合所产生的运动医学的重要性由此得以体现。从我国体育学的二级学科设置看，运动医学属于运动人体科学，其余的体育教育训练学、体育人文社会学和民族传统体育学3个二级学科均偏向于人文社会科学。由此看，我国体育学的学科架构重心是倾向于人文社会科学的。仅从运动医学的学科设置与归属上看，我国运动医学的学科地位是偏低的。这与运动医学在整个体育学发展中所扮演的角色是有差距的。从发达国家高校的专业设置看，与健康和医学相关的专业占据了最为主要的部分。在本书考察的40所国外高校中开设运动健康类和运动医学类专业的高校有31所，占到77.5%。比如，德国体育学科评估排名第一的弗莱堡大学本科仅开设了3个专业，其中两个专业都与运动医学相关，分别是运动康复和运动与健康；英国体育学科排名第一的拉夫堡大学开设了肌肉骨骼运动科学与健康、运动与锻炼营养等相关专业；日本著名的筑波大学同样开设了运动科学与健康、运动医学等相关专业。各高校的专业设置体现了社会对体育学类人才的需求，是体育学能够获得外部学科认同的重要体现。目前，国内部分高校已经意识到运动医学对于体育学整体学科建设的重要意义。比如，成都体育学院依托其原有运动医学与中医骨伤科的学科优势进一步通过与医学机构的合作，以"体医渗透"的形式加速了该校的学科建设[1]。此外，"一流学科"建设的内涵是"国际一流"。在国际高影响因子刊物上发表学术论文成为衡量学科发展水准的重要指标。从2016年汤森路透集团公布的体育学SCI期刊的影响因子看，排名前10位的刊物中9种都是运动医学类刊物，运动医学成为体育科学研究中的绝对核心[2]。由此，无论从体育学的内在发展逻辑、国际社会对运动医学的重视程度，还是"双一流"建设需要等多个角度看，可以预见运动医学在我国体育学的学科地位将会持续提升乃至成为学科中心。

（三）体育学应突破教育学的领地，实践和凸显其跨学科特征

在1983年发布的《学科专业目录》中，体育学便作为一级学科被列入教育学门类，这一归属延续至今[3]。从体育学在世界各国的演进历程看，体育教育是体育学的起点，所以从历史上看，将体育学划入教育学是符合历史背景的。然而，随着社会的发展，人们对体育学的需求早已超越了教育学的范畴，体育学已经演化为以健康为核心要义的一种跨学科知识体。体育学这种跨学科特征决定了学科的发展需要借助多学科知识进行推动。而目前体育学下辖于教育学的定位从归属上便首先圈限了体育学的发展，与学科属性及其发展规律相违背。从发达国家学科目录的设置可以发现，法国将体育学划入交叉学科门类，德国将体育学作为独立学科门类，英国将体育学划入生物科学等。从学科归属的国际经验及其内在属性的分析看，有理由相信在今后对体育学的学科定位调整上会突破教育学的领地向交叉学科类目靠拢。

[1] 刘青. 以创新求是精神全面深化高等体育院校教育综合改革——兼论我校学科专业特色与人才培养目标 [J]. 成都体育学院学报，2016（4）：5-6.

[2] 王雷. 学术期刊视角下体育学国际发展特征研究及其启示 [J]. 体育科学，2017（5）：84.

[3] 王雷，李平平. 我国体育学学科设置起点中若干问题的研究及其启示 [J]. 武汉体育学院学报，2016（2）：37.

在践行体育学的跨学科特征方面，国际通行的做法是加大跨学科的专业融合及注重多学科知识背景的体育学人才招募。比如，德国、英国、法国、日本等国虽然普遍设置了独立的体育院系，但从专业设置和师资履历来看，体育与医学、生理学、力学、心理学的深化融合程度已经超出了我们之前的认识。举例来说，英国体育学排名第一位的拉夫堡大学，拥有独立的运动、锻炼与健康科学系（School of Sport, Exercise and Health Sciences），但该系的本科专业设置已经超出了体育的范畴，包含了人类生物学（Human Biology）和一般心理学（Psychology）等专业[1]。我们同时考察了该系中的23位教授（包括访学教授）（visiting professor），发现有15名教授分别来自于社会学、临床医学、心理生理学（Psychophysiology）、休闲管理、环境生理学（Environmental Physiology）和人体工程学（Ergonomics）等学科[2]。可以这样说，在拉夫堡大学的体育系中从事教学和研究的教授，以体育学之外的教授为主。这种现象我们在德国、美国和日本的高校中均能普遍见到。总之，从中国之外的5个发达国家的情况看，体育院系中任教的师资，特别是以科学研究为主的师资，其学历背景普遍来自各母学科。从学科规训的角度看，"学科入侵"的现象明显，并未见到"学科把门人"的出现。

在推动我国体育学健康有序发展的过程中，学界既要心怀"看世界"的眼光，又要担负起"做事情"的责任。目前看，体育学一方面获得了世界高等教育领域基本的学科认同，在学科目录中拥有独立的学科位置，在高校中具有独立的院系建制、本硕博全层次的人才培养体系；另一方面也应当注意到体育学尚不具备国际统一的学科名称，各国对体育学的理解依然存在差异，学科归属意见尚不统一。可以说，当今体育学依然处于快速发展之中，世界各国对体育学的理解与认识尚处于探索阶段。

［1］英国拉夫堡大学运动、锻炼与健康科学系本科专业设置名目［EB/OL］. http：//www. lboro. ac. uk/departments/ssehs/undergraduate/courses/，2017-04-10.

［2］英国拉夫堡大学运动、锻炼与健康科学系教授介绍［EB/OL］. http：//www. lboro. ac. uk/departments/ssehs/staff/，2017-04-10.

第三章　体育学发展史研究

第一节　体育学分支学科的历史演进

运用知识增长理论分析学科出现的过程后可以发现，体育学的出现是基于一些核心分支学科的充分发展。即学科具有历史属性，这是学科发展所遵循的一个规律。以经典的物理学为例，物理学在最初的含义是伽利略、开普勒、牛顿开创的经典力学，随着研究的深入，热学、电磁学、光学等分支学科依次出现构成了近代物理学，而随着20世纪后相对论和量子力学的迅速发展，物理学的学科内涵又得到进一步丰富。具体到体育学来看，按照知识的增长规律，各不同领域中知识形成一定的内在逻辑体系后，首先会出现如体育教育学、运动医学、运动训练学等具体的分支学科。比如，在学科发展最初，只有体育教育学较为成熟，而这时体育学便大致等同于体育教育学。如同1964年美国学者富兰克林·亨利发表那篇著名论文《体育教育：它是一门学科》（Physical education：an academic discipline.）[1]。从现在美国体育学界的观点看，当时亨利所谈论的"体育教育"（physical education）大致等同于今天的体育学。体育学出现的时间必定晚于这些分支学科。而随着不同的分支学科持续出现和发展，体育学的内涵不断丰富，知识体系不断扩张，最终形成今天一个更为综合的体育学。

一、体育学的主要分支学科确认

从已有研究看，当前体育学分支学科数量较多，且成熟度各不相同。不同国家对于体育学主要分支学科的理解和界定存在一定差异。比如，德国奥林匹克学院的哈格教授与德国体育学科奠基人欧姆·格鲁普教授等人合著的经典著

---

[1] Henry，Franklin M. Physical education：an academic discipline [J]. Journal of Health，Physical Education and Recreation，1964（35）.

作《德国体育科学》中，列出了体育学的主要分支学科有10个，分别是运动生理学、运动医学、运动生物力学、一般运动理论、运动训练学、体育教育学、体育心理学、体育社会学、体育史和体育哲学[1]。美国经典专著《体育教育、锻炼和运动科学》（第8版）中，列出主要9个分支学科，分别是运动生理学、生物力学、运动心理学、体育技能学、体育社会学、体育史、体育哲学、体育人类学和体育教育学[2]。我国学者王琪在其博士论文《西方体育学科发展史论》中运用知识图谱的方法筛选出了现代体育科学的10个最为主要的分支学科，分别是体育教育学、人体测量学、运动生理学、运动心理学、运动技能学、运动训练学、运动生物力学、流行病学、运动医学和体育社会学[3]。

从以上经典论著中，我们发现不同国家的学者对于体育学主要分支学科的理解和认识具有一致性。这说明各国对于体育学内在的知识体系具有统一的认同度。由此，我们能够大致梳理出体育学最为主要的几类分支学科：第一是教育和训练类，主要有体育教育学、运动技能学和运动训练学。体育运动本身固有的教育功能使各国首先将体育纳入教育范畴；而运动训练学又被认为是能够体现体育实践自身逻辑的知识体系。第二是身体的科学基础类，主要包括了运动医学、运动生理学和运动心理学。主要是借助医学、生理学、心理学等成熟的母学科知识对运动的身体进行研究。第三是体育文化与社会类，主要是对各种运动现象与社会发展的相互关系的研究，主要包括体育社会学等。根据上述三种分类，我们将分别梳理体育教育学、运动训练学、运动医学、运动生理学和体育社会学5个分支学科的起源问题。其中，我们将重点讨论历史最为悠久的体育教育学和体现体育实践自身逻辑的运动训练学两个学科的起源问题。

下面我们将从学科内史（知识演进史）和外史（制度演进史）两个方面探讨这些分支学科出现的原因及演进动力。在此，我们将重点放在过去，而非现在。目的在于通过对分支学科历史的探讨为后面分析和从历史维度呈现体育学的学科特征提供论据支撑。

[1] H. Haag O. Grupe A. Kirsch. Sport Science in Germany: An Interdisciplinary Anthology [M]. Berlin: Springer-Verlag, 1992.

[2] Angela Lumpkin.Introduction to Phyical Education, Exercise Science, and Sport Ssudies [M]. McGraw-Hill Humanities, 8 Edition, 2008: 20.

[3] 王琪. 西方现代体育科学发展史论：基于知识图谱视角的实证研究 [D]. 福州：福建师范大学博士学位论文，2011：121.

二、体育教育学的学科演进考察

（一）从体育运动到体育教育

从概念上看，我们谈论的体育指的是广义的理解，泛指体育运动，是以身体活动为基本手段进行的一种复杂的社会文化现象和社会活动，大致包括了学校体育、竞技体育和群众体育等几个方面。以文艺复兴和近代科学革命作为现代科学的起点，对体育学的学科史进行梳理，我们发现，体育运动最早是与教育密切地发生了联系。

不同版本的史料论著[1][2]都将现代体育教育的发源地指向了德国。当时体育教育的主要发起者和推动者有贝斯都（Johann Bernhard Basedow，1723—1790）、古兹慕茨（Johann Christoph Friedrich Guts Muths，1759—1839）和施皮茨（Adolph Spiess，1810—1858）等人。我国学界通常认为现代体育教育的发起人是古兹慕茨。本书在阅读国外文献的过程中发现，贝斯都同样是现代体育教育的一位重要发起人，他对体育教育发展的贡献甚至早于古兹慕茨。首先，在1779年，贝斯都受自然主义哲学的影响，在德国的德绍（Dessau）建立了一所博雅学校（Philanthropinium），当时这所学校只招收男生。他自己设计了符合学生个体需求的课程项目。其中，体育活动扮演了重要角色，规定每天有3个小时用于体育技能学习和休闲活动（sport instruction and recreation activities）。这是世界上第一所将体育教育视为教育课程一部分的学校[3]。此外，贝斯都还创立了青少年教育体系中引入体操俱乐部的思想，而这在整个欧洲都影响广泛[4]。古兹慕茨开展体育教育事业的时间在贝斯都之后，但这并不妨碍他成为一名体育教育史上的标志性人物。古兹慕茨为推动体育教育活动向学科形态的演进做出了突出贡献。在1793年，古兹慕茨根据实践经验整理并出版了世界上第一本体育教育教科书《青年体操》，包括了跑、跳、体操

[1] Deborah A. Wuest；Jennifer L.Fisette.Foundations of Physical Education, Exercise Science and Sport [M]. New York, Mc Graw Hill Educaton, 2014：109–114.

[2] Roland naul and ken hardman.sport and physical education in germany [M]. routledge, 2002：15.

[3] Deborah A. Wuest；Jennifer L.Fisette.Foundations of Physical Education, Exercise Science and Sport [M]. New York, Mc Graw Hill Educaton, 2014：109–114.

[4] K. Lee Lerner, Brenda Wilmoth Lerner. World of Sports Science [M]. Thomson Gale, London2007：328–330.

等身体锻炼项目。这本书随后被翻译并快速流传至欧洲其他国家，对整个欧洲，尤其是丹麦和瑞士的体育教育实践产生了巨大的推动作用。1805年，古兹慕茨试图说服当权者将体操课纳入普鲁士的教育改革，他得到了哈德伯格（Hardenberg）、哈姆博尔特（von Humboldt）及斯舒尔兹（Suvern Schulze）等军事部门当权者的支持，并最终在1809年将体操（gymnastics）纳入了普鲁士教学大纲[1]。德国的体育思想后期传入美国，在1823年马萨诸塞州的圆山学校（The Round Hill School）首先意识到体育锻炼对教育的意义，将体育纳入教育课程[2]。

1839年，德国图宾根大学在普鲁士国王和教育部长（the king and his minister of education）的官方授权下成立了体操学院（［德］Gymnastische Anstalt；［英］gymnastics institute），作为大学的一个独立机构，直接由学术委员会（academic authorities）管理[3]。当时"Gymnastic"虽被理解为体操，但它实际上承担的便是单一的体育教育的任务。但这一机构承担的是为全校学生提供体育活动指导，相当于现在的大学体育部，并未承担起人才培养与科学研究的任务。但在当时，体育老师（turner instructor）便作为一个独立职业而被大学所雇佣。

此后，古兹慕茨的体育教育思想在欧洲大陆广泛传播，林氏体操在瑞典（swedish）取得成功。当时普鲁士王国政局的动荡使军事部门大力支持了教育法案中的体育教育发展。普鲁士王国认为瑞典军事部门进行的林氏体操有其可鉴之处，便派出两位军事官员罗瑟斯汀（Rothstein）和利特南特（Lieutenant. Techow）前往斯德哥尔摩皇家体操学校进行学习[4]，后期，他们大力推广林氏体操。1847年，柏林中央体操学院成立，首个针对士兵的体操课程进入课堂。1851年，普鲁士中央体操学院开始允许招收军事学员和非军事学员，体操学院也被分为两个部门，一个是为了培养未来军事官员的，另一个是为了培养学校体操教师。在1850年体操课成为学校必修课之后，德国每个州的州府都建立了体操师范学校培养师资。每个年轻人在接受半年（后期变为一年）的课程训练之后，只要成功通过考核便获得成为一名体操教师的资格[5]。至此，

［1］Roland naul, Ken Hardman.sport and physical education in germany［M］. Routledge, 2002：15.

［2］William H. Freeman. Phsical education, exercise and sport science：in a changing society［M］. JONES BARTLETT LEARNING, 2015：139.

［3］Michael Krüger.Gymnastics and Sport at German Universities：The Example of the Teacher Training College in Tübingen from the Beginnings to Its Academic Acceptance［J］. The International Journal of the History of Sport, 2015（6）：771.

［4］Roland Naul, Ken Hardman. Sport and physical education in germany［M］. Routledge, 2002：33.

［5］Roland Naul, Ken Hardman. Sport and physical education in germany［M］. Routledge, 2002：35.

体育教育人才培养的专业化得以实现。此外，法国在1869年也建立了首个体育教师的竞争性招考制度叫作体育教师能力认证（CAEG：Certificate of Ability to Teach Gymnastics；Certificat d，Aptitude a`l，Enseignement de la Gymnastique）[1]。根据这一制度，1880年法国在大学中开始了体育教师教育培训[2]。

在19世纪后半段，体育教育得到了世界各国的广泛认同，其社会建制陆续完善。1868年德国成立国家体育教育联合会（deutsche turnerschaft），1885年美国成立国家体育教育促进联盟（AAPE）等。1896年，美国出版专门的体育教育学术期刊《美国体育教育评论》（american physical education review）[3]。1897年开始出版《美国体育教育协会年度报告》。在19世纪末，爱德华·希区柯克（Edward Hitchcock）成为美国第一个体育教育教授，由美国阿莫斯特大学（Amherst Colledge）授予[4]。以美国为例，截至1920年已经培养了体育教育专业的博士生17名[5]。

在科学研究方面，体育教育在经历了初期的经验总结式的发展后，在19世纪后半段开始设立学术组织，展开科学研究。而从学术组织发起人的身份看，这些人几乎全都具有医学背景。从体育教育组织的领导人看，他们普遍具有医学的知识背景。比如，英国英国体育教育研究的先驱马克林（Archiibald Maclaren<1820—1884>）便具有医学和体育的双重知识背景[6]。而美国体育教育协会最初的49位成员中，有25名医生，协会的创立者Luther Halsey Gulick最初发表的研究成果 "Manual of Physical Measurements（1892）"；"Physical Education by Muscular Exercise（1904）" 也均是从生理学层面展开的[7]。同时，在体育教育研究初期，由于没有专业的学术期刊，与体育教育相关学术论

［1］Cécile Collinet & Philippe Terral.Conflicts and competition for influence：the history of PETE in France［J］.Sport，Education and Society，2007（1）：61.

［2］Jarnet，L.（2003）La production universitaire du corps sportif，Cahiers internationaux de sociologie，115，229–254. 转引自：Cécile Collinet & Philippe Terral. Conflicts and competition for influence：the history of PETE in France［J］. Sport，Education and Society，2007（1）：61.

［3］William H.Freeman.phsical education，exercise and sport science：in a changing society［M］. JONES BARTLETT LEARNING，2015：147.

［4］James C. Whorton. "Athlete's Heart"：The Medical Debate Over Athleticism，1870—1920［J］. Journal of Sport History，1982（1）：31.

［5］Raymond.Clyde.Thurmond.The History of Sport and Physica Education as a field of Study in Higher Education［D］. The University of Oklahoma Graduate College，1976：116.

［6］Deborah A.Wuest；Jennifer L.Fisette.Foundations of Physical Education，Exercise Science and Sport［M］. New York，Mc Graw Hill Educaton，2014：109–114.

［7］NAK Historical Overview［EB/OL］.［2016-09-09］.http://www.nationalacademyofkinesiology.org/Historical-overview.

文多数都是发表在医学类期刊上的。比如"Phsical Education in France"一文便是发表在1889年的英国医学杂志（The British Medical Journal）上的[1]。文中提到，法国的男孩子们在教室时间太长，论述了学生们应当如何通过肌肉力量练习改善体质。此外，1922年法国第一次讨论体育教育的科学研究问题也是在医学会议上提出的[2]。从中也可以发现在科学研究领域体育教育与医学、生理学的密切联系。或者说体育教育一旦开始向科学研究迈进便首先开始寻求医学和生理学的帮助。

（二）从体育教育到体育教育学

在对体育教育学的历史考察中，我们发现存在两种意义上的"体育教育学"。第一种是以"physical education"为指称的"体育教育学"；第二种是以"Sportpädagogik（德语）"或"sports pedagogy"为指称的体育教育学。两种用语在理解上有区别，但同时也有许多联系和相似之处。对此，我们首先对"physical education"进行梳理。

知识和制度是衡量学科确立的标准。在前面我们曾经详细论述了学科的演进路径，明确了知识是学科的第一属性，知识形态演进到后期，才会出现学科制度。而从上述体育教育（physical education）的发展历程看，19世纪中后期，德、美等国便已经完成了体育教育学的制度化构建。按照学科标准梳理体育教育学的发展脉络，可以发现，体育教育在19世纪后半叶经历了教育法律认同、社会职业认同、学校建制设置设立、学术组织设立、学术期刊设立等一系列标志性事件。至20世纪初，可以说体育教育学在学科建制上大致完成了自身的学科身份确立。但从已有文献看，当时学界始终没有讨论体育教育的学术地位的问题。体育教育的发展都是按照实事演进的逻辑进行的。这一现象直到1964年才得以改变。美国学者富兰克林·亨利在1964年发表了《体育教育：一门学科》（phyiscal education：an academic discipline）的文章，被认为是体育教育学科问题讨论的始作俑者。随后，各国学界展开了体育教育学科地位的大讨论，开始从学术地位角度讨论体育教育学的合法性问题。这种讨论在随后一

[1] 佚名. Physical Education in France [J]. The Britishi Medical Journal, 1889（1）：1245–1246.

[2] Anaïs Bohuon, Antoine Luciani. Biomedical Discourse on Women's Physical Education and Sport in France（1880—1922）[J]. The International Journal of the History of Sport, 2009, 26（5）：573.

直延续。从已有资料可以确认，在美国[1]、德国[1]、法国[3]等多个国家，对体育教育（physical education）的学科地位的讨论随后逐渐演变为对体育学的讨论。也就是说体育教育学（physical education）在几乎所有国家都可以被视为体育学的前身。我国的情况也与之近似。在新中国成立后的很长一段时间里，体育学界对于体育学科的讨论同样也是以体育教育为中心的。这其中的主要原因在于当时体育运动主要是以学校一门科目的形式出现的。国家的需要以及制度化的存在督促了体育教师和学者围绕着体育教育展开研究。

　　第二种体育教育学指的是"Sports Pedagogy"，他最早是由德语"Sportpädagogik"传入英语国家而翻译得来。从已有文献看，"Sportpädagogik"一词最早见于德国著名的体育学者卡尔·迪姆于1949年的著作《Wesen und Lehre des Sports》。该书认为体育教育学作为一个分支学科应当处于体育学整个学科体系的核心位置[4]。随后1964年欧姆·格鲁普也表达了类似的观点[5]。欧姆·格鲁普于1969年编著的《Grundlagen der Sportpädagogik：Körperlich keit，Bewegung u.Erfahrung im Sport》（体育教育学基础：体育中的身体、运动与经验）一书出版，被认为是西方第一本"Sportpädagogik"（Sports Pedagogy，体育教育学）著作[6]，标志着以Sports Pedagogy为名的体育教育学的确立。德国体育学研究学者哈格指出，体育教育学是一门下设于体育学的应用性学科，其核心研究领域在于课程理论和教学理论[7]。体育教育学首先在德国得以确立，而后迅速在西方各国得以发展。在体育教育学的学科发展初期，大致形成了德国和北美两大学科文化派别。德国流派重视体育教育学的元理论研究，而严重忽视了体育实践和运动经验方面的研究。而北美流派

［1］William H.Freeman.Physical Education，Exercise and Sport Science：in a changing society ［M］.Burlington，Jones and Bartlett Learning，（8th edition）2015：19.

［2］Michael Krüger.Sports in the German University from about 1900 until the Early Years of the Federal Republic of Germany：The Example of Muenster and the "Westfaelische Wilhelms-University"［J］.The International Journal of the History of Sport，2012（14）：1988.

［3］Cécile Collinet & Philippe Terral.Conflicts and competition for influence：the history of PETE in France［J］.Sport，Education and Society，2007（1）：65.

［4］Diem C. Wesen und Lehre des Sports［M］.Berlin，Frankfurt am Main：Weidmannsche Verlagsbuchhandlung，1949.

［5］Torsten Schmidt-Millard.Perspectives of Modern Sports Pedagogy［J］.European Journal of Sport Science，2003（3）：1-4.

［6］李世宏．"体育教育学"概念的流变及其对我国体育教育学学科建设的启示——从"Sportpädagogik"的演变谈起［J］.体育科学，2011（4）：81.

［7］Haag.H Research in "sport pedagogy"—One field of theoretical study in the science of sport［J］.International Review of Education，1989，35（1）：5-16.

则较为忽视对体育教育学基本理论的探讨[1]。随后，体育教育学迅速发展，各国对于体育教育学研究逐渐走向理论与实践并重的路线。根据Pamela Hodges Kulinna的统计，仅在1995—2004年就有1819篇体育教育学方面的研究成果发表在91个不同的学术期刊上[2]。

如表3-1所示为部分国家在其体育教育演进过程中出现的标志性事件情况。

表3-1　体育教育演进的标志性事件

时间	地点	事件
1779年	德国	贝斯都（Johann Bernhard Basedow）创办了现代欧洲第一所将体育教育纳入课程体系的学校
1793年	德国	古兹慕茨著述第一本体育教育教材《青年体操》
1809年	德国	体育课在军事部门的推动下通过教育立法列入普鲁士王国教学大纲，受到官方认同
1814年	瑞典	成立瑞典皇家中央体操（体育）学院（具有军事背景），培养身体训练方面的军事学员
1817年	德国	体育教育被普鲁士教育法列为认可的教师专业（teaching subject）
1839年	德国	图宾根大学体操学院（Turnanstalt），第一个在大学中设立建制，职责是指导学生体育锻炼，增进体质健康，不进行专业人才培养
1847年	德国	柏林中央体育（体操）学院成立，首个针对士兵的体育课程进入课堂
1850年	法国、德国	法国在1850年开始组织学校的体育教育工作，教师来自于茹安维尔军事学校（military school in Joinville）当时的174名体育教师中，有123名来自军队，51名来自公民体操学校[3]。德国开始培训体育（体操）教师，体育教师在欧洲成为一种正式职业
1851年	德国	185中央体操学院开始允许有军事学员和非军事学员，体操学院也被分为两个部门，一是为了培养未来军事官员的，另一个是为了培养学校体育教师

[1] Bart Crum. Concerning the Quality of the Development of Knowledge in Sport Pedagogy [J]. Journal of Teaching in Physical Education, Journal of Teaching in Physical Education, 1986（5）：211-220.

[2] Pamela Hodges Kulinna. A Decade of Research Literature in Physical Education Pedagogy [J]. Journal of Teaching in Physical Education, 2009：119.

[3] Ce'cile Collinet, Philippe Terral, Conflicts and competition for influence: the history of PETE in France [J]. Sport, Education and Society, 2007（1）：59-72.

（续表）

时间	地点	事件
1860年	美国	美国的安默斯特大学建立了第一个体育系（Department of Physical Culture）；爱德华·希区柯克（Edward Hitchcock）成为第一个体育教育教授
1868年	德国	德国国家体育教育联合会成立（deutsche turnerschaft）
1885年	美国	美国成立体育教育促进联盟。体育教育研究机构从欧洲发展到美洲。创始人William G. Anderson[1]
1892年	德国	伯恩大学、哈勒大学、柯尼斯堡大学等开办体育教育专业。
1896年	美国	出版学术期刊：《美国体育教育评论》（american physical education review）
1964年	美国	富兰克林·亨利发表《体育教育：一门学科》文章，首次探讨了体育教育的学科地位

（三）体育教育学的学科演进路径思考

通过上述分析可以发现，体育教育学在学科发展史中存在两个层面的解读。最初是以 "physical education" 作为学科的名称，它的涵盖范围或研究领域更广，涉及了 "以身体手段促进整体人类福祉"[2] 的范围。但在目前，学界提到的体育教育学一般均指的是 "Sports Pedagogy"，研究对象主要是体育课程理论和教学理论。纵览整个体育教育学形成的过程不难发现，体育教育活动在世界范围内的广泛开展是体育教育学得以出现的根本原因。在这里，体育教育学的出现并不像前述的物理学、医学、社会学等学科，这些学科最初是以个人的科学研究为起点的，通过科学研究发现知识和创造学说，随着知识的增长和学说的增加演进到学科形态。但体育教育学的出现先是由于体育教育活动在各级学校中出现，为了更科学、有效地通过体育教育促进学生体质等方面的

---

［1］Nicholas David Bourne，Fast Science：A History of Training Theory and Methods for Elite Runners Through 1975 ［D］. Austin：The University of Texas at Austin，2008：94.

［2］William H.Freeman.Physical Education，Exercise and Sport Science：in a changing society ［M］. Burlington：Jones and Bartlett Learning，（8th edition）2015：19.

原因所以才展开的科学研究。从这个角度看，为何体育运动（体操）在18世纪开始就能够广泛地被学校所接纳并且被推广则是又一个需要认真加以探究的命题。因为从上述讨论看，体育与教育的广泛结合甚至是影响后期体育学的出现、发展，以及被社会认同的重要因素之一。

通过对体育教育演进历程的梳理，结合表3–1中体育教育演进的标志性事件我们可以发现，由于古兹慕茨等人的贡献，体育教育在18世纪后期首先被纳入德国教育体制之后，直至19世纪中期一直是世界体育教育的中心。而这期间体育教育的发展受到国家军事部门的大力支持和影响，对于体育教师的培养甚至最初是由军事官员所主导的。通过对欧洲史的研读发现，德国在18—19世纪处于长期战乱和分裂的状态。直至1871年德法战争爆发俾斯麦将军统一德意志，进而使德国取代法国成为欧洲大陆的霸主。当时的普鲁士王国实行的是普遍征兵制，国民身体素质在一定程度上依然决定了国家的军事实力。体育运动对强化身体素质的功能在当时战争连绵不断的德意志各国中便显得尤为重要。此后，随着科学的发展和对身体自身的关注，在体育教育的发展中，其学术组织的领导人普遍具有医学背景。将最初体育教育的研究纳入了医学研究范畴。梳理这些外在因素可以发现，体育教育的出现最初便与个人健康、民族主义、军事战争等几个方面存在着先天的联系。

如果从内部因素来探究体育教育的发展，我们可以体会到，体育运动具有的能够增强体质、塑造意志品质的自身功能和固有属性，又内在决定了体育教育或身体教育能够自然地与军事实力、民族振兴等关系国家基础需要的方面相联系。体育教育最初能够被纳入国家教育制度，成立科学研究机构是受到国家意志的作用，以服务国家需要为宗旨的。综上所述，梳理体育教育的发展，以及体育教育学的学科形态的确立大致能够总结出以下观点：

1. 体育运动本身所具有促进健康、增强体质的功能及其育人价值，使体育与教育最早地联系在一起。这是体育教育形成的内因。而欧洲自然主义思想与德国常年的战乱与分裂状态则成为体育教育发起的外因。内外两种张力使体育教育迅速发展。体育教育学的发展在最初主要受国家意志的外在动力推动，主要目的是增强国民体质和健康，进而提升国家军事实力，与国家安全、个人健康紧密联系，受到军事部门的主导。

2. 体育教育学的出现受到国家意志的推动，原因在于体育运动对青少年健康的促进作用与18—19世纪欧洲战乱纷争的时代需求相适应。体育教育学首先建立了师资培养，具有制度上的优先性，是在内核的知识体系尚不完备的情况下出现的。这与物理学、医学、社会学、教育学等经典学科通过科学研究，首先从知识增长实现学科形态的演进路径并不相同。

3. 在学科演进史中出现了两种意义上的"体育教育学"。第一种是以"physical education"为指称的"体育教育学";第二种是以"Sportpädagogik（德语）"或"sports pedagogy"为指称的体育教育学。前者在一定程度上可以视为现在体育学的前身,而后者成为专注于体育教学规律的体育教育学。

三、运动训练学的学科演进考察

在体育学的诸多分支学科中,运动训练学被部分学者认为是体育学中仅有的通过体育实践的自身演化而形成的分支学科[1],具有很强的代表性。这使得运动训练学在体育学的整个学科体系中占据了特殊的地位。

（一）运动训练学知识体系的萌芽期考察：19世纪中期至19世纪末

归属于竞技体育范畴的运动训练实践远可追溯至古希腊与古罗马时期。帕雷奥罗格斯（Paleologos）指出,早在公元前5世纪,古希腊各城邦教练员指导运动员的开展训练的情况便较为普及。当时的教练员多是年龄偏大不再参赛的运动员,他们依靠自己过去的经验指导训练[2]。

从德国历史学家沃尔夫冈·贝林格的研究看,16世纪之后随着基督教对文化的影响开始衰落,欧洲人文学者对于身体的美和优雅开始赞颂,体育的地位大幅提高,欧洲各国开展了广泛的体育竞赛[3]。18世纪以来欧洲各国开始的以工业化和城镇化为特征的现代社会变迁也为运动竞赛与训练的开展提供了外在条件。在此基础上,随着17—18世纪希腊人重新发现奥林匹克竞技比赛的历史,欧洲多个国家在第1届现代奥运会举办之前,便已经以"奥林匹克"的名义陆续组织起全国性的竞技比赛。比如,瑞典拉姆略萨就在1834年举办了奥林匹克竞赛;希腊雅典在1859年举办了第1届希腊奥运会;1866—1883年英国一共举行了7届全国奥林匹克运动会[4]。一系列综合性运动会的出现使运动员之间,以及教练员之间的竞争加剧,促使他们开始逐渐探索和总结训练经验与相关知识。而近代科学革命以来在医学、生理学上的不断突破也为运动训练理论

［1］胡小明.关于体育学研究的几个问题［J］.体育文史,1998（1）：33.

［2］Paleologos, Cleanthis. "Origin of the Modern Theory of Training"［J］. Track and Field Quarterly Review, 1987（2）：26–29.

［3］沃尔夫冈·贝林格.运动通史：从古希腊罗马到21世纪［M］.北京：北京大学出版社,2015：137.

［4］沃尔夫冈·贝林格.运动通史：从古希腊罗马到21世纪［M］.北京：北京大学出版社,2015：146.

的形成奠定了科学基础。

在运动训练理论研究初期，学者普遍将日常生活行为与训练、竞赛活动视为一体，并将日常生活习惯视为影响训练效果与成绩的重要因素。英国学者麦克拉伦（Archibald Maclaren）于1866年著述的《训练理论与实践》（Training in Theory and Practice）[1]（表3-2），被认为是世界第一本运动训练理论著作，该书也被一些学者认为是运动训练理论研究中真正开始涉及科学化的一个标志[2]。该书的作者麦克拉伦在从事训练理论研究之前曾在法国巴黎学习医学，是一名公认的运动科学研究"scientific study"的权威著作。该书出版后影响巨大，在1873年出版的《锻炼与训练》一书中，认为《训练理论与实践》是当时关于训练理论领域的经典著作[3]。从表3-2呈现的内容看，《训练理论与实践》的正文分为4个部分，分别是①锻炼；②饮食；③睡眠、沐浴、空气和穿着；④训练实践课程。书中以大量篇幅描述了睡眠时新鲜空气的重要性，详细论述了正确的用餐时间以及肉和蔬菜各自对于提供运动员能量的作用，讲述了训练时正确饮水的方式以及茶、咖啡和巧克力对于训练的危害等。此外，出版于1873年的《锻炼与训练：及其对健康的影响》（Exercise and training：their effects upon health）[4]，出版于1888年的《男性运动与拳击》（Boxing and Manly Sports）[5]以及出版于1904年的《田径运动实践》（Practical track and field athletics）[6]均在著作中单独设立篇章论述科学饮食、睡眠和沐浴行为对于训练的重要作用。总体看，当时的运动训练在很大程度上是以促进健康为中心的。

表3-2　世界第一本运动训练理论著作相关信息

著作名称	出版时间	作者	国家	主要内容
《训练理论与实践》（Training in Theory and Practice）	1866年（第1版）；1874年（第2版）	Archibald Maclaren	英国	本书正文分为4个部分，分别是：①训练知识；②饮食；③睡眠、沐浴和着装；④训练实践课。在第4部分以划艇为例设计了周期为3周的训练计划。

[1] Archibald.Maclaren. Training in Theory and Practice [M]. London：Macmillan and CO，1866.

[2] Nicholas David Bourne，Fast Science：A History of Training Theory and Methods for Elite Runners Through 1975 [D]. Austin：The University of Texas at Austin，2008：45.

[3] Lee. R J. Exercise and training：their effects upon health [M]. London：Smithe Elder and CO，1973：35.

[4] Lee. R J. Exercise and training：their effects upon health [M]. London：Smithe Elder and CO，1873.

[5] John.Boyle.Oreill.Boxing and Manly Sport [M]. Boston：Boston Ticknor and Company，1888.

[6] John.Graham，Ellery H.Clark. Practical track and field athletics [M]. NewYork：Duffield & Company，1904.

从学科制度上看，截至19世纪末，世界各国与运动训练相关的科学研究组织及学科的后备人才培养机构尚未建立。但一些运动竞赛组织从19世纪中期开始则陆续出现在英国、德国、美国等地。具体来看，英国在1863年成立了英国足球协会（Football Association），1880年成立了业余田径协会（Amateur Athletic Association）[1]；德国则在1868年成立了德国第一个专业竞赛组织德国体育联盟（Germany Gymnastic Federation），随后在1883年成立了德国赛艇协会（Germany Rowing Association）等[2]；在美国，1885年成立了美国体育教育促进协会（AAAPE），体育教育的规范化与组织化直接促进了有组织的竞技赛事的增加。1895年，美国成立了西部校际业余竞赛联盟（the Western Intercollegia Amateur Athletic Association）并在1898年专门出版了《美国西部地区校际业余竞赛联盟条例》[3]。在此基础上，美国在1905年成立了全国校级体育竞赛联盟（IAAUS），该联盟于1910年改名为NCAA。由此可以看出，随着近代欧洲工业化和城镇化的进程，欧美各国在19世纪中后期开始陆续建立现代竞技体育组织。这些组织的成立极大地推动了运动竞赛的开展，客观上促进了各项目之间的竞争，进而推动了运动训练研究的深入及其科学化进程。

总的来说，19世纪的运动训练理论研究已经借助医学、生理学的研究方法融入了近代科学发展的大环境。研究开始初步涉及人体在训练过程中的生理指标变化等方面的内容。对于人体运动的能量来源已经有了基础性认识，并提出了循序渐进、适宜负荷等训练原则的原始理念。从运动训练学的知识体系看，19世纪的运动训练知识体系尚未建立，人们对健康的需要成为推动运动训练初期知识演进的主要动力，睡眠、饮食、沐浴、着装等与健康密切相关的知识成为当时运动训练知识的主要内容。

（二）20世纪初：运动训练学的快速演进期考察

随着1896年第1届现代夏季奥林匹克运动会的举办，以及欧美工业化、城镇化进程的加速，欧洲各国在进入20世纪后愈加重视体育运动在提升国民体质及国家软实力上的帮助。运动训练学理论研究在这一时期更加深入和细致。以哈佛大学运动实验室开展的"运动心脏"为代表的一系列研究成果推翻了19世

---

[1] Neil Carter, The origins of British sports medicine, 1850—1914 [J]. Gesnerus, 2013（1）：22.

[2] Roland Naul, Ken Hardman, Sport and Physical Education in Germany [M]. london and New York：ISCPES, 2002：19.

[3] James H. Maybury. Constitution By—laws And Athletic Rules of the Western Intercollegia Amateur Athletic Association [M]. New York：American Sports Publishing CO.1898.

纪以来关于运动导致身体损伤的陈旧观念[1]。

我们搜集了20世纪初期（1904—1921年）出版的6本运动训练相关著作（表3-3）。从作者的身份看，这一阶段出版运动训练著作的人员主要是有运动员经历的知名教练员，而不再是19世纪中期时的医生。比如，1904年出版的《田径训练实践》（Practical track and field athletics）一书的作者便是由当时哈佛大学教练员John. Graham和美国三届田径全能冠军Ellery H. Clark[2]合著的，1914年出版的《运动训练》的作者墨菲则是1900年、1908年和1912年三届奥运会上美国田径队的教练员[3]。1921年出版的《运动训练》（Training for Sports）的作者沃尔特·坎普（Walter Camp）是著名的橄榄球运动员和教练员，被尊称为美国"橄榄球之父"[4]。仅有1914年出版的《田径运动全书》（The Book of Athletics）的作者保罗·威辛顿（Paul. Withington）[5]是哈佛大学医学博士，而他同时也是威斯康星大学的教练员。

表3-3　20世纪初期（1904—1921年）运动训练学相关著作

序号	书名	出版时间与国家	作者	主要内容
1	《田径运动实践》（Practical track and field athletics）[6]	1904年；美国	John Graham；Ellery H. Clark	本书未分章节，主要内容分2个部分，一是一般训练理论，二是15个田径项目的训练。在本书前言中说道，关于运动训练尚未在社会中引起公开讨论。当时田径占据了运动训练的主要地位。
2	《竞技运动全书》（The Book of Athletics）[7]	1914年；美国	PAUL. Within-gton	该书以论文集的形式出现，未分章节。全书收集了1908—1913年关于足球、田径、棒球、篮球、赛艇、高尔夫、草地网球、板球等10个项目的训练方法与经验总结。

[1] John L. Ivy. Exercise Physiology：A Brief History and Recommendations Regarding Content Requirements for the Kinesiology Major [J]. QUEST，2007（59）：34.

[2] 维基百科Ellery_Clark介绍 [EB/OL]. [2016-8-18] http：//en.wikipedia.org/wiki/Ellery_Clark.

[3] Michael. C. Murphy，Athletic Training [M]. New York：Charlessc Ribner's Sons，1914：3.

[4] 维基百科Walter_Camp介绍 [EB/OL]. [2016-8-18] http：//commons.wikimedia.org /wiki/ Walter_Camp.

[5] 维基百科Paul Withington 介绍 [EB/OL]. [2016-8-18] .http：// en.wikipedia.org /wiki/Paul_Withington.

[6] John. Graham，Ellery H. Clark. Practical track and field athletics [M]. New York：Duffield & Company，1904.

[7] Paul Withington. The Book of Athletics [M]. Boston：Lothrop Lee & Shepard CO，1914.

（续表）

序号	书名	出版时间与国家	作者	主要内容
3	《运动训练完整手册》（The complete athletic trainer）[1]	1913年；英国	S. A. Mussabini	该书未分章节，而是分别论述了短跑等16个田径分支项目的训练方法，随后对一般训练注意事项、伤病与预防、训练饮水，以及成绩记录方法等内容进行了讲解
4	《运动员训练、组织与参赛》（Athletes all：training，organization and play）[2]	1919年；美国	Walter Camp	全书分为5章，分别是：1.运动员参赛准备（包括身体状态和思想状态准备）；2.健康与公平竞赛精神；3.正式比赛的规则与条件；4.竞技比赛的组织与管理；5.拳击、橄榄球、棒球等不同项目的运动训练方法
5	《运动训练》（Athletic Training）[3]	1914年；美国	Micha-el C. Murphy	全书分为21章，分别是：1.身体条件；2.饮食；3.竞赛准备；4.短跑；5.中距离跑；6.半英里跑；7.一英里和两英里跑；8.跨村跑（5~7英里跑）9.马拉松跑；10.跨栏跑；11. 急停跳远；12.跳高；13.撑竿跳；14.铅球；15.链球；16.铁饼；17. THE JAVE LIN THROW138；18.接力赛；19.运动心脏；20.伤病的预防和治疗；21.足球损伤
6	《运动训练》（Training for sports）[4]	1921年；美国	Walter Camp	该书分为14章，分别是：1.一般身体情况与训练；2.不同年龄阶段的训练；3.运动员状态低迷的原因；4.思想意志与神经系统状况；5.伤病防护；6.饮食；7.睡眠；8.训练与比赛的差异；9青少年运动训练的注意事项；10 体能储备；11~14章分别是足球、棒球、田径、赛艇运动员的专项训练

[1] S. A. Mussabini .The complete athletic trainer [M] . London：Methuen & CO，1913.

[2] Walter. Camp. Athletes all：training，organization and play [M] . New York：Charles Scribner's Sons，1919.

[3] michael. C. Murphy . Athletic Training [M] . New York：Charles Scribner's Sons，1914.

[4] Walter Camp，Training for sports [M] . New York：Charles Cribner's Sons，1921：43.

　　从知识的角度看，运动训练学的理论体系在进入20世纪之后有了不同于19世纪晚期的显著变化。从这些著作的主要内容可以发现，这一时期对于训练理论与知识的探讨比以往更加专业化。受当时学科日益分化的影响，运动训练学的知识体系开始了更为精细的划分。19世纪时，训练理论知识更多地涉及或涵盖了医学、生理学、营养学知识，而此时对训练理论知识的关注逐渐聚焦到了训练实践本身。

　　1904年，由当时哈佛大学教练员John.Graham和美国三届田径全能冠军Ellery H.Clark合著的《田径训练实践》（Practical track and field athletics）一书中提出了训练的三个核心要素分别是训练量、营养和睡眠[1]。19世纪后期训练理论著作中普遍提到的将沐浴、服装、空气等生活行为同样视为训练理论重要构成要素的观点在这时已经消失。此外，该书还提出了一些延续至今的训练准则，比如，对运动员提出了绝对的禁烟和禁酒；在训练中需要根据运动员的性格和技术特点做到区别对待；训练量应当寻求一个适宜点，训练量过低或过高都不利于运动员良好竞技状态的保持[2]。

　　从学科制度看，20世纪初期出现的一个重要现象便是各国对专业教练员或职业教练员的重视。长久以来在国际竞技体育赛场中提倡的都是"业余主义"（amateurism），各国成立的竞技体育组织都称为"××业余体育协会"，包括奥运会同样要求业余运动员参加。在19世纪至20世纪初，对于业余主义的理解偏向于参与，而非获胜。当时人们将运动员视为"绅士"（gentleman），或精英阶层（social elite），认为不应当通过过分专业的训练来获取胜利。这也导致了长时间里对教练员作用的忽视[3]。在20世纪初的德国，作为具有业余性质的教练员，在指导训练时是免费的。这些情形随着各国对奥运会的重视，在20世纪初期发生了变化。英国在经历了1912年斯德哥尔摩奥运会的失利后，专门召开总结会提出应当向美国学习引进职业教练员制度[4]。德国为了准备1916年柏林奥运会（后因故取消）聘请了一位德裔的美国人科恩岑（Alvin Kraenzlein）作为国家队的教练员。科恩岑当时是美国普林斯顿大学的教练，也是德国历史上首位全职的体育教练员，德国奥委会按照大学正教授的待遇为

［1］John Graham，Ellery H.CLARK.Practical track and field athletics［M］.NewYork：Duffileld & Company，1904：43.

［1］John Graham，Ellery H.CLARK.Practical track and field athletics［M］.NewYork：Duffileld & Company，1904：47–63.

［1］Neil Carter.From Knox to Dyson：Coaching，Amateurism and British Athletics，1912–1947［J］.Sport in History，2010（1）：56.

［4］Day，Dave. The English athlete is born not made：coaching，amateurism，and training in Britain 1912–1914. 2014.（unpublished）［EB/OL］. http：//espace.mmu.ac.uk/324453/1/British%20Coaching%20on%20Eve%20of%20the%20First%20World%20War.pdf.

其支付薪水[1]。从中可以发现职业教练员自20世纪初开始受到欧美各国的认可。然而，随着第二次世界大战的爆发，教练员的职业发展受到大环境的阻隔。

从学术期刊来看，美国在1930年发行了《运动与锻炼研究季刊》（Research Quarterly for Exercise and Sport），它的前身是1895年创立的《美国体育教育评论》[2]。此外，苏联在1925年发行了《体育理论与实践》[3]。这两本刊物在最初都以体育教育方面的内容为主，同时会零散地刊登一些运动训练理论方面的研究成果。当时对于运动人体类的基础研究依然刊登在医学和生理学方面的期刊上，而运动训练学方面的专业期刊尚未出现。

总的来看，20世纪初期的运动训练学在知识和制度两个方面均取得了较大幅度的发展。运动训练学的完整知识体系已具雏形，对于竞技体育的价值也有了更深刻的理解。职业教练员开始在欧美国家得到重视和制度认同。运动训练学在以上各方面的发展为随后教练员培养机构的设立、专业研究机构和学术期刊的出现奠定了基础。

（三）20世纪中期：运动训练学的初步确立

随着第二次世界大战的结束，世界各国迎来了宝贵的和平发展时期。而这一时期运动训练的水平与各项成绩也迅速提高。1952年赫尔辛基举办了二战以后规模最大的奥运会，有包括苏联在内的69个国家参加。在最能体现训练水平和竞技能力的田径项目上有179人次刷新了奥运纪录[4]，体现了二战后各国训练水平的迅速发展。

通过近百年的发展，至20世纪中期运动训练理论的研究日渐系统化。这一时期以德国、美国和苏联为代表的一批运动训练学者出版了代表性著作，初步形成了对运动训练学知识体系的完整建构。这其中，克汝莫（Krummel）在1930年出版的《运动员基础身体锻炼手册》（Athletics-Handbook of Physical

［1］Roland Naul, Ken Hardman.Sport and Physical Education in Germany［M］. London and New York：Routledge，2002：114-115.

［2］William H. Freeman.phsical education, exercise and sport science：in a changing society［M］.JONES BARTLETT LEARNING，2015：139.

［3］Л·И·鲁贝舍娃，С·А·普罗宁.《体育理论与实践》杂志的演进：生成·发展·前景［J］.首都体育学院学报，2016（1）：1-6.

［4］中国奥委会官方网站1952年赫尔辛基奥运会介绍.［EB/OL］.［2016-8-18］http：//www. olympic. cn/games/summer/summer/2007/1011/24932.html.

Exercises Essential for life）是第一本系统论述运动训练概念的专著[1]。而规范的概念体系是构成学科知识的重要环节。此后，德国训练学家哈雷分别在1957年、1964年和1969年主导编写并出版了《一般训练和竞赛学导论》《训练学》等著作。从内容上看，这些著作中所呈现的运动训练理论体系已较为完整和系统。如表3-4所示，哈雷出版的运动训练学在随后的十余年间再版9次，成为一本经典著作[2]。哈雷所架构的运动训练知识体系在随后中国、美国和苏联等国的经典著作中并未发生大的变化。这也是学界普遍将哈雷的《训练学》视为运动训练学确立标志的主要原因。另一位对运动训练学理论作出重大贡献的学者便是与哈雷同时期的马特维耶夫（Lev Pavlovich Matveyev）。马特维耶夫在1965年创立的分期（周期）训练理论[3]，在很大程度上补充了哈雷的运动训练学的理论体系。

表3-4　20世纪中期以来各国运动训练学经典著作信息

	著作名称	出版时间	作者	国家	主要内容	作为经典著作的筛选依据
1	运动训练学（Trainin-gslehre）	1969年	Harre	德国	全书分为8章，分别是1.竞技体育在德国的地位、作用和发展；2.运动训练的目的、任务和基础；3.运动训练状态的发展；4.运动训练原则；5.训练过程中的运动教学（包括身体素质、技术、战术、心理、智能训练）；6.训练过程的规划、评定和组织；7.比赛的准备问题；8.竞技运动员的卫生与营养	学界公认的运动训练学第一本标志性教材和经典著作。十余年间9次再版。

［1］H.Haag，O. Grupe，A. Kirsch. Sport Science in Germany：An Interdisciplinary Anthology［M］. Berlin：Springer-Verlag Berlin Heidelberg，1992：224.

［2］Harre，D.Trainingslehre［M］. Berlin：Sportverlag，1969.

［3］Lev Pavlovich Matveyev，Periodization of Sports Training［M］. Moscow：Fiskultura i Sport，1965.

（续表）

	著作名称	出版时间	作者	国家	主要内容	作为经典著作的筛选依据
2	运动训练基础（Fundamentals of sports training）	1977年	LP. Matveev, AP. Zdornyj	苏联	全书分为3个部分，第一部分是导论，有3章，分别是1.运动训练学的基础概念；2.运动训练的基本特征；3.运动训练的一般性和专门性原则；第二部分是教练员训练过程的主要内容，有5章，分别是1.运动员训练的心理与思想准备；2.运动员训练的智力、技术和战术准备；3.不同能力的协同与配合；4.运动员的身体素质训练（力量、速度、耐力）；5.运动员耐力素质训练；第三部分是运动训练结构，有3章，分别是1.训练（周期）结构的基础；2.年度和半年训练周期安排；3.多年训练周期安排	作者马特维耶夫是周期训练理论之父。他的书籍已经出版在世界各地，有10种语言。2001年由于马特维耶夫在运动训练理论中的贡献被授予奥林匹克勋章
3	运动训练理论与方法（Periodization: Theory and methodology of training）	1983年	TO. Bompa, GG. Haff	美国	全书分为三部分，第一部分为一般训练理论，有5章分别是1.训练基础概念；2.训练原则；3.训练准备；4.训练量和强度；5.疲劳与恢复；第二部分为分期训练理论，包含4章，分别是1.年度训练计划；2.竞技状态调整；3.训练周期；4.一般训练计划；第三部分是训练方法，包含3章，分别是1.力量素质训练；2.耐力素质训练；3.速度与灵敏素质训练	分别于1983年、1990年、1994年、1999年、2009年再版5次，并已被翻译并引入德国、西班牙、中国等地。已被引用1733次

（续表）

著作名称	出版时间	作者	国家	主要内容	作为经典著作的筛选依据
4　运动训练学	2000年	田麦久	中国	全书分为13章，分别是1.竞技体育与运动训练；2.项群训练理论；3.运动成绩与竞技能力；4.运动训练基本原则；5.运动训练方法与手段；6.运动员体能与训练；7.运动员技术能力与训练；8.战术能力与训练；9.心理能力与训练；10.多年训练的计划与组织；11.年度训练的计划与组织；12.周课过程的计划与组织；13.运动队伍管理	国内体育院系主要教材，已重复印刷30余次，截至2015年该书已发行60余万册

在哈雷的《训练学》出版后，前苏联和美国等竞技体育强国先后出现了延续至今的运动训练学经典著作。其中，美国著名训练学专家图多·博姆帕（TO Bompa）在1983年著述的《运动训练理论与方法》，截至2009年已经再版5次，被引用1736次[1]，并被翻译引入中国、德国、西班牙和俄罗斯等多个国家。马特维耶夫在1981年出版的《运动训练基础》也已被翻译成10余种语言，传播至美国、中国、德国等地。可以说，运动训练学在20世纪60年代已经形成了较为成熟的理论知识体系，并一直延续至今。此外，从表3-4可以发现，自20世纪中期以来运动训练学的代表性研究者多是任职于大学的学者。无论是哈雷、马特维耶夫、博姆帕还是田麦久，其身份的标签以学者和教授为主。这样，自19世纪以来运动训练学代表性研究者的身份便大致经历了医生、职业教练员和学者的代际转变。

从学科制度层面看，运动训练学的学科后备人才或"科学共同体"培养是该学科获得社会认同和建制确立的重要标志。运动训练学的后备人才主要以教练员培养（coach education；athletic training education）为主要标志。从历史上看，教练员教育（coach education）最初是与体育教师教育混杂在

---

［1］谷歌学术专著引用检索结果．［EB/OL］．［2016.8.18］https：//xs. glgoo. com/scholar?hl=zh-CN&q=Theory+and+methodology+of+training&btnG=&lr=.

一起的，在后期才逐渐从体育教师教育中剥离，作为专门性人才培养。规范化、成规模的教练员培养首先出现在20世纪中期[1]。1950年，美国在堪萨斯城首先成立了国家运动训练协会（National Athletic Trainers' Association，NATA）。截至1969年NATA在美国高校中批准认证了352个本科运动训练教育项目（undergraduate athletic training education programs，ATEPs），美国高校并开始为各高校认证各类教练员培训项目[2]。德国也同样是在20世纪50年代开始建立起教练员培养和认证制度。在二战结束后，民主德国建立了莱比锡体育学院，在1951年成立了专门的教练员学院"coaching faculty"，专门培养教练员。而联邦德国成立的科隆体育学院，开始执行了A.B.C三级教练员认证制度[3]。随后，澳大利亚和加拿大等国也陆续设立了教练员的专门性培养机构。自此，教练员逐渐成为各国认同的一个专门性职业，并形成了专门的培养机构和建制。在科学研究方面，美国最初在1938年创办了《训练者杂志》。二战结束后，该期刊于1956年更名为《运动训练杂志》，成为运动训练领域最为主要的期刊[4]。随后，苏联在1966年创办了专门的竞技体育刊物《苏联运动评论》（Soviet Sports Review）[5]。

（四）结语

运动训练学依靠对训练实践的经验总结与运动人体的科学研究两个方面来获取和积累知识。运动训练学作为体育学的一门分支学科，它的发展体现了一种更加靠近和依靠运动实践本身的逻辑性。因此，运动训练学相较于其他分支学科有一种更贴近于"体育"的本性。由此看，探索运动训练学的起源问题便同时兼具了一种考察体育学演进的意义。纵览19世纪至20世纪中叶这百余年间运动训练学从萌芽到确立的过程，我们大致可以做出以下结论：

1. 运动训练学在20世纪中期确立了其学科形态。其学科演进是以知识形态演进为中心的，符合学科形成规律。各国普遍将运动训练学视为一门应用性学科。

［1］Christopher J. Cushion，Kathy M. Armour，Robyn L. Jones.Coach Education and Continuing Professional Development：Experience and Learning to Coach［J］.QUEST，2003（55）：215—217.

［2］David H. Perrin.Athletic Training：From Physical Education to Allied Health［J］.QUEST，2007（59）：111.

［3］H. Haag O. Grupe A. Kirsch. Sport Science in Germany：An Interdisciplinary Anthology［M］. Berlin：Springer-Verlag，1992：117—119.

［4］王琪，西方现代体育科学发展史论［D］.福建师范大学博士学位论文，2008：217.

［5］V.I. Mikhalev.65th Anniversary of Siberian State University of Physical Culture and Sport［J］.ЮБИЛЕЙНАШИХКОЛЛЕГ，2015（1）：3.

2. 运动训练学的科学研究在最初便与医学和生理学紧密地结合在一起。研究人员最初以医生为主，睡眠、饮食、沐浴等与健康相关的内容是运动训练学的重要知识构成。运动训练理论的代表性研究者在19世纪以医生为主，在20世纪初以专业教练员和退役运动员为主，在20世纪中期以理论学者和高校教授为主。研究人员身份转换明显。

3. 将运动训练学的学科确立时间界定为20世纪中期是合适的。从知识角度看，1957年至1969年德国训练学家哈雷连续出版的《训练学》已经构成较为成熟的运动训练知识体系，并一直延续至今。从学科制度角度看，在20世纪中期，德国、美国和苏联均出现了培养运动训练学科学共同体的机构和制度，专门性的学术期刊和科研机构也陆续成立。

四、运动医学的学科演进考察

医学是近代科学革命之后最早出现的学科之一。虽然随着科学的细分发展，运动医学和运动生理学已经成为两门独立的学科，但在医学发展之初，运动生理学作为运动医学的基础学科彼此密切联系很难做出区分。德国著名的体育学专家哈格也指出，"从一个更广义的理解上看，运动医学和运动生理学应当同属于运动医学"[1]。此外，这在诺贝尔奖项的设置上也有所体现，生理学和医学是放在一起的，叫做"生理学或医学奖"。所以在考察两者的学科起源时，我们将运动医学和运动生理学放在同一个标题下进行分别梳理。

通过对体育教育学和运动训练学发展史的分析能够发现，这两门学科最初的研究者普遍具有医学或生理学背景，学科发展的初始动力在于人们对健康的永恒追求。比如，美国体育教育联盟的创立者古里克（Luther Halsey Gulick）最初发表的研究成果 "Manual of Physical Measurements（1892）" 和 "Physical Education by Muscular Exercise（1904）" 便都是从生理学层面展开的，目的在于探讨锻炼与健康的关系[2]。

（一）运动医学的学科形成考察

运动医学是医学与体育运动相结合的一门应用学科，是运用医学的知识和

[1] H. Haag, O. Grupe, A. Kirsch.Sport Science in Germany: An Interdisciplinary Anthology [M]. Berlin: Springer-Verlag Berlin Heidelberg, 1992: 3.
[2] 维基百科: https://en.wikipedia.org/wiki/Luther_Gulick_（physician）.

技术对体育运动参加者进行医学监督和指导，从而达到防治伤病、保障运动者的健康、增强体质和提高运动成绩的目的[1]。从历史上看，虽然医学与运动很早便联系在一起，然而专门的"运动医学"（sports medicine）这一术语则一直到了1914年才出现[2]。从已有文献看，最初涉及运动医学群体的有两类人。一类是教练员，他们在指导运动员参与体育训练的过程中对出现的运动损伤给予治疗；另一类是喜爱体育运动的医生，19世纪英国最著名的运动医生格雷西（William.Gilbert.Grace）具有很强的代表性，他在冬天是一名医生，在夏天则是一个板球运动员，在比赛中遇到伤病他会过去处理[3]。

通过对19世纪的相关文献阅读发现，运动医学的创生和出现与运动训练实践直接联系，这体现在两个方面：第一，在19世纪人们的日常观念中，认为从事体育训练是一件对于身体健康来说有高风险（high risks）的事情[4]。在英国人麦克拉伦1866年出版的《训练理论与实践》中指出，"人们现在依然认为参与运动锻炼对身体是一种伤害"[5]。基于这种认识，预防和治疗伤病的医学被自然地纳入运动训练知识体系之中。英国学者李（R.J.Lee）在1873年出版的《锻炼与训练：及其对健康的影响》（Exercise and training：their effects upon health）中就专门列出章节说明了一些常见运动伤病的处理办法[6]。第二，训练中运动损伤的出现直接导致了对运动医学的需求。而在运动医学发展的萌芽阶段尚未出现专门的运动医学从业人员，多数是以具有医学知识背景的人员兼职参与。可以说，运动医学最初是以一种运动训练附属品的角色出现的。就像卡特（Neil Carter）在文章中指出的，在19世纪人们并不会将它看成是运动损伤，仅将其视为运动的一种"正常的"延续（"a 'normal' one sustained in a sporting environment"）[7]。然而，自20世纪初相关学术机构设立之后，运动医学的研究领域有了新的拓展与转向。

随着1896年现代奥运会的举行，运动训练领域的竞争逐渐加剧，而这时为训练和竞赛服务的运动医学的价值也日益提升。各国开始重视运动医学的重要作用，逐渐开始设立运动医学相关学术机构。从运动医学学术机构的形成来

［1］王安利.运动医学［M］.北京：人民体育出版社，2008：1-2.

［2］Neil Carter.The origins of British sports medicine，1850—1914［J］.Gesnerus，2013（1）：18.

［3］Neil Carter.The origins of British sports medicine，1850—1914［J］.Gesnerus，2013（1）：17-18.

［4］Holland.History of Sports Medicine in the Netherlands［J］.Britishi Journal of Sport Medical，1990（4）：219.

［5］Archibald.Maclaren，Training in theory and practice［M］.LONDON：MACMILLAN AND CO，1866：17，52，198-199.

［6］R.J.Lee.Exercise and training：their effects upon health［M］.LONDON，SMITHE ELDER AND CO，1873：46.

［7］Neil Carter. The origins of British sports medicine，1850—1914［J］.Gesnerus，2013（1）：17-35.

看，德国是较早将运动医学作为一个学科开始规范研究的国家。1928年，德国柏林成立了第一个国际性运动医学机构"国际运动医学联盟"（Association International Médico-Sportive，AIMS），该机构在运动医学界影响很大。1953年，英国成立英国运动医学协会（British Association of Sport and Medicine）后，也首先向国际运动医学联盟申请，成为它的联合会员（Associate Membership）[1]。新西兰也在1930年成立运动医学监控联合会，联合会的目标是消除运动给身体带来的风险[2]。随后美国在1954年也成立了运动医学学院（American College of Sports Medicine，ACSM）。

运动医学的学术组织在20世纪20年代末开始陆续出现后，研究者迅速增加，对于运动医学的理解也已经超出了竞技体育范畴，并对普通人群体育锻炼与健康的关系越来越重视。1953年英国运动医学协会成立时，就专门设立了适应体育康复、普通运动健康等分支机构[3]。到1999年，协会为了体现对于普通人群体育锻炼与健康的关注更是专门将协会名称中增加了"exercise"一词，叫做"运动与锻炼医学协会"[4]。

从运动医学的知识体系看，虽然自19世纪后半叶开始，运动训练学的相关著作中就已经单独设立章节论述运动医学的相关知识，但系统性的著作是从20世纪30年代开始出现的。德国学者赫斯海默博士（Herbert Herxheimer）在1930年首先出版了德语运动医学著作《运动医学基础》（Grundriss der Sportmedizin<德>；Foundations of Sports Medicine<英>）。随后英国也在1931年出版了《运动损伤》（Sports Injury）[5]，系统构筑了运动医学的知识体系。学术机构和代表性著作分别代表了学科认同中制度和知识两个维度，从这一点上看可以说运动医学在20世纪30年代确立了自己的学科形态。此后，各国的运动医学学术机构陆续发行了专业的学术期刊。

（二）运动（锻炼）生理学的学科形成考察

生理学（physiology）一词首先出现在16世纪，是Jean Francoise Fernel

---

［1］A Brief History of the British Association of Sport & Medicine［J］. Bulletin-British Association of Sport and Medicine，1968，3（3）：143.

［2］Holland.History of Sports Medicine in the Netherlands［J］. Britishi Journal of Sport Medical，1990（4）：219-221.

［3］A Brief History of the British Association of Sport & Medicine［J］. Bulletin-British Association of Sport and Medicine，1968，3（3）：143.

［4］英国运动与锻炼医学协会历史：http：//www.basem.co.uk/about-us/history-of-basem/.

［5］Alison M. Wrynn. A History of British Sports Medicine［J］. Book Reviews，2012：557.

（1497—1558年）最先提出的，但学界普遍认为到19世纪，才真正开始有涉及锻炼生理学的内容[1]。physiology来自希腊语"physiologia"，意思是自然科学，或学习自然"study（logia）of nature（physis）"。今天physiology的意思是研究活体组织的生物性功能。国外对运动生理学的定义是研究活体组织在运动过程中的功能与适应性以及由于运动导致的能量需求增加时的生物性和化学性进程[2]。1855年，美国芝加哥一所医学专科学校的教授和医生William H.Byford（1817—1890年）在其文章中首次引入了锻炼心理学的概念（physiology of exercise），认为锻炼生理学主要是为了"研究体育锻炼促进健康的价值"而提出的[3]。从最初涉及运动生理学的相关研究成果看，运动生理学可以视为生理学研究在体育领域的拓展。由于运动生理学侧重于身体机能指标的基础研究，所以，最初的研究多半是从运动与健康的角度来切入的。比如，最初John Sinclair在1807年发表的文章中讲到"体育锻炼能够减少脂肪，增加肌肉体积，增加骨密度（harden bones），促进汗液排除、改善肺功能……"[4]。再比如，美国生理学家Austin.Flint在1871年出版的专著《长期肌肉锻炼的生理影响》（Physiological effects of severe and protracted muscular exercise）同样以大量实验数据为基础较为系统的论述了不同饮食、不同训练负荷情况下身体指标的变化情况（主要是针对尿液中生理生化指标的研究，包括尿酸、氮含量、尿沉渣等）[5]。至1892年哈佛大学的劳伦斯科学院（Lawrence Scientific School at Harvard University）首先开设了解剖、生理和身体训练融为一体的人才培养项目[6]。从19世纪运动生理学的这些研究成果看，他们均是从锻炼与健康的角度来探讨的，与竞技体育关系不大。这也是运动生理学与运动医学在学科发展初期的一个显著区别。

　　运动生理学的研究一般需要控制不同的运动变量，进而检测在不同运动负荷下人体机能指标的变化规律。这种研究需要对运动运动负荷变量进行准确控制。这种研究特点使得运动生理学的许多研究需要在实验室中完成。这

［1］Berryman JW.Ancient and early influences.Exercise Phsiology［M］.New York：Oxfod University Press，2003：1-38.

［2］John L. Ivy.Exercise Physiology：A Brief History and Recommendations Regarding Content Requirements for the Kinesiology Major［J］.QUEST，2007（59）：34.

［3］Berryman，J.W.Exercise physiology：People and ideas［M］.Oxford：Oxford University Press，2003：1-38.

［4］Tipton，Charles M.History of Exercise physiology［M］.New York：Human Kinetics，2014：16.

［5］Austin.Flint. Physiological effects of severe and protracted muscular exercise［M］.New York：D.Appleton & Company，1871.

［6］John L. Ivy.Exercise Physiology：A Brief History and Recommendations Regarding Content Requirements for the Kinesiology Major［J］.QUEST，2007（59）：36.

使得运动生理学的发展与实验室建设始终密切联系。从这个角度看，1909年乔汉纳·林伯格（Johannes Lindberg）在丹麦哥本哈根建立了有资料记录以来的第一个运动科学实验室。此后，1923年，运动生理学先驱斯坦豪斯（Arthur H. Steinhaus）在佐治亚威廉姆斯学院（George Williams College）创建了用于研究的体育生理实验室（YMCA college Laboratory）。1933年，斯坦豪斯在《生理学进展》（Physiological Review）发表了标志性研究成果"体育锻炼对慢性病的影响"，极大地推动了运动生理学在1930—1940年的发展[1]。而20世纪最为著名的运动生理学实验室则首推哈佛疲劳实验室（Harvard Fatigue Laboratory）。1921年阿基贝德·希尔（Archibald V.Hill）也因为研究人体能量代谢而获得诺贝尔奖，他提出了最大氧耗的理论（maximal oxygen consumption）[2]。他在1926年进入哈佛大学，并于1927年创立哈佛疲劳实验室，产出了"哈佛台阶测试"等一系列经典成果。从运动生理学的知识体系看，法国学者的法兰·拉格朗热（Fernand LaGrange）在1889年出版了第一本运动生理学的教科书《Physiology of Bodily Exercise》，但内容不够系统，主要包含了肌肉运动、疲劳、工作习惯、大脑锻炼效果（the effects of exercise on the brain）等几部分。1935年，Adrian Gordon Gould和Joseph A. Dye出版了《运动锻炼及其生理学》（Exercise and its Physiology）一书，构建了系统的运动生理学的知识体系，成为运动生理学学科的形成标志之一[3]。在20世纪30年代，大家尝试建立科学与体育教育的联系。1930年在《体育教育和健康杂志》上发表了生理学在体育教育中的应用。此外，1948年美国生理学会（American Physiological Society）创建《应用生理学杂志》[4]，该期刊重点发表包括人体在运动锻炼等特定情形下身体机能变化的情况。20世纪初，运动生理学就开始作为体育教育专业的一门重要课程陆续在美国高校中设置。二战结束后，运动生理学已经成为体育专业课程体系中必不可少的一部分（integral part of the curriculum）[5]。

［1］Andi Johnson. "They Sweat for Science"：The Harvard Fatigue Laboratory and Self-Experimentation in American Exercise Physiology［J］. Journal of the History of Biology，2015（48）：425-426.

［2］Jack H.Wilmore，David L.Costill，W.Larry Kenney，physiology of sport and exercise［M］. Illinois：Human Kinetics，2011：7.

［3］John L. Ivy.Exercise Physiology：A Brief History and Recommendations Regarding Content Requirements for the Kinesiology Major［J］. QUEST，2007（59）：37.

［4］Jack H.Wilmore，David L.Costill，W.Larry Kenney，physiology of sport and exercise［M］. Illinois：Human Kinetics，2011：9.

［5］John L. Ivy.Exercise Physiology：A Brief History and Recommendations Regarding Content Requirements for the Kinesiology Major［J］. QUEST，2007（59）：36.

通过对运动医学、运动生理学的学科演进脉络梳理，我们大致可以得出以下结论：

1. 运动医学的研究者最初包含两类群体。一类是具有医学知识背景的教练员；另一类是喜爱运动的医生。从第一类人群看，他们是运动训练学和运动医学最初共同的研究者。

2. 从知识体系和学术组织两个维度来看，运动医学和运动生理学的学科形态大致在20世纪30年代得以确立。

3. 运动医学的出现是基于人类的健康诉求，其直接原因是体育竞赛中的运动损伤。自20世纪中期开始，随着各国对于群众体育的重视，运动医学逐渐将视野拓展至普通人群。

4. 19世纪时的运动生理学均是从普通人群健康的角度来研究体育锻炼，与竞技体育关系不大。这是运动生理学与运动医学在学科发展初期的一个显著区别。

五、体育社会学的学科演进考察

相较于物理学、医学等自然科学，社会学本身出现时间较晚，至1839年才首次出现了社会学的词汇，至19世纪末才出现正式的学术刊物[1]。作为以社会学理论为基础发展而来的体育社会学，其历史也就更加短暂。从一些代表性的观点看，学界普遍认为德国学者H.里赛和美国学者F. 罗德是体育社会学的开拓者[2][3]。1921年，德国学者里赛的专著《体育社会学》的问世，标志着体育社会学在第一次世界大战之后开始作为独立学科出现[4]。这部著作第一次把体育运动作为社会活动方式，用社会学理论与方法对体育运动进行了考察。当然，这种观点只是从知识体系的角度来讲的。如果兼顾到学术机构的成立与学术刊物的发行，那么Joseph Maguire的观点应当更具代表性。他认为，虽然第一篇体育社会学著作在1920年就出现了，但是，作为一门分支学科，它直到1960年才得以确立[5]。

［1］周晓虹.西方社会学历史与体系（第一卷：经典贡献）［M］.上海：上海人民出版社，2002：导论.

［2］卢元镇.体育社会学［M］.北京：高等教育出版社，2006：3.

［3］仇军.西方体育社会学：理论.视点.方法［M］.北京：清华大学出版社.2010.1：17.

［4］张新萍.体育社会学学科发展溯源［J］.体育文化导刊，2005（10）：17.

［5］Joseph Maguire. Social SciencesinSport［M］.Illinois：Human Kinetics，2014：96.

从学术机构的角度考察，日本1960年10月在神奈川县首先成立了日本体育社会学学会。随后少量来自体育教育和社会学领域的学者在日内瓦共同组织成立了国际体育社会学协会（ICSS），后改为ISSA（International Sociology of Sport Association）。该协会随后陆续成为国际体育运动理事会（ICSPE）、教育理事会（ICSSPE）和国际社会学学会（ISA）的下属组织[1]。这使得体育社会学在体育学和社会学两大学科中都取得了分支学科的地位。从学科定位看，国际著名体育社会学家肯扬（Kenyon）认为体育社会学是一门价值中立的社会科学（a value-free social science）。它既不会影响公众的观念和行为，也不会将推动社会发展作为自己的目标，它要做的只是解释和描述这些社会中的体育现象[2]。从学术刊物考察，1966年之前西方体育社会学还没有建立专业的学术期刊，体育社会学研究成果散见于社会学、教育学和体育学杂志中。1965年，国际体育社会学协会在波兰发行了《国际体育社会学评论》（1965）和《国际体育社会学委员会公报》。通过上述分析可以发现，体育社会学的学科地位在20世纪60年代大致得到确立。从国际学术组织的建制归属来看，体育社会学获得了社会学与体育学的双重认同。

六、小结：分支学科受到以健康为中心的实用性驱动

通过以上论述能够发现，体育教育学、运动训练学和运动医学等学科的出现，最初并非是个人对于真理的追求和知识的求索，而主要是受实用性的驱动，满足诸多现实问题的解决。其中，健康是这些问题的中心。比如，体育运动本身具有强身健体的功能，地处战乱时期的国家需要这种强身健体的功能来进一步满足其保家卫国的需要，所以国家便积极推动体育进入学校，由此出现了体育教育。体育教育在开展过程中遇到问题需要科学研究予以解答，由此实现了知识的增长催生出体育教育学；运动医学的出现是为了消除或缓解运动实践中出现的伤病，同样以人们对健康的诉求为驱动力；再比如，从我们先前梳理的体育教育学和运动训练学的相关研究成果和著作内容看，他们均是围绕人类健康问题展开的，研究者普遍具有明显的医学背景，是对"运动中的人"的研究。总的来说，体育教育学、运动训练学、运动医学等分支学科的出现受到

---

[1] 仇军. 西方体育社会学：理论. 视点. 方法 [M]. 北京：清华大学出版社. 2010. 1：17.

[2] Kenyon, G.S, Loy, J.W. Sport, culture, and society: A reader on the sociology of sport [M]. New York: Macmillan, 1969: 36–43.

明显的实用主义驱动。这种驱动从根本上看是来源于体育运动本身在身体、民族、文化以及强国强种等多个方面所具有的广泛功能。但寻根溯源，体育学各分支学科的出现与演进受到以健康为中心的驱动力的推动。

从这四个分支学科出现的时间序列看由先而后分别是：体育教育学、运动训练学、运动医学和体育社会学。其中，体育教育学最早在知识和制度维度上确立了学科形态。体育运动实践最早是与教育结合在一起，由此看，体育学最早可以说是由体育教育学逐渐演进发展而来。从学科发展史看，各门经典学科往往会产生一些标志性学者，他们往往是学科经典概念和理论的创立者，比如物理学中的牛顿、伽利略和爱因斯坦；生物学中的达尔文；社会学中的孔德和涂尔干等。但在体育学的发展中，我们并未发现这种标志性人物的出现。

第二节　体育学的学科演化路径辨析

从对我国体育学术发展史梳理的结果来看，由于受到社会变迁、体制变革等因素的影响，我国体育学大致经历了清末效仿德日，民国学习欧美，新中国成立初期全面学苏，改革开放以后全面发展四个阶段，其发展轨迹是非线性的。由于体育学本身是舶来品，在引介中国之初，很长一段时间内都是以模仿、借鉴为主，尽管分支学科也有相关的著作出现，但整体来看知识体系是碎片化的。对中国体育学进行考察是无法梳理出体育学是如何从一个"问题研究形态"发展成为"学科范畴形态"，也无法窥探各个分支学科之间的互动关系。因此尽管我们研究的是我国体育学学科交叉问题，但必须将研究的关注点置于整个体育学以及各个分支学科的演化，而不是单一地针对某一个国家的体育学发展脉络进行梳理，这样才能完整地把握体育学学科发展的脉络。对此，依据上一节对于体育学分支学科和我国体育学发展历程的梳理结果，我们将体育学分支学科和我国体育学发展进程中的标志性事件分类记录，并结合学科建构路径、分支学科发展历史、学科演进动力，绘制了体育学学科交叉演进路径（图3-1）。力图构建体育学"理论的历史"，为后续学科交叉分析奠定基础。

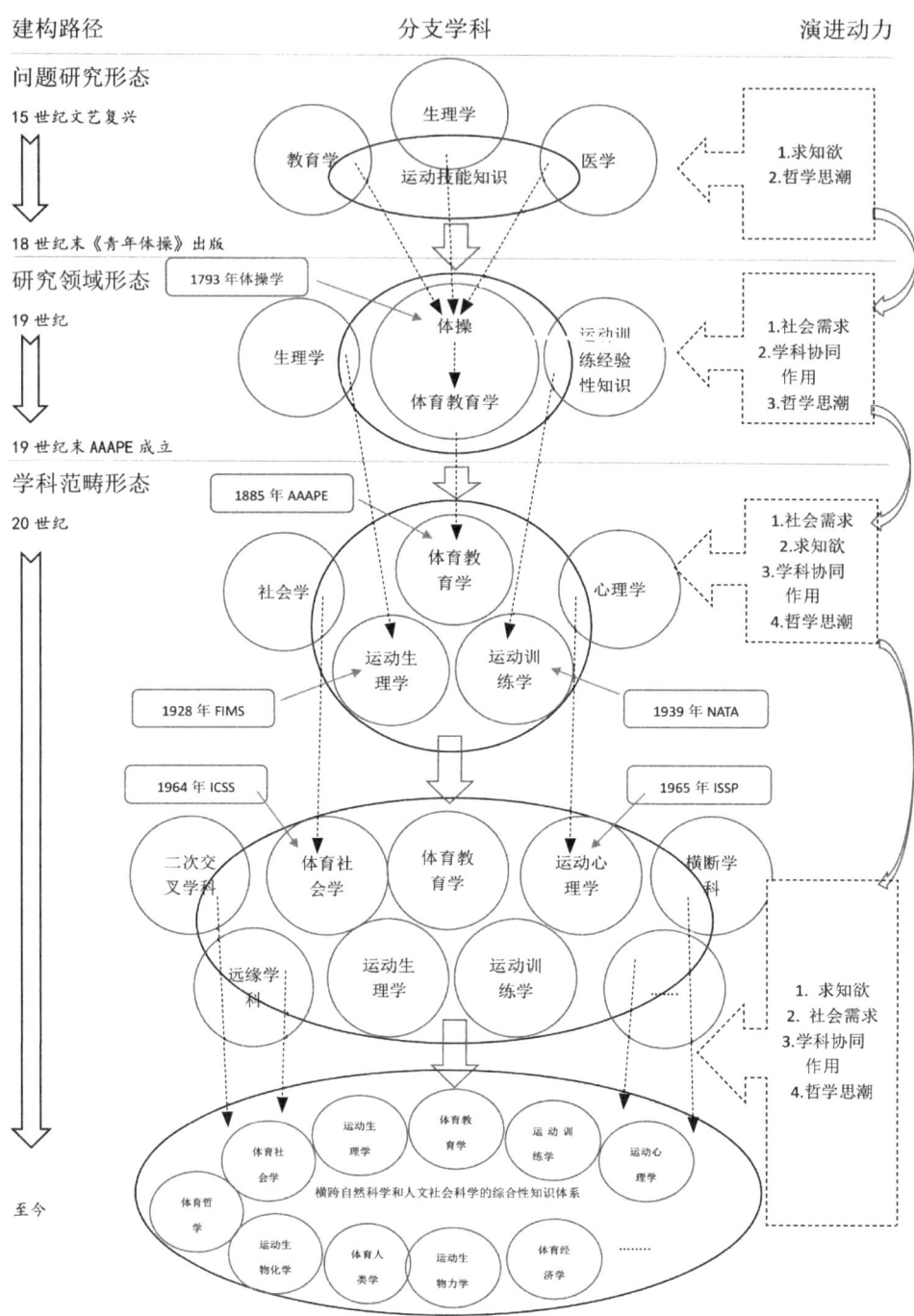

图3-1 体育学学科交叉演进示意

一、问题研究形态（15世纪文艺复兴至18世纪末）

（一）时间划界

史前人类就已经开始将生活和生产实践中的某些特定的身体活动形式加以提炼，并从中筛选出来了某些动作与活动形式加以程式化，以此作为军事、舞蹈、教育以及原始宗教活动的元素和材料[1]。这种从身体练习中提炼出来的实践性知识是人类在从事身体活动时的经验性总结，以运动技术和运动技能为主要的表现形态[2]。虽然远未达到学术性知识的层面，但却是体育（Sport）知识最原始的形态。另外，从人类科学史的角度来看，从古希腊开始就有零散的与身体活动相关的知识，这些知识有些是包含于教育思想中的哲学思辨式的体育思想，也有存在于医学、生物学中有关身体活动的知识。但是由于人类早期对于自然的认识是以经验的、感性的方式为主，并不能算是真正意义上的科学研究。直到15世纪文艺复兴开始，人们认识自然的方式逐渐由感性认识转向理性认识，科学才逐渐从哲学中分化出来，因此对于体育学学科建构路径分析的起点也应当从文艺复兴开始。在18世纪末古茨穆茨在《青年体操》提出完善的体操体系之前，对于体育教育或者说身体活动的研究都是在其他学科或者研究领域中展开的。如图3-1所示，在15世纪至18世纪末这一阶段，体育（Physical Education）并没有发展成为一个独立的社会实践活动，彼时"体育学知识"零星地散落在医学、教育学、史学等古老学科中，并没有形成独立的研究领域，也没有专门从事体育研究的学者。以运动技术或者是运动技能为表现形态的体育实践性知识也远未达到科学化、理论化的水平，仅仅是人类身体活动过程中的经验性的总结。但这种实践性知识却是体育学形成一个研究领域的前提，早期学者通过吸收教育学、生理学、医学等母学科的研究成果，力图将这种实践性知识科学化，这为体育学向"研究领域形态"挺进奠定了坚实的基础。我们认为从15世纪文艺复兴开始到18世纪《青年体操》的出版中间这一时期体育学处于"问题研究形态"。从学科的建构路径来看，这时候"体育学"知识结构是一种"发散

[1] 郝勤.体育史［M］.北京：人民体育出版社，2006：8.
[2] 张建华.体育知识论［M］.北京：北京体育大学出版社，2012：253.

性"的，相关知识都散落在其他的学科领域中，自身并未形成一个独立的研究领域。而从《青年体操》开始，体育教育学开始将知识体系建立在医学、生物学的基础上，开始形成了一个相对独立的研究领域。

（二）演进动力

从学科演化的动力来看，这一时期体育还没有形成独立的社会实践活动，自然也不会有对体育知识的社会需求。与体育相关的知识也没有从教育学、生理学中分化出来，体育学还并未形成一个独立研究领域，学科之间的协同作用也并不存在。因此学科之间的协同作用和社会需求这两种驱动力对问题研究形态的体育学影响较小。促使体育学问题研究形态形成以及发展的主要动力是人类的求知欲以及哲学思潮。从古希腊开始，求知欲这种内在于人类的精神、认知的需要就不断地驱使人们去认识自然、认识自己。文艺复兴带来的人文主义思潮的兴起使得人类科学探索和知识累积出现前所未有的自由探讨精神，科学开始摆脱宗教的桎梏。人文主义所带来的思想革命催生了新的自然观和方法论，在此之后17世纪、18世纪强调归纳逻辑和实验方法的唯物主义哲学体系逐渐取代了僵死的经验哲学，人们认识世界的方式由哲学思辨转向实验研究，观察自然成为了拓展人类认知边界的主要方式。这种认知方式和哲学思潮带来的改变使得体育学的母学科现代医学以及教育学得以兴起，而体育学最主要的分支学科运动生理学以及体育教育学也开始在母学科中以"问题研究形态"显现并发展壮大。

（三）分支学科

这一时期新兴学科的产生主要是以学科分化为主。由于体育并未发展成为一种独立的社会实践活动，与身体活动相关的知识都还蕴藏于教育学、运动生理学、史学之中，体育学也没有形成独立的知识结构，处于学科分化的前期。

二、研究领域形态（18世纪末至19世纪末）

（一）时间划界

如图3-1所示，体育学在18世纪末开始进入"研究领域形态"，19世纪末开始向"学科范畴形态"挺进。体育学作为一个研究领域形成的动力源于体育师资培养的需要，体育学的形成和发展也是以体育教育学的演进为主线。作为研究领域的体育学最初源于德国，以"体操学"的形式出现的。18世纪末德国统治阶级为了达到提高国民素质的军事目的，将体操纳入德国教育体系，体育教育成为一个独立的社会实践活动。这一事件促使了体育教师的出现，为了满足体育教师培养的需要，如何构建科学、合理的体育教师知识体系逐渐发展成为一个专门的研究领域。这种以体操为主的体育教育体系在欧洲统治了很长的时间，这段时间内对于体育教育的研究也是围绕着体操开展。由此可见，体操（体育教育）的产生源于国家的军事需要，体育学知识的萌芽则源于当时学者对于完善体操体系的追求。经过了一个世纪的发展，19世纪末体育教育学分别在德国（1868）、美国（1885）学科制度层面上得到了承认，建立了相应的学术机构。但由于德国是在1871普法战争之后才进行教育学改革引入英国户外运动，而在此之前体操一直都是德国学校体育教学的主要内容，对于体育教育的探讨主要是围绕着体操展开，因此将其认定为体育教育学太过牵强。而美国在19世纪引入了德国、瑞典体操，本身又是英国的殖民地，户外运动也开展得非常好，相比之下美国的体育教育研究更加符合我们对于体育教育学的理解。因此将19世纪末美国的国家体育教育促进联盟（AAAPE）的成立视为体育学开始学科制度化进程的标志。在18世纪末至19世纪末这一段时间内，体育学虽没有获得学科制度的承认，但已经形成了一个独立的研究领域，在18世纪末至19世纪末这一时间段处于"研究领域形态"。

（二）演进动力

从学科演化的动力来看，在体育学由"问题研究形态"向"研究领域形态"挺进并发展壮大的过程中，社会需求扮演了非常重要的角色。从知识形态来看，学科是基于有效生产、传播的知识分类，是领域清晰的知识体系，源于知识劳动的分工发展。专业则是因为人才培养的需要，综合了多门学科知识而形成的特有体系，专业的划分源于具体的社会劳动或某类职业[1]。就体育学而言，无论是西方还是近代中国，体育学最初都是以专业的形态出现的，社会对于体育师资的需求催生了体育教育学的诞生。体育学早期的分支学科也都是受实用主义驱动而产生的，如运动生理学、体育测量学，服务体育运动实践是促使这些学科形成的主要因素。相比于其他经典学科，"研

---

[1] 宣勇，凌健. "学科"考辨 [J]. 高等教育研究，2006（4）：18–23.

究领域形态"的体育学的演化并不是由于对未知事物的探索而自身自发形成的，而是人们为了培养体育师资而有目的地选择相关学科的理论、方法而构建出来的知识体系。

　　除了社会需求之外，学科之间的协同作用也对体育学研究领域的形成和演化起到了积极的作用，主要表现在两方面。首先，学科之间的协同作用促进了体育学从"问题研究形态"进入"研究领域形态"。在体育学进入研究领域形态之前，体育学唯一"本体性"的知识就是运动技术知识，更确切的说是体操技术知识，这种源于运动经验的知识是体育学研究领域形态形成的基础。在社会需求的作用下，人们开始构建一种科学化的、利于传承的体育教育知识体系，运动技能知识和教育学、生理学、医学等学科知识开始交叉融合，学科之间的有效互动使得体育学开始了科学化、体系化、结构化的进程，推动体育学进入"研究领域形态"。此外，学科之间的协同作用对体育学"研究领域形态"形成之后的演化也起到了积极的作用。在体育学成为一个独立的研究领域初期，体育学并不是一个综合性的知识体系，而是由单一的体育教育学组成。在学科之间的协同作用下，使得体育教育学不断和其他学科交叉，分化出许多新的研究领域。在这一过程中，体育学虽然还是处于"研究领域形态"，没有得到学科制度的确认，但在19世纪末已经由单一的体操研究逐步演化成为包含体育教育、运动生理、运动医学、体育测量等研究领域的综合性的知识体系。

　　哲学思潮也对体育学 "研究领形态"的萌芽和发展起到了积极的作用。首先，源于启蒙时期的自然主义思想的兴起促成了体育教育成为一个独立的社会实践活动。自然主义思想要求教育的目的就是培养儿童成为身心健康、自由平等和具有博爱精神的人[1]。在这一思想的影响下，体育教育不仅被认为是增强体质的手段，还是培养道德、塑造品格的最佳方法。自然主义思想充分肯定了体育在教育中的价值，受此影响体育被列为正式的课程。实践是理论的基础，正是由于体育教育演化成一个独立的社会实践活动才促使相关研究领域的形成。其次，哲学高潮中心的转移也对体育学的发展产生了间接的影响。18世纪末19世纪初，哲学高潮逐渐从法国转移到德国，机械唯物论让位于唯心辩证法[2]。在这一时期许多学科都由经验描述逐步发展到理论概括的阶段，自然科学知识体系初见雏形。形而上学的思维方式和机械的唯物主义自然观是无

[1] 李刚. 评析卢梭的自然主义体育思想特质 [J]. 体育科学，2012, 32（04）：77-83.
[2] 刘则渊，王海山. 近代世界哲学高潮和科学中心关系的历史考察 [J]. 科研管理，1981（1）：9-23.

法对整个自然进行系统的考察的，彼时的德国哲学虽然有着唯心主义色彩，但精致的辩证法以及德国哲学特有的理论感却能够为科学理论的概括提供方法论指导和思想启迪。受此影响，人类科学由观察自然进入理论概括阶段，物理化学、地质学、热力学、生理学、电磁学、胚胎学等学科相继成立，这些基础学科的成立也为体育学"研究领域形态"的形成和演化提供了理论基础。

相比于社会需求、学科间的协同作用以及哲学思潮的影响，人类求知欲在"研究领域形态"的形成和演化过程中所起的作用相对较小。从学科史的梳理可以看到，体育学"研究领域形态"的形成明显受到实用主义驱动，无论是体操研究还是体育教育学研究，其知识体系逐渐成熟并且结构化的主要目的是满足体育师资培养的需求。这种职业性或者说专业性的倾向使得处于"研究领域形态"的体育学虽然具有结构化、科学化的特征，但相关的研究并不是以问题为导向的。其知识体系的形成并不是人类对未知事物追问自身自发形成的，是为了满足实用需求，在运动技术这种经验性知识的基础上，通过吸收医学、教育学等学科的相关知识人为构建出来的。

（三）分支学科演化

结构决定功能，任何一个学科知识系统都是建立在"中心"和"边缘"这种基础性结构之上，而边缘地带由于存在着异质性、不稳定性等特点，使得在学科交叉的"边缘地带"进行研究存在更多知识创新的可能性。"边缘效应"的存在不仅是交叉学科形成的主要因素，也是促进人类知识不断更新、增长的重要因素。随着"中心"知识的不断成熟，人类开始开拓知识"边缘"，原有的"边缘"地带逐渐转变为"中心"并围绕着新的"中心"形成新的知识结构。通过这一循环往复的过程，实现了知识体量的增长[1]。

如图3-1所示，在"研究领域形态"时期，体育教育学始终是体育学演化的主线，体育学的演进就是建立在体育教育学和其他学科不断交叉融合、交叉分化的基础之上。从学科的本质来看，学科是通过认知主体的知识结构和客体结构的互动而形成的具有一定知识范畴的逻辑体系[2]。处于"研究领域形态"的体育学最初就是为了满足教育的需要，由体操技能知识和教育学、医学、生理学交叉融合而形成的一个研究领域。在这里运动技术知识指向客体结

---

[1] 陈中，郭丽君.论教育科学发展的"边缘效应"[J].教育理论与实践，2016，36（12）：6-8.

[2] 孙绵涛.学科论[J].教育研究，2004（6）：49-55.

构，而教育学、医学、生理学学科知识则蕴含于主体认知结构之中。随着体育教育实践内容的不断丰富，这一研究领域由最初的体操研究逐步演化成为体育教育学。从知识结构来看，在很长一段时间内，体育教育学（体操研究）都处在体育学知识结构的"中心"，而体育教育学就是体育学的代名词。这一时期的体育学并不是一个学术性学科，学术性学科的主要功能是创造知识。这一时期体育学属于职业性学科，尽管职业性学科也有创造知识的功能，但其知识的演化主要还是指向人才培养[1]。

体育学学科体系中另外一门历史较为悠久的学科则是运动生理学，以运动生理学为代表的人体科学学科群在体育学中起到了提供理论支撑的作用。但与体育教育学相比，运动生理学在"研究领域形态"的体育学中处于"边缘"地带。在这一时期，医学、生理学研究中都产生了大量的与运动相关的研究成果。从学科层面来看，这些与运动相关的研究成果虽然对运动生理学的兴起有着重要的意义，但是还是属于医学生理学知识体系的范畴。促进运动生理学形成一个独立的研究领域主要动力源于体育教育研究的驱动。最早涉及运动生理学议题的著作（《应用生理学保护健康、改善身体和心理教育的原理》，孔贝，1836）就是探讨体育教育的生理学基础。从某种意义上来说，运动生理学就是体育教育学和医学、生理学学科交叉的产物，最初就是形成于体育教育学与医学、生理学的边缘地带，在这个基础上随着运动实践的丰富和母学科理论的不断创新而逐步发展壮大，形成了以运动生理学为中心的运动人体科学知识体系。

运动训练学在体育学"研究领域形态"时期也开始萌芽。通过对运动训练学学术史的梳理，无论从学科知识维度、学科建制维度还是从竞技运动的发展历程来看，运动训练学最初都附属于体育教育学。最初运动训练学并不是一门独立的学科，处于体育教育学的"边缘地带"。随着竞技运动的繁荣，运行训练的相关研究也逐渐引起了人们的关注，这一研究领域也慢慢地中心化，进而从体育教育学中分化出来形成了一个独立的研究领域。从学科间的协同作用来看，运动训练学源于竞技运动实践，知识体系是伴随着运动训练经验知识和体育教育学、医学、生理学、心理学等学科交叉融合的过程而演进的。这一点和体育教育学的演化历程相似，其最初的知识"中心"都是与身体运动相关的经验性的知识，为了提升自身的科学化水平，在演进的过程中不断吸收其他成熟学科的研究成果，知识体系逐渐体现出综合性、交叉性的特征。

---

[1] 孙绵涛. 学科论 [J]. 教育研究，2004（6）：49-55.

三、学科范畴形态（19世纪末至今）

（一）时间划界

学科发展史是学科理智史和学科制度史的双重动态史。在进入"学科范畴形态"之后，体育学的演化路径明显受到理智逻辑和制度逻辑的双重驱动[1]。相比学科的理智发展史，体育学学科制度史的演进更加清晰。此外，学界对于学科在制度层面上得到确立的标志莫衷一是，如果把所有的标志性事件都考虑进来并不利于我们梳理体育学的演化进程。相比其他的标志性事件，学会的成立意味着形成了稳定的学术群体和固定的研究领域，并且体育学各分支学科学会成立的时间也比其他标志性事件的时间更加清晰，故我们选择学会成立这一标准从制度层面对体育学学科演进路径进行梳理。

在图3-1中我们可以看到，从19世纪末体育学首次获得了学科制度的认同开始至今，体育学挺进了"学科范畴形态"。从学科制度的层面来看，体育学中最早获得认可的分支学科是体育教育学，在19世纪末学科建制陆续完成，1885年美国国家体育教育促进联盟（AAAPE）的成立标志着当时以体育教育研究为主要内容的体育学作为一门学科在学科制度层面得到了社会认同，进入了"学科范畴形态"。而体育学中另一门核心学科运动生理学则在19世纪末20世纪初开始了制度化进程，1928年国际运动医学联合会（FIMS）的成立标志着运动生理学得到了学科制度的认可。在此之后，美国的全国运动训练者协会（NATA，1939）、国际体育社会学委员会（ICSS，1964）、国际运动心理学学会（ISSP，1965）等学会的成立标志着运动训练学、体育社会学、运动心理学等体育学的核心学科陆续走向制度化进程，进入了"学科范畴形态"。至此，作为一个综合学科的体育学在学科知识和学科制度双重维度上得以初步成型。和19世纪新学科主要是由学科分化而形成不同，20世纪30年代以后，现代科学呈现出聚合化的发展趋势，学科交叉成了新兴学科发展的进程的主要推动力[2]。在这一背景下，体育学和其他学科的互动日益频繁，逐渐发展成为一个包含众多分支学科的庞大的综合性知识体系。

---

[1] 方文. 社会心理学的演化：一种学科制度视角 [J]. 中国社会科学，2001（6）：126-136，207.

[2] 李春景，刘仲林. 现代科学发展学科交叉模式探析——一种学科交叉模式的分析框架 [J]. 科学学研究，2004（3）：244-248.

（二）演进动力

在进入"学科范畴形态"的初期，体育学的研究都是围绕着体育教育而展开的，彼时的体育学只能算是一门职业性学科，还称不上是学术性学科，学科演化主要是指向人才培养而不是知识创新。学术性学科和职业性学科本质区别就在于学术性学科把满足人类的求知欲放在第一位，职业型学科则是将满足人类实际需要放在第一位。体育学早期的分支学科运动生理学、运动训练学等学科也是为了满足体育教育、竞技比赛的需要而产生的。因此在"学科范畴形态"的形成和发展的初期，社会需求依然是体育学学科演进的首要驱动力。随着20世纪竞技体育和社会体育的普遍开展，体育实践的内涵不再囿于体育教育而逐渐演化成为一种独特的社会文化现象。这种体育实践内涵的转变使得体育学的研究内容由单一的体育教育研究演变成为与身体活动相关的"问题域"研究，这种研究内容的转变使得人类求知欲在体育学的演化进程中得以凸显。特别是在学科交叉的作用下，许多新兴的分支学科如体育社会学、体育美学、体育哲学等学科并不直接服务于体育运动实践，其产生和演化受实用主义影响较小，求知欲成了这些学科的发展和演化的主要驱动力。一些传统的体育学分支学科如体育教育学、运动生理学、运动训练学等学科在服务体育实践的同时也开始注重学科理论的提炼，这种学科知识抽象化、理论化的过程已经不再是单纯为指导体育实践进而满足社会的需求，更多地是为了满足人类清晰的认识客观世界这种认知需求。体育学由一门职业性学科目逐渐转变为学术性学科的过程中，认知主体的求知欲在学科演化中所起到的作用越来越明显。

除了社会需求和认识主体求知欲之外，学科间的协同作用也对"学科范畴形态"的体育学演化产生了非常重要的影响。进入20世纪，人类科学发展呈现出聚合化的趋势，学科之间的交叉融合取代了学科分化成为新兴学科产生的主要方式。特别是二战结束后，人类科学研究进入"大科学"时代，知识生产模式的转变使得学科之间的壁垒被彻底打破，学科之间的协同作用成为学科知识增长的主要驱动力。对于体育学而言，体育学本身具有的跨学科性决定了学科之间的协同作用对于体育学的演化起到了重要的影响。在体育学萌芽和发展过程中，吸收其他学科的知识和理论成为体育学科学化的主要方式。体育学通过与外部学科之间的积极互动，逐渐由单一的运动技能知识演化成为一个包含众多分支学科的综合性知识体系。体育学进入"学科范畴形态"之后，体育不断地受到社会文化和习俗的冲击，体育实践也在不断扩展自身的维度，致使相关研究不再是围绕着体育教育这一单一的实践活动展开。体育所蕴含的社会、经济、政治和文化价值使其形成了一个与身体活动相关的"问题域"。而这一"问题域"从横向上来看跨越了自然、人文、社会3大学科部类，从纵向上涉及抽象的理论研究亦包含具体的应用研究。这一"问题域"的复杂性、综合性、跨学科性决定了体育科学研究的开展必然需要大量吸收其他学科的理论和方法，随着体育学的演进，学科之间的综合效应、交叉效应、横断效应在推动体育学新兴学科的形成和发展中所起到的作用越来越明显。

进入"学科范畴形态"后，哲学思潮对于体育学演化的影响是间接的。随着科学的壮大，中世纪的经院哲学和19世纪德国自然哲学企图指挥科学并通过纯粹思辨的方式获取对自然界的终极认识的幻想已经破灭。在学科层面上，现代哲学也不能直接与作为身体技能培养的体育学相关联[1]，哲学只能退位于方法论以及价值取向层面上对体育科学研究提供指导。从西方哲学思潮的演化来看，其发展历程是沿着两条路径进行的，一条是统摄了经验批判主义、实证主义、逻辑实证主义、批判理性主义、科学哲学的历史主义学派等的"科学主义思潮"；一条是统摄唯意志派哲学、生命哲学、现象学、存在主义、法兰克福学派的批判哲学等的"人本主义思潮"[2]。进入20世纪以后，科学取得的巨大成功使得"科学主义"盛行，受此影响体育学的发展也呈现出了科学主义倾向。从学科层面上来看，在"科学主义"影响下，体育学更加倾向于吸收自然科学的知识，生理学、解剖学、医学、人体测量学等生物科学高速发展对体育教学研究和运动训练研究起到了巨大的推动作用。具有人文社会科学性质的一些学科如体育社会学和体育心理学研究也呈现出实证主义倾向，力图模仿自然科学的研究范式，依赖数据与实验，强调知识的精密性和客观性。但体育学是一门综合学科，其分支学科既涉及自然科学也和人文社会科学密切相关。"人本主义"则强调在研究中回到以人为本的世界并关注体育对人类生存意义及价值的终极关怀。"人本主义"研究范式突出了体育现象的社会性质一面，采用人文学科的描述与解释的方法，依赖经验与现象，追求感性、生动、丰富的知识。在"人本主义"的关照下，体育科学研究中出现人文化与人学化走向[3]。大量的人文科学开始向体育学领域渗透，原本属于体育理论研究的学科如体育哲学、体育人类学、体育美学等相继分化出来形成独立的研究领域。总而言

[1] 高强.体育学与哲学：基于学科关联的历史考察 [J].体育科学，2016，36（11）：82–90.

[2] 吴忠魁.现代两大哲学思潮与教育改革——20世纪教育改革中的科学与人学之争 [J].教育科学，1992（2）：1–9.

[3] 马卫平，谭广，刘云朝.从"科学主义"与"人文主义"思潮的融合看我国体育科学研究的未来走向 [J].北京体育大学学报，2006（7）：885–887.

之，在两种哲学思潮张力作用下，体育学知识体系逐渐演化形成了自然科学知识与人文社会科学知识两种不同类型的知识，这2种知识形成了不同的方法论和价值导向要求，分别和哲学思潮中的"科学主义"和"人文主义"接洽。

（三）分支学科

进入20世纪后，在现代科学聚合化的发展趋势推动下，体育学也开始广泛地与其他学科产生联系。在学科交叉效应的作用下，不断有新的研究领域由"边缘"走向"中心"形成新的分支学科，体育教育学也逐渐地"去中心化"，体育学则逐渐转变为包含多个"中心"学科的综合性的知识体系。这种"多中心化"的发展趋势使得体育学和其他学科进行交叉融合不再以体育教育研究为本体，而是以一个综合性的知识体系的形态和其他学科进行互动。"多中心化"也为体育学创造了更多学科交叉的兴奋点，促使体育学知识体量快速增长，分支学科不断涌现。

从分支学科形成的历程来看，在"研究领域形态"体育学通过学科交叉形成的两个主要的研究领域——运动生理学和运动训练学在20世纪初期相继得到学科制度的认同，也进入了"学科范畴形态"。由于人是体育实践的主体，体育科学研究的"问题域"也是围绕着人这一实践主体展开的，这就使得体育学自然而然地和社会学、心理学这种以人类个体或者是人类群体为研究对象的学科产生交叉。二战结束后，体育社会学、运动心理学也得到了学科制度的认同，标志着体育学由单一的体育教育学发展成为以体育教育学、运动生理学、运动训练学、体育社会学和运动心理学5个学科为中心的综合性学科。随着学科分化、综合的加剧，原本已经和体育学产生过交叉的学科分化出新的学科又一次和体育学产生二次交叉，形成了新的学科。如从社会学中分化出来的经济学、人类学和体育学二次交叉形成体育经济学、体育人类学，从生理学中分化出来的生物化学、生物力学和体育学二次交叉形成运动生物化学、运动生物力学。除此之外，一些和体育学距离较远的远缘学科在学科交叉的大趋势下也开始和体育学产生联系，如文化学、艺术学、计算机科学等，演化出许多新的研究领域。进入"学科范畴形态"后，在社会需求、人类认知、学科间协同作用、哲学思潮等驱动力的综合作用下，体育学和其他学科的互动日益频繁，通过理论交融、方法碰撞、模式组合等方式，使得许多新的分支学科得以产生与发展。和体育学早期的形成的分支学科相比，这一时期形成的分支学科属性跨度较大，并不局限于自然科学，体育人文社会科学逐步发展壮大，有的分支学科本身就具有综合学科属性。在这种内部和外部动力的综合作用下，体育学逐渐发展成为横跨自然科学和人文社会科学的庞大的综合性知识体系。

值得一提的是，尽管从知识维度来看，进入"学科范畴形态"后，体育学逐渐由单一的体育教育学发展成为横跨自然科学和人文社会科学的综合性的交叉学科。但从制度层面来看，不同国家对于综合性体育学的认同程度还存在一定的差距。在我国无论是从人才培养还是知识分类的角度来看，体育学都是以一个综合性的学术科目的形态存在。德国在《教学和研究学科目录》中将体育学设置为一个学科门类，学科地位较高。美国的体育学并没有单独设置，在美国的CIP目录中，体育学并未被列为一级学科，与体育相关的学科分散在其他的学科门类中。英国发布的学科专业目录（JACS）中，体育学也是分散设置，运动科学属生物学门类，而体育教育则被设置在教育学门类下。法国国家大学委员会的学科分组表则将体育学设置在交叉学科门类下。俄罗斯联邦教育部2000年发布的学科专业目录中，体育学学科归属于人文与社会——经济科学和教育学之中，体育不属于单独学科门类，也没有一个统一的"体育学"涵盖所有的体育类学科。从制度层面来看不同的国家对体育学的认可度存在着差异，但从知识维度来看，近年来西方学术界越来越倾向于将体育学视为一门综合性的学术科目，这种倾向表现在不同的国家对于体育学作为一门综合学科名称的认可，如北美地区的Kinesiology，德国的Sportwissenschaft，法国的STAPS。

第三节　代表性国家体育学的确立

在体育学各分支学科经过一段时期的发展后，随着各国对体育认识程度的不断深入，逐渐意识到围绕体育/运动（sport）来建立一门综合性学科的必要性。从体育学这门学科确立的方式看，各国家之间的情况是不同的，有的是以一种自上而下的行政手段确立的体育学的学科地位，有一些则是以一种自下而上的方式对体育学进行了确认。下面我们根据不同国家体育学制度化形成的过程进行阐述，为后面体育学学科特征的分析建立基本的实事依据。

一、中国体育学的初步确立

我国在科研和教育制度上一直采用的是一种自上而下的行政管理方式。

这决定了体育学学科地位的确立同样需要科研和教育主管部门的认同。在新中国成立之初，我国先后组织过两次学位条例的起草工作。一次是1954—1957年，由林枫同志主持；另一次是1961—1964年，由聂荣臻同志主持。但是受1957年"反右派"运动和1966年开始的"文化大革命"运动的影响，这两套学位条例都未能实行[1][2]。改革开放后，邓小平同志多次提出建立学位制度的想法[3]，为建立我国学位制度创造了良好的社会环境。1979年3月2日，根据党中央关于建立学位制度的指示，教育部、国务院科技干部管理局联合组成"学位小组"，再次开始研究在我国建立学位制度问题。1979年12月，"学位小组"拟订了《中华人民共和国学位条例（草案）》，并于1981年1月1日起正式施行，通过立法的方式构建了新中国现代高等教育制度[4]。为指导各门类和学科的学位发放，在1983年3月15日，国务院学位委员会第四次会议决定并公布试行了新中国第一份《学科专业目录》。在这份目录中"体育"被列为一级学科，归属教育学门类，下设12个分支学科[5]。这份文件的出台可以说是标志着我国体育学学科地位得到了官方认可与确立。从指导思想上看，我国《学科专业目录》的出台是从方便管理的实用角度出发的。

从知识体系的构成看，1983版的体育学下设12个分支学科，其中，运动人体类学科占了6个，分别是：人体解剖学、人体生理学、运动生理学、运动心理学、运动保健和运动医学，体现了当时体育学知识体系中偏重人体科学的理念。这也与当时胡晓风先生所提倡的"体育学属人学"的观点相一致[6]。但稍加分析便可发现，1983年版的体育学分支学科的设立仍然很不成熟。比如，在当时分支学科中对人体生理学和运动生理学两个同源学科进行了分别设立，让人无法理解。这一情况在1990年的版本中得到了及时修正（表3-5）。

[1] 蒋南翔. 中华人民共和国学位与研究生工作文件选编. 北京航空航天大学出版社. 1980：6-7.

[2] 赵沁平. 继往开来续新篇——纪念《中华人民共和国的学位条例实施20周年》[J]. 学位与研究生教育，2001：1-2.

[3] 刘延东. 在纪念《中华人民共和国学位条例》实施三十周年纪念大会上的讲话 [J]. 学位与研究生教育，2011（3）：1.

[4] 中华人民共和国学位条例 [Z]. 中华人民共和国学位与研究生工作文件选编. 北京航空航天大学出版社. 1980：3-5.

[5] 国务院学位委员会办公室. 高等学校和科研机构授予博士和硕士学位的学科、专业目录 [Z]. 中华人民共和国学位与研究生工作文件选编. 北京航空航天大学出版社，1983：77-78.

[6] 胡晓风. 体育学属于人的科学 [J]. 体育科学，1987. 1：6.

表3-5 1983年和1990年版中国体育学学科专业目录[1]

版本	二级学科数量	二级学科的名称
1983年版	12	1.体育理论 2.人体解剖学（含运动生物力学） 3.人体生理学（含运动生物化学） 4.运动生理学 5.运动心理学 6.运动保健 7.运动医学 8.体育教学理论与方法 9.运动训练学 10.武术理论与方法 11.体育史 12.体育管理学
1990年版	10	1.体育理论 2.运动生物力学（含运动解剖学） 3.运动生理学 4.运动生物化学 5.体育保健学 6.运动训练学7.体育教学理论与方法 8.武术理论与方法（含气功研究） 9.体育史 10.体育管理学

  体育学在1983年版的《学科专业目录》中下设12个分支学科。这12个分支学科大致构成了当时体育学的知识体系。通过对这些分支学科标志性成果的考察，应当能够较好的从知识维度展现体育学在当时的实然状态。

  按照学科学的基本观点，首本代表性专著出现的时间可以作为该分支学科初步确立的标志之一。以此为依据，我们对体育学12个分支学科的代表性著作的名称、出版时间、著者等信息进行了搜集和整理（表3-6）。从时间上看，我国体育分支学科的发展序列大致是：体育教育学（武术、体育教学理论）→体育基本理论→运动医学→运动心理学→运动训练学→体育管理学的发展脉络。体育教育依然是我国体育学的源头。此外，从表3-5也可以发现，在1983年体育学正式成为一级学科之前，大部分分支学科已经建立了较成熟的知识体系。而从学术期刊角度看，1957年创办的《体育文丛》可以视为我国首先从科学研究角度出版的体育类专业期刊[2]。随后，1959年《上海体育学院学报》和《武汉体育学院学报》创刊，1960年《成都体育学院学报》创刊……。我国体育科学研究事业在20世纪50年代末全面展开。体育知识生产的广泛开展为体育学的设置奠定了一定基础。同时我们也要注意到，我国的运动训练学、体育管理学和体育保健学这三门分支学科的首部著作是在第一版《学科专业目录》

---

[1]国务院学位委员会办公室.高等学校和科研机构授予博士和硕士学位的学科、专业目录[Z].中华人民共和国学位与研究生工作文件选编.北京航空航天大学出版社，1983：77-78.

[2]李晓宪，邱剑荣，李晴慧，等.新中国体育学术（科技）期刊发展研究[J].体育科学，2009（5）：3-23.

颁布之后才出版的。说明从知识角度看这三门学科在当时的成熟度还较差。这也从另一个角度证明了我国学科设置中制度维度的优先性。

表3-6　1983版《学科专业目录》中体育学二级学科及对应的首本专著信息

序号	二级学科名称	专著名称	著者	时间	出版单位
1	武术理论与方法	中华新武术拳脚科	马良等	1917年	商务印书馆
2	体育教学理论与方法	体操教授新论	王秋如	1922年	商务印书馆
3	体育理论	体育学	罗一东	1924年	商务印书馆
4	人体生理学	运动生理学	蔡翘	1940年	商务印书馆
5	运动生理学				
6	体育史	世界体育史纲要	程登科	1945年	商务印书馆
7	运动医学	运动医学	上海第一医学院	1961年	人民卫生出版社
8	运动心理学	心理学讲义	编写组	1964年	武汉体育学院
9	人体解剖学	运动人体解剖	编写组	1965年	不详
10	运动训练学	训练学专题选讲	田麦久等	1983年	江苏省体育科学研究所
11	体育管理学	体育管理学	编写组	1984年	武汉体育学院
12	体育保健学	体育保健学	编写组	1984年	人民体育出版社

（注：以上信息来自国家图书馆和福建师范大学文献共享平台）

二、德国体育学的初步确立

在上一节对体育学分支学科的讨论中可以发现，德国在各分支学科的发展，特别是在体育教育学的发展中扮演着重要角色。而体育教育学在相当长的一段时间内可以说是体育学的主体构件。从当前看，学科主要涉及人才培养和科学研究两个方面。具体到体育学来说大学中独立设置体育院系，并赋予其学术认同是体育学学科确认的重要标志。从已有资料看，德国大学在世界各国中较早地确认了体育学的学科属性。

在19世纪中期，体育虽然在大学形成了建制，但没有人将体育视为大学中的一个学术部门（academic field in universities）。至20世纪20年代，德国一直没有允许颁发体育学的博士学位，甚至1947年德国科隆体育大学成立后依然被禁止授予毕业生学术性学位（academic degrees）[1]。然而，这一情况被欧姆格鲁普（ommo grupe）所改变，他在明斯特大学获得教育专业的哲学博士学位后，被德国体育先驱卡尔迪姆和德国体育联合会主席道姆联合推荐至图宾根大学任体育学院院长。格鲁普于1967年首先获得了图宾根大学体育教育专业的教授职位，使得体育科学（sportswenschfat；Sport Science）陆续成为德国其他大学认可的学术性学科（the subject of academic studies）[2]。

从名称上看，德国自20世纪初便开始使用"Sportwissenschaft"一词，该词由"sport"和"wissenschaft"组成，后者解释为"科学"，而在德语中对"wissenschaft"的理解是包含了人文社会科学和自然科学两方面，类似于英文中的"humanity"和"Science"的组合。一般翻译为体育科学或体育学，对应的英语翻译为Sport Science。从词义学角度看，德国是将体育学作为一门综合性学科来理解的。从学界论著看，H. Haag（1990）、Willimczik，K.（2011，4卷本）[3]和Philipp Habermann（2013）等德国体育理论界学者在不同时代均以《跨学科的体育学》（《Interdisziplinare Sportwissenschaft》）为名出版专著，也说明了德国学界对于体育学综合性学科的认识与定位。在哈格（H. Haag）、欧姆·格鲁普（O. Grupe）以及柯岑（A. Kirsch）合著的《德国体育科学》（《Sport Science in Germany》）认为体育学的主要分支学科包含了运动生理学、运动医学、运动生物力学、一般运动理论、运动训练学、运动心理学、体育教育学、体育社会学、体育史和体育哲学[4]。

从科学研究领域，1950年德国体育联合会（German Sport Federation/Deutscher Sportbund）成立，成为体育学的管理机构[5]。而1970年德国体育科学研究院（Bundesinstitut für Sportwissenschaft）成立[6]成为体育学的学术身份被认同的重要标志。在欧姆·格鲁普的主导下，该组织于1971年创办了德国《体育科学》（sportswenschfat）杂志。随后，欧姆·格鲁普又在1972年出版了《体育的科学：视角、问题、前景》系统论述了体育运动的科学性[7]。综

［1］Jürgen Court. Warum scheiterte 1920 August Biers Antrag auf einen doktor der Leibesubungen?［J］. Sportwissenschaft.2011（41）：91-99.

［2］Michael Kru ̈ ger .Gymnastics and Sport at German Universities：The Example of the Teacher Training College in Tu ̈ bingen from the Beginnings to Its Academic Acceptance［J］. The International Journal of the History of Sport，2015（6）：770-771.

［3］Willimczik，K. . Sportwissenschaft interdisziplinär［M］. Hamburg：Feldhaus Verlag，2011.

［4］H. Haag，O. Grupe，A. Kirsch.Sport Science in Germany［M］. Berlin Heidelberg：Springer-Verlag，1992：17-18.

［5］H. Haag，O. Grupe，A. Kirsch.Sport Science in Germany［M］. Berlin Heidelberg：Springer-Verlag，1992：31.

［6］德国体育科学研究院简介：http://www.bisp.de/DE/BISpImProfil/bispimprofil_node.html.

［7］Ommo Grupe，Dietrich Kurz，Johannes Marcus Teipel.The Scientific View of Sport：Perspectives，Aspects，Issues［M］. Beriin'Heideiberg：Springer-Verlag 1972.

合高等教育和科学研究两个领域中德国体育学发展中所出现的这一系列标志性事件，可以大致判定德国体育学在20世纪70年代初期获得了独立的学科地位。在德国联邦统计局发布的《教育和研究学科目录》共有10个学科群，相当于我国的学科门类，体育学（Sport）被单独设置，代码02[1]，体现了体育学在德国较高的学科地位。

三、美国体育学的初步确立

20世纪60年代，针对美国大学中其他学科的教授认为体育仅仅是实践性科目，不应当享受正统学术地位的待遇，不能授予教授资质的观点，加州大学富兰克林.亨利（Franklin Henry.1964）教授首先挑起了"体育能否成为一门学科"（《physical education：an academic discipline》）的讨论[2]。围绕体育领域的研究是否从整体上具备成为一门独立学科的争论一直延续至今。弗里曼（William H.Freeman）博士对半个世纪以来美国体育学科的命名问题进行了系统梳理。他指出，从20世纪60年代至今美国学界对于体育学科命名问题的争论大致经历了从"physical education""human movement""Sport Science"最后到"Kinesiology"等词语变迁[3]。他指出，在这一发展过程中，最初美国体育学界认为传统的"physical education"一词含义过于狭隘，不能涵盖体育学科的所有内容；而"human movement"又被认为含义过于宽泛和模糊，无法体现体育的自身特质。之后，在20世纪70—80年代，受美国实证主义科学思潮的影响，大家认为应当将体育研究向医学等自然科学领域偏重，开始使用Sport Sciences作为学科名称。在经历了最初的成功后，研究人员发现这种研究的价值倾向导致忽视了体育学科中的人文精神[4]。经历了这些语词的变迁后，目前美国学界对于体育学科统一名称的讨论更多的是聚焦于"Kinesiology"[5]。

［1］Bildung und Kultur Studierende an Hochschulen［EB/OL］.https：//www.destatis.de/DE/Publikationen/Thematisch/ BildungForschungKultur/Hochschulen/StudierendeHochschulenVorb2110410148004.pdf?__blob=publicationFile.

［2］Henry，Franklin M. Physical education：an academic discipline［J］. Journal of Health，Physical Education and Recreation，1964（35）：32–39.

［3］William H.Freeman.Physical Education，Exercise and Sport Science：in a changing society［M］. Burlington：Jones and Bartlett Learning，（8th edition），2015：19.

［4］William H.Freeman.Physical Education，Exercise and Sport Science：in a changing society［M］. Burlington：Jones and Bartlett Learning，（8th edition）2015：19–20.

［5］Benoît G. Bardy .A European Perspective on Kinesiology in the 21st Century［J］. QUEST，2008（60）：139–153.

　　从历史上看，自20世纪60年代开始，便陆续有学者开始使用Kinesiology一词，而使Kinesiology一词真正得到学界重视，则要从美国体育教育研究院（AAPE）的更名说起。美国体育教育研究院的历史可以追溯到1906年，是美国最早成立的体育学术组织之一[1]。1989年，美国体育教育研究院（AAPE，American academy of physical education）首先组织会员投票将名称改为了美国体育学科和体育教育研究院（AAKPE，American academy of Kinesiology and physical education），并且推荐kinesiology作为体育学科的名字[2]。后来，该组织又直接将名称中的"physical education"去掉，变为NAK（national academy of Kinesiology），美国体育学科研究院。通过各路学者的呼吁，美国国家科学研究会（national research council，NRC）于2006年首次批准"Kinesiology"作为一门独立学科招收博士生，成为Kinesiology在美国学术界被认同的重要标志。时至今日，虽然美国对于体育学科的名称问题的讨论依然继续，美国学科代码（CIP）中各体育分支学科也是按母学科的归属来设置的[3]，但从发展趋势看美国似乎正在逐渐接受"Kinesiology"作为体育学科的统一名称。此外，对于美国体育学的发展问题，我们专门访谈了美国体育学科研究院（NAK）唯一的中国籍院士（international fellow）陈佩杰教授。陈佩杰教授认为，Kinesiology一词在前些年主要是指运动机能学，但在NAK的努力下，现在Kinesiology的内涵发生了很大的变化，自2014年起已经陆续将体育管理学和一些体育人文学科吸纳到Kinesiology里面来[4]。这样看，Kinesiology目前大致形成了与我国体育学相对应的理解。

四、法国体育学的初步确立

　　在法国，体育学同样从体育教育（PE）和体育教师教育（PETE）演化、发展而来[5]。虽然体育教育在法国拥有长久的历史，但始终未能以一种学术

---

［1］Historical，Overview［EB/OL］.http：//www.nationalacademyofkinesiology.org/historical-overview.2016-05-20.

［2］Deborh A.Wuest，Jennifer L.Fisette.Foundations of physical education education，exercise science and sport［M］. Mc Graw Hill Education，2014：129.

［3］美国CIP学科目录与代码：Classification of Instructional Programs（CIP 2000）［EB/OL］.https：//nces.ed.gov/pubs2002/cip2000/.

［4］2016年9月25日下午，陈佩杰教授来福建师范大学参加学科组工作会议之后，我们针对体育学的国际发展对其进行了访谈.

［5］Cécile Collinet & Philippe Terral.Conflicts and competition for influence：the history of PETE in France［J］. Sport，Education and Society，2007（1）：67.

化的身份得到国家的认同。在历史上，法国自19世纪50年代便开始在学校中实施体育教育，最初的体育教师来自军事学校（military school of Joinville）。1975年DEUG（两年制普通大学学业文凭）创办以及教师资格认证制度的实施使得体育教育开始了系统的"学术化"（academicizing）进程。经过体育教育研究委员会（UER EPS）的批准，STAPS取代了EPS（pyshical education）[1]，初步确立了法国体育学的学科名称。STAPS是一个缩写词，全称是（Sciences et Techniques des Activites Physiques et Sportives<法>；Sciences and Technology in Physical Activity and Sports<英>），即"运动和身体活动技术与科学"。从Cécile Collinet的研究看，这是一种专业化（specialization）和学科化（disciplinarity）的转变，在确立了STAPS的名称后，体育学研究内容的不断分化和细化，体育教师教育逐渐从体育学的中心位置移向了边缘（from a central to marginal role）[2]。

1982年，STAPS作为一门学科被列入"国家大学委员会"（national council of the universities）的学科分组表，代码74，归属于交叉学科群[3]。由于法国实行的是中央集权统治下的高校自治制度[4]，国家大学委员会对于体育学的定位成为法国体育学确立的重要标志性事件。

五、英国体育学的初步确立

在本章对于运动训练学的起源探讨中，我们可以发现英国对于体育运动的科学研究开展得非常早，可以成为现代运动训练学的起源地。而将体育学作为一门学科来看待则要晚得多，大概要回溯到20世纪40年代。从高等教育领域看，1946年，英国学者大卫·穆鲁（david.munrow）首先将体育教育引入英国的伯明翰大学，成立了体育与锻炼科学学院，设立了一种非职业性的（non-vocational）体育学位，拓展了体育教育领域[5]。在"英国皇家学术委员会"（council of national academic awards）的支持下，针对体育运动的科学研究（the scientific study of sport）在1975年成为一门学科（became a

[1] Cécile Collinet & Philippe Terral.Conflicts and competition for influence：the history of PETE in France [J]. Sport, Education and Society，2007（1）：65.

[2] Lawson，H.Specialization and fragmentation among faculty as endemic features ofacademic life [J]. QUEST，1991（43）：280-295.

[3] 法国大学学科分类表. http：//www. cpcnu. fr/listes-des-sections-cnu#groupe12.

[4] 庞青山.法国高等教育特色制度的演进 [N]. 比较教育研究，2011（3）：37.

[5] 英国伯明翰大学体育与健康系介绍：http：//www. birmingham. ac. uk/schools/sport-exercise/about/index. aspx.

subject)。随后，利物浦大学（Liverpool john moores university）和拉夫堡大学（Loughborough University）陆续开始了体育学的本科（undergraduate degree program）人才培养，到1983年，一些理工学院和教育学院开始提供体育研究或体育学学位（sports study or sports science degree）[1]。

从科学研究的角度看，随着早期运动医学、体育教育学的各分支学科组织的成立，1977年英国成立了体育科学协会（society of sports sciences）。这是现在英国体育与锻炼科学联合会的前身。（British Association of Sports and Exercise Sciences。这也标志着体育学开始以一种综合性学科出现在科学研究领域。至1983年，英国开始出版学术刊物《体育科学研究》（journal of sports sciences）。该期刊主要是以跨学科的视角对于运动和锻炼展开研究。从英国学者的观点看，至1983年，英国体育学科已经足够成熟（robust enough）[2]。在后期英国高等教育统计处发布的学科专业目录（JACS）中，将Sport Science作为一门独立学科进行设置，代码为C600[3]。从对学科的定位看，英国将Sport Science放在生物学类目下，单独将体育教育放置于教育学类中，体现了一种偏向于自然科学的理解。但是，通过考察英国大学中体育学院（系）的建制后发现，其名称普遍用Sport Science表示，而在专业设置上同样包含了体育教育、体育管理分支学科。

六、日本体育学的初步确立

日本是中国近代体育学科发展的一个重要理论与思想来源地。日本体育教习是清末新式学堂中的第一批体育教师，承担了主要的体育教学任务，对我国体育思想发展起到举足轻重的作用[4]。当前看，日本主要以"スポーツ科学"作为体育学的名称。值得注意的是日语中同样有"体育学"一词。对于"スポーツ"和"体育"在日语中的区别可以从汉语中广义的体育和狭义的体育来理解，即"スポーツ"可以理解为广义上的体育，包括竞技体育、群众体育、学校体育等，而日语中的"体育"则侧重于体育教育层面的理解。所以，

[1] Tudor Hale.History of developments in sports and exercise physiology [J]. Journal of Sports Sciences，2008，26（4）：364–365.

[2] Tudor Hale.History of developments in sports and exercise physiology [J]. Journal of Sports Sciences，2008，26（4）：366.

[3] 英国高等教育统计中心学科专业目录. https：//www. hesa. ac. uk/support/documentation/jacs.

[4] 贾明学. 清末来华日本体育教习研究 [J]. 体育文化导刊，2015（7）：190.

日本"スポーツ科学"对应的英文翻译为"Sport Science"，与本书中的体育学相对应。在日本文部科学省公布的学科目录中，体育学的名称是"体育学関係"，可以理解为"与体育学有关的学科"，下设20个分支学科。而在日本的国家科学基金中，体育学的名称为"健康.スポーツ科学"，归属于综合领域。下设身体教育学、应用健康科学和スポーツ科学三个分支学科，60个研究方向。

从机构设置看，1878年日本成立了最早的国家体育（体操）学校（National School of Gymnastics），1885年该学校被合并入东京师范学校。1915年，东京高等师范学校正式成立日本首个体育教育系（faculty of physical education）。1924年，在东京成立国家健康与体育教育学院[1]。

日本在二战结束后也始终将体育运动（sport）视为一种教育活动，并将体育教育作为体育运动开展的中心[2]。从日本体育教育协会（Japan Society of Physical Education，JSPE）的发展看，该协会成立于二战结束后的1950年，是日本最大的体育学术组织，于1951年发行学术刊物《日本体育教育杂志》（The Japanese Journal of Physical Education）。在1950—1988年，日本体育教育协会陆续成立了12个分支研究部门。分别是：体育哲学、体育史、体育社会学、体育心理学、运动生理学、运动生物力学、身体成长与发育、体育测量与评价、健康教育、体育教育、运动训练和体育人类学[3]。由此看，日本体育学的演进始终是以体育教育为核心的，体育教育学在历史上大致能够等同于当今的体育学。

七、小结：体育学确立的两种模式与一种来源

在这一节中，我们简要梳理了体育学在各个国家初步确立的过程。从中大致能够总结出以下几条结论。

1. 体育学在各国存在两种确立模式。通过上述考察能够发现，体育学在各国的高等教育领域普遍确立了学科地位。然而，由于高等教育制度的差异，体育学的确立模式也各有不同。中国和法国采取的是通过官方或半官方的学术组

［1］Committee for Creation of Institute Brocher in English Faculty of Health and Sport Sciences University of Tsukuba

［2］Atsushi Nakazawa.SEEING SPORTS AS EDUCATIONAL ACTIVITIES：A POSTWAR HISTORY OF EXTRACURRICULAR SPORTS ACTIVITIES IN JAPAN［J］.Hitotsubashi Journal of Social Studies，2014（1）：3.

［3］Ikuo Abea .Historical studies of sport and physical education in Japan：recent developments［J］.International Journal of the History of Sport，1991（2）：291.

织以一种自上而下的方式对体育学的学科地位进行了确立。具体来说，中国是通过教育部颁发的《学科专业目录》或国家质量技术监督局颁布的《学科分类与代码》等官方文件对体育学的学科地位进行了确认；法国是通过"国家大学委员会"（national council of the universities）的学科分组表对体育学的学科地位进行了确认。与中国和法国不同[1]，德国、英国、日本等国学科目录主要是通过统计局或高等教育统计中心发布。体育学必须在各国高校中达到一定开设的数量后才能够被列入学科目录。它们采取的是一种"自下而上"的方式对体育学进行了确认。在这些国家中，更多地是依靠学者、大学或学术机构对体育学的接纳和认同来最终实现体育学的学科确立。

2. 体育学在各国都是由体育教育逐渐发展而来。从本书涉及到的6个国家看，他们体育学的形成无一例外，均是由体育教育发展而来，首要任务是培养体育师资。从历史上看，体育教育最初阶段的发展普遍是各国以增进体质健康为中心的一种强国强种的策略和手段。而在体育教育的发展又是以师资培养为内核的，它首先以一种教育实践的形态出现，随后在逐渐向科学研究演进。

第四节　我国体育学的历史演进与分期

一、晚清时期（1860—1910年）

早在鸦片战争之前，就已经有外国传教士在中国兴办教会学校，体育课和课外体育活动就散见于各种教会学校之中。1860年第二次鸦片战争结束后，清王朝内外交困、濒临灭亡，统治阶级中的洋务派发起了具有进步意义的洋务运动。在教育方面，洋务派主张学习西方，兴建了新式的军事学堂，并将西方的兵操引入。学校体育方面，最早将学校体育制度介绍至中国的是留日学生，在这一过程中，"体操""体育"等词语也由日本传入中国[1]。在这一时期就有学者围绕着"兵操"发表过文章，如何炳的《中西体操比较说》（《利济学堂报》，1879）与王维泰《体操说》（《新知报》，1879）就已经对"兵操"进行过探讨[1]。有资料可查最早的体育图书也出现在这一时期，1890年

---

[1]潘绍伟，于可红. 学校体育学［M］. 北京：高等教育出版社，2015：16.

庆丕与瞿汝舟所译的《幼学操身》被认为是第一本体育理论书籍。甲午战争后，1898年的"百日维新"期间，建立中国近代第一所大学——京师大学堂，兵式体操也在此期间由军事学堂推广至新式学堂。然而为了挽救垂死的封建帝制，20世纪初军国民教育思潮迅速形成，以蔡锷、蒋百里为代表主张仿效日本，大力推行军国民体育，使得体操和兵操几乎成为同义语[2]。1904年在清政府颁布的《奏定学堂章程》（癸卯学制）中，"体操科"正式确立，该学制要求各级学堂将体操设置为必授科目。为了培养"体操科"专业师资，1906年晚清学部在《通行各省推广师范生名额》中，要求府立师范学堂和中学堂设立体操专修科[3]。从课程设置来看，晚清的体育师资培养主要包括学科和术科两种课程。早期的学堂只开设术科课程，直到1907年，"体育学"才开始作为一门学科课程出现在晚清学堂中[4]。 随着新式教育的开展，特别是体操科的确立，为晚清体育学术萌芽提供了动力。从这一时期有关体育的出版物来看，大部分是日本、德国的译作，内容单一，多是中小学体操类、游戏类的教材。值得一提的是1902年由杨寿桐翻译的日本学者西川政宪的《国民体育学》和1909年由徐傅霖所著的《体操之上生理》[5]。前者是近代中国第一部体育基本理论书籍，后者则是中国近代第一部涉及运动生理学的专著。此外，1909年由徐一冰任总编、中国图书公司发行的中国第一本体育期刊《体育界》创刊，为体育学者、教师提供了一个交流的平台。

二、民国时期（1911—1948年）

1911年辛亥革命爆发， 1912年中华民国成立，新政府于1912—1913年推行了新的壬子学制。新的学制仍然承袭了晚清时期的军国民教育思想，体操作为军国民教育的主要手段，在教育中的地位愈发稳固。这时候的军国民体育的目的已不是挽救垂死的封建制度，而是为了培育具有资产阶级精神的新人。 另外，受到基督青年会以及教会学校的影响，许多民国学校在课外开展了以田径和球类为主的竞赛和户外活动。体操和户外运动都在学校广泛开展，形成了民国初期学校体育的"双轨现象"，直至1922年学制改革这种"双轨现

[1] 罗时铭. 近代中国留学生与近代中国体育 [J]. 体育科学, 2006, 10: 38-42.

[2] 王颢霖. 从学科交叉与分化管窥近代中国体育学演进发展 [J]. 体育科学, 2015 (6): 3-12, 24.

[3] 白刚. 中国近代体育史中的兵操、体操与体育 [J]. 上海体育学院学报, 1999, S1: 170-172.

[4] 王颢霖. 从学科交叉与分化管窥近代中国体育学演进发展 [N]. 体育科学, 2015 (6): 3-12, 24.

[5] 李凤梅. 中国近代体育图书发展之管见 [J]. 体育科学, 2016 (5): 24-32.

象"才逐渐消除[1]。在这一时期，爆发了新文化运动和五四运动，教育思想空前活跃，反映在体育上就是对旧的"军国民体育""静坐体育"和所谓"国粹体育"的批判，部分知识精英已经开始用近代的先进思想来研究体育[2]。这一时期最具代表性的体育理论文献如毛泽东的《体育之研究》、陈独秀的《青年体育问题》，除此之外恽代英的《学校体育之研究》也极具代表性。在这一时期也发行了不少体育期刊，如《体育杂志》（1914）、《体育周报》（1918）、《精武杂志》（1920）、《武术》（1921）[3]。受到美国自然体育思想的影响，美式的学校体育逐渐成为主流，北欧体操的影响被逐渐削弱。体育类书籍也相应地由单一的体操逐渐扩展至武术、球类、田径等，但大部分都属于专项技术和规则类图书。其中，郭希汾编著的《中国体育史》和徐福生编译的《体育之理论与实际》为仅有的两部体育基本理论书籍。两者在内容上的独特性和价值上的奠基性，对当时和后世而言都是难得的体育学术著作[4]。

　　1922年北洋政府颁布了效仿美国学校体制的"壬戌学制"，该学制参照美国的"六三三制"形式并结合我国当时的实际制定，"壬戌学制"的出台标志军国民主义教育在我国的没落。为了配合新学制的施行，1923年政府推出了《新学制课程标准》，在新的课程标准中，正式将"体操科"改为"体育课"，废除了原有的兵式体操，取而代之的是球类、田径、游泳、普通体操等体育项目，并将保健知识和生理卫生知识融合到体育课教学中[5]。1924年，中华全国体育协进会成立，标志着中国人开始自己管理运动竞赛。中国体育逐渐摆脱了单纯模仿西方的发展模式，开始表现出独立发展的倾向。这一时期体育的地位逐步提高，体育不仅是增强体质和教育的手段，在某种意义上还具有彰显国家、民族精神的作用。在学术研究方面，在新文化运动的影响下，"科学""民主"等西方思想相继传入中国，学术氛围愈发活跃，西方自然科学的知识也逐步渗入体育理论研究之中。在这一时期创办的体育期刊也比之前更具学术性。如1922年创刊，由美国学者麦克乐任主编的《体育季刊》，明显带有美国自然主义风格。和晚清时期不同，这一时期的学者主要留学于欧美，故在体育理论研究方面受自然主义体育学派影响较大。在自然体育思想的影响下，

［1］谭华.中国近代体育史分期问题之我见［J］.成都体院学报，1984（4）：11-15.

［2］周登嵩.学校体育学［M］.北京：人民体育出版社，2004：13.

［3］谭华.中国近代体育史分期问题之我见［J］.成都体院学报，1984（4）：11-15.

［4］李凤梅.中国近代体育图书发展之管见［J］.体育科学，2016（5）：24-32.

［5］周登嵩.学校体育学［M］.北京：人民体育出版社，2004：13.

我国学科开始对学校体育进行了系统的研究，不仅对体育的教育意义进行了扩展，还从社会、心理、生理等多个方面来研究体育，对于后来的体育学术研究具有积极的意义[1]。具有代表性的是罗一东的《体育学》（1924），该书是我国较早从学理层面系统研究体育的理论著作，从内容上来看该书将体育理论研究建立在医学、生理学知识基础上。在这一时期体育理论研究已经注意到综合不同学科的知识用来作为体育理论研究的基础。除此之外，受西方学术分科的影响，部分学者已经涉及体育学分支领域的研究。如1924年程瀚章所著的《运动生理》则是我国第一本运动生理学书籍，同时期的《体育哲学管理》则具有体育哲学、体育管理学意味，而1926年郝更生用英文撰写的《中国体育概论》则为体育学研究提供了丰富的史料。

1927年南京国民政府成立，新政府建立了较为完善的体育行政机构，在这一期间也颁布了一系列的体育法规，不仅有力地推动了学校体育以及运动竞赛的发展，同时也促进了各种社会体育组织的成立。这对推动我国近代体育事业的发展以及体育学术活动的繁荣起到了非常重要的作用[2]。在南京国民政府执政最初十年间社会稳定，学术研究和国民教育得到充分的重视，是中国自1912年以来最充满希望的时期[3]。在体育教育方面，学校体育仍然是参照美国"六三三制"制定了"戊辰学制"，民国教育部还聘请了部分国外专家，编写了各种教材和参考书，并培养了大批的体育师资。这一时期也建立了相应的学科制度，1927年在大学院（后改为教育部）中设立了专门的"体育指导委员会"，出台了《体育及军事教育决议案》和《修正高中以上学校军事教育方案》等系列体育教育相关的方针政策。1935年4月民国政府立法院颁布了《学位授予法》，同年5月制定颁布了《学位分级细则》，纵向上将学位分为学士、硕士、博士3个等级，横向上包括理科、工科、农科、文科、教育科、法科、医科、商科8个学科，并出台了一系列的法令、法规和通知，保障学位制度的实行，初步形成了一套完整的学位制度[4]。

体育学术研究方面，这一时期也是近代中国最辉煌的十年。1929年著名体育家吴蕴瑞在南京成立了"中央体育研究会"，这一组织成为中国历史上第一个全国性的体育研究学会。这一时期也涌现出大量的体育学者，各种学派林立，而体育理论研究也达到近代巅峰，迎来了民国体育学术研究的"黄

［1］苏竞存.我国近代体育中的自然体育学派［J］.体育文史，1983（1）：21-26.

［2］李凤梅.中国近代学术史论［D］.福州：福建师范大学，2015：68.

［3］王颢霖.对中国近代体育学术史分期的讨论［J］.体育科学，2014（10）：83-92.

［4］吴静.民国时期学位制度探析［D］.浙江大学，2002.

金十年"。具有代表性的学者有自然主义学派的袁敦礼、吴蕴瑞、方万邦，体育军事学派的程登科、萧国忠，国术派的张之江、吴图南、诸民谊。这一时期的体育学术研究也体现出本土化、科学化的发展倾向，具有代表性的有1931年王怀琪的《三段教材：走步体操游戏》、吴图南的《科学的国术太极拳》、吴志青的《科学的国术》以及1932年孙合宾的《体育教学法》等。除了体育教育学领域以外，还有学者专门从事体育学分支领域的研究，如吴蕴瑞的《运动学》（1930）是第一本关于运动生物力学的书籍，蒋湘青的《人体测量学》（1931）则将人体测量学引入中国，此外还有章辑五的《世界体育史略》（1931）、金兆均的《体育行政》（1931）等。值得一提的是，随着体育学术研究的进一步深化和学科分化的持续扩张，学者们对于体育的认识也不再局限于一种机械的生物运动，已经认识到体育还是一种独特的社会文化现象。不仅认识到体育有增强体质和育人的作用，还具备一定的社会与政治功能。在这一时期体育学逐渐成为体育各门学科的统一名称，作为课程的《体育学》逐渐被《体育原理》所取代。这一时期还出现了多个版本的《体育学》《体育概论》《体育原理》等理论著作，说明在民国时期由于体育学的不断综合、分化，为了满足认识需要，体育理论蓬勃发展。

1937年抗日战争全面爆发，南京国民政府在《抗战建国纲领》的基础上制定了《抗战教育实施方案》，将体育的目标定位在"平时为自卫，战时为卫国"[1]。以程登科为代表的留德学者，提出"全民体育化"和"体育军事化"思想，在抗战的"非常时期"其体育思想和教育主张获得了政府和民众的支持[2]。受此影响，学校体育实行专政管理，宣扬军国主义[3]。尽管抗战使得这一时期的体育学术研究成果无法和民国初期的十年相比，但学者们更加注重研究的科学性和规范性。如蔡翘的《运动生理学》是最早以"运动生理学"命名的理论著作，萧国忠和吴文忠合著的《体育心理学》（1942）是中国第一部体育心理学著作，而江良规的《体育原理》（1945）则为近代中国借鉴多学科知识对体育进行分析的经典著作。此外，受民族主义思潮的影响，国民体育、军事体育研究也逐渐升温。如《抗战与体育》（黄金鳌，1938）、《国民体育》（程登科，1939）、《国民体育常识》（赵汝功，1942）、《军警体育》（程登科，1945）、《新国民操》（张觉非，1948）等。值得一提的是，

---

[1] 李凤梅. 中国近代学术史论 [D]. 福州：福建师范大学，2015：86.

[2] 李凤梅. 中国近代学术史论 [D]. 福州：福建师范大学，2015：100.

[3] 王颖霖. 对中国近代体育学术史分期的讨论 [J]. 体育科学，2014（10）：83-92.

这一阶段学者们还探讨了体育学的科学性问题，如阮蔚村就认为"体育学为树立科学的体育方法之科学"。另外，还有学者如吴蕴瑞、江良规还探讨了体育学分科的问题，但这些探讨还局限于对体育教育专业的教学科目划分，还未上升到学科知识层面的分析。

三、改革开放前新中国（1949—1977年）

1949年中华人民共和国成立，体育事业被摆上了议事日程，中央人民政府提出了建设"新体育"的要求，指出体育事业的基本宗旨以及基本任务就是"为人民服务、为国防和国民健康服务"[1]。由于朝鲜战争的爆发，引发了"反美批美"的政治思潮，体育学术界也对旧社会以美国自然主义思想为主的体育学术进行了批判，这导致了民国体育学所取得的成就基本上消失殆尽。鉴于当时的国际政治形势，新中国在治国模式上选择模仿苏联。与之相适应，体育事业的开展也主要是学习苏联模式，在体育教育和体育科研方面则翻译介绍了大量的苏联体育教育理论的教科书和专著，选派了学者和运动员前往苏联学习，同时也聘请了苏联专家来华讲学。1952年新中国第一所高等体育院校华东体育学院在上海成立，在1953—1954年，中央体育学院、西南体育学院、西北体育学院、东北体育学院、中南体育学院相继成立[2]。从当时开办的体育专业学院开设的课程来看，除了传统的术科课程，在学科课程方面主要设有运动医学、体育教育理论、运动生理学、运动解剖学。显而易见，当时的体育专业课程体系明显偏向自然学科，而体育人文社会学科的内容则主要被包含于体育教育理论之中。从体育教育理论的内容来看，主要是以苏联专家凯里舍夫在中央体院研究部的讲稿《苏联体育教育理论》（人民体育出版社，1956）为主，这一理论对我国体育理论体系的建设产生了深远的影响[3]。体育教育理论与民国的《体育学》较为类似，都是用多学科的知识以"大一统"的形式来分析体育教育的理论和实践原理，但是苏联的体育教学理论是以巴普洛夫的神经反射生理学说为基础的。由此可见前苏联对于体育学科的定位是偏向自然学科的，这种以自然科学为基础的体育学科体系对后期我国体育学发展产生了深远的影响。此外，新中国为了培养体育教师和体育科研人才，1951年10月国务院

［1］周登嵩.学校体育学［M］.北京：人民体育出版社，2004：15.

［2］许红峰，陈作松，黄汉升，等.建国初期我国体育科技发展的历史回眸［J］.中国体育科技，2000（10）：4-8.

［3］郝勤.体育史［M］.北京：人民体育出版社，2006：401.

颁布了《关于改革学制的决定》，这是新中国成立后颁布的第一个学制。其中规定："大学及专门学院得附设研究部，修业年限为2年以上，招收大学及专门学院毕业生或同等学历者，与中国科学院及其他机构配合，培养高等学校的师资和科学研究人才。"[1]次年，中央体育学院（北京体育大学）与上海体育学院招收了我国第一批体育专业研究生，成为新中国最早培养体育专业研究生的高校。为了培养体育科研人才，中央体育学院聘请了苏联专家来担任研究生导师，主要包括解剖学、体育理论、生理学、田径、足球、卫生学、体操、游戏8个专业。在专家的帮助下，新中国研究生教育得到了较快的发展，培养的体育专业研究生也对我国体育师资水平和科研水平的提升起到了非常大推动作用。在首批研究生毕业后，北京体育科研所（1958）、北京运动医学研究所（1959）相继成立，而在体育专业院校也设置了专门的体育科研机构[2]。除此之外，新中国的体育期刊的办刊模式也主要是以模仿苏联的经验和方法，早期的综合性刊物《新体育》（1950）和专业学术期刊《体育文丛》（1957）大部分内容都是介绍苏联和社会主义国家的体育科技成果、体育管理经验和体育理论。[3]

新中国成立之初，我国体育事业无论是从国民体育、运动训练、体育人才培养还是体育科学研究等方面，都是照搬"苏联模式"。尽管在"批美学苏"的过程中全面否定了民国的学术研究成果，并且"苏联模式"存在着人才培养规格单一、重实践轻理论、过于偏重自然学科等问题，但是不可否认的是，"苏联模式"为新中国体育事业的发展起到了重要的奠基作用。在苏联的帮助下我国首次成立了体育专业院校和专门的体育科研机构，建立了体育科研人才培养制度，为新中国体育科学的发展指明了方向。当时中国的体育学学科体系也正是在苏联体育理论指导下创建起来的，这个体系的总体特征是以马克思列宁主义为思想基础，以巴甫洛夫学说为自然科学基础，并依据教育学原理来指导的，主要包括体育教育理论、运动人体相关学科以及各个单项专业学科[4]。

1959年，中苏关系破裂以后，我国体育事业进入了独立探索阶段。国家体委于1960年3月在北京召开了第1次全国体育科学工作会议，对我国体育科研工作做了统一的安排。20世纪60年代初期，各个省市相应建立了体育科学研究

[1] 黄汉升. 新中国体育学硕士研究生教育的回顾与展望 [J]. 体育科学，2007（9）：3-22.

[2] 王颖霖. 中国体育学百年嬗变 [D]. 福州：福建师范大学，2014：109.

[3] 李晓宪，邱剑荣，李晴慧，等. 新中国体育学术（科技）期刊发展研究 [J]. 体育科学，2009（5）：3-23.

[4] 俞大伟. 苏联对新中国体育援助的历史审视 [J]. 北京体育大学学报，2015（4）：12-17，25.

所。到60年代中期，经过广大体育科研人员的努力，我国体育科学研究已初具规模，体育科学研究已逐步成为推动我国体育事业发展的动力[1]。此后由于受到若干政治运动尤其是"文革"的干扰与破坏，使得我国体育事业蒙受了巨大的损失，而体育科学研究也基本处于混乱和停滞状态。

四、改革开放之后新中国（1978年至今）

1978年十一届三中全会以后，我国体育事业全面恢复，国家科技事业的恢复与发展为体育科学研究提供了契机。在国家体育科技政策的指导下，体育科研机构和体育院校迅速恢复与建立，形成了具有一定规模的科研队伍。《北京体育学院学报》《体育科学》《中国体育科技》《上海体育学院学报》《江苏体育科技》《体育科研》《广州体育学院学报》《西安体育学院学报》《天津体育学院学报》等刊物陆续复刊或创刊[2]。新中国第一个体育科学研究学会——中国体育科学学会（CSSS）也于1980年在北京成立，最初包括运动生理学、运动生物力学、体育科学理论学会、运动训练学会、运动医学学会5个分会[3]。经过数十年的发展，由5个分会发展为17个分会，包括：运动训练学分会、体育社会科学分会、运动医学分会、运动生物力学分会、运动心理学分会、体质研究分会、体育信息分会、体育仪器器材分会、体育建筑分会、体育统计分会、学校体育分会、体育史分会、武术分会、体育管理分会、体育产业分会、体育新闻传播分会、运动生理生化分会。形成了一个组织上纵向联系、学科上横向发展的学会体系。1983年公布试行了新中国第一份《高等学校和科研机构授予博士和硕士学位的学科专业目录》（简称《学科专业目录》），体育学被列为教育学门类下的一级学科，下设12个二级学科[4]。从1983的《学科专业目录》体育学科的结构来看，运动人体科学有6门，知识体系明显偏向于人体科学。该版本的《学科专业目录》还设置了民国时期就有的学科，如武术理论与方法、体育史等，以及当时学术研究并不是很成熟的运动训练学、体育管理学。此后教育部还于1990年、1997年和2011年颁布了新的《学科专业目录》，现行的2011版的《学科专业目录》中体育学则在学科设置方面广泛吸收了日本、美国、德国一些理论思想，结合中国实际，构建了包括体育教育训练

［1］许红峰，陈作松，黄汉升，等.建国初期我国体育科技发展的历史回眸［J］.中国体育科技，2000（10）：4-8.

［2］李晓宪，邱剑荣，李晴慧，等.新中国体育学术（科技）期刊发展研究［J］.体育科学，2009（5）：3-23.

［3］全胜.基于学术交流理论的体育科技社团历史演变及当代趋势研究［D］.福州：福建师范大学，2013：132.

［4］王雷，李平平.我国体育学学科设置起点中若干问题的研究及启示［J］.武汉体育学院学报，2016（2）：36-41.

学、运动人体科学、体育人文社会学、民族传统体育学4个二级学科的体育学学科体系。而1992版的《中华人民共和国学科分类与代码国家标准》首次把体育学列为社会科学门类下的一级学科。

　　进入20世纪80年代，体育理论研究呈现出百家争鸣的繁荣景象，学者们围绕着体育的属性、概念、学科体系等问题展开了大讨论。这场大讨论不仅是学术思想争锋，还体现了我国体育学学科意识的觉醒，学者的观点为我国体育学的构建和发展奠定了理论基础，使得体育学获得了一定的社会地位，推动了体育学科的建设和发展[1]。体育学也从这一时期开始了学科扩展的进程，作为一门课程的体育理论逐渐分化为一门门二级学科，再加上自然、人文、社会学科对体育学的渗透以及国外体育理论的吸收，使得体育学科得以迅猛发展，形成了庞大的学科群[2]。从以学科名命名的第一门专著或者教材出版时间来看，许多新的学科正是在此期间得以恢复或创立。体育自然学科方面，通过吸纳国外的研究成果，在原《运动解剖学》和《运动生理学》的基础上，分化出《运动生物力学》（全国体育学院教材委员会体育系通用教材组，1981）、《运动生物化学》（体育院系教材审编委员会，1982），在20世纪80年代后，体质形态学、运动营养学、体育保健学等学科相继成立。可以说在20多年的体育学学科发展的过程中，我国自然科学的学科体系已经基本形成[3]。体育人文社会科学方面，通过与其他学科交叉，也创立许多体育学新学科，如《体育统计学》（杨敏，1982）、《体育管理学》（武汉体院编写组，1984）、《体育经济学》（曹谛川，1985）、《体育美学》（胡小明，1987）、《体育情报学》（马铁，1988）、《体育伦理学》（潘靖武，1989）等。原来的体育教育理论（体育原理），则分化为《体育哲学》（哈尔滨体院编写组，1986）、《学校体育学》（编写组，1983）、《群众体育学》（王则珊，1987）、《运动训练学》（田麦久，1983）等学科。从体育人文社会学科的发展历程来看，在很长一段时间内其研究内容是被包容于"大一统"的体育教育理论或者是体育原理之中。而随着体育的现代化进程加速，学科之间的交叉分化的深入，体育学从过去仅仅基于生物学、教育学视角来研究体育，发展到运用哲学、美学、社会学、经济学、政治学、法学、管理学等人文社会科学的方法，对体育进行多层次、多方位的立体、综合的研究，基本上形成了拥有近20个二级学科

［1］鲁长芬. 中国体育学科体系研究述评［J］. 体育学刊，2007（6）：1-6.

［2］鲁长芬. 中国体育学科体系研究述评［J］. 体育学刊，2007（6）：1-6.

［3］黄汉升. 中华人民共和国体育科技发展史［M］. 北京：科学出版社，2002：116.

的多学科知识体系[1]。

五、中国体育学演化的特点

从西方体育学发展的脉络来看，毋庸讳言，体育教育学是体育学发展的主线，体育学就是以体育教育学为母体，不断和其他学科交叉、分化，进而形成广义的体育学。而中国近代体育学亦是如此，近代中国体育学术的萌芽源于晚清时期对体育师资培养的需要，首先是以一门专业课程——"体育学"（体育教育学）的形态出现的。由于癸卯学制是效仿日式学制，晚清的体育学术主要是围绕着"体操"开展，虽出版了大量书籍，但并未形成独立的学术研究，文章和书籍主要是以"体操"为主体，大部分都是译介日本、德国的相关教材。尽管晚清时期体育学术显得过于单薄，研究性不强，但是不可否认的是，中国近代体育学正是从晚清开始，首先是在译著上获得了学术上的启迪，为日后民国时期形成自己的学术思想体系奠定了基础。

从民国体育学的发展历程来看，体育学始终是以体育教育学的形式呈现的。民国时期体育学在自然主义和民族主义思潮的影响下形成了自己的学术传统，并且在吸收、整理西方体育知识的基础上与本土研究相结合取得了丰硕的研究成果。从学科知识层面来看，体育学由单一的作为一门课程的《体育学》，逐渐分化为《体育概论》《体育原理》《运动生理学》《人体测量学》《运动学》《体育史》等学科，并形成了具有一定规模的体育学学科群。在这一过程中，"体育学"转变为体育学科群的总称，而《体育概论》和《体育原理》取代了《体育学》的地位，成为基础理论学科。但必须厘清的是，民国时期的体育学和我们现行体育学的概念还是不同的，民国时期的体育学虽然由一门学术课程发展成为"学科群"的总称，但是彼时体育学中的"分支学科"只为了满足体育师资培养的需要而译介国外的研究成果，大部分"分支学科"并没有进行系统的科学研究，并不是严格意义上的学科，而只是一门门课程，学者们也仅是扮演知识传播者而不是知识生产者的角色。以运动生理学为例，民国时期并没有建立专门的运动生理学实验室，在涉及生理学的著作中也对实验介绍得较少[2]。作为自然学科知识生产的重要场所，实验室的缺失说明当时有关运动生理学研究还只是停留在吸收国外成果的阶段，学者们并未进行独立

[1]黄汉升.中华人民共和国体育科技发展史[M].北京：科学出版社，2002：140.
[2]袁媛.近代生理学在中国：1851—1926[D].上海：上海交通大学，2006.

的实证研究。从科学研究的角度来看，近代中国体育学和西方体育学相比并没有创立新的学科，可以说大部分研究都是对西方体育知识的吸收和整理。而具有本土意味的"国粹体育"也只是流于对专项技能的描述以及体育思想的争鸣，并未达到学术研究的高度。近代中国唯一能和西方体育学术研究相抗衡的乃是中国体育史的研究，在这一领域近代中国取得了许多独创性的成果。如郭希汾的《中国体育史》，不仅开创了中国体育史研究的先河，还为日后体育学的形成和壮大奠定了理论基础。

第四章　体育学的知识生产与流动研究

　　学科交叉本质上是一种"跨学科"或者说是"学科间"的科研实践活动，这一实践活动使得学科间的知识重新整合，形成的知识体系构成了交叉学科[1]。从信息流动的角度来看，学科交叉是学科间知识转移和互相融合的过程，在这一过程中，参与知识转移的学科通过知识整合不仅使得学科知识体量得到增长，知识结构也得到进一步的完善。文献是高深知识最重要的载体和传播媒介，学科之间的文献引用与被引用的状况可以间接地刻画出学科间的知识流动图景[2]。在学科知识体系中，学科并不是孤立存在而是相互联系的，学科之间的知识转移关系突出的表现在隶属于不同学科文献之间地引用与被引用关系[3]。学科的引用量与被引用量可以表征学科间的知识流入量与流出量，学科之间的引文指标是学科交叉最好的测度，通过对学科之间的引用与被引关系进行分析，能够探明学科之间的知识流动特征，厘清学科之间的关系和学科知识结构，分析推测学科间的交叉、渗透和衍生趋势，从而揭示某一学科交叉的动态结构和发展规律。图4-1显示了基于引文流的学科交叉分析模型，模型给出的是最基元的学科交叉结构，现实情况中供体学科和受体学科没有绝对的区分，而且由于学科之间复杂的引用关系，学科间的引用网络是由无数个基元模型构成的复杂的巨系统。从图4-1来看，学科之间的交叉行为可以视为供体与受体学科之间的知识流动，而这种知识流可以进一步具象化为学科之间的引文流，通过数学、逻辑学等方法对学科之间的引用与被引用关系进行计量分析，能够把握学科之间的知识流动情况，进而揭示抽象的学科交叉特征。从对国内外文献的梳理来看，引文分析也是目前研究学科交叉的主流方法，通过引文分析结合不同的理论和工具，可以从不同侧面研究学科交叉的过程以及特征。

[1] 路甬祥. 学科交叉与交叉科学的意义 [J]. 中国科学院院刊，2005（1）：58-60.

[2] Porter A L，Cohen A S，Roessner J D，et al. Measuring researcher interdisciplinarity [J]. Scientometrics，2007，72（1）：117-47.

[3] Stirling A. A general framework for analyzing diversity in science，technology and society [J]. Journal of the Royal Society Interface，2007，4（15）：707-719.

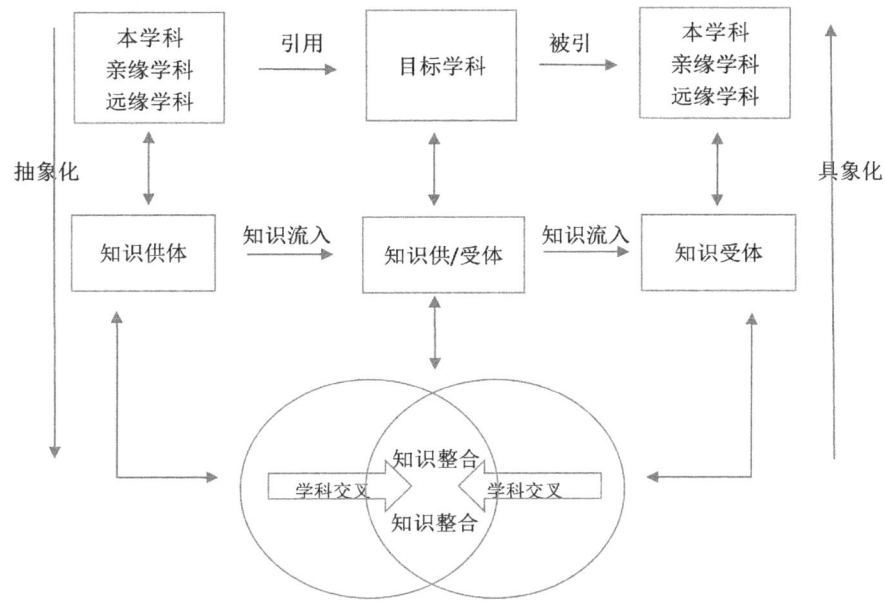

图4-1　基于引文流的学科交叉分析模型

体育学是典型的交叉学科，在其发展过程中不仅融合了大量的其他学科的知识，而且体育学作为知识供体也将其知识广泛地输入其他的学科，形成了一个开放的、持续演进的知识体系。[1] 在“大科学”背景下，体育学已经发展成为横跨自然科学、人文社会科学，包含了众多边缘学科的综合学科。然而，学科在演化进程中，体育学究竟和哪些学科关系更为密切？其学科交叉结构的演化过程又是如何变化？和其他学科相比体育学的学科交叉各项测度指标处于何种水平？影响体育学学科交叉结果的根本性因素是什么？对于这些问题的回答有利于我们把握体育学的发展历程，为体育学未来的发展指明方向。对此，本章以1981—2015年发表的体育学类期刊论文为研究对象，从体育学学科知识流入和流出两个视角来展开研究，通过现有的学科交叉测度指标，结合采用引文分析、社会网络分析等方法，通过纵向的历时性分析和横向的学科比较，分析体育学学科交叉知识的演化历程。研究主要包括“学科知识流动总体特征”“跨学科知识流动特征”“学科交叉发展态势演化”“学科交叉结构演变”“交叉的目标学科类别演化”5个部分。分析内容既涉及了整体性的知识流动特征研究以及发展态势研究，也涉及了基于组群关系的学科交叉结构研

[1] 王续琨.交叉科学结构论［M］.北京：人民出版社，2015：370.

究，同时还兼顾了作为学科个体的学科类别研究。研究内容涉及了整体、群组、个体3个层面，能够较为全面地反映知识流动维度下我国体育学科交叉知识演化的特点。

CNKI《中国引文数据库》（Chinese Citation Database，CCD）是基于CNKI所有源数据库产品的数据，集合而成的一个规范的引文数据库。CCD的学术资源类型涵盖期刊、博硕士学位论文、国内/国际会议论文、图书、中国专利、中国标准、年鉴、报纸以及外文题录库。提供引文分析工作过程中的引证报告、文献导出、计量可视化、数据分析器等功能。CCD收录了1979年至今的数据并实现每日更新，并且CCD中设定了168个专题，体育可以作为一个单独的学科分类进行分析，这为我们分析体育学学科知识交流情况提供了极大的便利。本章的数据主要是从CCD中获取，检索并下载1980—2015年体育学发文量、引用与被引用的学科及相应频次等数据。由于CCD中的数据下载最大时间跨度是5年，故在历时性分析中对学科知识演化分期以5年为单位进行阶段划分。此外，为了更好地对体育学学科交叉情况进行评定，下载了另外167个学科专题的相关数据进行比较。

第一节　我国体育学知识生产与流动特征研究

一、我国体育学知识产量增长趋势

科学文献是科学知识的客观记录，这是科学文献的基本功能之一，各种科学知识都需要以文献的形式来记录、保存和传播。科学文献的增长及其规律与科学知识量的增长和规律有着密切的联系，科学文献的数量是衡量科学知识产量的重要尺度之一[1]。知识产量是知识流动分析的逻辑起点，对于体育学知识产量进行分析能够大致地解释学科发展的特点和规律，为知识流动研究以及学科交叉分析建立良好的基础。如图4-2所示，36年来我国体育学文献数量呈逐年增长态势，总计发文量为769624篇，发文量最少的是1981年的2191篇，发文量最多的是2008年的54758篇，年均增长率为11%。通过进一步的分析发现，我国体育学学科知识的增长趋势并不是遵循单一的指数增长规律，发文量存在阶段性的变化，主要分为3个阶段：

[1]邱均平.文献计量学[M].武汉：科学技术大学出版社，1988：53.

（一）复苏期（1980—1993年）

从图4-2中可以看到，总体来说在1980—1993年这一时期我国体育学发文量逐年增长，特别是20世纪80年代初期增速较快，但是之后增速放缓，甚至出现了负增长。1978年十一届三中全会以后，我国科学事业全面恢复，在国家大力发展科学事业的大背景下，1980—1989年，我国期刊创办了1769种，占创办期刊总量的1/3，达到历史最高峰值[1]。在体育科研领域，专业期刊复刊以及中国体育科学学会（CSSS）成立，都为我国体育科研的繁荣和发展提供了良好的契机。《1981-1990年体育科技发展计划纲要（草案）》对我国体育科学的学科发展指明了方向[2]，这一时期我国初步建立了体育科学研究体系，培养了一大批体育科研人才，为后我国体育科研事业的发展提供了组织和技术力量保证。受此影响我国体育学文献数量持续增长，但是由于"文革"对我国体育事业造成的影响较大，基本上体育科学研究是从零开始，科研人才培养、学科建设的恢复需要一个过程，这一时期的学科规模还是偏小。此外由于1984年我国实行经济体制改革，许多难以获得社会资源的期刊陆续停刊，1985-1995年，我国体育学术期刊的数量从106种下降到77种[3]。改革的阵痛对我国科技事业带来了一定的冲击，造成了1985年后我国体育学知识产量增速减缓，甚至还出现了负增长，这种情况直到进入20世纪90年代才逐渐改观。总体来说，由于"文革"对我国体育事业造成的影响较大，这一时期的体育学学科规模还是偏小，整个学科还处于复苏阶段。

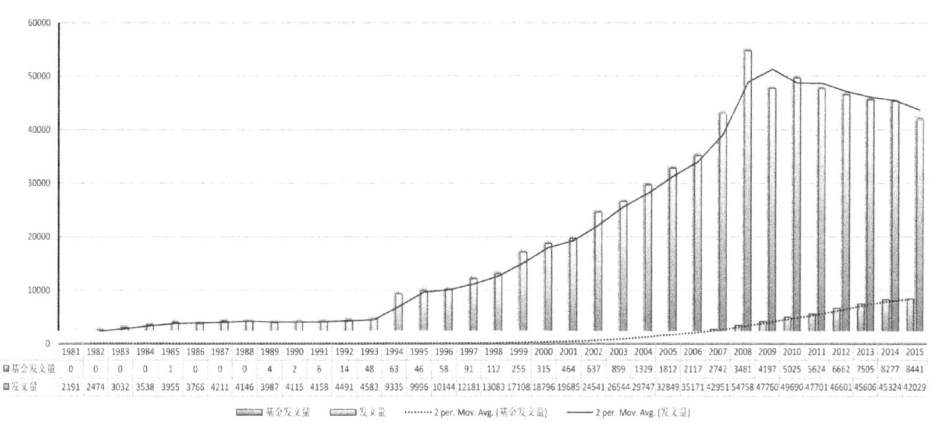

图4-2　1981—2015年体育学发文量

[1] 郭玉，赵新力，潘云涛，等.我国科技期刊基本状况统计与分析 [J].编辑学报，2006（1）：1-4.

[2] 黄汉升.中华人民共和国体育科技发展史 [M].北京：科学出版社，2002：106.

[3] 李晓宪，邱剑荣，李晴慧，等.新中国体育学术（科技）期刊发展研究 [J].体育科学，2009（5）：3-23.

（二）指数增长期（1994—2008年）

指数增长是著名科学家德里克.普赖斯在《巴比伦以来的科学》中提出的，指的是"科研领域内的文献是按照指数增加的，每个大约十年到十五年增加一倍"。[1] 从图4-2中数据可以看到2008年文献产出量为5475篇，达到了36年的峰值，是1994年的5倍，增速明显快于前一个时期。从图4-2中趋势线也可以看到，这一时期的论文产量呈指数增长趋势，每年平均增长20%左右，而基金论文的增量更加明显，达到了年均36%。究其原因，首先是在"科学技术是第一生产力"方针的指引下，我国科技期刊创刊数量的激增，这为体育学术交流添加了更多的平台，促进了发文量的增长。此外，经过前一时期的努力，我国体育科技事业已经由初创期进入了高速发展期，建立了专门的科研机构，科研队伍也进一步壮大，为体育学知识量持续增长提供了保障。最后，1997年国家社科基金将体育学正式列为一级学科、高等教育高速扩张、北京奥运会等一系列的事件以及《全民健身计划纲要》《奥运争光计划》的颁布，为我国体育科研事业注入一剂剂强心针。这一时期我国体育科研借助全社会关注体育的契机，构建了更为广阔的体育科技平台[2]。一言蔽之，随着经济发展，国家综合实力的提高，体育作为一种普遍的社会文化现象日益受到国家的重视，对于体育科研的投入也逐渐增加，这极大地刺激了体育科研产量的加速增长。

（三）逻辑增长期（2009年至今）

德里克·普赖斯在后期研究中发现，科学文献指数增长并不是绝对遵循指数增长规律，在《小科学，大科学》中他提出了"指数型规律终将成为逻辑型"。逻辑增长是指文献增长的模式并不是单一的，而是分阶段的，每个阶段的增长模式并不相同。一般来说科研文献开始要经历一个急剧增长的过程，随后增长速度缓减，指数增长过程变成逻辑曲线增长过程。当一门学科处于诞生和发展的时期，科研产数量呈指数增长，随着研究的深入，进入相对的成熟期，文献的增长不能保持指数增长的速率，增长率变小，曲线变得平缓[3]。从

［1］普赖斯.巴比伦以来的科学［M］.石家庄：河北科技出版社，2002.

［2］蒋志学.促进体育科技创新，推动体育强国建设——在第九届全国体育科学大会上的主题报告［J］.体育科学，2012（1）：3-7，39.

［3］邱均平.文献计量学［M］.武汉：科学技术大学出版社，1988：65.

图4-2中的趋势线可以明显看到，2008年后发文量曲线变得平缓，这表明了我国体育学科研产出量进入了一个稳定期，不再高速增长，年均增长率为-3%，每年的发文量基本稳定在45000篇左右。造成这种现象主要有三方面的原因：一是由于期刊主办方管理理念的转变。"规模促发展，集约出效益"，经过近20年的努力，我国期刊在规模化发展中取得了一定的成绩，我国已经发展成为世界科技期刊第二大国，截至2005年我国大陆期刊已有4957种，数量仅次于美国[1]。但是我国期刊发展存在刊物多而不精、重复办刊、质量不高、国际影响力有限等问题。《中国科协科技期刊发展报告（2007）》指出，集约化经营不仅是学术期刊发展的基本态势，也是期刊行业和其他行业的基本运行规律[2]。在这一理念的引领下，体育学术期刊不再盲目追求发展规模，而是更加注重期刊论文质量的提升，管理模式也向着集约化的方向发展。二是我国高等教育发展模式的转变。2008年教育部对高等教育扩招进行了限制，规定2009年扩招幅度将不超过4%，2010年不超过3%[3]。高等教育规模高速扩张的结束意味着从事科研活动的主力军——高校教师数量增加也趋于缓和，这也使得科学知识产量增速放缓。三是国家体育战略的转变。经历了2008年北京奥运会的快速增长周期，中国体育事业发展战略发生转向，在"体育大国向体育强国迈进"的大背景下，学者们在发表论文时更加理性，而期刊论文审稿过程更加严格、规范，有效减少了"学术泡沫"。需要指出的是，体育学知识产出量趋于稳定并不意味着体育科学研究进入了"饱和期"，而是指学科发展达到了一种系统的动态平衡状态，是学科发展相对成熟的一种标志。从知识结构来看，经过了指数增长期的迅猛发展，我国体育学知识体量急剧增长，进入21世纪后，我国体育学发展成为一个包含60多门单一学科的体育学科体系。[4]社会和学界对于体育学被划分为4个二级学科也较为认同，总体来说具有中国特色的体育学学科体系业已成型。

二、我国体育学跨学科知识流量增长趋势

在科学文献体系中，文献之间并不是孤立而存在的，科学发展的连续性

［1］朱晓东，宋培元，曾建勋.我国科技期刊现状及管理政策分析［J］.中国科技期刊研究，2006，17（6）：1045-1049.

［2］李晓宪，邱剑荣，李晴慧，等.新中国体育学术（科技）期刊发展研究［J］.体育科学，2009（5）：3-23.

［3］编者.扩招：百度百科［EB/OL］.http://baike.baidu.com/link?url=KmhWLq5AOdScXo63liL1tCIK5NVLHcKCam82bJ-nzqe96YPV3eBRXGExI87lFsopXMmtnGuJVcWCl9gW3-Wmmbal_oT_hH58OeJi8LiIu2u，2010-02-22.

［4］杨雪芹.学科交叉视野下我国大学体育学学科建设研究［D］.北京体育大学，2010.

和积累性决定了文献与文献之间是存在相互联系的，而文献之间的相互引用就是这种联系的突出表征。[1]从引文量来看，我国体育学学科引文量逐年增加，引用量最少的是1981年（40篇），最多的是2015年（174017篇），年均引用43300篇，年均增长率为28%。从被引量来看，被引量最少的是1981年（23篇），最多的是2015年（143861篇），年均被引35221篇，年均增长率为48%（图4-3）。从早期发表的文献来看，大部分期刊都没有参考文献，由于信息科技不发达，知识传播的途径单一，各种出版物数量较少，学者获取知识的渠道受到了一定的限制。研究者们在进行学术研究时可用于参考的信息并不多。这就造成了学科知识流动量较少，大部分知识都是在学科内或者是亲缘学科之间流动，在学科的引文流上表现出来就是引用量和被引量都比较少。

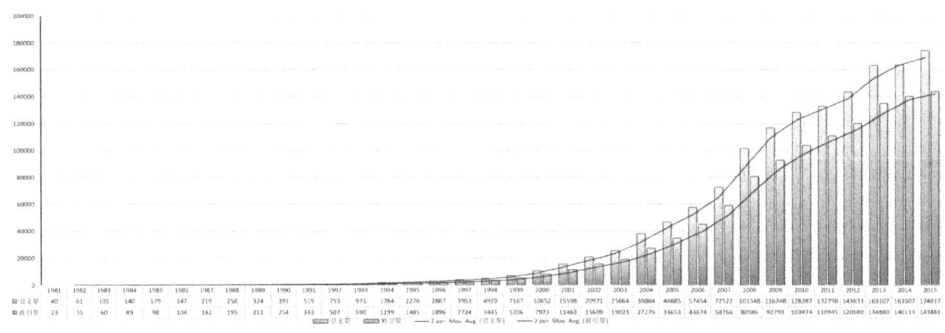

图4-3 1981—2015年体育学总引文量与总被引量变化趋势

从总被引量和总引文量的趋势线来看，两者的发展趋势类似，都是呈现出高速增长的态势，尽管后期总引文量和总被引量曲线趋于平缓，但是考虑到体育学发文量在2008年以后逐年减少，总引文量和总被引量增速还是维持在较高水平。此外，从图4-3也可以看到，篇均引文量和篇均被引量都是呈指数增长态势，并未出现和发文量类似的逻辑增长期。随着20世纪90年代计算机科技、信息科技的高速发展，数字化、网络化技术的普及，越来越多的科技期刊开始实行电子化、网络化的出版模式。这为学者在从事科学研究的过程中获取信息提供了极大的便利，也为学科内和学科间的知识流动、整合提供了高效率的平台。从20世纪90年代后期开始，我国体育学知识输入和输出量逐年增加，从现有的数据来看，这种增长势头并没有缓减的迹象。知识流量的增速说明了体育学学科内部知识体系的成熟以及体育学和外部学科的联系增强，这在一定程度

[1]张寒生.当代图书情报学方法论研究［M］.合肥：合肥工业大学出版社，2006：113.

上暗示了体育学和外部学科交叉的深化。

从引文和被引比值来看，体育学学科知识流入/流出折线图呈逐年缓慢下降的趋势，知识流入/流出比值一直保持在1以上，平均比值为1.5（图4-4）。为了更清楚地厘清体育学知识输入和输出的关系，将学科自引的数量从引用量中和被引量中剔除，再计算输入和输出比值，得到知识流入 / 流出平均比值为2.3，近年来也呈现出逐年降低的趋势。这说明了体育学是属于"知识输入型"的学科，这一点和王琪[2]、赵丙军[3]、李元[4]等学者的研究结论相符。但是比值却有所出入，李元和王琪所获取的数据源于Web of Science，主要研究是西方体育科学的发展趋势。而赵丙军的数据是源于中国引文数据库，其知识流入 / 流出比为1.8。通过分析其研究方法发现，在被引视角下论文检索的时间窗口设定为出版时间而不是被引时间，而在被引视角下检索论文必须是设定为被引时间，否则检索出来的被引量会大于分析时段的实际被引量。相比之下，我们所计算的数据可能更符合体育学的实际发展情况。从这一比值可以看出，体育学在发展过程中较为依赖外部学科的知识，本学科的知识较难得到外部学科的认可。知识转移理论认为，知识转移是知识势能高的主体向知识势能低的主体转移知识的过程[5]。从体育学知识输入 / 输出比来看，体育学知识势能偏低，在和其他学科交叉融合的过程中往往是作为知识受体学科而存在。但是，从知识输入 / 输出比的发展趋势来看，体育学的知识输入输出比在逐年下降。随着体育学自身学科体系的完善、学科知识体量的增加、学术研究质量

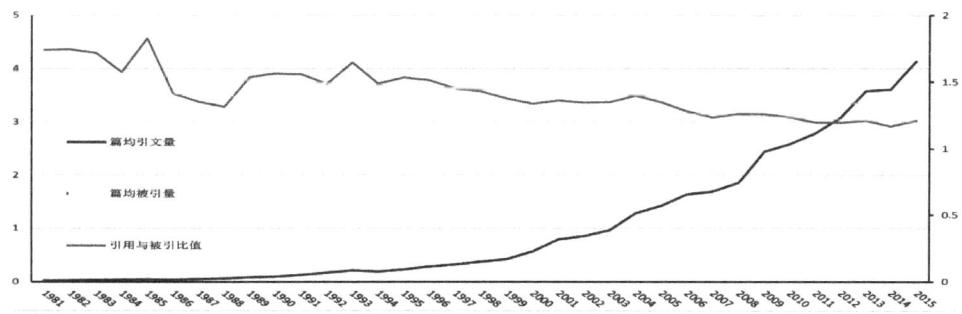

图4-4　1981年至2015年篇均引文量与被引量、引文量与被引量比值变化趋势

[1] 王琪, 黄汉升. 体育科学与相关学科关系演变的实证研究——基于《研究季刊》期刊共被引知识图谱的视角 [J]. 南京体育学院学报（社会科学版）, 2011（4）: 21-26.

[3] 赵丙军, 司虎克. 基于知识流动的体育亲缘学科定量识别探索 [J]. 图书情报工作, 2013（1）: 122-129.

[4] 李元, 王莉. 体育科学学科互动研究: 知识受馈、回馈与自馈视角 [J]. 天津体育学院学报, 2015（1）: 11-17.

[5] 陈梅, 黄丽霞. 近五年来我国图书馆知识转移理论研究评述 [J]. 情报科学, 2011, 29（4）: 633-637.

的提升，体育学的知识输出量也逐年增加，外部学科对体育学的认可度在逐步提高，体育学正由"知识输入者"逐渐向"知识输出者"转变。

第二节　我国体育学跨学科知识流动研究

自引是指在引文款目中被引事项与引用事项相同的一类特殊引用关系。自引是一种常见并且非常重要的引用形式，反映了科学研究的继承性、连续性和相关性，也在一定程度上能够反映某一学科的发展进程[1]。与其他引文分析一样，自引分析对于揭示学科之间的相互关系是非常有用的[2]。对于学科交叉研究而言，对于某一学科自引分析能够帮助我们从宏观上了解学科在科学体系中的地位以及学科的成熟度、开放性等方面的情况，为学科交叉研究建立一个可靠的逻辑出发点。本节从学科自引出发，在学科引用与被引用两个视角下分别考察体育学学科的自引情况，分析体育学的自引率和被自引率，并进行纵向、横向比较，为后续的学科交叉研究提供科学依据。纵向比较主要是将体育学35年的发展历程以5年为单位划分为7个阶段进行对比，横向比较主要是计算168个学科在知识流入视角下的自引率，并进行排名，和其他典型的交叉学科进行对比。

一、我国体育学学科自引分析

（一）纵向比较

学科自引率是指在一定时间区间内某一学科引用自身学科的引文数量占总引文数量的百分比。学科自引率较高往往是学科成熟的一种标志。如果一种期刊的自引率高，表明该刊用稿连续性好，前后衔接好，可以反映这种期刊的"成熟程度"。自引率低，则表明该刊载文的稳定性和连续性差，还没有达到"成熟"，在学术期刊中还没有形成自己的风格体系[3]。同理，一门学科如果自引率越高，说明这门学科知识的继承性、连续性和相关性较好，学科知识

［1］骆柳宁.《图书情报工作》自引分析［J］.图书情报工作，2002（5）：41-44.
［2］王彩.《中国图书馆学报》自引分析［J］.甘肃社会科学，2003（1）：157-161.
［3］李建辉，王志魁，徐宏，等.自引对科技期刊影响因子作用的量化研究［J］.编辑学报，2007（2）：154-157.

点之间能够形成紧密的联系，知识体系更加完善，学科也更加成熟和稳定。而如果一门学科自引率较低的话，说明学科发展还不成熟，知识不能有效地在学科内部流动。

如表4-1所示，从我国体育学自引率的纵向变化来看，在20世纪80年代的复苏期是最低的，之后逐渐提升，到2006—2010年时期达到峰值，在此之后才出现小幅的回调，30年来平均自引率为59.5%。体育学在我国已经走过了百年历程，但我国体育学真正走上独立发展之路还是在改革开放之后。"毫无疑问，当一门学科处于初创期时，要想取得进步必须借鉴所有现成的学科，将这些学科中的宝贵经验弃之不用显然是很不明智的。"[1]辐集外部学科知识是一门学科在初创阶段的必要手段，因为在初创期，学科自身的知识体量较小，仅依靠本学科的知识无法开展科学研究，这就需要广泛吸收其他学科的方法和理论用于解决本学科领域内的问题。在改革开放初期，体育学大量地吸收外部学科的知识，通过赋予这些知识身体活动方面的意义并实现知识创新，使其内化为体育学领域内的知识，学科知识体量快速增长。在这一过程中，体育学逐渐形成了独立、具有连续性的研究基础，学科也逐渐走向成熟，发展趋于稳定。而2010年之后体育学自引率呈现出下降的趋势，表明体育学在注重研究连续性、发展稳定性的同时，也在不断地拓宽自己的研究领域，更加注重和其他学科的交叉与渗透。

但是我们要辩证地看问题，从学科的外在建制来看，体育学在面临着学科、学术、学位分类混乱的掣肘，从学科的内在建制来看，体育学还存在着学问、学说、学派的缺失带来的内部瓶颈[2]。仅通过自引率来断定体育学已经是一门成熟的学科过于武断，有必要结合其他测度指标和学科发展史，以及和其他学科进行比较才能对体育学是否成熟做出判定。自引率不仅能表征学科成熟度，作为一项负向指标，它还能够对学科知识的开放程度进行评定。某一学科自引率越高，说明该学科相对独立性大（封闭性大），但是吸收外部学科知识的能力弱（开放性小）。反之，则是相对独立性小，吸收外界学科成果的能力强[3]。体育是一门年轻的学科，仅通过自引率来看体育学确实已经是一门成熟、独立的学科，但用引文指标评价学科不能绝对化和唯一化，因为这种自引率持续增加并维持在一个较高水平也可能是学科逐渐变窄的、封闭的迹象。

[1]迪尔凯姆.社会学研究方法论[M].北京：华夏出版社，1988：118.

[2]易剑东，熊学敏.当前我国体育学科发展的问题[J].体育学刊，2014（1）：1-10.

[3]李韶红，侯金川.自引与自引分析[J].图书馆，2001（6）：39-43.

在人类科技迅猛发展的背景下，科学知识体系不断分化，各门学科的知识量也成指数增长。学科不仅通过制度化进程给学术研究带了了丰富的社会资源，还通过知识的分门别类的细化给学者们在本学科领域内进行学术研究获取知识提供了便利。在学科制度给学术研究带来诸多益处的同时，学科知识的增长和分化也体现出弊端。学者们在从事科学研究时面对海量信息时显得力不从心，部分学者无法越过学科的藩篱，只能安生于特定的学科领域内辐集知识，使得学科的开放性逐渐降低，学科失去应有的活力。体育学就存在这样的问题，经过指数增长期的快速发展，学科知识体量激增，学者在研究过程中往往利用本学科的知识就能保障研究的开展，这使得学者们失去了跨学科获取知识的动力。而学科过度分化也窄化了研究者的学术视野，大部分学者仅关注本学科领域内的知识，很少将注意力转向外部学科。作为一种应对学科制度束缚的途径，通过跨学科研究形态来打破学科壁垒、促进学术交流的呼声日益高涨，但实际效果并不理想[1]。因此，体育学自引率偏高可能是学科制度束缚、学科知识体量增长、学科开放性降低等多因素综合所致。

表4-1　体育学自引率变化趋势一览

时间段	涉及学科数	总引用量	自引量	自引率	自引率排名
1981—1985年	62	523	230	44.0%	101
1986—1990年	78	1343	660	49.1%	117
1991—1995年	117	6303	3492	55.4%	143
1996—2000年	141	29559	19088	64.6%	168
2001—2005年	164	147002	98688	67.1%	167
2006—2010年	167	476560	337664	70.9%	168
2011—2015年	167	777065	510823	65.7%	167

（二）横向比较

前面通过历时性的分析，发现体育学和过去相比取得了巨大的进步。要更加清楚地厘清体育学学科的开放性、成熟度等问题，还必须将体育学置于整个科学体系中和其他学科进行横向比较。对此我们计算了7个阶段中国知网所

[1] 范广贵，孙久喜，阿英嘎.探析中国体育学科的演进方式及其跨学科研究的指向 [J].南京体育学院学报（自然科学版），2010，9（4）：17–20.

有168个学科专题的自引率，并按照自引率升序进行排序，获取每个学科的自引率排名。而由于学科自引率还受学科性质、学科类型等因素的影响，为了尽可能消除这些变量对研究结果的影响，有必要选取和体育学性质相近的学科进行比较。鉴于本书指向学科交叉，故选择同样具有综合性的交叉学科来和体育学进行比较。学科选取的依据是根据王续琨教授在《交叉学科结构论》一书中所确定的28个典型的交叉学科[1]，通过和中国知网的168个专题（中国知网的学科专题分类和中图分类号基本一致）和《教育部学位授予和人才培养学科目录》（2011版）中学科的分类进行比对，所选学科必须在中知网学科专题和教育部《教育部学位授予和人才培养学科目录》中都设置相应的一级学科。最终选取包括地理科学、海洋科学、资源科学、环境科学、安全科学、军事科学、管理学、公安学8个研究领域吻合的学科专题和体育学进行比较。计算所有168个学科的自引率和排名，将所用于比较的9个学科的数据提取出来（表4-2）。由于这一节主要是对体育学和其他学科进行横向比较，故只绘制了学科自引率排名的折线图（图4-5）。

表4-2 9种典型交叉学科自引率比较

年份	体育学 自引率	体育学 排名	地理科学 自引率	地理科学 排名	海洋科学 自引率	海洋科学 排名	资源科学 自引率	资源科学 排名	环境科学 自引率	环境科学 排名	安全科学 自引率	安全科学 排名	军事科学 自引率	军事科学 排名	管理学 自引率	管理学 排名	公安 自引率	公安 排名
81-85	44.0%	101	14.3%	8	38.2%	85	11.5%	2	37.5%	81	17.2%	20	46.7%	108	30.0%	52	35.5%	74
86-90	49.1%	117	23.2%	25	49.2%	119	10.2%	1	36.0%	72	12.6%	3	20.7%	18	16.7%	8	20.2%	17
91-95	55.4%	143	15.6%	11	48.9%	128	8.4%	1	39.8%	102	18.5%	18	23.4%	31	19.4%	21	22.7%	28
96-00	87.0%	168	17.5%	13	43.7%	120	9.0%	2	38.9%	97	19.5%	18	21.2%	25	20.0%	21	30.3%	58
01-05	67.1%	167	16.5%	6	38.5%	83	14.1%	2	41.6%	98	24.4%	23	23.5%	22	25.8%	31	32.1%	61
06-10	70.9%	168	17.0%	4	34.3%	68	18.5%	7	46.9%	122	30.9%	56	26.6%	33	28.8%	49	34.8%	69
11-15	65.7%	167	14.2%	4	21.5%	35	16.6%	13	38.6%	119	27.9%	66	22.8%	41	21.1%	32	32.1%	82
均值	62.8%	147.3	16.9%	10.1	39.2%	91.1	12.6%	4	39.9%	98.7	21.6%	29.1	26.4%	39.7	23.1%	30.6	29.7%	55.6

---

[1] 王续琨.交叉学科结构论[M].北京：人民出版社，2015：31.

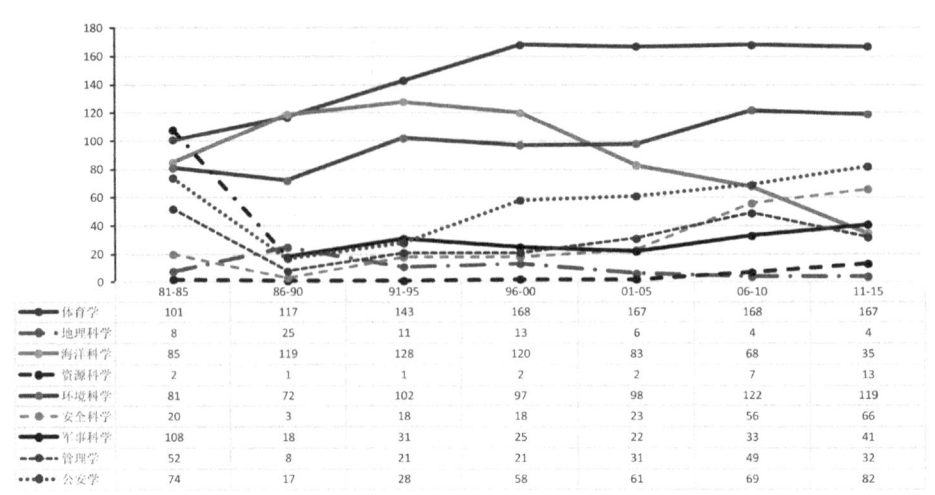

	81-85	86-90	91-95	96-00	01-05	06-10	11-15
体育学	101	117	143	168	167	168	167
地理科学	8	25	11	13	6	4	4
海洋科学	85	119	128	120	83	68	35
资源科学	2	1	1	2	2	7	13
环境科学	81	72	102	97	98	122	119
安全科学	20	3	18	18	23	56	66
军事科学	108	18	31	25	22	33	41
管理学	52	8	21	21	31	49	32
公安学	74	17	28	58	61	69	82

图4-5 9种典型交叉学科自引率排名变化趋势

自引率作为一项测度指标，即可衡量学科的成熟度，亦可以评定学科开放性和封闭性。自引率对于学科成熟度来说是一个正向指标，而对学科吸收知识的能力或者对学科开放性来说是一个负向指标。从体育学的排名来看体育学平均排名在147位，是所选交叉学科中排名最高的，在所有学科专题中也排在前列。其排名远高于一些传统的交叉学科，如地理学。因此我们不能仅依靠自引率这一项指标就断定体育学和其他学科相比更加成熟，对于学科成熟度的考察必须结合其他测度指标才能做出正确的判断。从表4-2中可以看出，无论是自引率均值还是排名均值，体育学都是9个学科中最高的，平均自引率为59.5%，平均排名147。在所选取进行比较的交叉学科中，所有学科的自引率都低于40%。这说明同另外8个学科相比，体育学吸收外部学科知识能力明显偏低，知识大部分都是在本学科领域内流动。有学者基于Web of Science数据库统计国际体育学自引情况，认为体育学的自引率为21%~24%[1]。这一数值远低于我国体育学的自引率，说明和国际相比，我国体育学开放性更低，吸收外部学科知识能力不强。从目前学科的发展水平来看，我国体育学本身就存在理论一体化水平不高、缺乏独特研究方法等问题，理论和方法的缺失使得仅依靠本学科生产的知识无法对复杂的体育问题和丰富的体育现象进行深入的分析和解释。作为一门典型的交叉学科，体育学应该是一个永远开放的知识系统，如何有效地利用其他学科的知识是学科保持旺盛生命力的前提。从排名趋势线来看，包括体育学在内的大部分学科都是平缓上升的，只有海洋科学和地理科学是呈现

[1] 李元.知识的轨迹 [M].北京：北京体育大学出版社，2016：69.

下降的趋势。特别是海洋科学，从最高峰的130名下降至目前的30名。海洋所具有的特征决定了大部分学科的理论和方法都能向海洋拓展。此外，受社会需求驱动，20世纪80年代以后海洋科学研究逐渐向人文社会科学领域扩张[1]。在这一过程中，海洋科学需要吸收更多的外部学科的知识，这使得海洋科学的开放性不断增加，学科辐集知识的能力不断增强。相比之下，尽管体育学知识流动量逐年增长，但大部分知识都是在学科内部流动，体育学对于吸收外部学科知识的意愿并不强。造成这种现象的原因主要是大部分研究者研究视野狭隘，多学科综合能力较差，缺乏跨学科学术理念，使得体育学在知识体量急速增长的同时而学科的开放程度却没有相应增加。科学史表明，科学上的重大突破、新的生长点乃至新的学科产生，往往在不同的学科彼此交叉和渗透的过程中形成[2]。在"大科学"背景下，过于故步自封而忽视学科之间的知识整合，会限制研究多样化、降低学科认知能力、阻碍新兴学科的诞生，这都不利于体育学的健康可持续发展。

二、我国体育学学科被自引分析

（一）纵向比较

学科被自引率是指某一学科引用自身学科的引文数量所占总被引量的百分比。自引率和被自引率的分子都是学科自引量，而自引率的分母是学科总引文量，被自引率的分母则是学科总被引量。通过分析学科的自引率可以把握学科的成熟度、开放性、吸收知识能力，而通过分析被自引率可以了解学科地位、影响力等方面的情况。若某一学科的被自引率高，其对其他学科的影响力较小，所以学科地位也不高，渗透性不强。反之，则其学科地位高，渗透性较强[3]。被自引率是一个评价学科地位和影响力的负面指标，学科被自引率过高意味着被本学科引用比重过大，而被其他学科引用的数量很少，学科知识大部分都是通过"自繁衍"而实现增长，这对于学科发展而言无疑是有害的。但是，对于学科地位和学科影响力的分析不能仅凭被自引率这一单一指标进行判断，由于引文行为的复杂性和其他因素的影响，有时会产生一些偏差。必须综合学科史、学科性质、知识总量、知识流量等因素才能对学科特征进行科

[1]李乃胜.中国海洋科学技术史研究[M].北京：海洋出版社，2010：123.

[2]顾浩.论学科交叉路径及趋势[J].上海金融学院学报，2006（6）：67-69，73.

[3]李韶红，侯金川.自引与自引分析[J].图书馆，2001（6）：39-43.

学、合理的判断。

如表4-3所示，从我国体育学近30年被引情况来看，总被引量由最初的290次逐渐增加至699874次，呈现出快速增长的态势。从被自引率来看，最低为2011—2015年，最高为2001—2005年。和其他学科相比，体育学被自引率一直都比较高，平均值为81.5%，被自引率排名大部分时间都是所有学科中最靠后的。从学科被自引率来看，体育学在整个学科体系中的地位是非常低的。体育学作为一门横跨自然科学与人文社会科学的综合性交叉学科，和其他学科的渗透交融是保持学术生命力的前提和基础。然而无论从学科的自引率还是被自引率来看，体育学知识"自繁衍"现象非常严重。尽管从外部建制来看，我们已经取得了长足的进步，但是学科的内在建制还不够完善，主要体现在基本概念不清晰、理论贫乏、方法缺失、研究范式庞杂等方面。这就使得在跨学科交流的过程中往往都是体育学求助于其他学科理论和方法来解决体育运动实践问题，体育学在其他学科领域内仅仅充当的是一个"研究变量"，在学科交叉过程中处于弱势地位。正如有学者所言："体育学术界已经成为一种只吸纳而不输出的孤立性的学科，其学术能量十分微弱，且一直呈现出一种输出性逆差，很难对其他学科产生影响。"[1]但是我们也欣喜地看到，进入21世纪以后，我国体育学的被自引率逐渐下降，由最高时期的90%跌至73%。造成这种现象的原因一个是体育学内部跨学科意识的觉醒。学界已经意识到学科过度的"自繁衍"会弱化体育学术的自我发展能力，会成为制约我国体育学健康发展的桎梏。随着科研体制的改革创新、跨学科人才的引进、信息科技高速发展、奥运会的推波助澜，进入21世纪以后我国体育学知识体量实现了高速增长，体育

表4-3　体育学被自引情况一览

时间段	涉及学科数	总被引用量	自引量	被自引率	被自引率排名
1981—1985年	20	290	230	79.3%	161
1986—1990年	41	900	660	73.3%	157
1991—1995年	75	4182	3492	83.5%	168
1996—2000年	104	21936	19088	87.0%	168
2001—2005年	141	109551	98688	90.1%	168
2006—2010年	163	399100	337664	84.6%	168
2011—2015年	167	699874	510823	73.0%	168

[1]路云亭.体育的贫困——关于体育学的成长性问题[J].体育与科学，2013，34（6）：28-31，16.

学也越来越成熟，体育学的学科地位、学科影响力都得到了一定的提升，体育学对其他学科的知识输出量逐渐增大。另一个原因则可能是在"大科学"背景下，整个科学知识生产模式由"模式1"向"模式2"转变，多学科交叉综合成为科学研究的普遍趋势，体育学也被卷入学科交叉的大浪潮之中，和其他学科的交叉、融合更加深化。

（二）横向比较

和学科自引率分析一样，我们对于被自引率的分析不能仅依靠纵向比较来探讨体育学科地位和开放性问题，还必须通过和其他学科进行横向比较才能得出科学客观的评价。对此，和学科自引率分析一样，选取了8个典型交叉学科和体育学进行比较。

综合性交叉学科是以问题为导向的学科，具有整合性、远缘性、宜人性。[1]这决定了交叉学科是一种以问题为导向，偏向于实践应用的学科。交叉学科往往是通过吸收、整合其他学科的知识来解决学科领域内的实践问题，在这一过程中，学科知识实现了增长，学科体系也逐渐成熟。随着学科的发展成熟，交叉学科的理论和方法也能通过知识输出的方式影响其他学科。如图4-6所示，从所选取的8个用来对比的交叉学科就可以看出，并不是所有的交叉学科都是单向的"知识输入型"学科，地理学、管理学、资源科学的被自引率都比较低，说明了这些学科被其他学科引用的频次更多，学科知识输出量较大。相比之下，无论是从被自引率均值还是排名来看，体育学对外部学科的影响都是所有学科中是最小的。尽管近30年来我国体育学知识体量、知识流量都快速增长，但是绝大部分知识都是在学科内部流动，体育学和外部学科之间的交流相对较小，学科知识"自繁衍"现象较为严重。表明了体育学在吸收其他学科理论时大都停留在简单介绍、知识平移、刻板套用等低层次融合状态，尽管学科交叉研究比比皆是，但是真正实现理论融贯的寥寥可数。再加上本身原创性的理论普适性不高、解释力不足，而学科本身又缺乏独特的研究方法，这就使得体育学和其他学科理论进行对话、交流的过程中只能是亦步亦趋，而体育学对其他学科的影响也非常有限。

学科的内在建制是学科内在的逻辑范畴和知识体系，还包括浸淫其中的学科精神、学科制度、学科规范，而外在建制是指学科内在建制的外在社会延伸和

---

[1] 王续琨. 交叉学科结构论 [M]. 北京：人民出版社，2015：13.

形式，是促进学科内在建制成熟的条件保障。[1]从学科外在建制来看，1997年《高等学校和科研机构授予博士和硕士学位的学科专业目录》将体育学的分支学科调整为4个二级学科，而国家社科基金将体育学设置为一级学科予以资助，这都表明了体育学的学科地位得到前所未有的提升，学科体系基本上得到学界的认同。但是从学科内在建制来看，理论贫乏和方法缺失使得体育学在和其他学科对话时显得底气不足，在进行学科交叉研究过程中体育学往往处于弱势地位，学科内在建制发展还很不成熟。改革开放30年来我国体育事业取得了辉煌的成就，体育学也在这一过程中也取得了巨大的进步，但是从学科的两重建制来看，学科外展建制的发展速度、规模、质量明显要优于学科内在建制。从我们对于体育学自引率和被自引率的研究结果来看，自引率逐渐增高不仅昭示了学科成熟，同时也揭示了体育学开放性不足的缺点，而被自引率一直高居不下意味着体育学学科地位低下，体育学的成熟和繁荣可能只是一种表象，学科知识体量的增长大部分是知识"自繁衍"的结果。当然，学科发展并不是线性的，而是有其独特的规律性。由于起步晚、底子薄，尽管我国体育学发展迅猛，但还是难以和一些强势学科对话。[2]但这种现象是暂时的，从前面分析也可以看出，在进入21世纪后无论是自引率还是被自引率都有所降低，这表明学界已经认识到过度封闭会弱化学科的创新能力，体育学的开放性在逐渐增加，跨学科知识交流越来越频繁，体育学的"知识势能"在逐渐增高。

表4-4 9种典型交叉学科被自引率比较

年份	体育学		地理科学		海洋科学		资源科学		环境科学		安全科学		军事科学		管理学		公安	
	自引率	排名	自引率	排名	自引率	排名	自引率	排名	自引率	排名	自引率	排名	自引率	排名	自引率	排名	自引率	排名
81-85	79.3%	161	12.6%	6	60.3%	135	29.6%	53	53.2%	117	0.9%	2	8.8%	2	0.0%	1	15.4%	15
86-90	73.3%	157	10.1%	3	62.7%	140	29.9%	52	49.0%	110	3.2%	1	20.1%	26	1.2%	1	31.5%	57
91-95	83.5%	168	7.3%	1	51.9%	122	23.9%	34	45.5%	106	20.7%	18	20.3%	17	8.4%	2	35.8%	78
96-00	87.0%	168	9.7%	2	40.1%	94	16.8%	16	43.3%	101	26.9%	44	28.6%	49	12.1%	8	50.7%	125
01-05	90.1%	168	10.9%	2	36.1%	77	17.1%	12	50.0%	121	28.6%	48	29.0%	51	14.2%	10	43.7%	101
06-10	84.6%	168	9.0%	2	29.8%	64	16.2%	17	49.9%	129	31.8%	72	25.5%	45	13.9%	9	38.5%	99
11-15	73.0%	168	14.2%	4	21.5%	35	16.6%	13	38.6%	119	27.9%	66	22.8%	41	21.1%	32	32.1%	82
均值	81.5%	165.4	10.5%	2.9	43.2%	95.3	21.4%	28.1	47.1%	114.7	20.0%	35.9	22.2%	33.0	10.1%	9.0	35.4%	79.6

[1]刘小强.高等教育学学科分析：学科学的视角[J].高等教育研究，2007（7）：72-77.

[2]路云亭.体育的贫困——关于体育学的成长性问题[J].体育与科学，2013，34（6）：28-31，16.

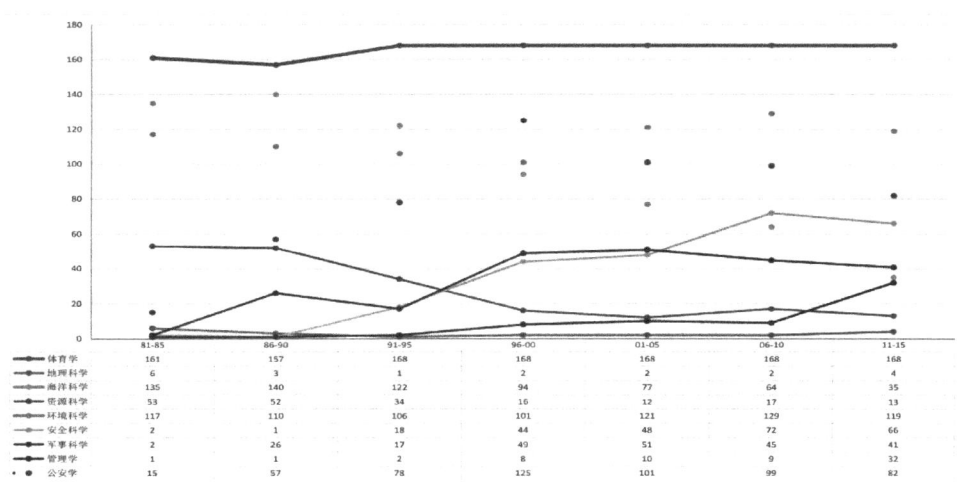

	81-85	86-90	91-95	96-00	01-05	06-10	11-15
体育学	161	157	168	168	168	168	168
地理科学	6	3	1	2	2	2	4
海洋科学	135	140	122	94	77	64	35
资源科学	53	52	34	16	12	17	13
环境科学	117	110	106	101	121	129	119
安全科学	2	1	18	44	48	72	66
军事科学	2	26	17	49	51	45	41
管理学	1	1	2	8	10	9	32
公安学	15	57	78	125	101	99	82

图4-6　9种典型交叉学科被自引率排名变化趋势

第三节　我国体育学学科交叉发展态势研究

一、学科交叉评价模型的构建和测度指标的选取

对学科交叉的态势进行定量评价国内外许多学者都进行过相关的研究，具有代表性的有A.L.Porter提出的Intergration指标以及A.Stirling提出的Rao-Stirling指标，[1][2]我国学者陈赛君对Rao-Stirling指标进行了扩展，构建了Φ指标。[3]此外，学者杨良斌等[4]、许海云等[5]、李长玲等[6]都对学科交叉测度指标进行了分析。尽管学科交叉测度的指标已经丰富多样，但单一性测度指标居多，综合性研究指标较少[7]。由于综合性测度指标过于繁杂，仅停留在理论构建层面，实证研究也只能选取小样本进行分析，在面对海量数据时这

［1］Porter A L，Chubin D E．An indicator of cross-disciplinary research［J］．Scientometrics，1985，8（3）：161-176.
［2］Stirling A．A general framework for analysing diversity in science，techonology and society［J］．Journal of the Royal Society Interface，2007，4（15）：707-719.
［3］陈赛君．领域交叉性分析指标与方法新探及其实证研究［J］．情报学报，2013，32（11）：1184－1195.
［4］杨良斌，金碧辉.跨学科测度指标体系的构建研究［J］.情报杂志，2009，07：65-69.
［5］许海云，刘春江，雷炳旭，等.学科交叉的测度、可视化研究及应用——一个情报学文献计量研究案例［J］.图书情报工作，2014（12）：95-101.
［6］李长玲，纪雪梅，支岭.基于E-I指数的学科交叉程度分析——以情报学等5个学科为例［J］.图书情报工作，2011（16）：33-36.
［7］许海云，尹春晓，郭婷，等.学科交叉研究综述［J］.图书情报工作，2015（5）：119-127.

些指标的可操作性并不强。因此本文对于体育学学科交叉的测度并没有选取综合性的指标来进行评定，而是在前人研究的基础上建构基于学科知识流动的交叉特征识别的方法体系，通过综合多种单一的测度指标来评定体育学学科交叉情况。

如图4-7所示，对于学科交叉特征分析可以分为两个维度，一是学科交叉多样性（Diversity）的识别，二是学科交叉聚集性（Cohesion）的识别。多样性表征了学科交叉所涉及目标学科的数量统计特征，包括平衡度、丰富度和差异度三个维度；聚集性表征了学科交叉领域所涉及的各个学科所构成的学科交叉网络紧密程度和在网络中的地位，包括紧密度、强度和分派度。[1]从学科交叉的角度来看，图4-7中的指标体系涵盖了学科交叉的多样性和聚集性两个维度，而从学科发展趋势来看，这一指标体系则指向学科的分化和综合两个方面的特征。6个测度指标是具有一定相关性的，但表征了学科交叉不同的特点。不同维度的属性含义和所用的测度指标如下。

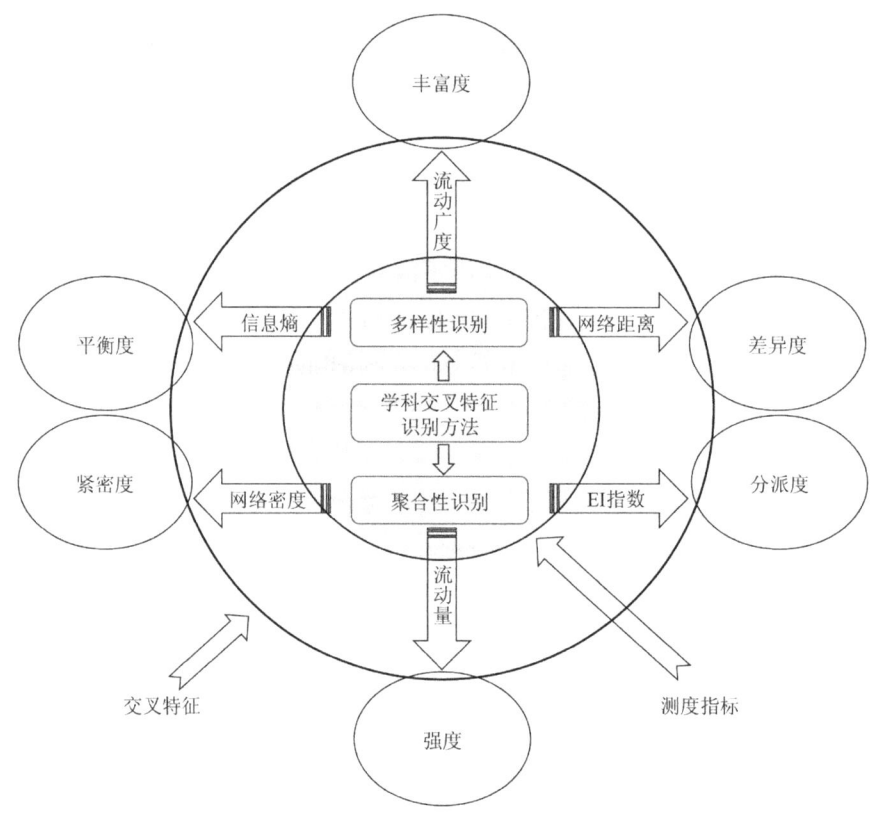

图4-7 学科交叉测度指标体系

[1]许海云，尹春晓，郭婷，等.学科交叉研究综述［J］.图书情报工作，2015（5）：119-127.

1. 丰富度

学科丰富度是指学科交叉所涉及的学科数量的多少，这一指标的测度是所有指标中最为简单的，本文中利用知识流动广度（Knowledge Flow Breadth，KFB）[1]来对学科的丰富度进行评定，KFB是指某一学科在统计时段内的所引用（被引）的外部学科数量和统计年限的比值，计算公式为：

$$KFB = \frac{\sum N_i}{Y_{pub}} \qquad (1)$$

式中，$\sum N_i$ 是指统计时段引用外部学科数量的总和，Y_{pub} 是指从统计时段起始时间到终结时间的年数。

2. 平衡度

学科平衡度是指交叉领域内的学科占比的均衡性，既每个学科所贡献知识流动量的均衡性，本文采用信息熵（Shannon Entropy，SE）对学科平衡度进行度量。信息熵是由信息论之父 C. E. Shannon 从热力学引入的一个概念，Shannon 用信息熵的概念来描述信源的不确定度，并给出了信息熵的计算公式。[2]信息熵用概率倒数的对数函数来表示某一事件所带来的信息量，他可以度量随机时间出现的概率。信息熵并不是关注随机变量本身而是关注随机变量的概率，一个系统越是有序，信息熵就越低。因此信息熵这一特征可以用来表示学科分度的平均程度，熵值越大说明交叉学科的分布越混乱，可以理解为平均分布程度越低；而熵值越小说明学科分布越趋于稳定，平衡性越高。其计算公式为：

$$H = -\sum_i P_i \cdot \log(P_i) \qquad (2)$$

其中，P_i 表示基于知识流动量的不同学科的概率分布，公式（2）中对数一般取2为底数。

3. 差异度

学科差异度是指交叉领域内学科之间差异性的大小。对学科而言，这种差异表现在学科与学科在学科谱系上的距离[3]。尽管无法对这种距离进行精

---

[1] 邱均平，瞿辉，罗力. 基于期刊引证关系的学科知识扩散计量研究——以我国"图书馆、情报、档案学"为例［J］. 情报科学，2012，30（4）：481-485.

[2] Shannon C E. A mathematical theory of communication［J］. The Bell system Technical Journal，1948，27（4）：623-656.

[3] 屠忠俊. 传播研究中的学科交叉跨度［N］. 华中科技大学学报（社会科学版），2008（1）：35-40，50.

确的度量，但是这种学科的差异度可以通过学科知识流动网络中的网络平均距离来测度。在社会网络理论中，网络距离（Network Path Length，NPL）则是指网络中两点之间在图论或者是矩阵意义上最短途径的长度[1]。两个差异度较大的学科在研究方法、研究内容、学术共同体构成等方面都存在着巨大的差异，这种差异性决定了在学科知识流动网络中两个学科之间的知识流动会很少，只能通过其和他学科的互动产生间接的联系。而网络距离的计算具体是指两点至少可以通过多少条边关联在一起，学科之间差距越大，学科之间的信息流动则要经过更多的网络节点，也就是说要通过更多边线才能关联，这意味着学科间的网络距离就越大。因此，网络平均距离可以度量学科知识交流网络中学科之间差异度的大小。计算公式为：

$$\text{NPL}=\frac{2\sum_{ij}\text{dist}(ij)}{N^2-N} \tag{3}$$

其中，dist（ij）表示节点i，j之间的最短距离，N表示网络中的节点数。在绘制学科引文矩阵的基础上，UCINET可以实现对网络平均距离的运算，其计算步骤为"Network→Cohesion→Distance"，在对话框的"Type of Data"中选择"Cost/Distances"。

4. 紧密度

学科紧密度是指交叉领域内学科之间的紧密程度，这种学科间的紧密程度可以通过学科知识流通网络中网络密度（Network Density）来度量。网络密度是指整体网络中实际拥有连线数与最多可能存在的连线数之比，网络密度可以用来度量网络成员之间联系的紧密程度[2]。而对于学科知识流通网络而言，网络密度可以表示学科之间关系的紧密程度，密度越大，说明学科之间的知识流通越多，密度越小，学科之间的知识流通越少。其计算公式为：

$$\text{ND}=\frac{21}{(N^2-N)} \tag{4}$$

其中，L为网络中的连线数，N为网络中的节点数。UCINET中可以通过"Network→Cohesion→Density →Density →Overall"，计算网络的整体密度。

---

[1] 刘军. 整体网分析 [M]. 上海：格致出版社，2009：20.

[2] 李博，王雷. 社会网络分析法研究足球比赛传球表现的可行性分析 [J]. 北京体育大学学报，2017，40（8）：112-119.

5. 强度

学科交叉的强度是指两个学科之间交叉、融合的程度，强度越大说明学科之间的交叉越是深入，学科之间的联系就越密切。学科交叉强度指标用知识流动强度（Knowledge Flow Intensity， KFI）[1]来度量。计算公式为：

$$KFI = \sum F_i / \sum N_i \qquad （5）$$

其中，$\sum F_i$表示统计时段内学科文献引用其他学科（被其他学科引用）的总频次，$\sum F_i$表示统计时段内该学科文献的引用（被引）学科总数。

6. 分派度

学科分派度是指在学科交叉所形成知识流通网络中学科间的凝聚程度或者是分派程度[2]。已在科学知识网络中存在着多个不同的学科领域，其中具亲缘关系相近的学科相互聚集形成科学知识网络中的凝聚子群，子群之间的交叉程度即为学科之间的交叉程度[3]。分派度越低说明学科交叉融合的趋势越明显。对于凝聚子群的分派度一般用E-I指数来测量，其计算公式为：

$$E\text{-}I = \frac{EL - IL}{EL + IL} \qquad （6）$$

其中，EL代表子群之间的关系数，IL代表子群内部的关系数。在之前的研究中已经有学者探讨过E-I指数用于学科交叉研究的可行性，子群内部的关系（IL）数用所属学科的期刊互引数量表示，而子群之间的关系数（EL）则用本学科期刊引用外部学科期刊数表示。由于中国引文数据库能够直接获取学科内部引用（被引）数和学科外部引用（被引）数，为我们计算E-I指数提供了极大的便利，在本书中，EL代表体育学引用外部学科频次（被外部学科引用频次），IL则代表体育学的自引数量。

在确定学科交叉评价方法体系的基础上，以5年为单位将我国体育学发展历程分为7个阶段。在中国引文数据库下载7个阶段体育学科学知识流动数据，并构建体育学和其他外部学科的知识流动矩阵，在社会网络分析的基础上，结合Excel 2013和Ucinet 6计算每一个阶段体育学学科交叉的6个测度指标，并采

[1] 王旻霞，赵丙军. 中国图书情报学跨学科知识交流特征研究——基于CCD数据库的分析 [J]. 情报理论与实践，2015，38（5）：94-99.

[2] 许海云，尹春晓，郭婷，等. 学科交叉研究综述 [J]. 图书情报工作，2015（5）：119-127.

[3] 李长玲，纪雪梅，支岭. 基于E-I指数的学科交叉程度分析——以情报学等5个学科为例 [J]. 图书情报工作，2011，55（16）：33-36.

用离差标准化（Min-max Normalization）的方式对测度指标进行标准化处理。其计算公式为：

$$x^* = \frac{x - \min}{\max - \min} \tag{7}$$

其中，max为样本的最大值，min为样本数据的最小值。通过对数据进行标准化处理，使得各阶段的6个学科交叉测度值都落在 [0，1] 的区间内。再将数据录入Excel 2013，绘制体育学不同时期的学科交叉特征雷达图。需要指出的是，对数据标准化处理之后会损失部分信息，标准值只能看到指标的排名，标准值为0或者1意味着排名最后或者是最前，而不是数据的原始值为0或者1，因此要结合原始数据对学科交叉特征进行分析。通过上述步骤，获取每个时间段体育学学科交叉测度雷达图，对不同阶段体育学学科交叉的特征、结构进行深入分析。

二、1981年至1985年我国体育学学科交叉发展态势

1979年，我国召开了第2届全国体育科学技术工作会议，提出体育科研为体育运动实践服务，为提高全民族健康服务，明确了体育科技工作的重点任务[1]。从 1980 年开始我国体育科技事业开始逐步恢复，重组了科研机构，恢复了科研秩序，出台了新的科技政策，为体育科学研究顺利开展铺平了道路。但是由于70年代我国体育科技事业停滞，之前的学术成果也被破坏殆尽，体育科研工作基本是从零开始，与世界先进水平差距较大。

如图4-8所示，从知识流入学科交叉的多样性来看，这一时期学科交叉平衡度为0.5，是所有阶段最高的，表明整个知识流通系统还处于混乱状态，知识流入量分布极不均衡。结合知识供体学科的类型来看，这一时期体育学主要偏向于和人体科学和教育学发生交叉，体育人文社会学研究基本上处于空白状态。而学科交叉的丰富度和差异度为0.29和0.43，是所有阶段最低的，表明这一时期体育学吸收知识的能力有限，知识流量较小，知识供体学科之间的跨度并不大，都是和学科性质相似的临近学科产生交叉。从聚合性指标来看，这一时期的学科交叉网络密度标准值为0，说明网络密度和其他阶段相比是最小的，从前面对体育学知识产量和流量的分析来看，20世纪80年代初期是体育学术研究恢复的初始阶段，这一时期无论是知识体量还是知识流动量都是最小

[1] 田野，王清，李国平，等.中国体育科学学科发展综合报告（2006—2007）[J].体育科学，2007（4）：3-14.

的，涉及的学科数量也最少，这使得整个学科交叉网络节点都偏小，节点之间的关联度也较弱，学科交叉网络的密度自然偏低。这一时期学科交叉强度也非常小，强度指标仅为0.001。表明我国体育学还处于初创阶段，尽管吸收外部知识是学科发展壮大的必要途径，但是整体来看和外部学科交叉的强度不高，跨学科知识交流量较少。和强度指标相比，分派度关注的并不是学科知识流动量的绝对值，而是学科间知识流量和学科内部知识流量的相对值，分派度较高表明这一时期体育学术研究更加依赖外部学科的知识输入，而内部知识流量相对较少。学科发展的初创阶段，吸收、利用外部学科知识是实现学科赶超发展的有效途径，这使得体育学在这一时期外部知识的流入量比学科内部知识流量还要大。

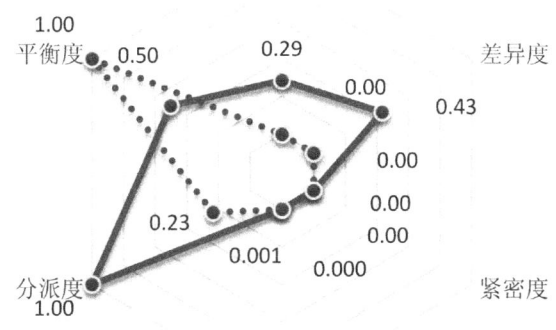

图4-8　1981年至1985年我国体育学学科交叉测度指标

注：实线雷达图为知识流入指标，虚线雷达图为知识流出指标（下同）

　　体育学通过学科交叉吸收、整理其他学科的知识，用于构造和发展自身的知识体系，在此基础上通过学科交叉，将创新、整合后的学科知识输出至其他学科，影响其他学科知识体系的构建。因此对于体育学学科交叉的研究不能只考虑体育学知识流入的情况，还要考虑体育学知识流出的特征，这样才能对学科交叉做出正确的评定。如图4-8所示，从知识流出视角来看，这一时期的学科交叉多样性指标呈现出偏态分布的特点。这一时期平衡度为1，和后期纵向比较是最高的，和同期知识流入横向比较来看这一数值也偏高。表明这一时期体育学知识流出量的分布极不均衡，"偏科"现象十分严重。丰富度和差异度指标测度均为0，这一时期很少的学科吸收体育学的知识，而且这些学科的性质都高度相似，大部分属于自然科学，学科交叉只能在极少数学科之间展开。从学科聚合性指标来看，由于网络规模小，学科间知识交流也比较少，学科交叉密度和强度均最低。表明这一时期学科之间还没建立起普遍的联系，学科交叉网络对于学科知识流量的影响并不大，体育学对其他学科的影响微乎其微。这一时期的分派度也不高，远低于知识流出视角下的分派度，说明体育学科影响力较低，学科知识理论得不到外部学科的认可，学科内部的知识流量大于学科知识流出量。

造成这一时期体育学学科交叉测度指标呈现出偏态分布的主要原因有三：首先，科学知识体量较小。早期体育学知识体量偏小决定了体育学和其他学科之间的知识流量也会相对较少，这就使得学科交叉的丰富度和紧密度都偏低，而由于学科交叉的丰富度偏低又会使得体育学在整个学科交叉网络中更加占据"中心"的位置，表现出来就是网络的集中度更高。其次，缺乏获取信息的有效渠道。无法有效地获取其他学科的信息使得体育学学科交叉的丰富度、紧密度都会受到限制，不能形成涉及面更大、程度更深的学科交叉研究。而这种信息流通渠道受限也会使得体育学学科知识过多地集中于临近学科，知识流入量的分布较为混乱。最后，"苏联模式"对我国体育学影响。如前所述，在这一时期我国体育学还是受"苏联模式"的影响，主要从生物学、医学、教育学的视角来研究体育现象。从而导致了学科交叉的过程中体育学更加偏向于吸收自然科学的知识，较少和人文社会科学形成联系，使得学科交叉的差异度降低。在改革开放初期，为了尽快走出我国体育科学独立发展的道路，体育学更加倾向于辐集外部学科的知识，跨学科间的知识流动要比学科内部的知识流动更加频繁。

三、1986年至1990年我国体育学学科交叉发展态势

这一阶段是我国经济体制改革的关键时期，改革带来的阵痛虽然对科技事业带来了一定的冲击，但自第23届奥运会我国第一次获得奥运金牌以后，体育科技在竞技体育中的作用越来越受教练员和运动员的关注，体育科技工作得

到进一步的加强[1]。从体育学学科体系来看，20世纪80年代中后期，中国体育学科体系建设进入了快速发展阶段，传统的"体育理论"分化为一门门学科，自然科学和人文社会科学进一步向体育领域渗透，国外先进的体育理论也被引进，有力地推动了体育学知识体系的完善，逐步形成了庞大的体育学学科群[2]。

　　如图4-9所示，和上一时期相比，知识流入雷达图并没有发生太大变化，从学科多样性指标来看，丰富度和差异度比上时期有少量的增加，而平衡度指标下降也不明显。随着体育学学科交叉的范围更广，不仅仅局限于亲缘学科之间的交叉。人文社会科学的渗透拓宽了体育学术研究的视野，社会学、管理学等学科知识也逐步成为体育学主要的知识供体学科，体育学术研究不再局限于传统的人体科学和教育学的范畴，辐集学科知识更加多样化，学科交叉的跨度也逐渐增大。在这一过程中，体育学的平衡度也进一步降低，表征平衡度的信息熵越小说明系统的混乱程度越低。随着体育科技事业的逐渐恢复，体育学科

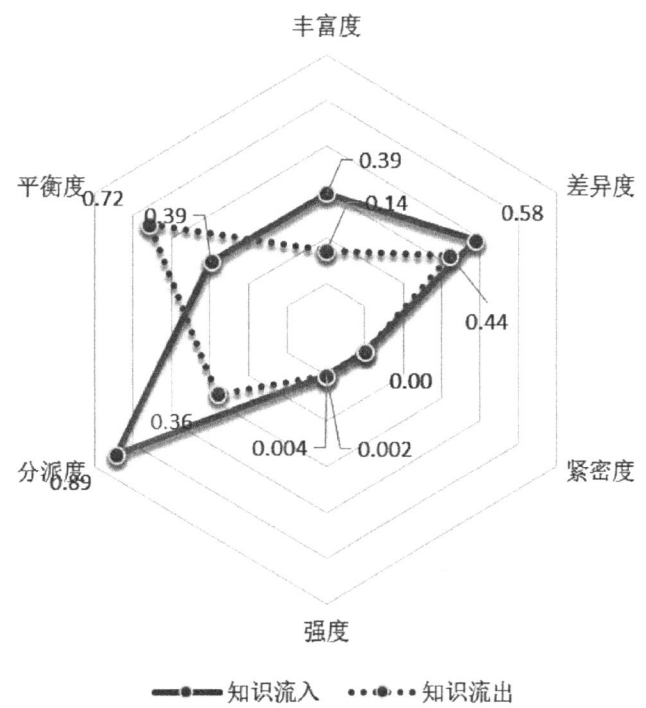

图4-9　1986年至1990年我国体育学学科交叉测度指标

[1] 田野，王清，李国平，等.中国体育科学学科发展综合报告（2006—2007）[J].体育科学，2007（4）：3-14.
[2] 鲁长芬.中国体育学科体系研究述评[J].体育学刊，2007（6）：1-6.

体系的逐步完善，体育学知识流入量的分布从最初的混乱状态逐渐向着有序化的方向发展。此外，从学科交叉聚合性指标来看，紧密度和上一个阶段一样，仍然为0，而学科交叉强度指标稍有增加。从这一时期学科交叉网络的密度来看，并未发生太大变化，网络密度还是比较小，结构稀疏。由于体育学学科知识体量增加比较缓慢，而和其他学科知识流量的增速也并不明显，使得这一时期的学科网络密度都偏低。而从分派度来看，环比有所下降，分派度的降低说明体育学在和外部学科交叉的过程中体现出来的开放性有所降低，相对于外部学科知识流入量，体育学内部知识流动量的增速更快。

从知识流出学科交叉各项测度指标来看，和上一时期相比学科多样性指标发生了较大的变化。首先是丰富度和差异度在逐渐增大，这表明了体育学知识被更多的学科引用，并且这些知识受体学科不再是清一色的自然学科，教育学、心理学、轻工业手工业等学科都开始从体育学领域吸收知识，学科交叉的跨度变大。平衡度指标降幅较大，由最高的1降至0.39。表明知识流出系统的混乱度在逐步降低，知识流出量的分布由混乱向逐渐有序的方向发展。和知识流入的学科交叉多样性指标横向比较来看，这一时期无论是从学科交叉的丰富度和还是差异度来看都存在一定差距，知识流出的平衡度也没有知识流入的平衡度高。从学科聚合性指标来看，变化并不大。学科交叉网络的密度仍然为0，表明这一时期学科之间仍然没有建立起普遍的联系，以体育学为核心的学科交叉网络对学科的知识交流影响较小。和上一时期相比，强度指标小幅上升。随着我国科技事业逐步复苏，学科之间的交流逐渐变得频繁，综合研究能力不断提升，体育学呈现出和其他学科交叉融合的发展趋势。从学科交叉的分派度来看，这一时期同比有所增长，体育学向外部学科输出知识量增速大于学科内部知识流量增速。这主要是由于我国体育学处于恢复、重建的初期，学科知识的体量还处于缓慢增长阶段，使得学科内部的知识流量增幅较小。

四、1991年至1995年我国体育学学科交叉发展态势

在经历了20世纪80年代的恢复与发展之后，我国体育学在90年代逐渐步入高速发展期。在这一时期我国体育自然科学进一步完善，运动解剖学、运动生理学、运动生物化学、运动生物力学、运动医学、运动训练学等体育自然学科理论进一步深化，体育自然科学的学科体系已经基本形成。而体育人文社会科学也从原有体育理论分化出来，逐渐发展成为包含众多分支学科的知识体系。

　　图4-10显示出这一时期的知识流入学科交叉测度指标和前两个时期相比发生了较大的变化。从学科多样性指标来看，平衡度继续减少，分值为0.22，而丰富度和差异度持续增加，分别为0.66和0.58。学科体系的逐渐完善使得体育学的研究领域相对稳定，学科知识流入的平衡度逐渐下降，"偏科"的现象逐渐减少，体育学和外部学科之间的关系趋于稳定。此外，丰富度和差异度的增加说明了体育学学科交叉所涉及的学科数量以及学科类型的跨度也在持续增大。体育作为一种社会文化现象，能够从多学科的视角来对其进行研究，这使得体育学在发展过程中通过分化、交叉、综合，形成了一门门充满生命力的体育新兴学科。在"大科学"背景下，与临近学科进行交叉已经满足不了学科创新的需求，大跨度的交叉是实现学术创新的有效途径。从学科交叉聚合性指标来看，网络密度则继续增大，强度增强，分派度继续降低。网络密度增加说明这一时期体育学学科交叉的趋势愈发深化，涉及的学科数量更多，学科之间的互动更加频繁，信息流通更加容易。学科交叉强度值升高表明了体育学消化、吸收外部学科的知识的能力也在逐渐增强，学科交叉更加深化。从分派度的原始数据来看，这一时期EI指数由正转负，说明随着体育学知识体量的增加，学科体系的完善，体育学内部知识的流量已经超过外部学科知识流入量，学科日趋成熟。但这也提示我们体育学的开放性下降，吸收外部知识的意愿降低。

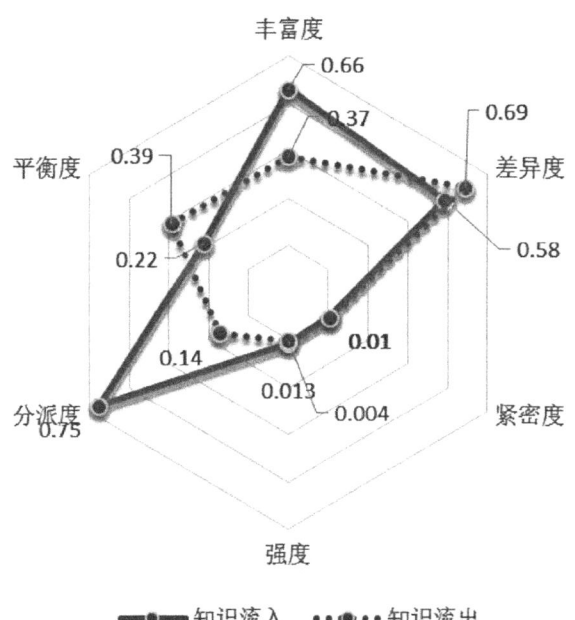

图4-10　1991年至1995年我国体育学学科交叉测度指标

从知识流出视角来看，学科交叉多样性指标的变化趋势也是线性的，平衡度继续降低，丰富度和差异性持续增高。体育学的发展经历了20世纪80年代的累积与沉淀，创立并引进了许多新的学科，如体育统计学、体育管理学、体育美学、运动训练学等。体育学在原有二级学科的基础上也分化出许多三级学科，如群众体育学、体育哲学等。虽然学科体系还不是很完善，存在争议，但是体育学作为一门横跨自然科学和人文社会科学的综合性学科，已经得到普遍认可，学科的基本框架也基本成型。这使得20世纪80年代学科交叉不平衡的现象得到缓和，体育学和外部学科之间的联系趋于稳定，体育学知识集中向某一个学科输出的可能性降低。而丰富度和差异度的增加也说明体育学的影响力在逐步扩大，学科理论和知识得到越来越多外部学科的认同。从学科交叉的聚合性来看，学科交叉网络密度和学科交叉强度指数都有增长。网络密度虽然增幅不大，但这也显示出学科之间联系越来越密切，信息流通愈发流畅。随着密度的增加，学科之间产生了普遍的联系，学科交叉越来越频繁。交叉强度的增加说明了体育学向外部输出知识量在逐渐提高，对其他学科的影响力在稳步增强，跨学科知识交流越来越活跃。值得一提的是，这一时期学科的分派度转变了增长趋势，环比下降。结合第一节知识产量和知识流量的分析结果来看，造成分派度开始下降的原因主要是进入20世纪90年代以后我国体育学逐渐进入指数增长期，学科知识体量的快速增长，使得学科内部知识的流动量增速明显超过知识流出量增速。这也反映了体育学对外部学科的影响力有限，外部学科和体育学进行交叉融合的意愿并不强。

五、1996年至2000年我国体育学学科交叉发展态势

这一时期是我国体育科学事业高速发展时期，从体育发展战略来看，1995年"两个计划"的出台为这一阶段我国体育学发展指明了方向。从学科建设来看，1996年9月年国家社科基金将体育学作为一级学科独立资助表明我国体育学的学科地位得到前所未有的提升。1997年《高等学校和科研机构授予博士和硕士学位的学科专业目录》将体育学专业调整为体育教育训练学、体育人文社会学、运动人体科学、民族传统体育学4个二级学科，1998年《普通高等学校本科专业目录》将体育学专业调整为体育教育、运动训练、社会体育、运动人体科学、民族传统体育5个二级学科，专业设置趋于一致，标志着我国学科体系在科学化和规范化方面取得了长足的进步，学科体系也趋于完善[1]。这一

[1] 鲁长芬.中国体育学科体系研究述评 [J].体育学刊，2007（6）：1-6.

时期我国体育科学研究规模迅速扩大，学科知识体量呈指数增加，体育学和外部学科知识交流也越来越频繁。

如图4-11所示，从知识流入视角下学科交叉的多样性来看，这一时期我国体育学学制交叉的平衡度标准值为0，学科交叉的平衡度是所有阶段中最低的。说明这一阶段供体学科的知识流入量比例趋于平衡，整个学科交叉系统的混乱度降低，体育学外部学科的关系进入一个相对稳定的时期。这一时期的丰富度和差异度还是呈现出持续增长的态势，表明与体育学发生交叉的学科数量不断增加，许多距离相对较远的学科也被同时整合到学科交叉网络中，如企业经济、中药学等。从学科聚合性指标来看，学科交叉的密度和强度继续增加，而分派度环比持续下降。经历了近20年的发展，我国科学事业取得了长足的进步，学科与学科之间的交流越来越频繁。尽管我们所分析的是体育学的亲缘学科网络，但是这些亲缘学科之间并不一定要通过体育学这一节点才能产生信息交流，大部分学科之间都能直接取得联系，学科交叉网络向着高密度、全互通网络方向发展。在这种发展趋势下，体育学和外部学科交叉的强度也进一步增加，每一个学科流入体育学的知识量都呈快速增长趋势。从分派度的原始值（EI指数）来看，这一阶段和上一阶段一样，EI指数仍为负值，表明学科外部知识流量小于内部知识流量。说明经历了近20年的发展，体育学学科知识体量

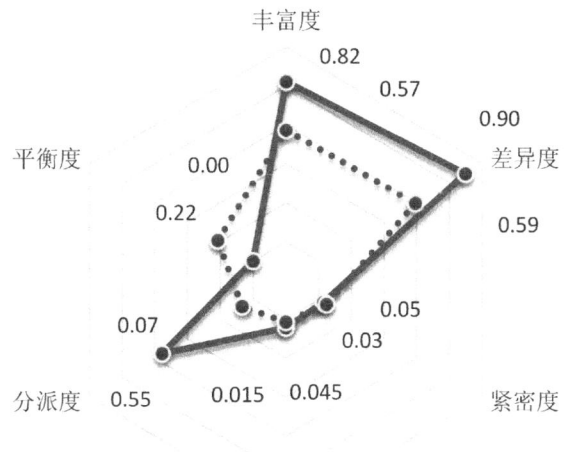

图4-11 1996年至2000年我国体育学学科交叉测度指标一览

增加，学术研究趋于成熟，学术研究的开展更加依赖本学科的知识。但要注意学科开放性的降低意味着体育学辐集外部学科知识的意愿不足，不利于跨学科交流，有碍学术创新，制约学科的发展。

从知识流出的视角来看，这一时期学科交叉的多样性指标也有所变化，学科交叉的平衡度为0.22，环比有所降低，表明学科知识流出继续向着有序化的方向发展。从丰富度指标来看，学科交叉的丰富度为0.57，保持增长态势。知识流出涉及学科的数量在不断增加，体育学知识影响力在不断扩大。差异度为0.59，和上一时期相比有所下降。结合后面几个时期的数据原始值来看，从这一时期开始，学科交叉的差异度不再呈线性增长，而是在一定的数值区间内浮动。出现这种情况有两种可能，一是体育学知识流出的受体学科数量虽然在持续增长，但是这些受体学科都是固定属于某一学科群，受体学科之间的"距离"趋于稳定。如医学部类中的军事医学与卫生、生物医学工程虽然都是这一时期新增的受体学科，但是这些学科还是属于医学部类，受体学科之间的跨度并没有增大。另一个原因可能是在现代科学聚合化发展的趋势作用下，学科与学科之间的关系更加密切，以前距离相对较远的学科都产生了广泛的联系，如生物工程哲学、能源社会学、科学语言学等。结合这一时期其他指标变化的趋势，相比之下我们更加倾向于接受后一种解释。此外，从这一时期的聚合性指标来看，强度和紧密度都在稳步提升，表明体育学知识输出量在持续增长，而知识受体学科不仅和体育学学科交叉更加紧密，知识受体学科之间的知识交流也越来越频繁。学科交叉的分派度持续下降，体育学科内部的知识流量增速要高于和外部学科知识流量增速。

六、2001年至2005年我国体育学学科交叉发展态势

进入21世纪以来，在"两个计划"的引领下，我国体育科学继续保持着迅猛发展的趋势。2001年我国获得北京奥运会举办权，促进了我国体育事业加速发展，体育科技工作也受到前所未有的重视[1]。《2001—2010年体育科技发展规划》也提出要建立适应社会主义市场经济体制和体育事业发展，与体育运动实践密切结合、结构优化、布局合理、精干高效、纵深配置、全面开放的体育科技服务体系和与之相适应的体育科技管理体制和运行机制，全面推进

---

[1] 蒋志学. 抓住2008年北京奥运会的重大机遇　全面提升我国体育科技整体实力——在第八届全国体育科学大会上的主题报告 [J]. 体育科学, 2007（11）：4–8.

体育科技进步，在增强人民体质和提高运动技术水平中发挥越来越重要的作用。20世纪就有学者提出"交叉科学的发展是历史的必然，具有强大的生命力。""本世纪末到下一个世纪初将是交叉科学时代。"[1]进入21世纪，在科学聚合化发展背景下，学科交叉成为科学研究的普遍现象，体育学和其他学科一样必然会和更多的学科产生联系，学科交叉向着多样性的方向发展。现代科学技术的迅猛发展，对体育产生了前所未有的影响。体育学也在高度分化的基础上体现出越来越明显的聚合化趋势，从体育学4个二级学科的设置就可以看到，除了运动人体科学具有鲜明的自然科学属性外，其他三个二级学科都属于综合学科，体育学的学科交叉特征不断凸显。

如图4-12所示，从这一时期学科知识输入各项交叉指标来看，和上一时期相比变化并不大，但是趋势有所转变。从表征学科交叉多样性的指标来看，上一时期平衡度标准值为0，是所有阶段中的最低值，从这一时期开始，平衡度不再一味下降，开始变为在一定的区间值内浮动。表明了经过了20年的发展，体育学学科交叉的知识流入分布逐渐变得稳定，体育学和外部学科形成了较为稳固的关系，学科交叉处于一个相对平衡状态。这一时期差异度和丰富度继续

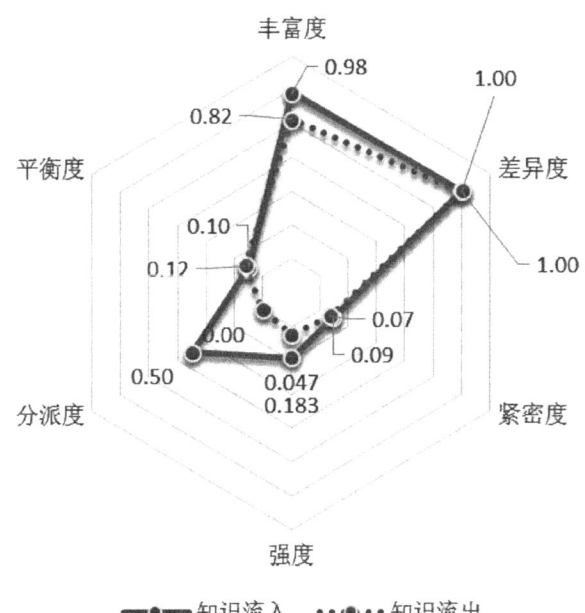

图4-12　2001年至2005年我国体育学学科交叉测度指标

[1] 刘仲林.交叉科学时代的交叉研究 [J].科学学研究，1993（2）：11–18，4.

增加，但差异度指标的增速放缓。表明体育学吸收外部学科知识量还在不断增加，但是涉及的学科已经逐渐覆盖了全部科学领域，增加的空间也不大。造成这种现象还有一个原因是学科之间的交流越来越密切，以往距离较远的学科如今也产生了广泛的联系，学科之间知识流动的距离变短，表现出学科差异性也在降低。从聚合性指标来看，分派度环比下降，说明体育学吸收外部学科知识的意愿在逐渐减弱，学科开放性持续下降。学科交叉密度和强度还是保持持续增长的态势，尤其是强度指标加速增长。表明在现代科学综合、分化、再综合的发展趋势下，学科交叉成为体育学创新、保持生命力的主要途径，体育学与外部学科之间的交流越来越密切。

从知识输入指标来看，学科平衡度继续下降，但降幅有所缓解，丰富度、差异度指标继续增大。这一时期体育学知识输出量和输入量一样，知识量的分配趋于稳定，通过知识输出的方式和其他学科形成的交叉关系逐渐稳固。而知识输出所覆盖的学科数量也在不断增加，知识受体学科的差异性不断增大，表明体育学学科交叉的范围在不断扩大，学科影响力也在不断增强。和学科交叉多样性指标相比，学科交叉聚合性指标的变化幅度较小。紧密度、强度环比有所增加，而分派度继续下降。表明体育学知识流出覆盖面在快速增加，但是对于每个学科知识流出量的增速并不快。和内部知识流量相比，体育学向外部学科知识输出量的增速较慢，学科内部交叉趋势比体育学与外部学科交叉趋势更为明显，学科的开放性进一步降低。

七、2006年至2010年我国体育学学科交叉发展态势

这一阶段是中国体育以科学发展观为统领，借举办北京奥运会之机全面发展的时期，也是中国特色体育发展道路进入成熟的时期。进入21世纪，党的十六大提出了全面建设小康社会，到2020年全民健康素质明显提高，形成完善的全民健身体系，要努力办好北京奥运[1]。从政策导向来看，体育事业不仅要满足政治需求，更要注重保障人的全面发展，而"科技兴体"是实现这一系列目标的根本保障。这一时期计算机和互联网的广泛普及，信息科技的高速发展，为人们获取信息提供了极大的便利。信息社会的到来使得学术视野被进一步拓宽，跨学科信息交流更加容易，学科与学科之间的联系更加紧密，学科交叉成为一种普遍的学术现象。这一时期无论是从体育运动实践需要还是从

[1] 郝勤. 论中国特色体育发展道路的历程、内涵及基本经验 [J]. 体育科学，2009（10）：3-8，36.

整个科学发展轨迹来看，体育学和外部学的交叉融合呈现出强度更大、范围更广、速度更快的发展趋势。

　　如图4-13所示，从知识流入学科交叉的各项测度指标来看，这一时期各项指标变化幅度开始增大。学科丰富度为1，增长至最高值。这一时期体育学引用学科的数量已经达到167个，辐集知识范围涵盖了所有的学科。尽管体育学和部分学科交叉度还比较低，但体育学本身具有的综合学科性质使其已经能够和所有学科发生交叉。从学科交叉差异度指标来看，学科差异度开始持续下降，结合其他的指标来看，这种差异度下降的原因并不是体育学学科交叉范围仅局限于某些关系紧密的学科，而是由于学科交叉在科学研究中已经成为一种非常普遍的现象，和以前相比，学科与学科之间的距离被缩短。从学科丰富度来看体育学吸收知识的范围已经涉及了所有的学科，但是由于这些学科联系变得越来越密切，体育学学科交叉的差异度指标反而逐渐降低。这一时期的平衡度和上一时期基本持平，学科交叉知识流入量的分布在一定曲线浮动，流量分布处于相对稳定的状态，体育学和外部学科的交叉关系日趋稳定。从学科交叉的聚合性指标来看，这一时期各项指标也产生了较大的变化。交叉强度指标增速明

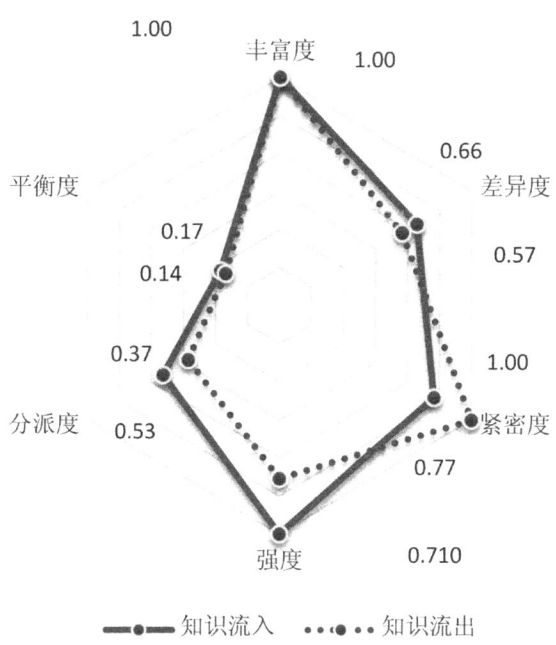

图4-13　2006年至2010年我国体育学学科交叉测度指标

显，增幅达到了64%，表明体育学和外部学科之间的知识交流量越来越大，学科交叉继续深化。从学科交叉紧密度指标来看，这一时期也开始呈现加速增长的趋势。和体育学发生交叉的学科之间的知识流量越来越大，联系越发密切。相比之下，分派度继续下降，表明体育学内部知识流量增速大于体育学和外部学科之间的知识流量，吸收外部学科知识的意愿依然不足。

从知识流出的学科交叉各项指标来看，这一时期产生了较大的变化。这一阶段的学科交叉丰富度继续增加，从知识流出涵盖学科的数量来看，达到了163个，基本上囊括了所有的学科。差异度指标在这一阶段开始下降，和前面知识流入一样，造成这一现象的原因是学科与学科之间形成了普遍的联系，学科之间的距离缩短所造成的。平衡度指标在这一时期开始趋于稳定，说明体育学和外部学科的交叉关系也逐渐变得稳固。从学科交叉的聚合性各项指标来看，学科交叉的紧密度和强度指标都开始快速增长，体育学输出外部学科的知识量在持续增加，学科交叉逐渐深化，学科影响力也在逐渐提升。由于这一时期体育学知识体系的逐渐成熟以及北京奥运会的举办引发的学术狂欢，越来越多的外部学科从自身学科视角研究体育现象，开始有意识地吸收体育学知识，使得体育学知识流出量不断增加。而这一阶段体育学知识产量进入了逻辑增长期，知识总量增速放缓，学科内部知识流量趋于稳定。多重因素导致了体育学向外部学科输出知识流量的增速开始超过内部知识流量的增速，分派度指数开始触底反弹。

八、2011年至2015年我国体育学学科交叉发展态势

2011—2015年是我国"十二五"规划发展的周期，是社会实现科学发展、和谐发展的关键五年。[1]在国家战略的促进下，我国科学事业加速发展，而计算机、互联网的广泛普及提高了知识流通的效率，学科交叉进一步深化。从体育学学科交叉的各项指标来看，这一时期知识流动各项指标都开始趋于稳定。

从知识流入的视角来看，平衡度已经连续3个阶段缓慢增加（图4-14）。造成这种现象是由于学科知识流量快速增长以及研究热点的切换所致，在这种外在变量的影响下学科知识流量分布的稳定性会遭到一定程度的破坏，使得表征系统混乱程度的熵值增加，学科交叉平衡度增加。但是这些外在变量的影响

---

[1] 蒋志学. 促进体育科技创新，推动体育强国建设——在第九届全国体育科学大会上的主题报告 [J]. 体育科学，2012（1）：3-7，39.

并不会使平衡度出现大幅度的增加，总体来看平衡度还是在一定的范围波动。学科丰富度指标并没有太大的变化，从上一时期开始体育学已经和所有学科发生了交叉。差异度的继续下降说明学科之间的交流更加频繁，学科之间的联系越来越密切。从学科交叉的聚合性指标来看，学科交叉的密度和强度继续增加，尤其是密度，增幅是所有阶段中最大的。表明在现代科学技术高度分化和高度综合的趋势下，多学科交叉是目前科学研究的共识和特征，学科之间的交流更加频繁更加深化。这一时期分派度指标尽管依然是负数，但是已经开始触底反弹。学科要发展，要保持自身的活力，就要突破边界的限制，不断地创新[1]。体育研究者也逐步认识到学科交叉研究的重要性，认为系统综合是体育科学发展的主要趋势，多学科、多种交叉和渗透是体育科学研究方法的主要特性[2]。从这一时期开始，体育学吸收外部学科知识量的增速已经超过体育学内部知识流量的增速，体育学跨学科吸收知识的意愿在逐步增强，学科开放性逐渐增加。

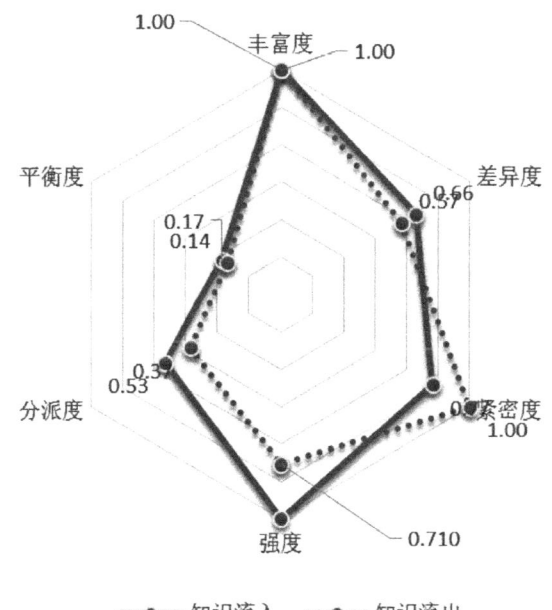

图4-14　2011年至2015年我国体育学学科交叉测度指标

［1］曹玉冰.体育科学学科边界问题的跨学科认识［J］.武汉体育学院学报，2013（10）：10-13，62.
［2］李永宪，刘波，肖宇.体育科学跨学科研究初探［J］.体育学刊，2010（8）：11-16.

　　从知识流出视角来看，丰富度指标达到峰值，这一时期所有的学科都从体育学吸收过知识，体育学科的影响范围进一步扩大。学科交叉的差异度指标继续下降，和上一阶段一样，这是在现代科学聚合化发展背景下体育学科学体系表现出来的特征之一。从学科交叉的平衡度来看，这一时期平衡度开始缓慢回升，这说明了体育学知识流出量的分布已经趋于稳定，交叉学科的种类和相互间的交叉关系都相对稳固。从学科交叉的聚合度指标来看，知识流出视角下学科交叉的强度、密度都呈现快速增长的趋势。在学科交叉成为普遍趋势的大背景下，体育学不仅通过广泛、大量的辐集其他学科的知识来寻求学术创新，还能够通过对其他学科输出知识的方式为其他学科知识创新提供帮助。而这一时期体育学的知识输入和输出比已经由最初的4.9下降至1.4，表明体育学的学科地位在逐步提升，学科的影响力在逐渐增大。此外，分派度指标和上一时期一样，仍然保持增长的态势，体育学的开放性逐步提高，和外部学科交融趋势明显。

　　从我国体育学学科交叉雷达图30年的变化趋势可以直观地看出，1981年至1985年输入和输出雷达图重合面积较小，之后两者各项指标逐渐接近，到2011—2015年输入和输入雷达图的面积基本重合。表明知识流入视角和知识流出视角下的学科交叉指标存在趋同化的现象。造成这种现象有两个原因，一是从整个科学体系来看，学科交叉作为人类由来已久的探索、解决学术问题的方式，在科学聚合化发展趋势下作用尤为凸显，几乎每个学科都或多或少的参与其中，学科之间的知识流动和以往相比，涉及面更广、体量更大、速度更快。使得无论从知识流出视角还是知识流入视角看，尽管指标数值不一样但是学科交叉发展趋势是一致的。从体育学自身来看，在发展初期由于学科自身理论的不成熟，学科知识流动系统较为混乱，知识输出和输入极不平衡，使得输出和输入指标存在较大差异。但是这种差异是暂时的，因为决定学科间知识流动特征的决定性因素是学科之间的可通约性（可通约性是指不同学科在学科性质、研究范式、研究方法、理论一体化程度等方面的相似程度，相似度越高学科之间的可通约性就越高）。随着体育学的逐渐成熟，知识输出量的增大，在学科之间的可通约性规制下，学科知识输入各项指标必然和输出各项指标向着同一方向发展。

第四节　我国体育学亲缘学科演化研究

一、研究方法和数据的获取

为了进一步对体育学学科交叉知识演化进行分析，采用托尼·比彻的学科分类理论对体育学的亲缘学科进行分类。在托尼·比彻的学科分类理论中，他摒弃了传统单向度的学科分类方法，增加了一个分类维度，将学科分为软/硬和纯/应用两个维度。其中软/硬维度是以该领域内所有学者对某一特定理论体系或研究范式的认同程度来描述学科属性的一个指标，认同度高，则硬度高，软度低；认同度低，则硬度低，软度高。纯/应用维度描述的是该学科领域的研究问题应用于实践的程度。纯度比较高的学科体系的构建往往需要依赖前人的知识体系并吸取相关学科知识，按照线性、逻辑的模式加以累积，遵循以理论为导向形成知识体系的路线。而应用度许多较高的学科的概念和理论源于实践，这类学科体系的构建倾向于以实际的需求为导向，由实践推动理论的方式形成，即遵循"由下至上"的路线[1]。传统的学科分类方式大部分都是一维的、单向度的分类方式，如将学科分为自然学科、人文学科、社会学科。在科学聚合化发展趋势的当代，采用传统的单向度的方式无法对具有跨学科性质的学科进行合理的定位。托尼·比彻的学科分类方式本质上是对C.P斯诺"两种文化"的否定，在"人文学科"和"科学学科"之间架设相互联系的桥梁。托尼·比彻通过增加一个学科分类的维度，使得整个人类学科跨越了"人文学科"与"科学学科"之间的鸿沟，形成一个完整的学科分类逻辑链条，也使我们能够更加准确、更加细致地对学科进行归类。相比其他一维化的分类方式，这种分类理论能够帮助我们更加清晰地认识某一学科在学科体系中的位置以及学科性质。

和上一节一样，依据"帕累托法则"筛选出体育学知识流量排名前20%的学科，结合托尼·比彻的学科分类理论对这些学科进行分类，将相关学科分为硬–纯科学、硬–应用科学、软–纯科学、软–应用科学四种类型，将统计结果汇总制表。结合前两节获取的相关数据，对体育学亲缘学科类型的演变进行历

---

[1] 蒋洪池. 托尼·比彻的学科分类观及其价值探析 [J]. 高等教育研究，2008（5）：93–98.

时性的分析，考察体育学亲缘的演化特征，为体育学学科交叉结构的探讨提供实证依据。为了更加直观地显示不同时期的体育学知识供体学科的类别，绘制基于托尼·比彻学科分类的象限图。如图4-15所示，在象限图中，横坐标代表学科的软/硬维度，由左向右硬度逐渐增加，软度降低；纵坐标代表学科的纯/应用维度，由下向上应用度逐渐增加，纯度降低。在象限图中，第一象限代表硬-应用学科，第二象限代表软-应用学科，第三象限代表纯-软学科，第四象限代表纯-硬学科。通过统计不同时期体育学知识流入学科类别占比，确定每一时期体育学知识供体学科在象限图中的位置。结合象限图和不同时期体育学亲缘学科的分类占比情况，分阶段对体育学亲缘学科的变化趋势进行探讨。需要说明的是，在本节中我们对亲缘学科类别从知识流入和知识流出两个视角进行分析。

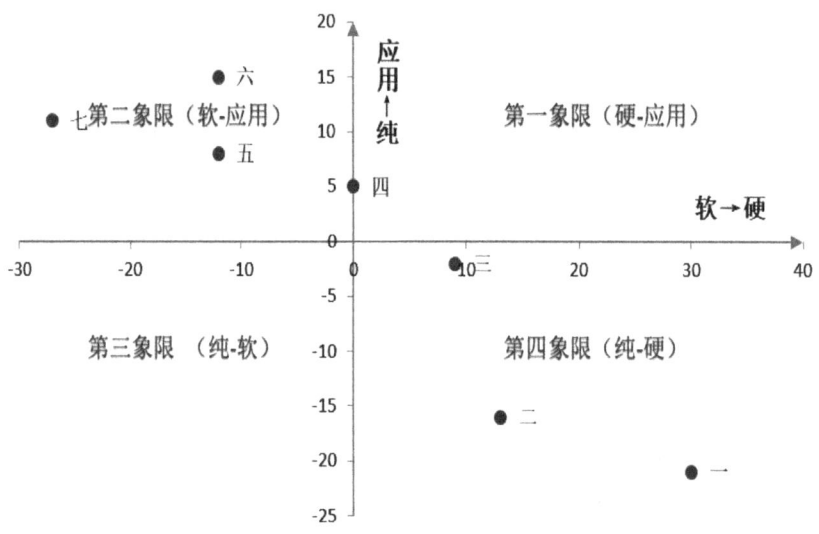

图4-15　不同时期体育学知识供体学科象限分布

二、知识流入视角下我国体育学亲缘学科演化

计算表4-5中不同时期知识供体学科的分类占比，并将硬学科平均值48%和应用学科平均值70%为坐标的交点，做出7个阶段体育学知识供体学科不同类别占比的象限坐标图（图4-15）。在图4-15中，为了和其他参数相区别，坐标点命名用中文数字，坐标点一至七分别代表以5年为标准对1981—2015年进行划分的7个阶段。

表4-5 不同类型知识受体学科占比

时间段	软-纯科学	软-应用科学	硬-纯科学	硬-应用科学
1981—1985年	16%	6%	35%	43%
1986—1990年	23%	16%	23%	38%
1991—1995年	17%	26%	15%	42%
1996—2000年	14%	38%	11%	37%
2001—2005年	14%	50%	8%	28%
2006—2010年	15%	64%	4%	17%
2011—2015年	11%	53%	4%	32%

（一）1981年至1985年

如图4-15所示，在这一时期体育学的供体学科处于第四象限（图4-15），说明纯-硬学科是体育学主要的知识供体学科。从表4-5亦可以看出，与体育学关系最为密切的是"硬-应用科学"，占比43%，其次是"硬-纯科学""软-纯科学""软-应用科学"，分别占比35%、16%、6%。从学科分类的软-硬维度来看，体育学和认同度较高的"硬"科学之间的联系更加紧密，而和认同度较低的"软"科学之间的联系较少。与体育学联系较为密切的"硬科学"包括了实践性较强的医学和理论较强的生物学。从体育学学科史的梳理可以发现体育科学研究最早就是萌芽于医学、生理学、教育学、历史学等古老学科。在体育学科学化的进程中，医学、生理学一直都是作为稳定的知识供体而存在的，因此和这两个学科之间的知识流动也更为频繁。而体育学和软学科的联系较少则表明受改革开放以前体育科学研究过于倚重自然学科的惯性思维影响，体育人文社会科学遭到忽视。特别是体育社会科学，由于母学科社会科学研究在很长一段时间内被中断，这一时期社会科学自身都是在理论准备上不成熟的情况下恢复和重建的[1]。因此体育社会学科研究基本上处于空白阶段。而从纯-应用维度来看，体育学对于纯学科和应用学科的知识辐集量相差无几。体育学研究的逻辑起点是"体育行为"[2]如何指导体育实践是体育

[1] 张向东. 对我国社会学发展道路的反思 [J]. 宁夏社会科学，1989（2）：49-52.

[2] 刘一民，房蕊. 体育学的逻辑起点及其学科体系重建：体育行为观视角 [J]. 天津体育学院学报，2012，27（5）：404-407.

学术研究的终极目的，这决定了体育学本身是一门实践性较强的学科，在学术研究的过程中，学者们比较注重对应用科学知识的吸纳。此外，基本理论的建设是一门学科成熟壮大的基石，特别是在学科恢复建设的初期，体育学也比较注重吸收纯学科的知识来夯实自身的理论基础。如20世纪80年代学者们对于体育学属性、概念、学科体系等理论问题大探讨就体现了早期基本理论研究的繁荣状态。

表4-6　1981年至1985年供体学科

引用排名	学科名称	引用频次	百分比	学科分类
1	生物学	44	15.0%	硬-纯科学
2	特种医学	29	9.9%	硬-应用科学
3	数学	26	8.9%	硬-纯科学
4	基础医学	19	6.5%	硬-应用科学
5	教育理论与教育管理	12	4.1%	软-应用科学
6	心血管系统疾病	12	4.1%	硬-应用科学
7	心理学	12	4.1%	软-纯科学
8	临床医学	11	3.8%	硬-应用科学
9	哲学	10	3.4%	软-纯科学
10	自然科学理论与方法	10	3.4%	软-纯科学
11	预防医学与卫生学	8	2.7%	硬-应用科学
12	中医学	7	2.4%	硬-应用科学

（二）1986年至1990年

这一时期体育学知识供体学科依然处于第四象限（图4-15），但和上一时期相比，开始向着左上方的第二象限移动。从学科分类的软-硬维度来看，这一时期体育学还是和自然科学的关系更为密切，在知识供体学科中，61%的学科都属于"硬科学"。这一时期软学科的比例增幅较大，由上一阶段的22%增加至39%（表4-5）。从软学科的构成来看，教育学、社会学、管理学等学科都成为体育学辐集知识的对象。改革开放为我国体育社会科学的发展提供了学习和借鉴国外研究成果的机会，我国社会科学的繁荣又为体育社会科学的发展提供了理论知识的支持[1]。1985年后我国出现了一批比较有价值的体育社会学专题论文，1987年国家体育运动委员会在《关于加强体育理论建设的决定》中，提出了"有计划地加强体育社会学研究"。同年中国体育科学学会成立了体育社会学学会。这一时期社会学及统计学也出现在亲缘网络中，尽管和其他学科的联系并不密切，但可以看到体育社会学研究已经逐渐引起学界的注意。体育学术研究从以往单一的生物学、医学、教育学的视角来研究体育现象，逐步向多学科综合的视角转变。从学科分类的纯–应用维度来看，这一时期纯科学占比46%，应用科学占比54%。和上一时期相比，纯科学的占比继续下降，体育学和应用科学的关系开始变得越来越密切。体育学跨学科研究的目的并不是追求某一理论上的创新，而是通过学科之间的有机融合来解决体育运动实践中所出现的问题[2]。这种以问题为导向的跨学科研究使得体育学更倾向于和应用科学产生交叉。虽然纯科学的比例有所下降，但是软–纯科学的占比有所增加。这说明体育理论研究得到重视，而原本属于体育理论研究范畴的体育人文研究也开始萌芽。

表4–7　1986年至1990年供体学科

排名	知识供体学科	引用次数	百分比	学科类别
1	特种医学	89	13.0%	硬–应用科学
2	生物学	72	10.5%	硬–纯科学
3	心理学	64	9.4%	软–纯科学
4	教育理论与教育管理	45	6.6%	软–应用科学
5	数学	37	5.4%	硬–纯科学
6	预防医学与卫生学	30	4.4%	硬–应用科学
7	哲学	30	4.4%	软–纯科学
8	基础医学	24	3.5%	硬–应用科学
9	中医学	21	3.1%	硬–应用科学
10	社会学及统计学	18	2.6%	软–应用科学
11	心血管系统疾病	16	2.3%	硬–应用科学
12	自然科学理论与方法	15	2.2%	软–纯科学
13	科学研究管理	11	1.6%	软–应用科学

[1]陈俊钦，黄汉升，朱昌义，等.改革开放后我国体育社会科学发展的审视——以历届全国体育科学大会为视角[J].广州体育学院学报，2006（4）：1–4.
[2]李永宪，刘波，肖宇.体育科学跨学科研究初探[J].体育学刊，2010，17（8）：11–16.

（三）1991年至1995年

如表4-5所示，这一时期硬-应用科学占比最高，达到42%，其次是软-应用科学、软-纯科学、硬-纯科学，分别占比26%、17%、15%。从供体学科的分类的软-硬维度来看，软学科的数量由上一时期的39%增加至43%，硬学科的比例由61%降至57%。说明这一时期体育学和人文社会学科之间的交叉趋势明显，体育人文社会科学研究开始崛起。体育是人类的一项特殊活动和社会现象，对体育的特征可以从不同的视角进行观察和认识。从不同的角度和层次观察和认识体育，体育则会呈现出不同的结构和特征，表现出不同的功能和性质[1]。体育的这种特性决定了研究体育现象不仅能够按照自然科学研究范式来开展，还能以人文社会科学的范式进行研究。研究范式的转变不仅能有助于辐集更多的理论，还能够带来全新的研究方法。人文社会科学研究范式改变了自然科学研究方法单一的缺点，研究方法的多样性给体育学术研究注入了强大的生命力。如人类学中的田野调查法、图书情报学中的文献计量法、社会学中的质性研究法、考古学的谱系法等。这些新方法以及随之而来的理论冲击使得体育学术不断创新，更多的学者开始从事体育人文社会学研究，体育学和软学科的交叉关系越来越密切。从学科类别的纯-应用维度来看，这一时期应用科学的数量由上一时期的54%增加至68%，纯科学比例由46%降为32%。结合上两个阶段的发展趋势来看，体育学吸收应用学科的知识量逐渐增多，和应用科学的交叉越发明显。从表4-8中可以看出，这一时期不仅仅是医学部类的应用学科和体育学发生交叉，具有人文社会科学属性的软-应用学科如管理学、中等教育、高等教育、旅游等学科都成为体育学知识供体学科，体现出鲜明的实用主义倾向。

表4-8　1991年至1995年供体学科

排名	学科名称	引用频次	百分比	学科分类
1	特种医学	381	13.6%	硬-应用科学
2	教育理论与教育管理	263	9.4%	软-应用科学
3	生物学	238	8.5%	硬-纯科学

[1] 刘一民，曹莉. 体育人文社会学的研究对象及方法论特征——体育人文社会学元问题研究之二 [J]. 武汉体育学院学报，2008（4）：16-20.

（续表）

排名	学科名称	引用频次	百分比	学科分类
4	心理学	231	8.2%	软–纯科学
5	基础医学	150	5.3%	硬–应用科学
6	预防医学与卫生学	112	4.0%	硬–应用科学
7	数学	105	3.7%	硬–纯科学
8	社会学及统计学	92	3.3%	软–应用科学
9	临床医学	87	3.1%	硬–应用科学
10	中医学	64	2.3%	硬–应用科学
11	哲学	57	2.0%	软–纯科学
12	非线性科学与系统科学	55	2.0%	硬–应用科学
13	医药卫生方针政策与法律法规研究	41	1.5%	软–应用科学
14	科学研究管理	40	1.4%	软–应用科学
15	管理学	37	1.3%	软–应用科学
16	中等教育	37	1.3%	软–应用科学
17	旅游	36	1.3%	软–应用科学
18	高等教育	36	1.3%	软–应用科学
19	马克思主义	29	1.0%	软–纯科学
20	心血管系统疾病	28	1.0%	硬–应用科学
21	生物医学工程	28	1.0%	硬–应用科学
22	自然科学理论与方法	28	1.0%	软–纯科学
23	外科学	24	0.9%	硬–应用科学
24	考古	24	0.9%	软–纯科学

（四）1996年至2000年

这一时期供体学科类别已经由第四象限移至第一象限和第二象限交界处（图4–15），说明应用学科在供体学科的中的比例逐渐增大。从这一时期供体学科的类别来看（表4–5），占比最多的是软–应用科学，其次是硬–应用科学、软–纯科学、硬–纯科学。从学科的纯–应用维度来看，纯科学占比28%，应用科学占比72%。通过和前几个时期比较发现，通过近20年的发展，软–应用学科由最初阶段的占比最少学科群，已经成长成为体育学主要的知识输入学科群。这一类别的学科群从单一的教育学部类的学科群逐渐发展成为包含教育学、社会学、经济学、政治学等学科的庞大学科群。表明体育学术研究偏向于解决体育现实问题，对于纯理论知识的吸收意愿不足。从学科分类的软-硬维度来看，软科学占到了52%，硬科学占到了48%，软科学的比例首次超过硬科学。表明体育科学研究的内容在不断地完善和丰富，体育人文社会学把更多的有关体育的社会文化现象纳入自己的研究范畴，这就需要体育学从软度更高的人文社会科学吸收知识，这使得体育学和软科学的交叉度更高。此外，体育经济学在这一时期成为研究热点也使得体育学更加倾向于和具有软科学属性的经济学发生交叉。

表4-9　1996年至2000年供体学科

引用排名	学科名称	引用频次	百分比	学科分类
1	特种医学	1322	12.6%	硬-应用科学
2	教育理论与教育管理	1283	12.3%	软-应用科学
3	心理学	764	7.3%	软-纯科学
4	生物学	618	5.9%	硬-纯科学
5	基础医学	520	5.0%	硬-应用科学
6	高等教育	418	4.0%	软-应用科学
7	预防医学与卫生学	404	3.9%	硬-应用科学
8	中等教育	339	3.2%	软-应用科学
9	社会学及统计学	332	3.2%	软-应用科学
10	数学	289	2.8%	硬-纯科学
11	临床医学	223	2.1%	硬-应用科学
12	哲学	189	1.8%	软-纯科学
13	中医学	169	1.6%	硬-应用科学
14	医药卫生方针政策与法律法规研究	161	1.5%	软-应用科学
15	经济理论及经济思想史	146	1.4%	软-纯科学
16	科学研究管理	130	1.2%	软-应用科学
17	非线性科学与系统科学	121	1.2%	硬-应用科学
18	中国政治与国际政治	104	1.0%	软-应用科学
19	中药学	103	1.0%	硬-应用科学
20	经济体制改革	101	1.0%	软-应用科学
21	心血管系统疾病	101	1.0%	硬-应用科学

（续表）

引用排名	学科名称	引用频次	百分比	学科分类
22	计算机软件及计算机应用	96	0.9%	硬–应用科学
23	马克思主义	94	0.9%	软–纯科学
24	管理学	84	0.8%	软–应用科学
25	生物医学工程	82	0.8%	硬–应用科学
26	旅游	76	0.7%	软–应用科学
27	企业经济	75	0.7%	软–应用科学
28	宏观经济管理与可持续发展	74	0.7%	软–应用科学

（五）2001年至2005年

这一时期体育学供体学科开始进入第二象限（图4–15），整个供体学科的性质向着软性化、应用化转变。从表4–5中也可以看到，这一时期软–应用科学占比最高为50%，其次是硬–应用科学，软–纯科学，硬–纯科学，分别占比28%、14%、8%。从学科的纯–应用维度来看，纯学科占比22%，应用学科占比78%。体育学是一门实践性非常强的学科，因此体育学对于技术型、应用型的知识需求量更高。在进入新世纪以后，体育学和这些学科体现出深度融合的趋势。以教育学为例，随着教育理论的深化，中等教育、高等教育、成人教育、特殊教育等分支学科也发展壮大，这为体育教育研究提供了丰富的知识养料，使得体育学和教育学之间的交叉更加深化。相比之下，体育学和一些"纯度"较高的基础理论学科之间的联系没有那么紧密。基础研究的周期长，成果回报难以立竿见影，往往容易被忽视，但是基础研究是学科发展的根本，一旦取得突破能够引起重大的科学变革，如"红白肌学说""超量恢复理论"，都有力地推动了竞技运动的发展[1]。而从学科的软–硬维度来看，软学科的比例占64%，硬学科的比例占到了36%。软学科的比例持续增加表明体育运动实践的日益多元化，体育的人文社会功能被进一步挖掘，"软度"更高的人文社会科学类别的学科对于体育学的影响力进一步增大。

[1] 李元伟. 科技与体育——关于新世纪体育科学技术发展问题 [J]. 中国体育科技，2002，06：4–9，20.

表4-10　2001年到2005年供体学科

引用排名	学科名称	引用频次	百分比	学科分类
1	特种医学	574	20.2%	硬–应用科学
2	中等教育	328	11.5%	软–应用科学
3	生物学	327	11.5%	硬–纯科学
4	高等教育	196	6.9%	软–应用科学
5	教育理论与教育管理	175	6.1%	软–应用科学
6	心理学	146	5.1%	软–纯科学
7	基础医学	113	4.0%	硬–应用科学
8	中医学	79	2.8%	硬–应用科学
9	预防医学与卫生学	75	2.6%	硬–应用科学
10	市场研究与信息	61	2.1%	软–应用科学
11	临床医学	48	1.7%	硬–应用科学
12	中药学	44	1.5%	硬–应用科学
13	旅游	43	1.5%	软–应用科学
14	军事	29	1.0%	软–应用科学
15	医药卫生方针政策与法律法规研究	27	0.9%	软–应用科学
16	轻工业手工业	26	0.9%	硬–应用科学
17	外科学	24	0.8%	硬–应用科学
18	军事医学与卫生	24	0.8%	硬–应用科学
19	生物医学工程	24	0.8%	硬–应用科学
20	初等教育	23	0.8%	软–应用科学
21	计算机软件及计算机应用	22	0.8%	硬–应用科学

（六）2006年至2010年

这一时期供体学科的位置继续向着象限图的左上方移动（图4-15），说明软度和应用度继续增加。从知识供体学科的类别比例来看，软–应用学科占比最高，达到64%，其次是硬–应用科学、软–纯科学、硬纯科学，分别占比17%、15%、4%，从供体学科的纯–应用维度来看，应用科学的比例继续增加，占到了81%，纯科学占到了19%（表4-5）。表明应用科学已经成为体育学最大的知识输入来源学科。相比于纯科学，应用科学更多是研究理论在实践中的应用，和体育学偏重于实践的属性很好地契合，应用科学逐渐发展成为体育学最大的知识供体学科群是有其必然性的。从软-硬维度来看，软科学占比继续增多，达到79%，而硬科学占比21%。从前面的分析可以看出，这一时期新增学科全部是"软度"较高的学科，这是体育实践多元化所带来的必然结果。除了体育的健身价值和育人价值外，体育的社会价值和人文价值被充分挖掘，无论是具有实际应用价值的法学、管理学、行政学，还是偏重于学理性或者价值探讨型的中国语言文字、音乐舞蹈，其学科知识都能在体育学研究中找到契合点，这和体育实践的多元化发展是分不开的。

表4-11　2006年至2010年供体学科

引用排名	学科名称	引用频次	百分比	学科分类
1	教育理论与教育管理	17659	12.7%	软-应用科学
2	中等教育	11137	8.0%	软-应用科学
3	高等教育	8796	6.3%	软-应用科学
4	心理学	7362	5.3%	软-纯科学
5	特种医学	7207	5.2%	硬-应用科学
6	社会学及统计学	5115	3.7%	软-应用科学
7	旅游	3316	2.4%	软-应用科学
8	生物学	3234	2.3%	硬-纯科学
9	哲学	3082	2.2%	软-纯科学
10	文化	2916	2.1%	软-纯科学
11	预防医学与卫生学	2885	2.1%	硬-应用科学
12	基础医学	2739	2.0%	硬-应用科学
13	中国政治与国际政治	2383	1.7%	软-应用科学
14	企业经济	2290	1.6%	软-应用科学
15	新闻与传媒	2194	1.6%	软-应用科学
16	宏观经济管理与可持续发展	1991	1.4%	软-应用科学
17	计算机软件及计算机应用	1808	1.3%	硬-应用科学
18	经济体制改革	1764	1.3%	软-应用科学
19	经济理论及经济思想史	1735	1.2%	软-纯科学
20	市场研究与信息	1593	1.1%	软-应用科学
21	医药卫生方针政策与法律法规研究	1575	1.1%	软-应用科学
22	音乐舞蹈	1511	1.1%	软-应用科学

引用排名	学科名称	引用频次	百分比	学科分类
23	数学	1500	1.1%	硬-纯科学
24	中医学	1315	0.9%	硬-应用科学
25	临床医学	1275	0.9%	硬-应用科学
26	贸易经济	1198	0.9%	软-应用科学
27	行政法及地方法制	1168	0.8%	软-应用科学
28	成人教育与特殊教育	1122	0.8%	软-应用科学
29	职业教育	984	0.7%	软-应用科学
30	中国语言文字	951	0.7%	软-纯科学
31	服务业经济	950	0.7%	软-应用科学
32	内分泌腺及全身性疾病	938	0.7%	硬-应用科学
33	初等教育	899	0.6%	软-应用科学
34	行政学及国家行政管理	884	0.6%	软-应用科学

（七）2011年至2015年

从图4-15中的象限图来看，这一时期供体学科的软度达到了峰值，而应用度有所降低。和上一时期相比，这一时期的软-应用科学比例有所下降，但依然是所有类别中占比最高的，达到53%，其次是硬-应用可续、软-纯科学、硬-纯科学，分别占比32%、11%、4%（表4-5）。这一时期软-应用科学占比不再一味升高，开始回调，硬-应用科学则有所上升，软-纯科学以及硬-纯科学的比例变动一直不大，稳定在一定的区间内。这提示我们各种类别的学科流入体育学知识量比例相对稳定，体育学和外部学科的交叉关系相对稳固，这也是体育学科日趋成熟的表现。从学科的纯-应用维度来看，应用学科的比例占85%，纯学科的比例占15%。结合前几个时期的趋势来看，体育学30年来越来越倾向于和应用科学产生交叉，和纯科学的关系越来越疏远。尽管偏重实践决定了体育学和应用学科关系更为密切，但要引起我们反思的是，对于纯学科的忽视说明研究者学术价值观过于功利，较少学者会致力于难度大、耗时长、转化效益低的基本理论研究。从学科类别的软-硬维度来看，软学科占比64%，硬学科占比36%。结合前几个阶段来看，软学科的比例由最初的22%逐渐增加至64%，体育学30年来和软科学的关系越来越密切。造成这种现象的主要原因就是体育学和软度较高的人文社会科学交叉融合日益深入，使得体育人文社会科学快速地发展壮大。体育人文社会科学的勃兴既是我国体育运动实践的需要亦是当代科学发展的规律所致。从体育运动实践来看，新中国成立以来体育事业的高速发展，体育的政治、经济和文化功能价值不断凸显，以往从医学、生物学及教育学视角进行研究已经无法完全关照多元化的体育运动实践。为了更好地对体育现象进行描述、解释与预测，通过和软度较高的人文社会科学发生交叉，体育学获得学术思想上启迪，不仅取得了许多原创性的学术成果，还创造了许多新的体育学科，如体育哲学、体育人类学、体育社会学、体育管理学等。随着国家经济增长、社会进步，国家以经济建设为中心的战略调整，体育的政治功能被逐渐淡化。特别是在2008年奥运会后，我国从体育大国向着体育强国迈进，体育的人本主义价值观得到进一步体现，从主要为政治服务，转到为满足人类全面发展需求的轨道上来[1]。另外，从当代科学发展的趋势来看，高度分化和高度综合并行是当代科学发展的主要趋势，学科交叉、融合成为寻获新的科学生长点、新的科学前沿的主要手段[2]。在学科内部需求和外部环境变化的双重作用下，体育学作为一门以问题为导向的学科，自然科学和人文社会科学都可以在体育领域内寻找到知识的逻辑生长点，这使得自然科学和人文社会科学融入体育学成为不可避免的趋势。

表4-12　2011年至2015年供体学科

引用排名	学科名称	引用频次	百分比	学科分类
1	教育理论与教育管理	18522	7.0%	软-应用科学
2	高等教育	14651	5.5%	软-应用科学
3	中等教育	14296	5.4%	软-应用科学
4	特种医学	10881	4.1%	硬-应用科学
5	心理学	10466	3.9%	软-纯科学
6	旅游	9469	3.6%	软-应用科学
7	社会学及统计学	6709	2.5%	软-应用科学
8	中药学	6610	2.5%	硬-应用科学
9	文化	5604	2.1%	软-纯科学
10	内分泌腺及全身性疾病	5550	2.1%	硬-应用科学

[1] 胡小明. 新世纪——中国体育的理论创新 [J]. 体育文化导刊，2002（1）：4-7.
[2] 蔡兵，马跃. 交叉学科研究的动力机制分析 [J]. 西南交通大学学报（社会科学版），2008（1）：75-80.

（续表）

引用排名	学科名称	引用频次	百分比	学科分类
11	心血管系统疾病	5294	2.0%	硬-应用科学
12	宏观经济管理与可持续发展	5152	1.9%	软-应用科学
13	生物学	5081	1.9%	硬-纯科学
14	外科学	4974	1.9%	硬-应用科学
15	预防医学与卫生学	4720	1.8%	硬-应用科学
16	计算机软件及计算机应用	4626	1.7%	硬-应用科学
17	企业经济	4535	1.7%	软-应用科学
18	新闻与传媒	4317	1.6%	软-应用科学
19	哲学	4087	1.5%	软-纯科学
20	基础医学	3907	1.5%	硬-应用科学
21	中国政治与国际政治	3739	1.4%	软-应用科学
22	中医学	3670	1.4%	硬-应用科学
23	临床医学	3602	1.4%	硬-应用科学
24	数学	3098	1.2%	硬-纯科学
25	医药卫生方针政策与法律法规研究	2967	1.1%	软-应用科学
26	神经病学	2959	1.1%	硬-应用科学
27	职业教育	2794	1.0%	软-应用科学
28	音乐舞蹈	2760	1.0%	软-应用科学
29	行政学及国家行政管理	2543	1.0%	软-应用科学
30	市场研究与信息	2510	0.9%	软-应用科学
31	建筑科学与工程	2460	0.9%	硬-应用科学
32	行政法及地方法制	2447	0.9%	软-应用科学
33	精神病学	2297	0.9%	硬-应用科学
34	经济体制改革	2201	0.8%	软-应用科学

三、知识流出视角下我国体育学亲缘学科演化

和知识供体学科类别分析一样，为了更加直观地呈现不同时期的体育学知识受体学科的类别的演化，绘制知识受体学科类别象限图，计算知识受体学科的分类占比（表4-13），并将硬学科平均值54%和应用学科平均值79%为

坐标的交点，做出7个阶段体育学知识受体学科不同类别占比的象限分布图（图4-16）。结合象限图和不同时期知识受体学科的分类占比情况，分阶段对体育学知识受体学科的变化趋势进行探讨。

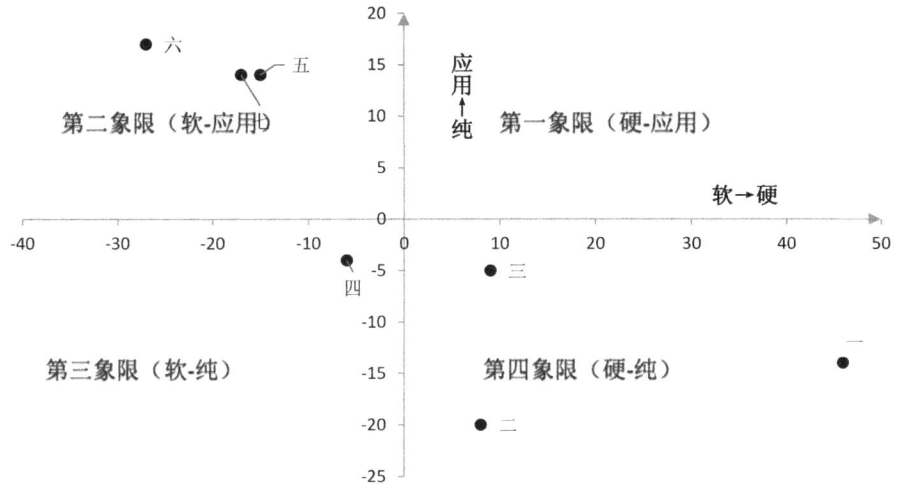

图4-16 不同时期体育学知识受体学科象限分布

表4-13 不同类型受体学科占比

时间段	软-纯科学	软-应用科学	硬-纯科学	硬-应用科学
1981—1985年	0%	0%	35%	65%
1986—1990年	16%	22%	25%	37%
1991—1995年	8%	29%	18%	45%
1996—2000年	14%	38%	11%	37%
2001—2005年	4%	57%	3%	36%
2006—2010年	4%	69%	0%	27%
2011—2015年	3%	60%	4%	33%

（一）1981年至1985年

从知识受体学科象限图来看，前三个阶段体育学知识受体学科都处于第四象限。从体育学知识流出的学科类别来看（表4-13），这一阶段体育学只和硬-应用科学（65%）和硬-纯科学（35%）发生联系。造成这种现象的原因一是当时的体育学主要偏向于硬度较高的自然科学如医学、生物学等学科联系更为密切，二是体育社会学作为社会学的分支领域，其建立和发展是紧跟社会学的重建而进行的。在改革开放初期，母学科社会学自身都处于重建时期，体育社会学研究基本空白，不可能反哺母学科。而体育人文学科在这一时期主要是探讨自身领域内的理论问题，如体育的本质、概念、体育学学科性质、体系等问题，对于其他学科而言，能够借鉴的地方较少。总而言之，20世纪80年代体育科学处于初创阶段，学科的发展既落后于国外，也落后于体育运动实践的需要，特别是体育社会学研究，基本处于空白状态。在与外部学科的互动过程中较为被动，只能对外部学科的理论亦步亦趋，而本学科的理论解释力不足，得不到认可，大部分受体学科吸收体育学知识的主要目的是将体育作为一个变量来进行分析。

表4-14　1981年至1985年受体学科

引用排名	学科名称	引用频次	百分比	学科分类
1	特种医学	18	30.0%	硬-应用科学
2	生物学	8	13.3%	硬-纯科学
3	心血管系统疾病	6	10.0%	硬-应用科学
4	数学	5	8.3%	硬-纯科学

（二）1986年至1990年

这一时期供体学科所处的位置依然在第四象限（见图4-16），但学科的硬度变低，应用度有所下降。从知识流出学科类别来看，硬-应用科学的比例最高，其次是硬-纯科学、软-应用科学、软-纯科学（表4-13）。从学科的纯-应用维度来看，应用科学比例占到59%，纯科学比例占到41%。体育是实践性较强的学科，学科性质和一些纯学科的差距较大，学科性质相近致使应用学科会更容易吸纳体育学的知识。相对于应用学科，纯学科较少吸收外部学科的知识。因为纯科学一般是理论性较强的科学，作为基础学科，此类学科大部分时候是作为知识供体学科向其他学科输出知识。从学科的软-硬维度来看，硬科学的比例占到了62%，而软科学的比例站到了38%。吸收体育学知识的硬学科主要是和人体运动相关的医学部类的学科和生物学科，而软科学中主要是教育学和心理学。体育学在发展壮大的过程中，体育学科理论知识反哺的对象大部分是一些传统的母学科。母学科对于体育学知识的认可度更高，因为体育学科领域内的知识很大一部分都是源于母学科，是在吸纳母学科知识的基础上进行研究所形成的理论和知识，这在一定程度上更容易得到这些母学科的认可。

表4-15　1986年至1990年受体学科

排名	知识供体学科	引用次数	百分比	学科类别
1	特种医学	33	13.8%	硬–应用科学
2	数学	24	10.0%	硬–纯科学
3	心理学	22	9.2%	软–纯科学
4	高等教育	17	7.1%	软–应用科学
5	中等教育	14	5.8%	软–应用科学
6	生物学	12	5.0%	硬–纯科学
7	预防医学与卫生学	10	4.2%	硬–应用科学
8	轻工业手工业	9	3.8%	硬–应用科学

（三）1991年至1995年

这一时期体育学知识受体学科依然处于第四象限，和上一时期相比，学科硬度变化不大，而应用度增幅明显。如表4-13所示，从受体学科的类别来看，硬–应用学科的占比最多，为45%，然后依次是软–应用科学、硬–纯科学、软–纯科学，分别占比29%、18%、8%。在硬–应用学科中，和前两个时期一样，医学部类的学科占绝大多数，不同的是在知识受体学科中出现了属于信息科技部类的图书情报学科和自动化技术两个学科。这表明了随着计算机科学的发展，信息科技也把触角伸入体育领域。体育运动实践的多样性和鲜活性为信息科技研究提供了一个理想的研究对象，在对体育运动和体育现象进行研究的过程中，必然要结合体育学科的相关知识才能更加清晰、深入的认识研究对象。从软–应用学科的构成来看，3个学科都属于教育学部类，这表明教育学不仅作为母学科能够为体育学输出知识，而且体育作为教育的重要组成部分，也是教育学学术探讨的重点，在这一过程中，体育学科的理论和知识能够反哺教育学，帮助教育学完善自身的理论体系。和其他类别相比，硬–纯科学和软–纯科学占比相对较少，但从所包含的学科来看也产生了一定的变化。生物学、数学、心理学一直都是和体育学关系比较密切的学科，从前两个阶段的分析来看，这3个学科一直不断地吸收体育学科知识。力学则是在这一阶段出现的新学科，这表明了我国运动生物力学通过多年的发展，研究水平得到较大幅度的提升，形成自身特色的理论体系。特别是20世纪80年代中后期在国家体育总局科教司的组织下，形成了一支高水平的研究队伍，对我国运动生物力学研究起到了极大的推进作用。[1] 20世纪90年代初也是运动生物力学学科建设大发展时期，1990年出版了第一本教材，1993年上海体育学院获得运动生物力学博士授予权，许多学者前往美国、德国、日本等国进行学术交流，提升了我国运动生物力学的影响力，相关研究成果也得到了母学科的认同和引用。

表4-16 1991年至1995年受体学科

排名	学科名称	引用频次	百分比	学科分类
1	特种医学	121	17.5%	硬-应用科学
2	中等教育	78	11.3%	软-应用科学
3	生物学	62	9.0%	硬-纯科学
4	心理学	42	6.1%	软-纯科学
5	高等教育	39	5.7%	软-应用科学
6	教育理论与教育管理	33	4.8%	软-应用科学
7	预防医学与卫生学	23	3.3%	硬-应用科学
8	基础医学	22	3.2%	硬-应用科学
9	中医学	18	2.6%	硬-应用科学
10	数学	16	2.3%	硬-纯科学
11	自动化技术	13	1.9%	硬-应用科学
12	图书情报与数字图书馆	12	1.7%	硬-应用科学
13	力学	11	1.6%	硬-纯科学
14	临床医学	10	1.4%	硬-应用科学
15	外科学	10	1.4%	硬-应用科学

（四）1996年至2000年

从象限图（图4-16）可以看出，这一时期的受体学科类别已经移至第三象限，受体学科的应用度、软度继续增大。从表4-17中可以看到，在这一时期

---

[1] 罗建新.运动生物力学 [M].武汉：中国地质大学出版社，2011：9.

体育学知识受体学科中，硬-应用科学占比最大，占总流量的44%，其次是软-应用科学、硬-纯科学、软-纯科学，分别占比37%、13%、6%。从学科分类的软-硬维度来看，硬科学占比57%，软科学占比43%，软科学的比例增幅较大。这一时期软科学新增了旅游、军事、市场研究与信息、医药卫生方针政策与法律法规研究等学科，硬科学所包含的学科变化不大，主要还是和医学、生物学、信息科学等部类的学科产生交叉。随着学术水平的不断提高，知识体量不断增加，体育学知识不仅能反哺传统的母学科，还能对一些新学科产生广泛的影响。尤其是体育人文社会科学的发展壮大，使得体育学的反哺对象不仅限于自然科学，对于人文社会科学也产生了一定的影响。从学科分类的纯-应用维度来看，这一时期的纯科学的比例为21%，应用科学占比79%。和上一时期相比，应用科学的比继续增加。从涉及学科的数量来看，应用科学的数量则达到了19个，包含了医学、教育学、经济学、信息科学等学科，而纯学科的数量只有2个，分别是心理学和生物学。表明体育学对于实用性学科影响较大，这种影响力的提升不仅表现在知识输出量的增加，还体现在知识输出覆盖面的扩大。而对于理论性较强的学科虽然知识流量在不断增加，但是影响范围较小，仅限一些传统的亲缘学科。

表4-17　1996年至2000年受体学科

引用排名	学科名称	引用频次	百分比	学科分类
1	特种医学	574	20.2%	硬-应用科学
2	中等教育	328	11.5%	软-应用科学
3	生物学	327	11.5%	硬-纯科学
4	高等教育	196	6.9%	软-应用科学
5	教育理论与教育管理	175	6.1%	软-应用科学
6	心理学	146	5.1%	软-纯科学
7	基础医学	113	4.0%	硬-应用科学
8	中医学	79	2.8%	硬-应用科学
9	预防医学与卫生学	75	2.6%	硬-应用科学
10	市场研究与信息	61	2.1%	软-应用科学
11	临床医学	48	1.7%	硬-应用科学
12	中药学	44	1.5%	硬-应用科学
13	旅游	43	1.5%	软-应用科学
14	军事	29	1.0%	软-应用科学

（续表）

引用排名	学科名称	引用频次	百分比	学科分类
15	医药卫生方针政策与法律法规研究	27	0.9%	软-应用科学
16	轻工业手工业	26	0.9%	硬-应用科学
17	外科学	24	0.8%	硬-应用科学
18	军事医学与卫生	24	0.8%	硬-应用科学
19	生物医学工程	24	0.8%	硬-应用科学
20	初等教育	23	0.8%	软-应用科学
21	计算机软件及计算机应用	22	0.8%	硬-应用科学

（五）2001年至2005年

如图4-16所示，从这一阶段开始，知识受体学科的位置开始稳定在第二象限，表明体育学知识受体学科中软学科、应用学科的比例更大，体育学和这些学科的联系更为密切。从学科类别的纯-应用维度来看，应用学科占比93%，纯学科占比7%。应用学科占绝大多数，说明体育学和应用学科交叉越来越密切，而和纯科学的关系越来越疏远。造成这种现象的原因和体育学偏重于实践的学科特征有关，体育学最终的目的就是服务体育运动实践，这种应用性的学术导向使得体育学影响范围也偏向于应用学科。对于一些纯学科，体育学往往以知识受体的姿态吸收知识，会吸收体育学知识的纯学科往往都是一些传统的体育学亲缘学科，如心理学、生物学。从学科类别的软-硬维度来看，软科学的比例占61%，硬科学比例为39%。和上一时期相比，软科学比例大幅增加，由43%增加至61%，软科学比例首次超过了硬科学。体育学对于软科学的影响力首次超过了硬科学，说明体育学更加倾向于和较"软"的学科发生交叉。这一变化趋势和1996—2000年阶段体育学知识流入的学科类别变化趋势一致，这再一次验证了前面的判断，即体育学学科知识受体的变化趋势和知识供体变化趋势一致。如表4-18所示，从受体学科的类别来看，知识流量占比最多的是软应用科学，为57%，其次是硬-应用科学，软-纯科学，硬-纯科学。这一时期软-应用科学的比例首次超过硬-应用科学，成为占比最高的学科，表明体育学对于软-应用学科的知识输出量是最多的。通过横向和体育学知识输入量比较发现，体育学知识受体学科变化特征和体育学供体学科分布变化特征具有相似性，知识流出的变化趋势是随着知识流入变化而改变的。以体育学和经济学的学科交叉为例，1996—2000年体育学开始大幅度地吸收经济学的知识，而到了2001—2005年体育学则开始逐渐向经济学输出知识。表明学科交叉往往都是双向知识流动，体育学知识供体学科和受体学科的变化趋势是一致的，只是受体学科变化要晚于供体学科。

表4-18　2001年至2005年知识受体学科

引用排名	学科名称	引用频次	百分比	学科分类
1	教育理论与教育管理	7212	14.9%	软-应用科学
2	特种医学	4043	8.4%	硬-应用科学
3	中等教育	2785	5.8%	软-应用科学
4	心理学	2774	5.7%	软-纯科学
5	生物学	2382	4.9%	硬-纯科学
6	高等教育	2325	4.8%	软-应用科学
7	基础医学	1962	4.1%	硬-应用科学
8	社会学及统计学	1534	3.2%	软-应用科学
9	预防医学与卫生学	1511	3.1%	硬-应用科学
10	哲学	865	1.8%	软-纯科学
11	经济理论及经济思想史	796	1.6%	软-纯科学
12	医药卫生方针政策与法律法规研究	776	1.6%	软-应用科学
13	旅游	758	1.6%	软-应用科学
14	经济体制改革	725	1.5%	软-应用科学
15	数学	688	1.4%	硬-纯科学
16	计算机软件及计算机应用	635	1.3%	硬-应用科学
17	临床医学	633	1.3%	硬-应用科学
18	中国政治与国际政治	623	1.3%	软-应用科学
19	企业经济	586	1.2%	软-应用科学
20	文化	547	1.1%	软-纯科学
21	宏观经济管理与可持续发展	534	1.1%	软-应用科学
22	贸易经济	505	1.0%	软-应用科学
23	中医学	431	0.9%	硬-应用科学
24	中药学	424	0.9%	硬-应用科学
25	内分泌腺及全身性疾病	410	0.8%	硬-应用科学
26	心血管系统疾病	390	0.8%	硬-应用科学

（续表）

引用排名	学科名称	引用频次	百分比	学科分类
27	科学研究管理	375	0.8%	软-应用科学
28	新闻与传媒	348	0.7%	软-应用科学
29	外科学	340	0.7%	硬-应用科学
30	成人教育与特殊教育	318	0.7%	软-应用科学
31	美学	289	0.6%	软-纯科学
32	图书情报与数字图书馆	266	0.6%	硬-应用科学
33	市场研究与信息	258	0.5%	软-应用科学

（六）2006年至2010年

从图4-16可以看到，这一时期受体学科的软度、应用度继续增加。如表4-13所示，这一时期软-应用科学成为占比最大的学科类别，达到了67%，硬-应用科学比例为27%，软-纯科学为4%，硬-纯科学0%。从供体学科分类的软-硬维度来看，软科学占比73%，硬科学占比27%。这一维度尽管比例有所变化，但是总体来看，变化的幅度并不大。表明体育学不仅能够从自然科学和人文社会科学中辐集知识，在学科发展到一定阶段后，还能反哺这些母学科。从纯-应用维度来看，纯科学比例为4%，应用科学比例为96%，应用科学比例继续增加，纯科学比例继续减少。造成这种现象的原因主要是软-应用科学的比例从1981-1985年开始，一直都在高速增长，逐渐发展成为受体育学影响最大的学科群。软-应用科学是教育学、经济学等社会科学关注的领域，软-应用科学的特点是实用性，其成果的有效性主要是以使用和功利主义的标准来判断[1]。在体育人文社会科学勃兴的大趋势下，体育学影响力逐步提高，在和其他学科的交叉互动过程中，不仅是以知识受体学科的形式存在，很多时候体育学还能利用本学科的知识反哺母学科。特别是经济学、教育学，由于体育学具有综合学科的性质，这些学科的研究领域能够和体育学很好地契合，理论知识在学科之间的流通更加容易。相比之下，硬-纯科学、软-纯科学的比例则逐步下降，特别是硬-纯科学，这一时期由于硬-纯科学知识流量过小没被划入亲缘学科，纯-硬科学的比例为0，使得纯科学的比例降到了最低点。通过分析发现，体育学知识受体学科硬-纯科学主要有生物学、数学、力学，进入20世纪90年代中

---

[1]蒋洪池.托尼·比彻的学科分类观及其价值探析[J].高等教育研究，2008（5）：93-98.

后期，只有生物学一门学科还会固定地从体育学领域辐集知识。和上一时期相比，生物学辐集体育学知识的增幅仅为3%，而整个体育学知识输出量是上一时期的5.6倍。在学科知识流量迅猛增长的背景下，体育学向纯科学输出的知识量增幅却非常小，这使得纯科学所占比例进一步下降。

表4-19　2006年至2010年供体学科

引用排名	学科名称	引用频次	百分比	学科分类
1	中等教育	10918	17.8%	软-应用科学
2	特种医学	6603	10.7%	硬-应用科学
3	高等教育	3831	6.2%	软-应用科学
4	市场研究与信息	3327	5.4%	软-应用科学
5	旅游	2911	4.7%	软-应用科学
6	教育理论与教育管理	2244	3.7%	软-应用科学
7	服务业经济	1507	2.5%	软-应用科学
8	心理学	1411	2.3%	软-纯科学
9	预防医学与卫生学	1210	2.0%	硬-应用科学
10	新闻与传媒	1099	1.8%	软-应用科学
11	初等教育	1059	1.7%	软-应用科学
12	医药卫生方针政策与法律法规研究	881	1.4%	软-应用科学
13	中医学	846	1.4%	硬-应用科学
14	计算机软件及计算机应用	835	1.4%	硬-应用科学
15	轻工业手工业	831	1.4%	硬-应用科学
16	行政法及地方法制	830	1.4%	软-应用科学
17	内分泌腺及全身性疾病	818	1.3%	硬-应用科学
18	音乐舞蹈	803	1.3%	软-应用科学
19	中药学	770	1.3%	硬-应用科学
20	企业经济	755	1.2%	软-应用科学
21	公安	732	1.2%	软-应用科学
22	投资	689	1.1%	软-应用科学
23	工业经济	653	1.1%	软-应用科学
24	临床医学	614	1.0%	硬-应用科学
25	文化	614	1.0%	软-纯科学
26	宏观经济管理与可持续发展	602	1.0%	软-应用科学

（续表）

引用排名	学科名称	引用频次	百分比	学科分类
27	职业教育	579	0.9%	软-应用科学
28	经济体制改革	570	0.9%	软-应用科学
29	贸易经济	521	0.8%	软-应用科学
30	医学教育与医学边缘学科	490	0.8%	软-应用科学
31	图书情报与数字图书馆	483	0.8%	硬-应用科学
32	基础医学	465	0.8%	硬-应用科学

（七）2011年至2015年

如图4-16所示，这一时期受体学科依然处于第二象限，只是和上一时期相比位置更靠下方。从这一时期受体学科分类来看，软-应用学科比例有所下降，但是还是所有类别中占比最高的，达到60%，其次是硬-应用科学，硬-纯科学、软-纯科学，分别占比33%、4%、3%（表4-13）。从学科分类的软-硬维度来看，这一时期软学科比例63%，硬学科比例为37%，硬科学比例和同期相比有所增加。从所增加的学科来看，全部是偏向自然科学的硬学科，不但包括了传统的医学、生物学部类的学科，一些新的学科如建筑科学与工程在这一时期也被纳入体育学的亲缘学科中。表明体育学的研究范围和影响力都在不断扩大，体育学综合学科的属性得到进一步的凸显。从学科分类的纯-应用维度来看，应用学科占比93%，纯学科占比7%。和上一时期相同，体育学主要还是向应用学科输出知识，这一时期应用学科的比例有所下降，体育学知识流出学科比例的变化进入了一个相对稳定期，各种学科类别吸收体育学知识的比例相对固定，这是体育学科日趋成熟的一种表现。

表4-20　2011年至2015年受体学科

引用排名	学科名称	引用频次	百分比	学科分类
1	中等教育	40922	21.6%	软-应用科学
2	特种医学	10082	5.3%	硬-应用科学
3	高等教育	8661	4.6%	软-应用科学
4	初等教育	6904	3.7%	软-应用科学

（续表）

引用排名	学科名称	引用频次	百分比	学科分类
5	教育理论与教育管理	5907	3.1%	软-应用科学
6	旅游	5512	2.9%	软-应用科学
7	生物学	5506	2.9%	硬-纯科学
8	音乐舞蹈	5149	2.7%	软-应用科学
9	外科学	3574	1.9%	硬-应用科学
10	临床医学	3524	1.9%	硬-应用科学
11	心理学	3373	1.8%	软-纯科学
12	内分泌腺及全身性疾病	3032	1.6%	硬-应用科学
13	心血管系统疾病	2822	1.5%	硬-应用科学
14	企业经济	2815	1.5%	软-应用科学
15	新闻与传媒	2794	1.5%	软-应用科学
16	中医学	2788	1.5%	硬-应用科学
17	轻工业手工业	2298	1.2%	硬-应用科学
18	预防医学与卫生学	2290	1.2%	硬-应用科学
19	神经病学	2263	1.2%	硬-应用科学
20	计算机软件及计算机应用	2257	1.2%	硬-应用科学
21	肿瘤学	1962	1.0%	硬-应用科学
22	职业教育	1941	1.0%	软-应用科学
23	基础医学	1853	1.0%	硬-应用科学
24	中药学	1837	1.0%	硬-应用科学
25	文化	1777	0.9%	软-纯科学
26	医药卫生方针政策与法律法规研究	1656	0.9%	软-应用科学
27	宏观经济管理与可持续发展	1566	0.8%	软-应用科学
28	建筑科学与工程	1518	0.8%	硬-应用科学
29	工业经济	1394	0.7%	软-应用科学
30	畜牧与动物医学	1380	0.7%	硬-应用科学
31	环境科学与资源利用	1343	0.7%	硬-应用科学
32	自动化技术	1292	0.7%	硬-应用科学
33	行政法及地方法制	1285	0.7%	软-应用科学
34	图书情报与数字图书馆	1270	0.7%	硬-应用科学

四、对体育学学科性质的探讨

从以往我们对体育学学科性质的探讨来看，存在有"人文社会科学说""应用科学说""自然科学说""人学说""综合科学说""教育科学说"等诸多观点。造成分歧的主要原因一方面是不同的学者因研究背景差异导致了看问题的视角不同。另一方面，体育学学科性质的复杂性也加深了这种分歧。体育学本身包含了4个一级学科，4个一级学科之间学科性质也存在很大的差异，甚至一级学科内部的学科性质也有不同。而更为重要的一点则在于，从认识论角度来看对于学科性质的探讨实际上是建立在一定的学科分类标准的基础上。如将体育学划入"人文社会科学"，这一观点提出的前提是将整个人类科学体系划分为自然科学和人文社会科学。从不同的角度认识整个科学体系会产生不同的划分标准，而不同的划分标准则会影响对人们体育学学科性质的认识。也就是说，对于体育学学科性质的探讨实质上就是探讨体育学科应当归入哪一个学科类别。

知识转移理论认为，拥有相似或相容的知识结构与文化背景，知识更容易转移，知识的相容性影响着知识转移的效果[1]。反过来讲，两个主体之间的知识交流越密切则意味着主体之间的相似性可能会更高。具体到学科层面，两个学科之间的引文量越大则意味着两个学科的相似性可能会更高。这就为我们探讨体育学学科性质提供了新的思路。以往对于体育学学科性质的探讨都是采用思辨的方式，主观认定体育学应当属于哪种类型，具有何种性质。而从实证出发，通过学科之间的"关系"来把握体育学的学科性质，在科学性和客观性上都要优于传统的规范研究。托尼·比彻的学科分类理论通过增加了一个分类维度，改变了传统单向度的学科分类方式，使学科分类更加准确、细致，这也为我们对体育学学科性质的探讨提供了一个新的视角。从我们对象限图的分析来看，无论是知识供体学科还是知识受体学科，学科类别都从第四象限逐渐转移至第二象限，说明和体育学产生知识流动的主要学科的类型并不是一成不变的。体育学和应用学科、软学科的关系越来越密切，而和纯学科、硬学科的关系越来越疏远。这也提示我们体育学学科性质并不是一成不变的，改革开放30年来，我们体育学学科软度越来越高，纯度越来越低，体育学整体向着"软性化""实用化"的方向发展。需要指出的是，体育学学科性质的流变性是一种

[1] Dixon N M. Common knowledge：how companies thrive by sharing what they know ［M］. Boston：Harvard Business School Press，2000.

非常正常的现象，有关学科性质的探讨只能是一种趋势性的分析，我们并无意对体育学学科性质下一个定论。因为从纵向上来看，体育学本身就是一个开放的知识体系，通过和外部学科的不断交叉融合，其自身的知识体系也处于不断的动态变化中。而从横向上来看，不同的国家、地域由于对于体育的认识、学科制度、学科文化等方面的差异，学科性质也会存在很大的差异。

本章研究的关注点是改革开放之后我国体育学知识演化，在时间上和上章的内容相衔接，使得对我国体育学知识演化的分析形成了一条完整的时间链。主要对改革开放30年来我国体育学知识体量、知识流量、自引率、被自引率进行分析，结合学科发展史，对我国体育学的学科成熟度、学科地位、学科开放性、学科体系、学科性质等问题进行探讨，并为后续的学科交叉热点的分析建立逻辑出发点。在理论分析的基础上，将学科发展历程以5年为单位分为7个阶段，利用学科交叉测度指标体系、社会网络分析法，结合托尼·比彻的学科分类理论，对每一个阶段体育学学科交叉知识进行考察。力图通过历时性的分析，梳理出改革开放以后我国体育学学科交叉的大致脉络。总体来看，对于我国体育学的学科交叉的分析呈现出体育学发展过程中的一些规律和特点。

（1）改革开放30年来我国体育学知识体量和知识流量都实现了跨越式的增长，但两者的变化趋势并不一致。知识体量的变化是非线性的波动的，经历了复苏期（1980—1993）、指数增长期（1994—2008）、逻辑增长期（2009年至今）3个阶段。知识流量的增长是线性的，从改革开放初期开始一直呈现增长的态势。知识体量和知识流量的增长彰显了体育学学科内部知识体系的成熟以及体育学和外部学科的联系增强，从宏观层面暗示了体育学和外部学科联系越来越紧密，学科之间的交叉融合向更加频繁、深化的趋势发展。从体育学知识输入输出比来看，体育学总体上属于"知识输入型"学科，知识输入量大于知识输出量，知识势能较低，在学科交叉融合过程中往往扮演知识受体的角色。但从变化趋势来看，这一现象在逐渐改观。

（2）从对我国体育学自引率分析的结果来看，我国体育学发展逐渐成熟，学科内部知识的积累推动是学科发展的主要动力。但学科成熟带来的效应是双面的，一方面学科稳定的知识积累能够使得学科理论日益丰富，学科体系也得到进一步完善。另一方面，学科领域的过度分化以及知识负载量过大等因素导致学者们跨学科获取知识意愿降低，研究视野逐渐变得狭窄，学科开放性逐渐降低。作为一门新兴的综合性交叉学科，在学科核心理论体系还未建立、独特研究方法缺失的情况下，吸收借鉴其他成熟学科的理论、方法以及研究范式来帮助建立体育学独立的理论体系和学术规范是非常有必要的，用学科成熟作为借口而变得故步自封显然是不明智的。从被自引率分析的结果来看，体育学在整个学科体系中的地位非常低。虽然体育学受到其他学科的知识馈赠较多，但是并没有形成具有较大影响力的知识回馈。由于绝大部分体育理论都属于"中层理论"甚至是"底层理论"，仅在自身学科领域内适用，理论适用范围和解释力有限，认可度不高，导致外部学科对于体育学理论习惯性漠视，体育学对其他学科的影响力明显偏低。在和其他学科交叉融合的过程中体育学都是充当一种辅助性、融合性和负面性的角色，无法展示其原创性、主体性和主导性的学术思想[1]。体育学指数增长期的繁荣可能只是一种表象，学科知识体量的增长大部分都是知识"自繁衍"的结果。但从近年体育学自引率和被自引率的变化来看，体育学跨学科知识交流越来越频繁，特别是2008年北京奥运会之后，学科开放性在逐渐增加，学科地位也逐渐提升。这标志着体育科学由"外延式发展"转向"内涵式发展模式"，这是我国由体育大国迈向体育强国战略导向下体育科学发展的必然趋势。

（3）构建了学科交叉测度指标体系，指标体系涵盖了学科交叉的多样性（Diversity）和聚集性（Cohesion）两个维度，分别指向学科交叉的分化和综合两个方面的特征。多样性维度包括学科交叉的平衡度、丰富度和差异度3个方面特征，分别由信息熵（SE）、知识流动广度（KFB）、网络距离（NPL）3个指标来表示。聚合性维度包括学科交叉的紧密度、分派度和强度3个方面特征，分别由网络密度（ND）、*E-I*指数、知识流动强度（KFI）表示。通过对指标进行标准化处理并结合EXCEL2013雷达图进行展示，使得指标体系能够以图谱的方式呈现，能够更加全面、直观地展示出学科交叉发展的态势。

（4）我国体育学和外部学科交叉呈现出两大趋势。一是从学科交叉的多样性来看，和体育学交叉融合的学科数量越来越多，学科交叉的跨度越来越大，体育学和外部学科交叉所形成的知识流量的分配由混乱向着有序化，学科之间的交叉关系逐渐稳固。二是从学科交叉的聚和性来看，体育学和外部学科交叉融合的强度越来越大，学科交叉网络密度越来越高。体育学这种和外部学科交叉融合的趋势主要是受三种因素的驱动。首先是体育运动实践的多元化促使了体育学学科交叉的深化，改革开放以后，体育已经涉及教育、社会、经济、文化、生物等多个方面，研究领域的广泛性和研究问题的复杂性使得体育科学逐步由过去单学科发展成为多学科的知识体系[2]，多学科交叉综合研究成为体育学主要的研究范式。其次是体育学自身发展的需要。从学科包容的理

［1］路云亭. 体育的贫困——关于体育学的成长性问题［J］. 体育与科学，2013，34（6）：28-31，16.
［2］唐东辉，覃立. 体育科学跨学科研究简论［J］. 西安体育学院学报，2010，27（1）：19-22.

论与方法来看，体育学具有交叉科学、综合科学性质，[1]这决定了体育学是一个开放的知识体系，大部分学科的理论和方法都可以在体育领域找到学科交叉的"接触点"。同时体育学本身又是一门非常年轻的学科，借助其他学科成熟的理论、方法以及研究范式来研究体育问题是学科初创时期的主要特征之一。最后，现代科学的快速发展和新学科的不断涌现，打破学科之间的壁垒使之交叉融合已经成为当代科学发展的必然趋势。[2]在这种大背景下，作为整个科学体系的一员，和其他学科交叉融合成为体育学的必然选择。

（5）体育学知识流入和知识流出两个视角下学科交叉都呈现出趋同化的发展趋势。造成这种现象主要原因有两个，一是从整个科学体系来看，学科交叉作为人类由来已久的探索、解决学术问题的方式，在"大科学"发展趋势下作用尤为凸显，几乎每个学科都或多或少的参与其中，学科之间的知识流动和以往相比涉及面更广、体量更大、速度更快。这使得体育学学科交叉向着交叉范围更广、交叉强度更大的方向发展，无论从知识流出视角还是知识流入视角，其发展方向是一致的。二是从学科之间的交叉关系来看，决定学科间知识流动特征的决定性因素是学科之间的可通约性。可通约性是指不同学科在学科性质、研究范式、研究方法、理论一体化程度等方面的相似程度，相似度越高学科之间的可通约性就越高。在这种学科可通约性规制下，学科知识输出和输入必然呈现相似的发展趋势。只是作为知识势能较低的学科，往往都是体育学先吸收其他学科知识在先，输出知识在后，导致知识输出学科交叉结构、特征随着知识输入学科交叉结构、特征变化而变化。

（6）从体育学和外部学科交叉关系的演化来看，"苏联模式"对我国体育学早期知识体系的影响非常明显。无论是从知识流入视角还是从知识流出视角来看，在20世纪90年代之前，我国体育学主要是和生物学医学学科群、教育学心理学学科群发生交叉，在苏联体育理论指导下当时的体育学的知识体系明显偏向于自然科学和教育学。随着社会需求的转变和体育运动实践向着多元化发展，服务于体育实践的体育科学也随之发生改变，体育学逐渐和人文社会科学的关系越来密切，经济学、社会学、政治学等人文社会科学部类的学科也成为体育学主要的交叉对象，进入21世纪以后，经济学学科群也和体育学形成了较为稳定的交叉关系。结合知识输入和知识输出两个视角来看，生物学医学学科群、教育学心理学学科群、经济学学科群是和体育学关系最为稳定的3个交叉学科群。除此之外，体育学学科交叉网络中也出现过社会学政治学法学学

[1] 张岩.体育学的性质论 [J].体育与科学，2005（6）：11-15.
[2] 吴丹青，张菊，赵杭丽，等.学科交叉模式及发展条件 [J].科研管理，2005（5）：157-160.

科群、人文类学科群、信息科技学科群，但这些学科群和体育学的关系并不稳定。从整个学科交叉网络的发展趋势来看，人文社会科学部类的学科之间、自然科学部类的学科之间，都产生了广泛的联系，使得不同学科群之间的联系越来越密切。这可能导致最后体育学学科交叉网络形成两个聚类，一是自然学科聚类，主要是以医学、生物学为核心，另一个聚类是人文社会科学聚类，以教育学、经济学为核心。

（7）基于知识流动对体育学知识演化的考察发现，改革开放30年来我国体育学经历了"科学革命"，体育人文社会学科的勃兴是致使"科学革命"产生的主要原因。"科学革命"最明显的表征就是学科交叉平衡度的知识流动熵值在很长一段时期内处于较高水平，学科知识流动分布长时间处于混乱状态，而学科交叉网络结构的大幅度变化也提示"科学革命"的发生。从知识流动熵值的变化来看，我国体育学"科学革命"从20世纪80年代初期开始，进入21世纪之后"科学革命"逐渐结束，平衡度逐渐趋于稳定，标志着体育学进入新的"常规科学"阶段。从体育学"科学革命"的内容来看，和库恩严格意义上的"范式转换"不一样，体育学的科学革命更像是一种"范式融合"。"科学革命"的实质乃是某一研究领域内占主导地位的科学观念发生了重大更替。[1]这种新的科学观念的转变和新的研究范式的融合标志着"苏联模式"主导下的体育学常规科学时期的结束，"科学革命"的到来。传统的自然科学的研究范式依然有效，新的范式并不是对原有范式的否定，新旧范式之间并不是"不可通约的"，实际上新的范式是将旧的范式包含在内，融合了自然科学、人文科学、社会科学研究范式的一种复合多元的研究范式。

（8）依据体育学和外部学科的交叉关系构建了体育学学科体系，并对体育学学科性质进行了探讨。体育学学科体系分为7个学科群，其中医学生物学学科群组的稳定性最高，其次是教育学心理学学科群组、经济学学科群组、人文类学科群组、法学政治学管理学学科群组、信息科技学科群组、其他学科群组。在确定交叉学科群组的基础上，不同的分支学科或者是研究领域则根据相应的母学科纳入不同的学科群组群，形成了相应的二级学科。从体育学知识流动亲缘学科的类别变化来看，无论是知识流入视角还是知识流出视角，体育学和应用科学、软科学的关系越来越密切，和纯科学、硬科学的关系越来越疏远。体育学的学科性质是流变的，从现阶段发展趋势来看，体育学整体向着"软性化""实用化"的方向发展。

［1］诸大建.科学革命研究的十个问题［J］.科学技术与辩证法，1997（6）：1-6.

第五章　体育学的创新与发展研究

第一节　我国体育学类本科专业人才培养研究

一、《高等学校体育学类本科专业教学质量国家标准》研制与解读

"专业"作为高等学校人才培养的基本单位在我国已施行了半个多世纪。随着我国高等学校本科专业建设的改革和发展，"专业目录"逐步成为高等学校本科专业设置的规范文件和重要依据，集中反映了国家经济社会发展不同历史阶段的人才供给需求变化和人才培养要求变化，这些变化也体现在体育学类本科专业设置优化调整的进程中。从1963年国务院批准发布《高等学校通用专业目录》开始，我国先后5次修订颁布了《普通高等学校本科专业目录》。1963年发布的《高等学校通用专业目录》体育学类本科专业包括体育、田径运动、体操、球类运动、游泳、冰上运动、武术7个专业和运动保健1个试办专业；1988年颁布的《普通高等学校本科专业目录》体育学类本科专业设置了体育教育、运动训练、体育管理、体育生物科学、武术5个专业和体育新闻、体育保健康复、运动心理、警察体育4个试办专业；1993年颁布的《普通高等学校本科专业目录》体育学类本科专业包括体育教育、运动训练、体育管理、体育生物科学、武术、体育保健康复、警察体育7个专业；1998年颁布的《普通高等学校本科专业目录》体育学类本科专业包括体育教育、运动训练、社会体育、运动人体科学、民族传统体育5个专业和运动康复与健康、休闲体育2个在少数高校试点的目录外专业；2012年新颁布的《普通高等学校本科专业目录》体育学类本科专业设置了体育教育、运动训练、社会体育指导与管理、武术与民族传统体育、运动人体科学5个基本专业和运动康复、休闲体育2个特设专业。综上所述，我们可以清晰地看到半个多世纪以来，我国体育学类本科专业派生、迭加、综合的演进历程。现今的高等学校体育学类本科专业设置布局和培养格局较好地满足了经济社会发展的实际需求，为我国体育事业的发展提供了有力的人才支撑和知识贡献。

当前，我国高等教育已进入了大众化发展阶段，随着高校本科专业招生规模不断扩大，必然需要通过建立科学的教学质量标准来规范本科专业办学，保障人才培养质量。近年来，教育部相继出台的有关政策文件中都强调将完善教学质量保障体系作为提高人才培养质量的重点，例如《国家中长期教育改革和发展规划纲要（2010—2020年）》明确指出："全面实施高等学校本科教学质量与教学改革工程，严格教学管理。健全教学质量保障体系，改进高校教学评估"；《教育部、财政部关于"十二五"期间实施"高等学校本科教学质量与教学改革工程"的意见》明确要求："组织研究制定覆盖所有专业类的教学质量国家标准，推动省级教育行政部门、行业组织和高校联合制定相应的专业教学质量标准，形成我国高等教育教学质量标准体系"；《教育部关于全面提高高等教育质量的若干意见》（教高〔2012〕4号）提出："会同相关部门、科研院所、行业企业，制订实施本科和高职高专专业类教学质量国家标准"。为了推进高等教育治理体系和高校治理能力现代化，加强优势专业、特色专业和新专业建设，深化教学内容和培养模式改革，提高人才培养质量，更好地适应社会需求，2013年7月教育部启动了92个本科专业类教学质量国家标准（"国标"）的研制工作，同时积极推动高校与行业企业共同制定人才评价标准（"行标"），引导高校依据"国标""行标"修订人才培养方案，通过标准体系的构建，提高本科专业设置的科学性和规范性。

高等学校体育学类本科专业教学质量国家标准（以下简称"体育专业国家标准"）作为集中制定的92个本科专业类教学质量国家标准之一，其研制出台是一项事关体育学类本科专业建设和人才培养的基础性、战略性任务，对规范专业准入、建设和评估，全面深化体育学类本科专业教育教学改革，进一步提高人才培养质量具有重要的意义。在分析研制背景、借鉴国外标准及考察国内专业建设现状基础上，全面阐述了"体育专业国家标准"的研制过程，详细解读了其框架体系、具体内容和主要特点，以利于高等学校更加深入地理解其体系内容，更加精准地把握其实施要领，并在此基础上推动体育学类本科专业建设和人才培养工作"对标设置、对标发展、对标评价"。

本书通过国家图书馆及部分高校图书馆，查阅了大量高等教育人才培养相关资料，包括外文、中文的学术论文、专著、教材等，收集了高等教育的相关政策性文件、领导讲话等。考虑到人才培养方案是研制"体育专业国家标准"的重要参考依据，研制组收集了全国89所不同类型高校的体育类本科专业人才培养方案89份（表5-1）。为了充分借鉴国际先进经验，课题组还收集了英国、美国、澳大利亚、加拿大和俄罗斯等5个国家的高等学校体育专业教育标准，并进行了认真的比较研究。

表5-1 不同类型高校体育人才培养方案数量统计

院校类型	师范类	综合类	体育类	理工类	医学类	财经类	民族类	合计
数量	40	23	13	6	4	2	1	89
百分比（%）	44.94	25.84	14.61	6.74	4.49	2.25	1.12	100

在此基础上，教育部高等学校体育教学指导委员会专门成立了"体育专业国家标准"研制工作组，分设体育教育、运动训练、社会体育指导与管理、武术与民族传统体育、运动人体科学、运动康复、休闲体育7个专业研制小组，共有来自全国55个体育学类本科专业培养单位的95名专家参与了研制工作，充分发挥专家的专业知识、实践经验及创造性智慧。

调查研究主要采取会议研讨形式收集专家意见。组织召开了标准研制工作布置会、研讨会、征求意见会共16次（表5-2），1000多人次的专家参与了研讨，征求了来自全国30个省、直辖市、自治区（除西藏外其他省、市、自治区均有代表参加征求意见会）的104所高校和国家体育总局、高等教育出版社体育分社等行业部门的260多名专家的意见。在收集相关文献资料及广泛开展调研的基础上，围绕专家征求意见会上提出的主要焦点问题设计问卷，经过多轮的修改，形成了《高等学校体育学类本科专业教学质量国家标准调查问卷》。面向95名专家开展了问卷调查，收回有效问卷67份。通过专家问卷调查，集中了专家的意见和建议，为研制工作的深入做准备。

表5-2 "体育专业国家标准"研制进程专家会议研讨情况

场次	地点与时间	会议概况
1	华东师范大学 2014年2月8—10日	参会人员：标准研制小组组长 任务：确定标准研制工作牵头单位、牵头人及研制专家名单
2	华东师范大学 2014年2月28日至 3月2日	参会人员：全国55个体育学类本科专业培养单位的近100名专家 任务：研讨研制原则及参考框架，全面部署研制工作进程
3	福建师范大学 2014年3月14—16日	参会人员：各专业研制小组组长和秘书 任务：以"体育教育专业"为点，达到以点带面、形成共识的效果

（续表）

场次	地点与时间	会议概况
4、5	赣南医学院2014年4月12日 北京体育大学，2014年5月23日	参会人员：运动康复专业研制小组专家 任务：研讨标准文本（补充修改稿）
6、7	扬州大学2014年4月18日 山西师范大学2014年4月29日	参会人员：社会体育指导与管理专业研制小组专家 任务：研讨标准文本（补充修改稿）
8	广州体育学院 2014年4月19日	参会人员：休闲体育专业研制小组专家 任务：研讨标准文本（补充修改稿）
9	华中师范大学 2014年4月26日	参会人员：体育教育专业研制小组专家 任务：研讨标准文本（补充修改稿）
10	网络征求意见 2014年4月1日至5月8日	任务：运动训练、运动人体科学、武术与民族传统体育专业研制小组专家网络研讨标准文本（补充修改稿）
11	华中师范大学 2014年4月26日	参会人员：各小组组长或秘书，体育教育专业研制小组专家 任务：传达教育部"高等学校本科专业类教学质量国家标准研制工作会议"有关精神
12	郑州大学 2014年6月14—16日	参会人员：27个省市、58所高校的84名专家 任务：研讨标准文本（第一次征求意见稿）
13	上海体育学院 2014年7月9—13日	参会人员：各专业研制小组秘书 任务：分析调查问卷和培养方案征集结果，修改第一次征求意见稿
14	首都体育学院 2014年7月14—18日	参会人员：全国体育教育专业学生基本功大赛的24个参赛单位和教指委39名专家 任务：第二次征求意见
15	华东师范大学 2014年9月26—28日	参会人员：31个省、市自治区，60多所高校以及国家体育总局、高等教育出版社体育分社等行业代表的100余位专家 任务：第三次征求意见
16	苏州大学 2014年10月14—16日	参会人员：研制小组组长 任务：第四次征求意见，再次对文本进行修改完善

二、我国体育学类本科专业教学质量国家标准研制背景

（一）基于体育学类本科专业发展的趋势

人才培养是推动体育事业发展的根本，在建设教育强国和体育强国的历史进程中发挥着不可替代的重要作用。我国高等学校体育学类专业教育始于体操科，从学习欧美到模仿苏联，再到独立发展；从作为师范院校的一门课程到学科体系中的二级学科，再到教育门类下的一级学科，这期间经历了近一百年的发展历程。

中华人民共和国成立前，我国大学只有院系设置，没有专业设置。20世纪初，南京高等师范学校和北京高等师范学校相继成立了体育专修科，这标志着我国成建制体育专业人才培养的确立。中华人民共和国成立后，参考苏联高等学校制度，我国高等学校专业教育至此开始。自专业制度建立以来，我国高校的专业设置与管理机制的讨论和改革从没有停止过。1952年，国家出于国民经济发展对各类专门人才的需求，对高等院校及专业进行了调整，设立了体育专业，在之后的发展历程中，又相继建立了一些与体育有关的新专业。1963年首次发布的《高等学校通用专业目录》设置了体育学类专业和运动保健1个试办专业，至20世纪末，我国先后于1988年、1993年和1998年对本科专业目录进行了3次较大规模的修订，体育本科专业也随之进行了3次调整。进入21世纪以来，为适应国家和区域经济社会发展需要，按照建立动态调整机制，不断优化学科专业结构的要求，教育部于2012年修订并颁布实施了《普通高等学校本科专业目录（2012）》，新修订的本科专业目录涵盖了12个学科门类、92个专业类、506个专业。新目录分为基本专业（352种）和特设专业（154种），并确定了62种专业为国家控制布点专业。特设专业和国家控制布点专业分别在专业代码后加"T"和"K"表示，以示区分。其中，体育学类本科专业包括体育教育等5个基本专业和2个特设专业。

纵观我国高等学校体育专业发展历程，尤其是在新中国成立后的五次专业目录变更中，除了体育教育专业与社会职业的对应关系相对稳定外，其他体育专业也及时根据经济社会发展需要"应运而生"，整个体育学类本科专业设置从无到有，从少到多，从单一到多样，从不分专业到分设多个专业，从一个专业到一类专业，从培养专才到培养复合型人才，从小规模培养单一的体育师资，到如今446所院校、852个专业点培养各级各类体育专业人才。这一过程既

符合经济社会发展的需要，又体现了各个不同历史阶段社会对体育专业人才需求的变化。正是基于这一变化和体育学类本科专业点多、面广的现实特点，研制科学、统一的"体育专业国家标准"，对于规范体育学类本科专业建设、提高体育学类本科人才培养质量显得尤为重要和必要。

（二）推动体育学类本科专业深化改革的急需

改革开放以来，经过30多年的发展，我国高等学校体育专业教育逐步形成了"学士—硕士—博士"完整的人才培养体系，办学规模、办学条件、办学水平和社会影响力、贡献力大幅提升。尤其是"十一五"以来，高等学校体育专业教育立足于"培养什么样的人""怎样培养人"这一根本问题，围绕专业设置与调整、培养目标、课程体系、师资队伍、资源配置、管理模式等方面，以及培养机制、培养模式、质量保障等环节构建起了系统化工作机制，为体育学类本科专业的建设和发展奠定了坚实基础，取得了一系列令人瞩目的成就。在国家启动实施的"高等学校本科教学质量与教学改革工程"中，高等学校体育专业教育领域累计获批国家级特色专业、本科专业综合改革试点57个，国家级精品课程、视频公开课、资源共享课118门次，国家教学名师6名，国家级教学团队11个，国家级高等教育教学成果奖16项。

然而，自2002年我国高等教育进入大众化阶段以来，培养规模的不断扩大对高等教育人才培养提出了全新的要求。尤其是在全面提高质量成为高等教育发展时代主题的背景下，重视教学质量更加成为高等教育改革的深刻命题。2015年，我国高等教育毛入学率已达到40%，提前实现了《国家中长期教育改革和发展规划纲要（2010—2020年）》提出的"到2020年，高等教育毛入学率达到40%"的目标，超过中高收入国家平均水平[1]。这表明我国的高等教育正在由大众化阶段向普及化阶段迈进，这一发展趋势必然对高等学校体育学类本科专业建设产生重大影响。

随着高校本科专业建设改革的持续深入推进，涉及专业建设的深层次问题也日益凸显，主要表现在：培养目标过于单一，培养类型模糊不清，课程设置趋于雷同；缺乏创新创业教育意识，理念较为滞后、体系不够健全，与专业教育结合不紧，与具体实践相对脱节；专业设置脱离社会需求，专业布点盲目跟风、一

---

[1] 李彤. 我国高等教育毛入学率达40%提前5年实现教育规划纲要目标［EB/OL］. http：//news. xinhuanet. com/politics/2016-01/16/c_128633932. htm. 2016-01-16.

哄而上，甚至"因人设庙""因人保庙"；专业建设缺乏对社会需求的持续跟踪研究，造成课程体系、教学内容、教学方法跟不上时代节拍，基于社会需求和就业导向的专业动态调整机制尚未建立，导致人才供给结构性过剩。这些问题归根结底就是"专业培养同质化，专业不够专"，没能从深层次上解决好专业建设理念与实践、专业建设与资源配置、专业建设与学科建设、专业建设与人才培养方案等关系问题。高等学校体育学类本科专业建设亦是如此，这些问题都要求高等学校体育专业教育立足战略层面加强专业建设改革的顶层设计。

总体而言，从专业建设和人才培养的12个环节看，专业设置与调整、培养目标、培养模式属专业建设和人才培养的第一层面问题，是专业建设改革的方向和导向；课程体系、教学内容、教学方法、教学手段属第二层面问题，是落实、检验、纠正第一层面的重要体现，是教学改革的核心和主体，是重点也是难点；教学组织、教学管理、教学队伍、教学评价、教学监控属第三层问题，是实现第一、第二层面的必要条件，起着适时调节、保障和实现第一、第二层面的作用。同时，专业建设和人才培养的三个层面又相互联系、相互制约。加强专业建设改革的顶层设计，国家层面有必要针对专业建设和人才培养环节的三个层面做出基本的规范和要求。

（三）完善体育学类本科专业质量保障体系的必然

加强专业建设始终是高校提高本科教学质量的关键。一直以来，我国高等学校体育专业教育领域十分重视规范体育学类本科专业建设，重视本科专业人才培养质量揭高。改革开放以来，基于不同历史阶段，对高校体育专业人才培养提出了不同要求，从 20世纪80年代"教学大纲"，到90年代"课程方案"，再到2008年"专业规范"等一系列加强专业建设文件的制定与出台，全景式反映了我国高等学校体育专业教育领域对专业建设及人才培养质量保障体系建设的重视。综观我国高等学校体育专业教育教学质量保障体系的研究，在体育学专业建设[1]、人才培养模式研究[2]、人才培养方案[3]、教育质量保障及评价体系研究[4]以及近年来对人才培养系统、课程方案研究[5]，以及就

［1］王健.新中国高校体育本科专业设置的变迁与启示［J］.上海体育学院学报，1999，23（4）：7-13.

［2］陈琦.体育院校制订本科专业人才培养方案的思考［J］.体育学刊，2007，14（9）：6-9.

［3］黄汉升，林顺英.体育院系课程设置：国际比较［J］.中国体育科技，2002，38（12）：5-13.

［4］林顺英.论普通高校体育教育本科专业教学质量保障［D］.福州：福建师范大学，2008.

［5］黄汉升，季克异.我国普通高校本科体育教育专业课程方案的研制及其主要特征［J］.体育学刊，2003，10（2）：1-4.

业路径[1][2]等方面研究均取得了一系列的丰硕成果。

上述研究成果涉及多个专业，其透射、反映出的具体现象和结论，能够帮助我们加深对体育学类本科专业人才培养现状的认识，为后续研究的深入、深化提供有益的参考和借鉴。但从目前来看，无论是"专业建设文件"，还是专业建设与人才培养的学术研究，大多是对体育学类本科某一专业进行规范或研究，其中，体育教育专业的研究成果最为丰富，而将体育学类本科专业作为整体进行研究和规范尚属空白，这也更加凸显了研制"体育专业国家标准"，对于完善体育专业人才培养质量保障体系具有重大意义。

（四）建设国际先进体育学类本科专业的必要

积极吸收和借鉴国际先进经验是我国体育专业建设追赶国际先进行列的迫切需要。基于国际视野，许多国家尤其是欧美发达国家体育专业标准建设起步较早、体系完善，在本国高等学校体育专业发展进程中，发挥着重要的引领、指导和保障作用。如，英国按照体育专业类别，将高等学校体育专业教育质量保障职能分别归属，国家教学与领导学院（NCTL）负责体育教师教育专业的质量保障，高等教育质量保障署（QAA）负责其他体育专业的质量保障。NCTL制定和颁布了《教师教育培训标准》，该标准由准入标准、培训标准、管理与质量保障标准和就业标准4个部分组成；QAA制定和颁布了体育《学科基准声明》，该基准主要包括专业性质、课程体系、专业标准、教学与评估4个部分[3]。美国有许多体育专业认证机构，这些机构所制定的标准各有千秋，影响力也参差不齐，在体育教师标准专业认证中发出权威声音的是美国国家体育运动协会（NASPE），NASPE制定和颁布了《初级和高级体育教师标准》。此外，美国国家教师教育认证委员会（NCATE）还制定和颁布了《教师培养机构专业标准》[4]。澳大利亚运动与体育科学协会（ESSA）制定和颁布了《运动科学专业认证标准》，该标准分为毕业生核心能力标准和课程标准两

［1］黄汉升，吴燕丹.普通高校本科"体育科研方法"课程改革的路径——基于体育院、系学生毕业论文的现状思考［J］.中国体育科技，2011，47（5）：116-127.

［2］易剑东，任慧涛，朱亚坤.中美体育人才培养系统、就业路径的比较研究——从行业·专业·职业匹配与顺应的视角出发［J］.武汉体育学院学报，2014，48（9）：5-11，38.

［3］QAA. Subject Benchmark Statements［EB/OL］. http：//www. qaa. ac. uk/en/Publications/Documents/S-ubject-benchmark-statement-Hospitality-leisure-sport-tourism-2008. pdf. 2015-10-25.

［4］NCATE. NCATEUnitStandards［EB/OL］. http：//www. ncate. org/Standards/UnitStandards/tabid/123/Default. aspx. 2015-10-25.

个部分。此外，澳大利亚教学与学校领导研究所（AITSL）还制定和颁布了《教师标准》，该标准包括教师标准、教师教育标准和认证程序3个部分[1]。加拿大大学体育教育和运动管理认证委员会（CCUPEKA）制定和颁布了运动学和体育教师2个专业的认证指南，其内容主要包括教育结果标准（课程与师资、学科内容、科研探、知识应用）、认证委员会结构（成员组成、机构责任、委员责任、任职期限等）和认证程序3个部分[2]。俄罗斯在第二代国家教育标准的基础上，由国家教育和科学部会同国家教育政策和标准法律协调司成立专业工作小组，并联合雇主联合会，于2010年共同制定并颁布了第三代高等教育国家标准，体育专业国家标准是其中的组成部分，该标准分为本科和研究生2个层次，其中体育本科专业教育标准由适用范围、职业特点、教育大纲等8个要素组成。在研制我国"体育专业国家标准"的过程中，有必要结合国情，积极吸收借鉴以上国家相关专业（行业）组织的先进经验。

总的来看，研制本科专业类教学质量国家标准是进一步推动高校专业建设、全面提高人才培养质量的重要保障。近几年，教育部出台了系列文件对加强高校本科专业建设、完善人才培养质量保障体系作了明确部署，特别是2013年教育部启动的本科专业类教学质量国家标准研制工作，更是凸显了国家部署的推进力度。因此，坚持以海纳百川胸怀和姿态，积极吸收借鉴国外先进经验，因地制宜研制我国"体育专业国家标准"（"国标"），对于规范我国高校体育学类本科专业点建设，推动高校与行业企业共同制定人才评价标准（"行标"），引导高校依据"国标""行标"修订人才培养方案，形成具有中国特色、世界水平的高等学校体育专业教学质量标准体系具有重大意义。为此，教育部高等学校体育教学指导委员会受教育部委托，在立足国情、兼容并蓄的基础上，承担并完成了我国高校"体育专业国家标准"的研制任务。

三、国外高等学校体育专业教育质量标准的启示

国外发达国家体育专业教育起步较早，在体育专业人才培养方面积累了许多宝贵的经验，已经形成了较为成熟的体育专业教育质量标准。在"体育专业国家标准"的研制过程中，研制组参考了英国、美国、澳大利亚、加拿大和

---

[1] AITSL.Previousnational approach to accreditation of initial teacher education programs［EB/OL］. http：//www.aitsl. edu.au/initial-teacher-education/ite-reform/accreditation.2015-10-25.

[2] CCUPEKA. CONSTITUTION OF THE CANADIAN COUNCIL OF UNIVERSI-TY PHYS- ICAL EDUCATION AND KINESIOLOGY ADMINISTRATORS［EB/OL］.http：//ccupeka.ca/en. 2015-10-25.

俄罗斯5个国家的高等学校体育专业教育质量标准，为我国"体育专业国家标准"的研制提供范例和经验。

（一）英国体育专业标准

基于体育教师教育专业和其他体育专业2个类别，英国高等学校体育专业教育质量保障工作分属2个机构承担，高等教育质量保障署（QAA）负责其他体育专业的质量保障工作；国家教学与领导学院（NCTL）负责体育教师教育专业的质量保障工作。

1. 英国高等教育质量保障署（QAA）与体育学科基准声明

英国高等教育质量保障署于2002年颁布了一套全新的教育质量保障体系，即英国高等教育学术规范体系（UK Academic Infrastructure），学术规范体系由4个部分组成，即《学位资格框架》《学科基准声明》《专业规范》和《实施准则》[1]。其中，《学科基准声明》是全英高等教育各个学科的教育标准，是QAA组织开展学科教学质量评估的主要依据。按照《学科基准》的学科划分，体育属于42门学科中"酒店、休闲、体育和旅游"（Hospitality，Leisure，Sport and Tourism）学科框架内的分支学科。

2008年5月，QAA颁布了最新的体育《学科基准声明》，其主要内容包括专业性质、课程体系、专业标准、教学与评估4个部分。其中，专业标准体系由通识教育标准、专业教育标准、专业类别标准3个部分组成：①通识教育标准，该标准主要从知识、理解和技能3个方面明确了标准的具体内容。②专业教育标准，该标准明确了5个方面的具体内容：其一为人体对运动的反应和适应；其二为运动技能的提高及其监控和分析；其三为与健康和疾病控制相关的运动锻炼及身体活动；其四为体育运动的历史、社会、政治、经济、文化传播和影响；其五为体育运动的政策、规划、管理及运动机会的提供。③专业类别标准，该标准将体育学本科专业划分为管理型、科学型、研究型3个学位类别，明确了各学位类别下的专业设置，确定了各个类别的具体评价标准[2]。

---

［1］QAA. Subject Benchmark Statements［EB/OL］.http：//www.qaa.ac.uk/en/Publications/Documents/S-ubject-benchmark-statement-Hospitality-leisure-sport-tourism-2008.pdf.2015-10-25.

［2］QAA. Subject Benchmark Statements［EB/OL］.http：//www.qaa.ac/Publications/Document/Subject-benchmark-statement-2008.pdf，2015-07-25.

2. 国家教学与领导学院（NCTL）与体育教师专业机构标准

"国家教学与领导学院"（NCTL）于2013年4月由原"教学署"和"国家学校领导学院"合并组建而成，主要负责促进高质量的教学和学校领导力发展，并为学校质量提升提供支持。2015年6月，NCTL颁布了最新的教师教育培训标准，该标准是针对教师教育培训机构而制定的，所有开设体育教师教育专业的院校都必须以该标准为依据，开展体育教师的职前培养，不符合该标准的院校将会被取消认证资格。该标准由4部分内容组成（表5-3）。

表5-3　英国国家教学与领导学院体育教师专业机构标准[1]

标准类别	标准内容
1.准入标准	1.1录取新生的英语和数学成绩达到普通中学教育证书考试（GCSE）C级标准。同时，选择从事学前教育、小学教育的新生，其科学学科的成绩要达到GCSE的C级标准； 1.2攻读研究生学位课程的学生，必须获得英国高等教育机构的第一学位或同等学历； 1.3必须对录取的新生进行严格挑选和审查，以评估其是否适合从事教学工作； 1.4 2013年8月1日之后，所有录取新生都要通过专业技能测试。
2 培训标准	2.1合理设计专业内容、结构、教学和评估，确保学生达到合格教师资格证（QTS）的标准要求；确保未经专业培训的学生拿到荣誉教师资格证，直到满足QTS的标准； 2.2所有受训教师能够从事以下年龄阶段的教学工作：3~11岁（小学）；7~14岁（初中）；11~19岁（高中）； 2.3提供充足的校内培训及实习机会，学生能够在普通学校、幼儿园或者继续教育机构接受系统的岗位培训； 2.4每一名职前教师必须至少有两所学校的实习经历。
3.管理与质量保障标准	3.1管理机构要确保培训计划的有效运行； 3.2与实习单位协商确定各自的角色和职责，非学校制定的有关规定必须确保学校在招募、选拔、培训和评价职前教师等方面享有自主权； 3.3遵守所有与职前教师培训相关的法律规定； 3.4严格监测、评估和审核规章制度，确保职前教师的培训质量和评估质量。

[1] Department for Education. Initial Teacher Training Critter [EB/OL]. https://www.gov.uk/govern-ment/publications，2015-10-12.

（续表）

标准类别	标准内容
4.就业、 标准	4.1在学期间，所有职前教师必须作为实习教师到普通学校实习，且按照实习教师领取报酬； 4.2实习教师必须在经由NCTL认可的学校实习； 4.3实习教师的教学任务不能超过全职合格教师工作量的90%； 4.4所有参加海外教师培训计划的教师必须顺利完成一门英国之外的教师专业培训课程，该课程必须通过国家主管部门的认可。

3. 英国体育专业标准的特点

一是层次性，QAA从通识教育、专业教育和专业类别3个层面制定体育学科基准，这三个层面依次从宏观到微观具体规定了体育专业标准内容，体现了标准的层次性；二是可操作性，如 NCTL体育教师专业机构标准内容的表述相当详细，每一个体育专业教育机构都可以按照此标准找出自己的缺点与不足，并结合标准内容加以弥补；三是针对性，QAA根据体育专业名称的不同，将体育学本科专业分为"管理""科学"和"研究"3个类型，并分别制定专业标准，这反映出QAA能够根据专业类型的差异性，有针对性地制定标准，使得标准内容更加精确。

（二）美国体育专业标准

1. 美国高等学校体育专业教育认证机构

美国大学的体育专业设置坚持以市场需求为导向，行业领域的需求是大学设置体育相关专业的重要依据。据2015年美国运动学协会（AKA）官网公布的最新数据显示，美国设有体育专业的高等院校有879所[1]，与体育专业相关的认证机构共有11家（表5-4），这11家认证机构必须取得美国教育部（USDE）和高等教育认证委员会（CHEA）的认可后，方有资质开展专业认证工作[2]。

---

[1] American Kinesiology Association. Kinesiology Institution Database [EB/OL].http：//www.americ–an kinesiology. org.2015–10–13.

[2] CHEA. CHEA Institute for Research and Study of Accreditation and Quality Assurance [EB/OL].http：//www.chea. org/. 2015–10–14.

表5-4　美国体育专业认证机构统计

序号	认证机构名称	对应专业
1	国家教师教育认证委员会（NCATE）	体育教育
2	教师教育认证委员会（TEAC）	
3	体育管理认证委员会（COSMA）	体育管理
4	北美体育管理委员会（NASSM）/NASPE	
5	教练学教育认证委员会（NCACE）	运动训练
6	运动训练教育认证委员会（CAATE）	
7	锻炼科学认证委员会（CoAES）	
8	国家娱乐与公园协会（NRPA）	体育休闲
9	美国休闲协会（AALR）	
10	美国运动生理学家协会（ASEP）	运动人体科学
11	美国职业治疗教育认证协会（AOTA）	运动康复

（据综合资料整理）

2. 美国高等学校体育专业教育认证标准：以体育教师教育专业为例

国家体育运动协会（NASPE）是美国健康、体育、休闲舞蹈联盟（AAHPERD）下属的分支协会，2008年NASPE分别制定了初级和高级体育教师标准，其中，初级体育教师标准包括6个方面的内容：①科学和理论知识；②基于技能和体能的运动能力；③计划和实施；④教学与管理；⑤对学生学习的影响；⑥专业精神。高级体育教师标准主要包括3个方面：①专业知识；②专业实践；③专业领导能力[1]。

国家教师教育认证委员会（NCATE）于1954年在华盛顿成立，是一个非营利性的民间专业组织，它由33个全国性专业教育协会和公共组织构成，该组织获得了美国教育部（USDE）和高等教育认证委员会（CHEA）的资质认证，这一认证使其成为美国最具权威性的学术认证机构。目前已经通过NCATE认证的高等教师教育机构有632家，这些机构都是自愿向NCATE提交认证申请。NCAET于2008年制定了《教师培养机构专业标准》，该标准面向包括体育教师在内的所有开设教师教育专业的机构，每7年修订一次，分为通用机构标准和体育专业机构标准2个部分。通用机构标准主要包括6个方面：①职前教师的知识、技能和专业意向；②评估体系和机构评估；③教学实践和毕业实

［1］AITSL. accredited Programs List［EB/OL］.http：//www.aitsl.edu.au.2015-10-14.

习；④多样化；⑤教师的资格、表现和发展；⑥机构的管理与资源。体育教师培养机构在满足通用机构标准后，还必须满足体育专业机构标准，体育专业机构标准包括10个方面，主要是从知识、能力和素质3个方面明确了体育教师培养的基本规定。

3. 美国体育专业标准的特点

一是多元性，从表5-4可以看出，美国同一体育专业有多个认证机构，这有利于不同认证机构之间相互竞争，共同促进体育专业教育质量的提升。二是全面性，无论是初级体育教师标准，还是高级体育教师标准，其内容全面覆盖了体育教师的专业素质构成，机构标准更是包括了组织结构、师资、资源、教学管理等各项内容，全面概括了培养合格体育教师的基础性要求。三是连续性，美国体育专业认证是一个连续的过程，如体育教师教育机构认证期一般为7年，认证通过后还要继续接受认证。对体育教师资格证的颁发也不是一次性完成的，学生取得临时资格证书后，根据其表现再决定是否颁发正式资格证书，从而避免了一劳永逸的现象。

（三）澳大利亚体育专业标准

1. 运动与体育科学协会与体育课程认证标准

澳大利亚运动与体育科学协会（ESSA）成立于1991年，是一个体育专业组织，由执委会和委员会2个机构组成。执委会负责国家大学专业课程认证中心（NUCAP）的日常工作；委员会负责课程认证申请的审查。ESSA通过NUCAP开展课程的认证工作。2011年3月澳大利亚议会通过了成立第三级教育质量和标准局（TEQSA）的法案，TEQSA的主要职责之一便是开发一套普遍认可的教学质量国家标准[1]。2014年4月ESSA修订了《澳大利亚国家大学运动与体育科学专业课程认证》，规定了大学申请运动体育科学课程认证的政策和程序。NUCAP的认证分为"运动体育科学"（本科）以及"运动生理学"（研究生）两个级别。目前，已经有26所大学的65个专业通过了ESSA的认证，其中学士学位有49个，研究生文凭（相当于硕士预科）6个，硕士学位有10个[2]。

[1] 理查德·詹姆斯. 澳大利亚高等教育和国家教学标准 [N]. 清华大学教育研究，2014，35（3）：11-27.
[2] ESSA.GRADUATES FROM UNCAP ACCREDITED COURSES [EB/OL] .https：//www.essa.org.au/for-universities/ nucap/accreditation-full.2015-10-15.

澳大利亚运动体育科学专业认证分为毕业生和课程两个部分，其中毕业生核心能力标准有7条，主要包括毕业生的基本知识、素质、能力、职业伦理和未来发展等方面的内容。课程标准分别从指导原则、评估预期、学习结果三个方面对以下15门课程作出了规范，即生物力学、运动训练、运动生理学、运动处方、功能解剖学；人体成长与发展；健康、锻炼与运动评估；健康、锻炼与运动心理学、人体解剖学、人体生理学、动作控制与学习、营养学、身体活动与健康、专业实践、科研方法与统计学。

2. 教学与学校领导研究所与教师专业标准

澳大利亚教学与学校领导研究所（AITSL）是澳大利亚政府成立的官方性质组织，负责制定包括体育教师在内的教师专业标准。AITSL于2011年制定了《澳大利亚职前教师教育专业认证标准与程序》，目前，已经有18所大学的22个体育教师教育专业通过了AITSL认证[1]。

《澳大利亚职前教师教育专业认证标准与程序》的内容包括教师标准、教师教育标准和认证程序3个部分：①教师标准，该标准围绕三大领域、四个阶段、七项标准对职前教师的基本素质和能力做了明确规定。三大领域包括专业知识、专业实践与专业发展；四个阶段分为毕业阶段、胜任阶段、熟练阶段、领导阶段；七项标准包括了解学生及其学习，教学内容与方法，教学规划与实施，学习环境的创设与维护，教学评估与反馈，专业实践，与同事、家长与社区的合作与交流。②教师教育标准，该标准主要包括专业结构、专业发展、专业准入、专业结构与内容、实习单位、专业教学与资源、专业信息与评价7个方面的内容。③认证程序，认证程序主要包括认证申请的提交、评估小组的成立、实地调查访问、认证申请的驳回、重新认证以及申诉6个阶段。

3. 澳大利亚体育专业标准的特点

第一，能力引领，无论是ESSA课程认证标准，还是AITSL职前体育教师国家标准，都是从学生的核心能力出发，具体规定毕业生应掌握的基本技能；第二，指标的可操作性，如ESSA在对体育专业学生课程学习结果的描述中，较多运用了分析、演示、掌握、识别、应用等动词，学生可据此判断自身学习程度，教育机构也可据此评估毕业生的水平；第三，协调性，如澳大利亚教师教

---

[1] AITSL. accredited Programs List［EB/OL］.http：//www.aitsl.edu.au.2015-10-14.

育标准分为教师标准、机构标准和认证程序3个部分，3个部分相互协调、共同促进体育教师专业的发展。

（四）加拿大体育专业标准

加拿大是一个联邦制国家，教育权利被指派给地方（省）政府，加拿大的高等教育分别由各省和地区政府负责管理。加拿大大学享有高度自治，包括自主制定教育质量保障的政策和程序，因此，大学是加拿大高等教育质量保障体系的基础单位。同时，在大学自主建立教育质量保障体系之外，一些专业性组织负责在全国范围内制定专业教育标准，对专业教育进行评估认证。加拿大高等学校体育专业的认证机构为"加拿大大学体育教育和运动管理认证委员会"（CCUPEKA），该机构于1995年由原"加拿大大学体育教育协会"（CCUPEA）改名而来。CCUPEKA主要负责体育教育（Physical Education）和运动学（Kinesiology）两个专业的认证工作。其认证结果具有高度的权威性，并得到社会的普遍认可。

2012年，CCUPEKA针对体育教育和运动学两个专业分别制定了认证指南，该指南包括教育结果标准、认证委员会结构和认证程序3个部分。其中，教育结果标准包括4个方面的内容：①课程与师资：专业结构、课程范围、课程、课程开设、师资要求；②学科内容：包括8门核心课程，即人体解剖学、人体生理学、运动生理学、生物力学、运动学习/运动控制、身体运动心理学、两门社会学课程（或两门人文科学课程）；③科研探究：2门课程，即研究方法和统计学；④知识应用：实验要求，4门核心课程，不少于96个学时的实验时间[1]。

相对于其他国家来说，加拿大体育专业标准的内容相对简单，但仍具有以下两个显著特点：第一，基于学习结果的指标体系，无论是体育教师教育专业，还是运动机能学专业，都以教育结果为依据制定评估标准，通过评估学生的学习结果，改进教学和学习，促进学生个体发展。第二，重视专业基础课程的设置，加拿大体育专业标准规定了8门必修核心课程，即人体解剖学、人体生理学、运动生理学、生物力学、运动学习/运动控制、身体运动心理学以及两门社会学课程（或两门人文科学课程），这8门课程是对体育本科专业学生基础知识的基本规定。

---

[1] CCUPEKA.SUMMARY OF CCUPEKA ACCREDITATION STANDARDS［EB/OL］.http：//ccupe-ka.ca/en/index.php/accreditation.2015-10-14.

（五）俄罗斯体育专业标准

新时代背景下的俄罗斯高等教育质量标准是基于教育与劳动力市场的相互作用而制定的，以提高教育机构对市场需求的适应性。2010年12月15日俄罗斯国家教育与科学部以第129号令的形式，正式颁布第三代体育本科专业国家教育标准，该标准由适用范围、使用缩略语、培养方向特点、职业活动特点、教育大纲掌握要求、教育大纲基本结构、教育大纲实施要求条件、教育大纲的质量评价[1]8个部分组成。

适用范围是对标准的制定、标准的要求和实施主体的规定；培养方向规定了体育专业培养代码、学分与学制以及教育形式；职业活动特点是对体育专业毕业生未来的就业领域、工作对象及专业划分的说明；教育大纲掌握要求是对学生学习结果的要求，主要从2个方面对体育专业大学毕业生的能力进行的了界定，分别为一般文化能力和职业能力，其中一般文化能力有20条标准，专业职业能力分为6个专业共32条标准；教育大纲的基本结构是对体育专业教育的课程类别、学分范围以及每类课程所应培养学生的能力指标的规定，其中，课程分为2个部分，一是模块课程，二是教育与生产实践、科学研究、国家毕业鉴定等。模块课程又分为人文—社会—经济类、自然科学类、专业类3个类别。每个课程模块都包括基础部分和调整部分，基础部分为国家统一规定的必修课程。调整部分由学校选定，主要是为了扩大或增加基础部分课程确定的知识、技术和能力。教育大纲实施要求条件是对体育专业教育提供的保障条件，共涉及大纲、假期、实习、课程、教学、后勤、资金以及物质保障等方面的19条内容；教育大纲的质量评价是为了保障学生能够全面掌握教育大纲规定的内容，具体的评价标准包括6个方面（表5–5）。

表5–5 俄罗斯学士学位教育大纲质量评价标准[2]

序号	类别	评价内容
1	培养质量保障	高校保障培养质量的途径：1.吸引雇主代表共同制定毕业生培养质量保障战略；2.监控并定期审核教育大纲；3.按照客观工作的程序评价毕业生的知识、技能和特长；4.保障教师集体业务水平；5.吸收雇主代表参与评价标准的自查，经常参加校际间评比活动；6.定期公布人才培养过程中取得的成绩、人才培养计划的实施效果。

[1] 齐立斌，崔英波等.俄罗斯第三代体育专业国家教育标准的解读及启示［J］.北京体育大学学报，2013，36（8）：95–112.

[2] 王恩华.俄罗斯高等教育国家标准评价：以生物学为例［N］.高等教育研究，2013，34（10）：101–109.

（续表）

序号	类别	评价内容
2	评价范围	学生日常成绩的监控、其中考核评价，以及按国家要求进行的毕业生终结性评价。
3	课程考核	提前告知学生课程考核的方式和时间，并按照学校的考核程序和要求，进行学生进行日常考核和其中评价。
4	资料库建设评价	资料库建设评价内容包括日常作业、课后习题、考题，主要考察学生对知识、技能的掌握程度，资料库建设要以提高学生未来就业能力为导向，评定方式包括日常检查和其中评价。同时，可聘请用人单位以及同行教师进行评价主持人。
5	学生评价	为学生提供评价机会，以便他们能够对教师的教学组织、教学内容、教学过程及教学质量进行评价。
6	终结性评定	总结性评定以毕业论文为主，其主要内容包括论文的内容、结构、字数以及论文答辩等。

与前两代国家标准不同，俄罗斯第三代体育专业教育国家标准的主要关注点在"教育大纲掌握要求"上。同时，新的国家标准重新设置了课程体系，将其分为基础和可调整2个部分，大幅度提高课程体系的可调整部分，扩大高校在课程设置上的自主权。在课程容量的计算方面，以学分制取代了学时制，体现了国际化趋势。

俄罗斯体育专业标准主要有以下3个特点：第一，法律引领下的标准制定过程，俄罗斯体育专业标准的制定由相关法律作为指引，法律引领下制定的标准更具权威性和规范性，并且做到了有法可依、有章可循；第二，以能力为导向的标准结果，俄罗斯第三代体育专业标准以能力素质观为理念基础，并且通过一般文化能力和职业能力两项能力指标来具体表述，体现了国际上教育质量标准制定的最新趋势；第三，国际一体化的标准评价趋势，2003年俄罗斯签署《博洛尼亚宣言》，并按照宣言的要求改革高等教育体制，俄罗斯第三代体育专业标准也是在宣言的框架下制定的，这也体现了俄罗斯国际一体化的专业标准发展趋势。

（六）国外体育专业标准的启示

综观国外体育本科专业教育质量标准体系的发展，不难发现，发达国家在体育专业教育质量保障的理论与实践方面开展了长期的探索，积累了丰富的经验，对我国"体育专业国家标准"的研制提供了以下启示：①成立独立的专业标准制定机构。英、美、澳、加、俄等国家自20世纪80年代中后期就开始探索在国家层面成立高等学校专业教育质量保障组织，例如英国的QAA、美国的NCATE、澳大利亚的ESSA、加拿大的CCUPEKA以及俄罗斯教育与科学部等。因此，借鉴国外模式，我国教育部委托各本科专业类教指委承担标准的研制任务，由于教指委是一个由专家组成的第三方学术组织，这就保障了标准制定过程的公正性、协调性和标准体系的科学性。②分类制定专业标准。国外体育专业设置种类繁多，不同体育专业都有自身的评价标准体系，例如英国QAA把体育本科专业分为管理型、科学型、研究型类别，俄罗斯体育专业标准更是涵盖了教师、教练员、娱乐、康复、科学研究、文化与教育工作6种专业人才。在研制我国"体育专业国家标准"的过程中，既要考虑体育专业的共性要求，也要关注体育专业间的差异性。③以能力为导向分层设定专业课程。以能力为导向制定专业标准是世界高等教育质量保障体系发展的趋势，例如英国QAA从通识教育、专业教育和专业类别3个层面制定体育学科基准，俄罗斯在能力指标的引领下从一般文化能力和职业能力2个方面制定体育专业标准。充分考虑以上特点，"体育专业国家标准"的研制需要从学生的基本素质、知识和能力出发，在此基础上设置通识教育课程、专业教育课程（基础课程、核心课程和拓展课程）和实践课程，以支撑以上能力的培养。④加强专业基础课程的设置。专业基础课程是体育专业特色课程，各国体育专业标准中均强调专业基础课程的挑选和设置，例如，加拿大体育专业标准设置了8门必修核心课程，俄罗斯体育专业标准也设置了14门核心课程。因此，研制"体育专业国家标准"需要以类群思维重视专业基础课设置。⑤增加创业教育的课程内容。创业教育已成为当今世界各国高等教育改革和发展的新趋势。各国体育专业标准也把创业教育作为其重要组成部分，例如，俄罗斯第三代体育本科专业教育大纲实施条件中明确规定，要根据专业特色开设交互式课程，其内容包括与国内外公司代表、国家社会组织代表和鉴定能手专家见面会，以提高学生就业和创业能力。为适应创业教育的改革趋势，"体育专业国家标准"需要注重创新创业教育的内容。

四、我国体育学类本科专业布点情况分析

全面掌握、深入分析我国高校体育学类本科专业布局结构，是标准研制的重要基础。研制工作主要基于类专业总体布点和分专业布点两个层面，按照省

域分布（31个省、自治区、直辖市）、区域分布（华东、华北、华中、华南、西南、西北和东北）、院校类别分布（综合、理工、农业、林业、医药、师范、语言、财经、政法、体育、艺术、民族12类高校）3个维度，对体育学类本科专业的布局、结构进行了统计分析。

（一）总体情况

截至2015年底，我国共有446所高校设置了852个体育学类本科专业点。从开设体育专业高校的省域分布来看，湖南省与河南省最多，均达到29所；其次是山东省与江西省，各有26所；随后是四川省、山西省与湖北省，各有23所，排列在前七位的省份体育专业布点高校数达到了179所，占总数的40.13%。开设体育专业高校较少的省（市、区）有：西藏、青海、海南、宁夏和上海，共有16所，仅占总数的3.59%（图5-1）。

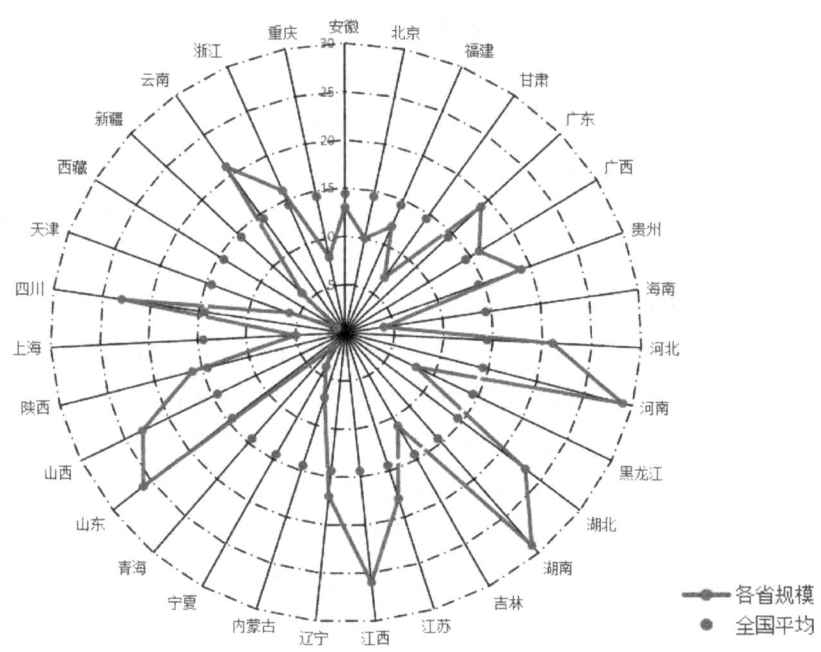

图5-1　2015年中国各省开设体育学类本科专业学校数目示意

从体育学类本科专业点分布看，体育教育专业317个、社会体育指导与管理专业273个、运动训练专业91个、武术与民族传统体育专业51个、运动人体科学专业30个、休闲体育专业48个、运动康复专业42个。其中，体育教育专业布点数最多，约占总布点数的37.21%；社会体育指导与管理专业次之，约占32.04%；两者共占总布点数的69.25%（表5-6）。

表5-6　我国体育学类本科专业布点数量和比例一览

序号	专业名称	布点数量（个）	比例
1	体育教育	317	37.21%
2	社会体育指导与管理	273	32.04%
3	运动训练	91	10.68%
4	武术与民族传统体育	51	5.99%
5	运动人体科学	30	3.52%
6	休闲体育	48	5.63%
7	运动康复	42	4.93%
合计	7	852	100%

从体育学类本科专业点省域分布来看，河南省的专业布点数最多，达到52个；山东省位居第二，有50个；其次是湖北省，有48个；四川省和湖南省并列第四，各布点47个。以上五省共布点244个，占28.64%。专业布点数比较少的省（区）为西藏、青海、宁夏、海南，共布点25个，占2.93%（图5-2）。体育学类本科专业点省域分布情况与开设体育专业高校的省域分布情况基本一致。

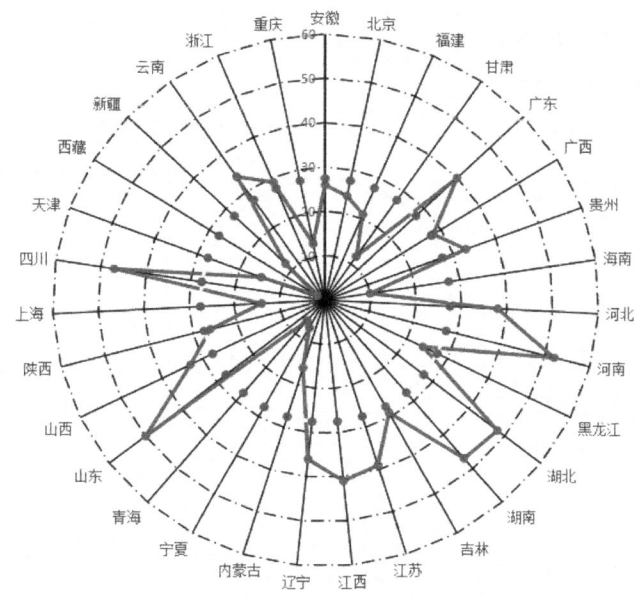

图5-2　2015年我国体育学类本科专业各省布点示意

从区域分布来看，第一是华东地区（山东、上海、江苏、浙江、安徽、江西、福建）最多，共布点220个，占25.82%；第二是华中地区（湖北、湖南、河南）次之，共布点147个，占17.25%；第三是西南地区（四川、重庆、贵州、云南、西藏），共布点129个，占15.14%；第四是华北地区（北京、天津、河北、山西、内蒙古）共布点126个，占14.79%；第五是东北地区（辽宁、吉林、黑龙江），共布点89个，占10.45%；第六是华南地区（广东、广西、海南），共布点78个，占9.15%；最后是西北地区（陕西、甘肃、宁夏、青海、新疆），共布点63个，占7.39%。可见，体育学类本科专业布点主要集中在华东、华中、西南地区，约占专业总布点数的58.21%（表5-7）。

表5-7 2015年我国体育学类本科专业点（852个）区域分布比例示意

区域	省份	数量（个）	百分比
华东	山东、上海、江苏、浙江、安徽、江西、福建	220	25.82%
华中	湖北、湖南、河南	147	17.25%
西南	四川、重庆、贵州、云南、西藏	129	15.14%
华北	北京、天津、河北、山西、内蒙古	126	14.79%
东北	辽宁、吉林、黑龙江	89	10.45%
华南	广东、广西、海南	78	9.15%
西北	陕西、甘肃、宁夏、青海、新疆	63	7.39%
合计		852	100%

从院校分布来看，综合类院校布点数最多，占38.26%；其次是师范类院校，占31.69%；体育类院校居三，占12.56%；接下来是理工类院校，占6.34%；其他少数布点在医药类、民族类、财经类、农林类、政法类、艺术类院校，这六类院校的布点数共占11.15%（图5-3）。

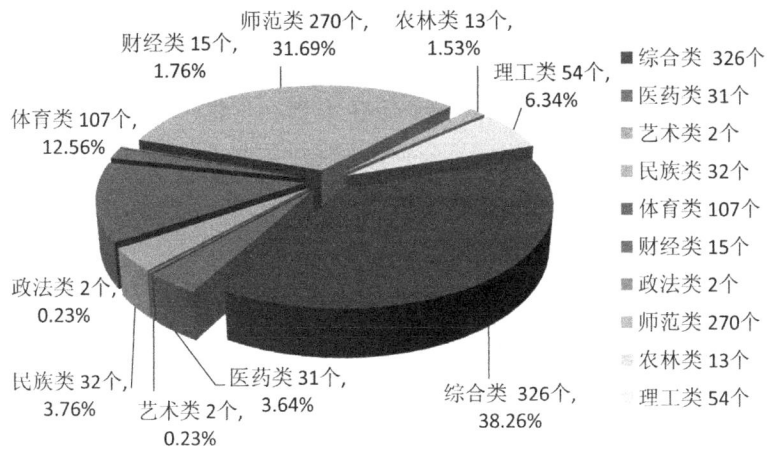

图5-3 2015年我国体育学类本科专业院校结构示意

（二）体育学类本科分专业布点情况

1. 体育教育专业

从省域分布情况来看，317个体育教育专业主要分布在湖南、河南、江西、云南，四省共布点76个，占总数的23.97%；其次是山东、四川、湖北、河北、贵州、山西、广东，七省共布点107个，占总数的33.75%；布点数较少的省份有：西藏、青海、海南、宁夏、天津，共布点11个，仅占总数的3.47%（图5-4）。

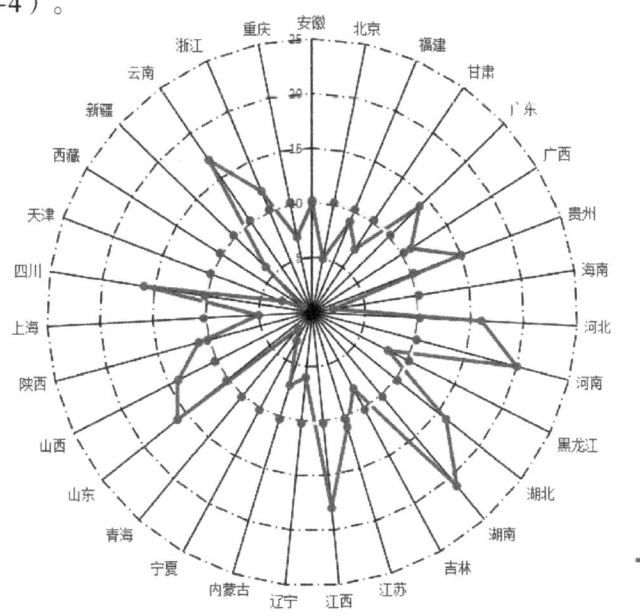

图5-4 2015年体育教育专业各省布点示意

从区域分布情况看，317个体育教育专业主要分布在华东、华中、西南地区，分别布点81个、57个、56个，分别占比25.55%、17.98%和17.67%，2个地区的布点数约占总布点数61.20%。其次分布在华北、西北、华南、东北地区，分别布点45个、29个、27个、22个，分别占14.20%、9.15%、8.52%、6.94%（表5-8）。

表5-8 2015年体育教育专业点（317个）区域分布比例示意

区域	省份	数量（个）	百分比
华东	山东、上海、江苏、浙江、安徽、江西、福建	81	25.55%
华中	湖北、湖南、河南	57	17.98%
西南	四川、重庆、贵州、云南、西藏	56	17.67%
华北	北京、天津、河北、山西、内蒙古	45	14.20%
西北	陕西、甘肃、宁夏、青海、新疆	29	9.15%
华南	广东、广西、海南	27	8.52%
东北	辽宁、吉林、黑龙江	22	6.94%
合计		317	100%

从院校分布情况看，317个体育教育专业主要分布在综合类、师范类院校，分别布点145个、117个，分别占45.74%、36.91%，这两类院校的布点数约占总布点数82.65%。其次布点在理工类、体育类、民族类院校，分别布点17个、16个、14个，分别占5.36%、5.05%、4.42%。少数布点在农林类、医药类、艺术类、政法类院校，分别布点4个、2个、1个、1个，共占2.52%（图5-5）。

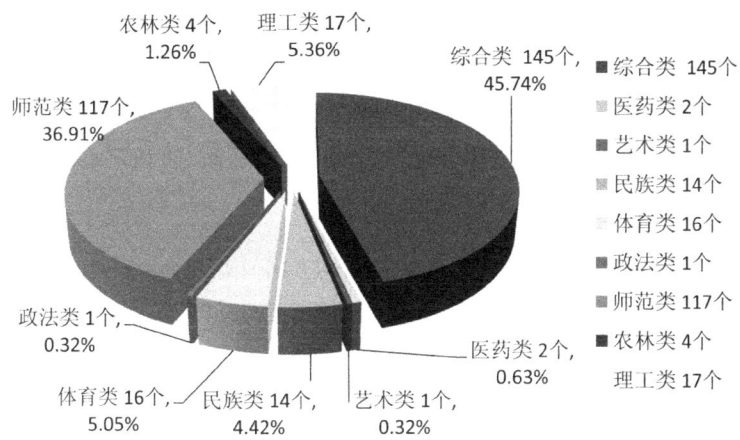

图5-5　2015年体育教育专业在不同类型院校分布示意

2. 运动训练专业

从省域分布情况看，91个运动训练专业主要分布在辽宁、吉林、山东、河南、广东、湖南、江西，七省共布点42个，占总数的46.15%；大多数省份运动训练专业点为2或3个；宁夏、海南、贵州和云南各布点1个，只有西藏未设运动训练专业点（图5-6）。

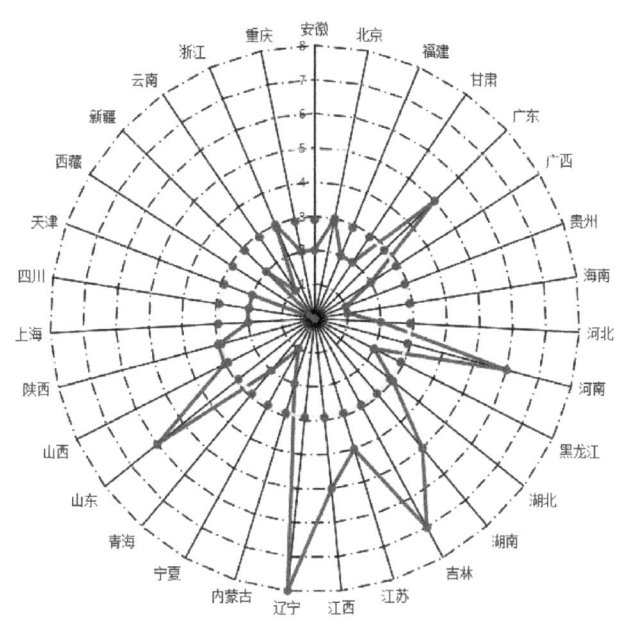

图5-8　2015年运动训练专业各省布点示意

从区域分布情况看，91个运动训练专业主要分布在华东、东北、华中、华北地区，分别布点24个、17个、14个、12个，分别占比26.37%、18.68%、15.38%、13.19%，4个地区的布点数占总布点数73.62%。其他的分布在西北、华南、西南地区，分别布点10个、8个、6个，分别占10.99%、8.79%、6.59%（表5-9）。

表5-9　2015年运动训练专业点（91个）区域分布示意

区域	省份	数量（个）	百分比
华东	山东、上海、江苏、浙江、安徽、江西、福建	24	26.37%
东北	辽宁、吉林、黑龙江	17	18.68%
华中	湖北、湖南、河南	14	15.38%
华北	北京、天津、河北、山西、内蒙古	12	13.19%
西北	陕西、甘肃、宁夏、青海、新疆	10	10.99%
华南	广东、广西、海南	8	8.79%
西南	四川、重庆、贵州、云南、西藏	6	6.59%
合计		91	100%

从院校分布情况看，91个运动训练专业主要分布在师范类、综合类院校，分别布点36个、32个，分别占39.56%、35.16%，两类院校的布点数约占总布点数的74.72%。另外，体育类院校布点15个，占总布点数的16.48%；理工类院校布点6个，占总布点数的6.59%；民族类院校布点2个，占总布点2.19%。农林类、医药类、财经类、政法类、艺术类院校没有布点（图5-7）。

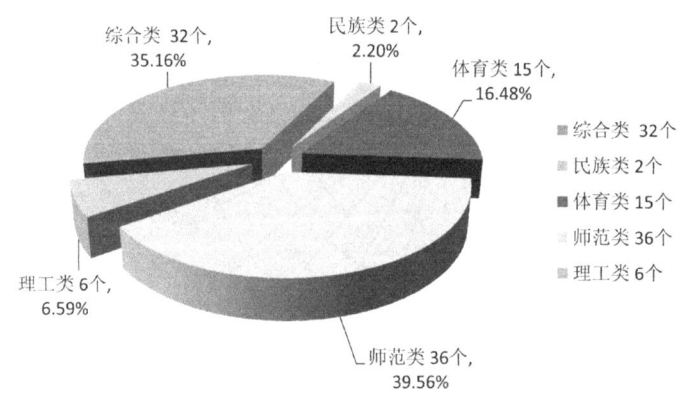

图5-7　2015年运动训练专业在不同类型院校分布示意

3. 社会体育指导与管理专业

从省域分布情况看，273个社会体育指导与管理专业主要分布在河南、湖南、四川、湖北、江西、山东，六省共布点99个，占总数的36.26%；布点数较少的省份有：西藏、宁夏、甘肃、重庆、海南和上海，六省（区、市）共布点13个，占总数的4.76%；只有青海未布点（图5-8）。

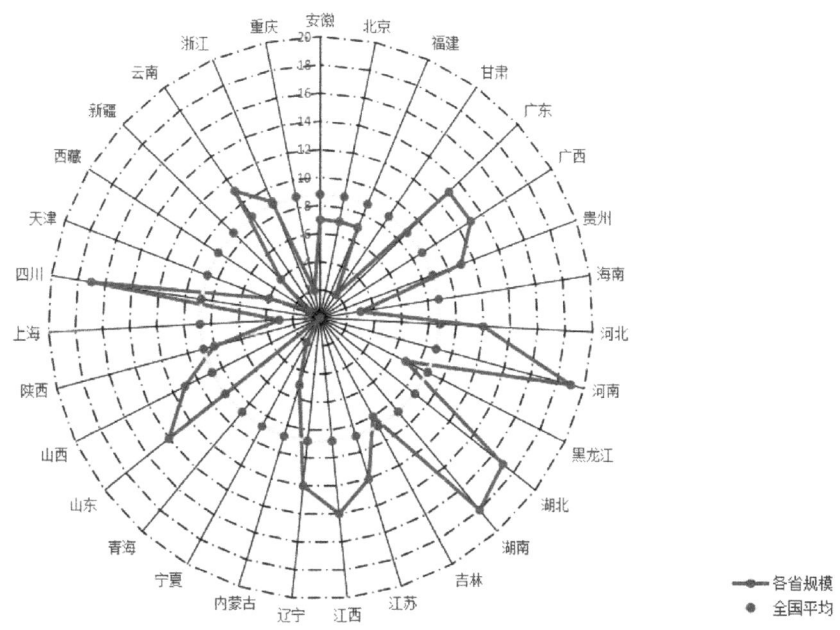

图5-8　2015年社会体育指导与管理专业各省布点情况

从区域分布情况看，273个社会体育指导与管理专业主要分布在华东、华中、西南地区，分别布点66个、54个、42个，分别占比24.18%、19.78%、15.38%，3个地区的布点数约占总布点数的59.34%。其他分布在华北、华南、东北、西北地区，分别布点39个、29个、27个、16个，分别占比14.29%、10.62%、9.89%、5.86%（表5-10）。

表5-10　2015年社会体育指导与管理专业点（273个）区域分布示意

区域	省份	数量（个）	百分比
华东	山东、上海、江苏、浙江、安徽、江西、福建	66	24.18%
华中	湖北、湖南、河南	54	19.78%
西南	四川、重庆、贵州、云南、西藏	42	15.38%
华北	北京、天津、河北、山西、内蒙古	39	14.29%
华南	广东、广西、海南	29	10.62%
东北	辽宁、吉林、黑龙江	27	9.89%
西北	陕西、甘肃、宁夏、青海、新疆	16	5.86%
合计		273	100%

从院校分布情况看，273个社会体育指导与管理专业主要分布在综合类、师范类、理工类、体育类院校，分别布点110个、81个、27个、16个，分别占40.29%、29.67%、9.90%、5.86%，这四类院校的布点数约占总布点数85.71%。其他少数布点在民族类、财经类、农林类、医药类、政法类院校，分别布点12个、11个、8个、7个、1个，分别占4.40%、4.03%、2.93%、2.56%、0.37%（图5-9）。

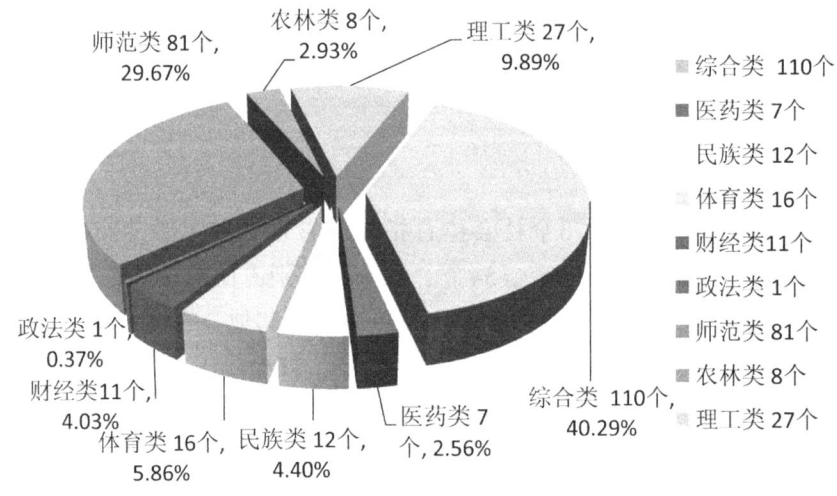

图5-9　2015年社会体育指导与管理专业在不同类型院校分布示意

4.武术与民族传统体育专业

从省域分布情况看，51个武术与民族传统体育专业河南省布点最多，布点6个，占总数的11.76%；其次是山东、江苏、天津，共布点11个，占总数比21.57%；西藏和新疆未设点；其他省（区、市）布点1~2个（图5-10）。

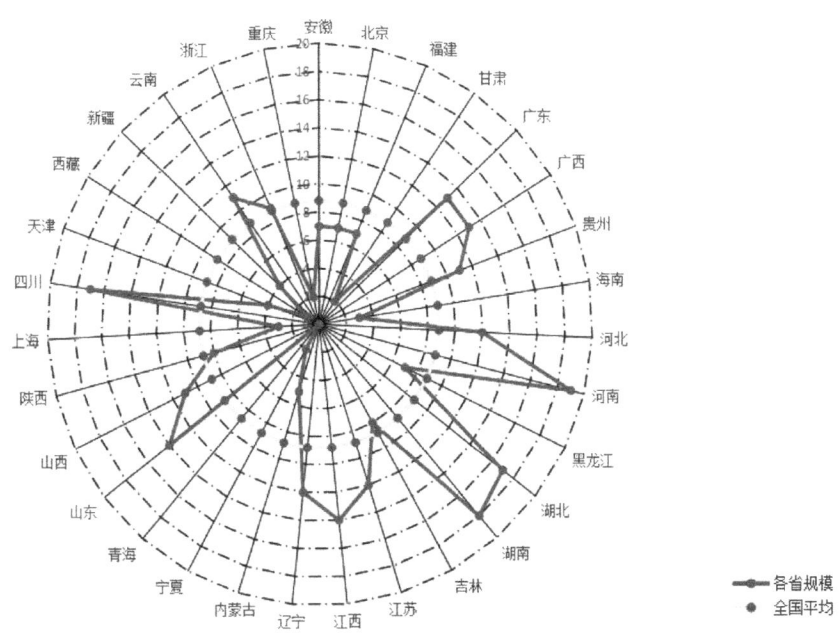

图5-10　2015年武术与民族传统体育专业各省布点示意

从区域分布情况看，51个武术与民族传统体育专业主要分布在华东、华北、华中、东北地区，分别布点14个、10个、8个、6个，分别占27.45%、19.61%、15.69%、11.76%，四个地区的布点数约占总布点数74.51%。其他分布在西北、西南、华南地区，分别布点5个、5个、3个，分别占9.80%、9.80%、5.88%（表5-11）。

表5-11　2015年武术与民族传统体育专业点（51个）区域分布示意

区域	省份	数量	百分比
华东	山东、上海、江苏、浙江、安徽、江西、福建	14	27.45%
华北	北京、天津、河北、山西、内蒙古	10	19.61%
华中	湖北、湖南、河南	8	15.69%
东北	辽宁、吉林、黑龙江	6	11.76%
西北	陕西、甘肃、宁夏、青海、新疆	5	9.80%
西南	四川、重庆、贵州、云南、西藏	5	9.80%
华南	广东、广西、海南	3	5.88%
合计		51	100%

从院校分布情况看，51个武术与民族传统体育专业主要分布在师范类、体育类、综合类院校，分别布点18个、16个、12个，分别占35.29%、31.37%、23.53%，三类院校的布点数约占总布点数90.20%。其他少数分布在民族类、理工类院校，分别布点4个、1个，分别占7.84%、2.00%。农林类、医药类、财经类、政法类、艺术类院校没有布点（图5-11）。

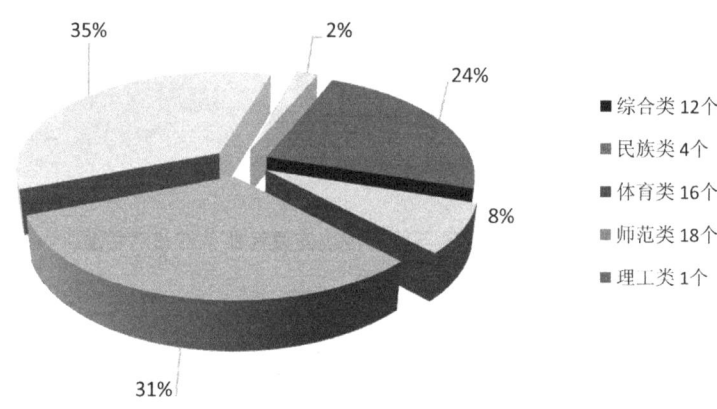

图5-11　2015年武术与民族传统体育专业在不同类型院校分布示意

5. 运动人体科学专业

从省域分布情况看，30个运动人体科学专业主要分布在湖北、山东，各布点3个；青海、西藏、宁夏、甘肃、海南、新疆、内蒙古、福建、安徽、贵州、广西未布点；其余省（区、市）布点1～2个（图5-12）。

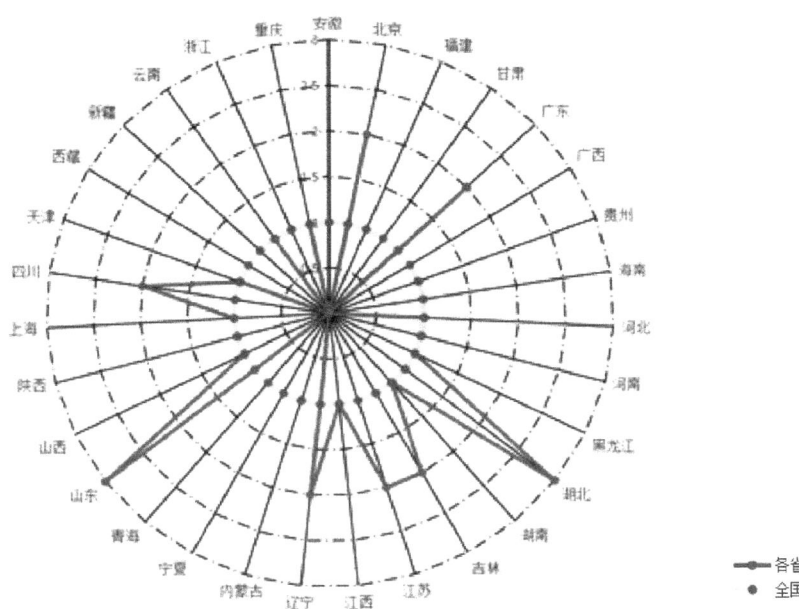

图5-12　2015年运动人体科学专业各省布点示意

　　从区域分布情况看，30个运动人体科学专业布点数最多的为华东地区，布点8个，占总布点数26.67%；其次是华中、华北、东北地区，各布点5个，各占总布点数16.67%，四个地区的布点数约占总布点数76.68%。另外，在西南地区布点4个，占总布点数13.33%；在华南地区布点2个，占总布点数6.67%；在西北地区布点1个，占总布点数3.33%（表5-12）。

表5-12　2015年运动人体科学专业点（30个）区域分布示意

区域	省份	数量	百分比
华东	山东、上海、江苏、浙江、安徽、江西、福建	8	26.67%
华中	湖北、湖南、河南	5	16.67%
华北	北京、天津、河北、山西、内蒙古	5	16.67%
东北	辽宁、吉林、黑龙江	5	16.67%
西南	四川、重庆、贵州、云南、西藏	4	13.33%
华南	广东、广西、海南	2	6.67%
西北	陕西、甘肃、宁夏、青海、新疆	1	3.33%
合计		30	100%

从院校分布情况看，30个运动人体科学专业分布在体育类、医药类、综合类、师范类院校，分别布点15个、7个、5个、3个，分别占50.00%、23.33%、16.67%、10.00%。理工类、民族类、农林类、财经类、政法类、艺术类院校没有布点（图5-13）。

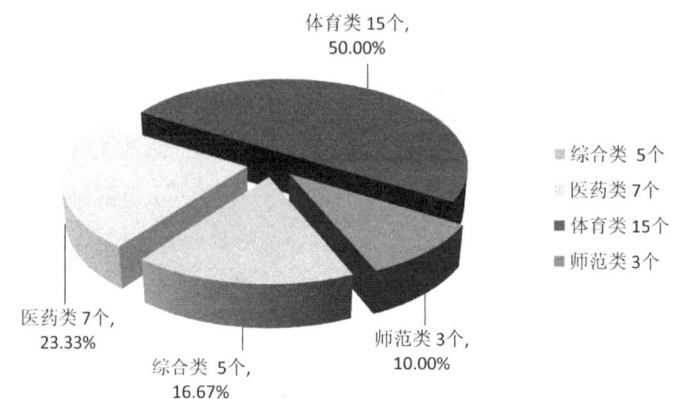

图5-13　2015年运动人体科学专业在不同类型院校的分布示意

6. 运动康复专业

从省域分布情况看，42个运动康复专业主要分布在辽宁、山东、河北、黑龙江、湖北、贵州，六省共布点21个，占总数的一半；西藏、新疆、宁夏、海南、甘肃、福建、安徽、青海、河南未布点；其余省（区、市）布点1～2个（图5-14）。

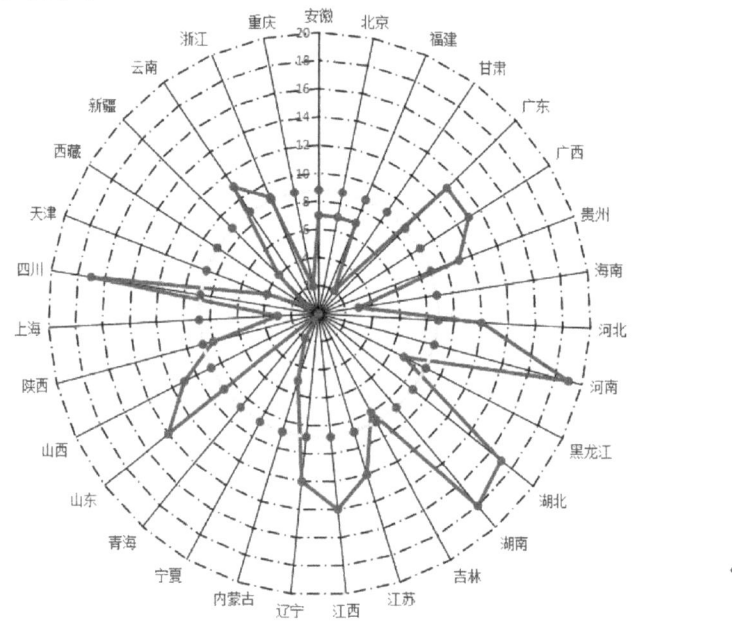

图5-14　2015年运动康复专业各省学校布点示意

　　从区域分布情况看，42个运动康复专业布点数最多的为华北、华东和东北地区，各有9个布点，各占总布点数21.43%；其次是西南地区，布点7个，占16.67%，四个地区的布点数约占总布点数80.96%。另外，在华中地区布点4个，占总布点数9.52%；在华南地区布点3个，占总布点数的7.14%；在西北地区布点1个，占总布点数2.38%（表5-13）。

表5-13　2015年运动康复专业点（42个）区域分布示意

区域	省份	数量	百分比
华东	山东、上海、江苏、浙江、安徽、江西、福建	9	21.43%
华北	北京、天津、河北、山西、内蒙古	9	21.43%
东北	辽宁、吉林、黑龙江	9	21.43%
西南	四川、重庆、贵州、云南、西藏	7	16.67%
华中	湖北、湖南、河南	4	9.52%
华南	广东、广西、海南	3	7.14%
西北	陕西、甘肃、宁夏、青海、新疆	1	2.38%
合计		42	100%

　　从院校分布情况看，42个运动康复专业主要分布在体育类院校，布点15个，占35.71%；其次分布在医药类院校，布点14个，占33.33%；另外，在师范类、综合类、理工类院校，分别布点6个、6个、1个，分别占14.29%、14.29%、2.38%。民族类、农林类、财经类、政法类、艺术类院校没有布点（图5-22）。

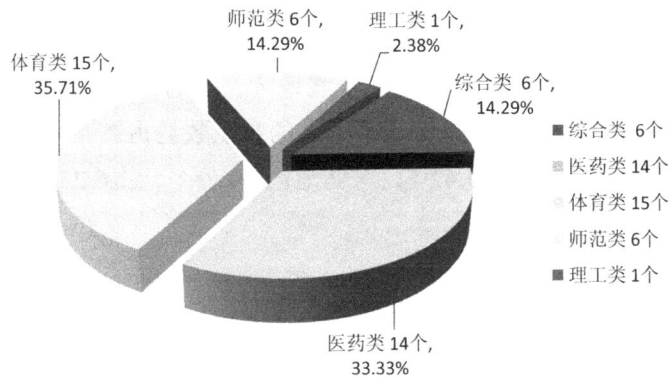

图5-22　2015年运动康复专业在不同类型院校分布示意

7. 休闲体育专业

从省域分布情况看，48个休闲体育专业主要分布在四川、安徽、湖北、江苏，共布点21个，占总数43.75%；西藏、新疆、宁夏、甘肃、青海、河南、重庆、内蒙古、广西、湖南、天津未布点，其他省（区、市）布点1～3个（图5-23）。

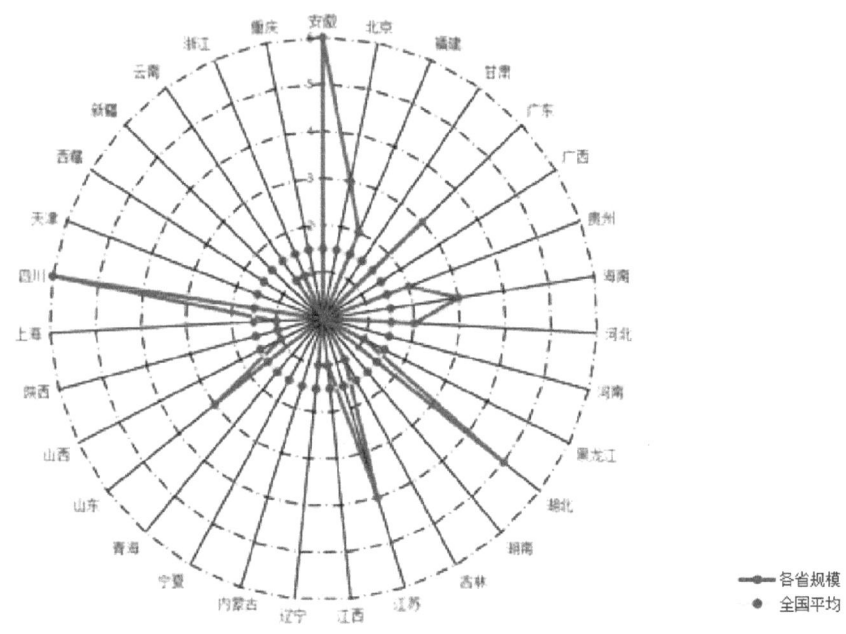

图5-23　2015年休闲体育专业各省布点示意

从区域分布情况看，48个休闲体育专业布点数最多的为华东地区，布点18个，占37.50%；其次是西南、华南和华北地区，分别布点9个、6个、6个，分别占18.75%、12.50%、12.50%，四个地区的布点数约占总布点数81.25%。另外，华中地区布点5个，占10.42%；东北地区布点3个，占6.25%；西北地区布点1个，占2.08%（表5-14）。

表5-14   2015年休闲体育专业点（48个）区域分布示意

区域	省份	数量	百分比
华东	山东、上海、江苏、浙江、安徽、江西、福建	18	37.50%
西南	四川、重庆、贵州、云南、西藏	9	18.75%
华南	广东、广西、海南	6	12.50%
华北	北京、天津、河北、山西、内蒙古	6	12.50%
华中	湖北、湖南、河南	5	10.42%
东北	辽宁、吉林、黑龙江	3	6.25%
西北	陕西、甘肃、宁夏、青海、新疆	1	2.08%
合计		48	100%

从院校分布情况看，48个休闲体育专业主要分布在综合类和体育类院校，分别布点16个、14个，分别占总布点数33.33%、29.17%；其次分布在师范类、财经类、理工类院校，分别布点9个、4个、2个，分别占总布点数18.75%、8.33%、4.17%；另外，在医药类、农林类、艺术类各布点1个，各占2.08%。民族类、政法类院校没有布点（图5-25）。

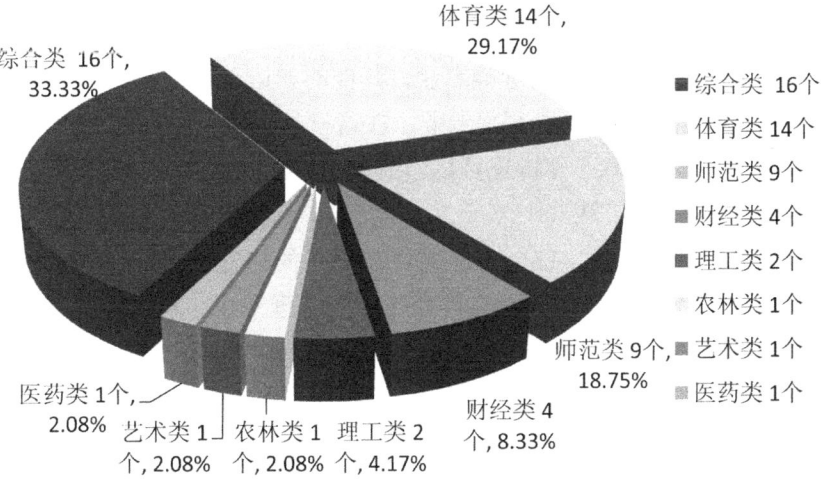

图5-25   2015年休闲体育专业在不同类型院校分布示意

　　通过以上统计分析可见：第一，体育学类本科专业区域、省域分布现状与区域、省域的经济发展水平、高等院校布点数量成正相关。经济是体育的基础，体育的发展有赖于经济的发展。华东、华中、华北地区经济相对发达，对体育专业人才的需求也相应较大，同时这些地区高等教育整体水平较高，高等院校布局数量较多，所以专业布点数也相应较多。体育学类本科专业省域分布情况与区域分布情况基本一致，布点较多的省（区、市）多位于布点较多的区域。因此，区域发展不平衡是我国体育学类本科专业教育的现状，需要促进中东部地区与西部地区的教育交流与合作，加强西部地区体育学类本科专业建设，使体育学类本科专业结构的区域分布更加合理。第二，体育学类本科专业布点现状与高等教育发展历程与趋势基本契合。20世纪90年代以来，随着高等教育的跨越发展，许多专业性、单科性、多科性院校纷纷向综合类院校转变，这些院校纷纷设置体育学类本科专业，约占总布点数的37%。同时，原来承担体育专业人才培养的院校也通过优化人才培养类型，增加了专业布点数（约占32%）。第三，体育学类本科专业院校类型分布现状与高校的办学类型、办学特色紧密相关。例如，体育教育专业作为具有鲜明特色的传统专业，布点数占体育学类专业总数的比例最大，在综合类、师范类院校中布点最多（分别约占46%和37%）。在培养运动人体科学、运动康复专业人才方面，体育类、医药类院校有明显优势，承担了绝大部分的培养任务（这两类院校运动人体科学专业布点累计占比73%左右，分别约为50%和23%，运动康复专业布点累计占比69%左右，分别约为36%和33%）；体育类院校还在培养休闲体育专业人才方面有着得天独厚的优势，占该专业布点数的29%。少数农林类、财经类、政法类院校，根据自身办学实际和所处地区对人才需求的具体情况，选择性开办了体育教育、社会体育指导与管理等专业；其他的如运动训练、武术与民族传统体育、运动人体科学、运动康复等专业，在这三类院校中没有布点。

　　此外，通过以上统计分析还可以看到体育学类本科专业及分专业的规模发展情况（表5-15）：从2005年至2015年，体育学类本科专业布点数增长迅速，总布点数从2005年的513个，增加到2015年的852个，增长了66.08%。就具体专业而言，增长最多的是社会体育指导与管理专业，从2005年的144个，增加到2015年的273个，增长了89.58%。其次是运动训练专业，从2005年的60个，增加到2015年的91个，增长了51.67%。武术与民族传统体育专业，从2005年的34个，增加到2015年的51个，增长了50%。还有，体育教育专业从2005年的250个，增加到2015年的317个，增长了26.8%；运动人体科学专业，从2005年的25个，增加到2015年的30个，增长了20%。另外，运动康复（即原来的运动康复与健康）专业和休闲体育专业，2013年布点数分别为26个和35个，2015年布点数分别达到42和48个，分别增长了61.54%和37.14%，发展速度尤为显著。可见，随着经济社会的快速发展，社会对各类体育专业人才的需求在不断增加，国家对体育学类本科专业建设和各类体育人才培养的支持力度也在不断加大。

表5-15　2005年至2015年我国体育学类本科专业点数目变化一览

专业＼年份	2005	2006	2007	2009	2013	2015	增长率%
体育教育	250	260	274	287	313	317	26.80
社会体育指导与管理	144	175	188	138	266	273	89.58
运动人体科学	25	26	27	28	29	30	20.00
运动训练	60	67	70	81	88	91	51.67
武术与民族传统体育	34	39	40	43	47	51	50.00
运动康复	—	—	—	—	26	42	61.54
休闲体育	—	—	—	—	35	48	37.14
总计	513	567	599	577	804	852	66.08

五、我国体育学类本科专业人才培养情况分析

为全面考察我国体育学类本科专业人才培养情况，以下从招生数、在校生数、毕业生数三个方面，对体育学类本科专业和7个分专业的人才培养现状分别进行了统计分析。

（一）体育学类本科专业人才培养总体情况

在1991年至2015年的25年发展历程中，随着体育学类本科专业布点数的增加，专业招生人数也持续增长。至2015年，体育学类本科专业总在校生人数达到28万，人才培养规模扩大，较好地满足了社会发展对体育专业人才的需求。

从招生数看，1991年为2720人，五年后的1996年为8267人，2001年为28674人（其中1998年突破万人大关，招生数为12065人），2006年为52127

人，2011年为67077人，四个五年间，涨幅分别约为203.93%、246.85%、81.79%、28.68%。2014年小幅增长至70351人。2015年规模稳定且略增到70567人。

从毕业生数看，1991年为2469人，五年后的1996年为6020人，2001年为9620人，2006年为36976人（其中2002年突破万人大关，毕业生数为12121人），2011年为53799人，四个五年间，涨幅分别约为143.82%、59.80%、284.37%、45.50%。2013年大幅增长到61105人。2014年小幅增长至62272人。2015年继续攀升到63113人。

从在校生数看，1991年为10283人，五年后的1996年为28254人，2001年为81908人，2006年为197288人（其中2002年突破十万人大关，在校生数为106611人），2011年为251500人（其中2007年突破二十万人大关，在校生数为208809人），四个五年间，涨幅分别约为174.76%、189.90%、140.87%、27.48%。2014年小幅增长至276107人。2015年继续攀升到280274人。（图5-26、5-27）

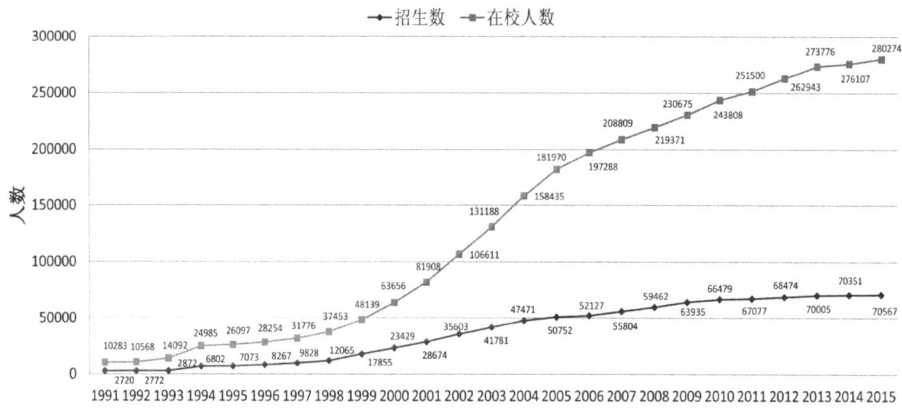

图5-26　1991年至2015年体育学类本科生招生和在校生人数示意

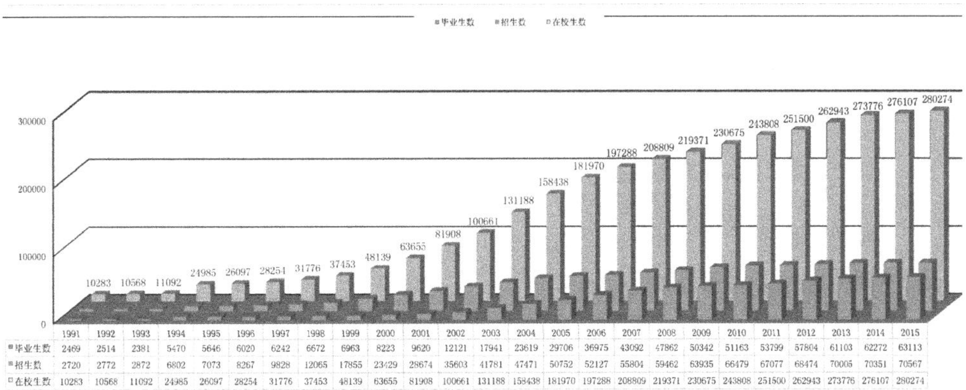

图5-27　1991年至2015年体育学类本科生招生数、毕业生数和在校生数示意

以2014年为例（表5-8），体育学类各本科专业毕业生数约为6.2万人，招生数约为7万人，在校生数约为27.6万人。其中，体育教育专业毕业生数约3.4万人、招生数约3.5万人、在校生数约14.5万人，运动训练专业毕业生数约1.3万人、招生数约1.2万人、在校生数约5.2万人，社会体育指导与管理专业毕业生数约1万人、招生数约1.5万人、在校生数约5.4万人，武术与民族传统体育专业毕业生数约2500人、招生数约2500人、在校生数约1万人，运动康复专业毕业生数约500人、招生数约1500人、在校生数约4100人，休闲体育专业毕业生数约300人、招生数约2700人、在校生数约5700人，运动人体科学专业毕业生数约1000人、招生数约1000人、在校生数约4100人。

表5-8　2014年体育学类本科专业学生总体情况一览

专业名称	招生数	毕业生数	在校生数
体育教育	35376	33894	145461
运动训练	12264	13334	51964
社会体育指导与管理	14926	10781	54471
武术与民族传统体育	2554	2481	10276
运动人体科学	1091	971	4094
运动康复	1453	473	4147
休闲体育	2687	338	5694
总计	70351	62272	276107

（二）体育学类本科分专业培养情况

1. 体育学类本科分专业基本情况

2007年体育学类本科专业招生数共计约5.5万人；之后逐年增加，2010年增加到约6.5万人，2014年增加到约7万人。2007年在校生规模约20.5万人；之后逐年增加，2010年增加到约24万人，2014年增加到约27.6万人（图5-28）。

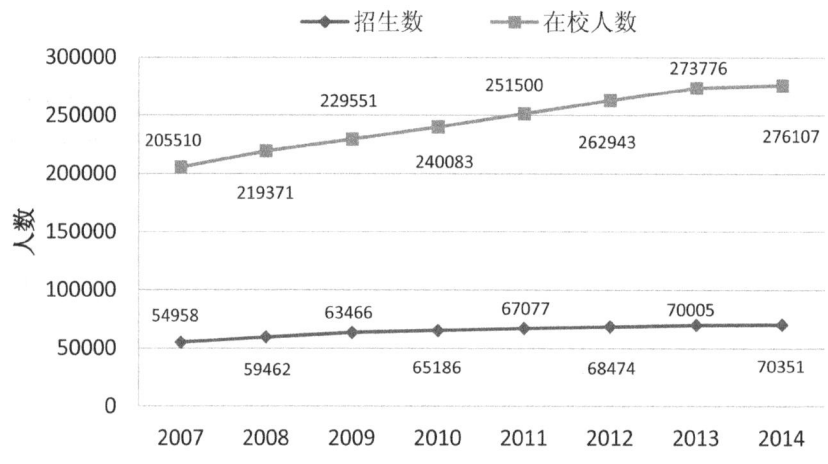

图5-28　2007年至2014年体育学类本科专业招生和在校生人数示意

2. 体育教育专业

2007年体育教育专业招生数约为2.9万人，之后基本保持逐年增加，2010年增加到约3.3万人，2014年增加到近3.5万人。2007年，体育教育专业在校生数约11.2万人；之后逐年增加，2010年增加到约12.7万人，2014年增加到约14.5万人（图5-29）。

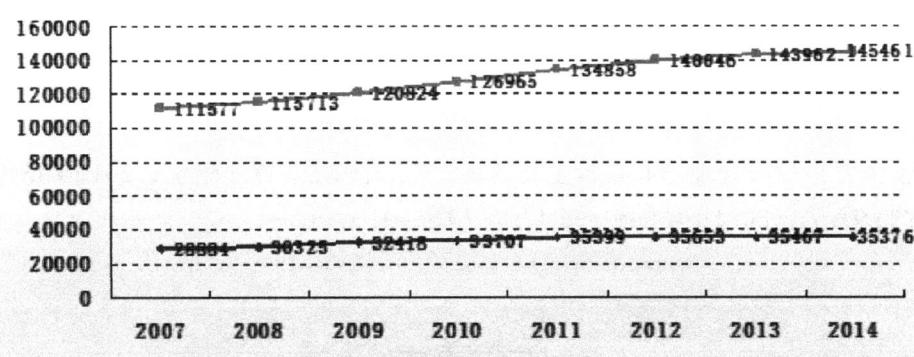

图5-29　2007年至2014年高校体育教育本科专业招生和在校生人数统计示意

3. 运动训练专业

2007年运动训练专业招生数约为1.2万人，2009年增加到约1.4万人，2010年基本保持在1.4万人左右，2011年略缩减至约1.38万人，2013年减少至约1.24万人，2014年减少至约1.23万人。2007年运动训练专业在校生数约为4.8万人；2011年增加到约5.5万人；2013年略有缩减，约为5.3万人；2014年继续小幅缩减，约为5.2万人（图5-30）。

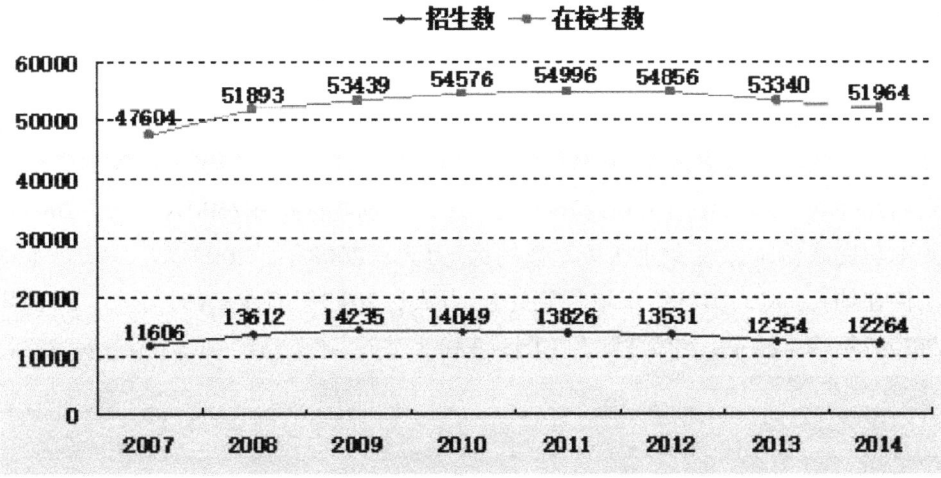

图5-30　2007年至2014年高校运动训练本科专业招生和在校生人数统计示意

4. 社会体育指导与管理专业

2007年社会体育指导与管理专业招生数近1万人，之后逐年增加，2012年约1.4万人，2013年基本保持在1.4万人左右，2014年增加到约1.5万人。2007年社会体育指导与管理专业在校生数约为2.7万人；之后逐年增加，2010年增加到约3.9万人，2014年增加到约5.4万人（图5-31）。

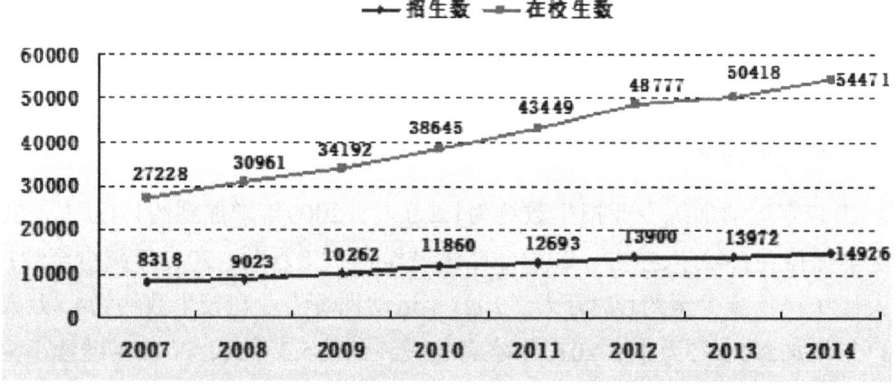

图5-31　2007年至2014年高校社会体育指导与管理本科专业招生和在校生人数统计示意

5. 武术与民族传统体育专业

2007年，武术与民族传统体育专业招生数约为2700人，2008年略增加到约2800人，2009年略缩减至约2700人，2010年继续减少到约2500人，2011年增加到约2800人，2013年减少到约2600人，2014年基本保持在2600人左右。2007年武术与民族传统体育专业在校生数约为1万人；2008年、2009年、2010年基本保持在约1万人，2011年略增长到约1.1万人，2013年缩减到约1万人，2014年与2007年基本持平，约为1万人（图5-32）。

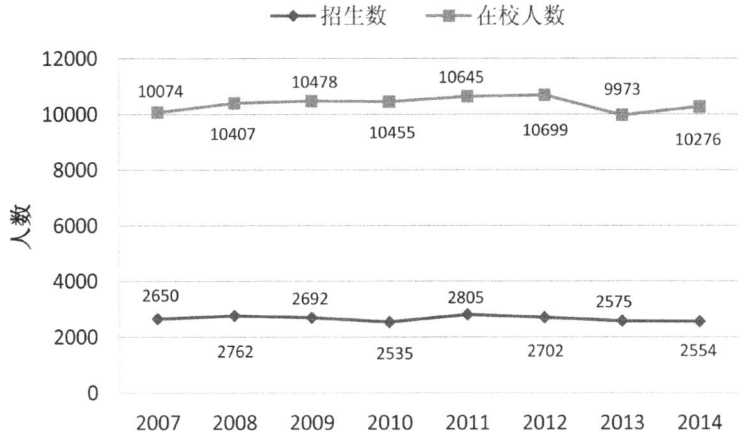

图5-32 2007年至2014年高校武术与民族传统体育本科专业招生和在校生人数统计示意

6. 运动人体科学专业

2007年运动人体科学专业招生数约为900人，2008年基本保持在900人，2009年、2010年略有增加；2011年持续增加到1178人，2013年缩减为1020人，2014年人数有所增加，达到1091人。2007年运动人体科学专业在校生数约为3600人；接下来的2008年、2009年连续小幅缩减，2009年为3439人；2010年回升到3668人，2011年增加到4000人，2013年增加到约4100人，2014年人数与2013年基本持平（图5-33）。

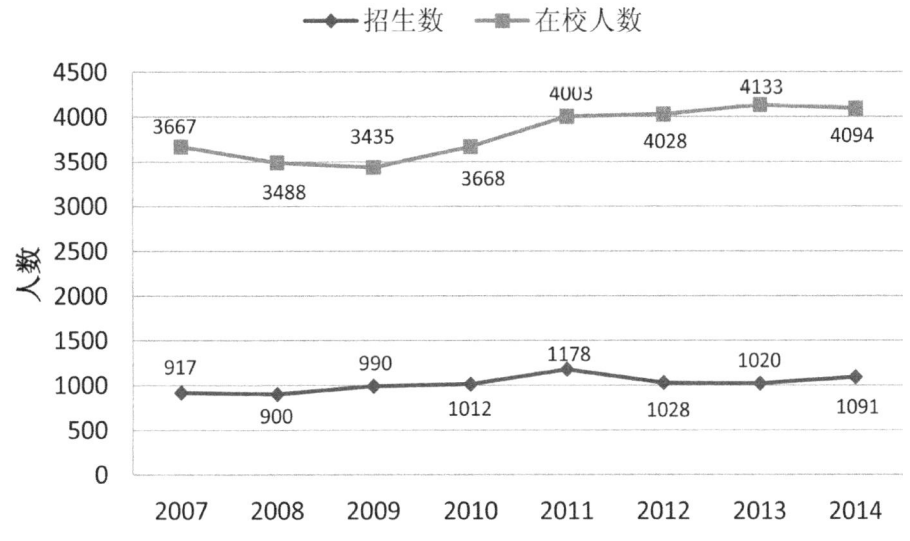

图5-33 2007年至2014年高校运动人体科学本科专业招生和在校生人数统计示意

7. 运动康复专业

2007年运动康复专业招生数约为200人，随后逐年增加，2010年增加到约550人，2011年约为630人，2013年大幅增加到约1300人，2014年小幅增加到约1500人。2007年运动康复专业在校生数约为400人，随后每年以较大幅度增加，2009年约为1300人，2010年约为1600人，2011年约为2100人，2013年陡增到约3300人，2014年继续大幅增加到约4100人（图5-34）。

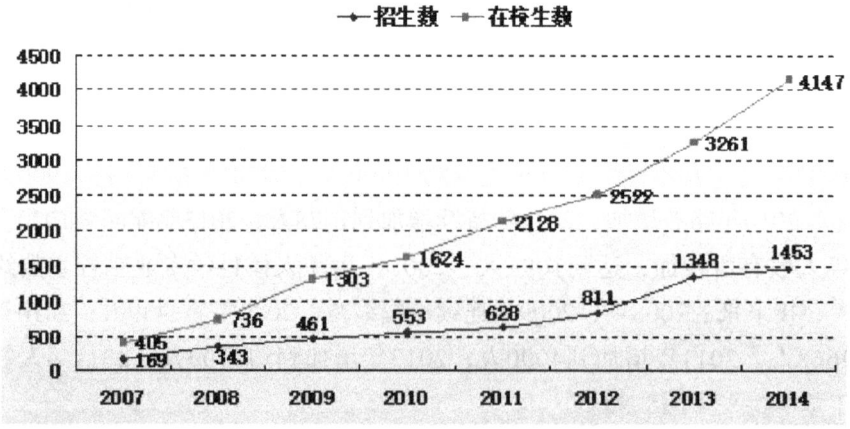

图5-34　2007年至2014年高校运动康复本科专业招生和在校生人数统计示意

8. 休闲体育专业

2007年休闲体育专业招生数约为100人，随后逐年增加，2010年约为300人，2011年大幅增加到约550人，2013年大幅增加到约1700人，2014年陡增到约2700人。2007年休闲体育专业在校生数约为100人，随后逐年增加，2010年约为750人，2011年大幅增加到约1400人，2013年大幅增加到约3400人，2014年陡增到约5700人（图5-35）。

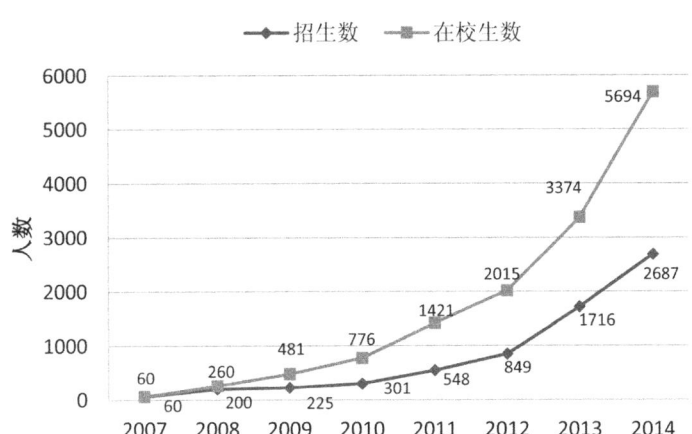

图5-35　2007年至2014年高校休闲体育本科专业招生和在校生人数统计示意

通过以上统计分析可见：第一，体育学类本科专业的开设院校数、总体布点数及人才培养规模大幅增长，较好地满足了我国经济社会发展和体育事业发展的需求。然而，体育学类本科专业教育在规模扩大同时也面临质量提升的问题，需要我们转变发展方式，从过去的重规模和数量转向在稳定规模的基础上拼质量和内涵。第二，体育学类本科各专业的招生规模基本稳定，体育教育专业的招生数量远远超过其他专业。体育学类本科专业设置主要以上专业为主，其中体育教育专业最为普遍。在新增的体育学类本科专业中，师范类院校新增数量明显多于其他类型院校，这与体育教育专业占比较大有直接关系。师范类院校在增加体育教育专业数量的同时，需要结合新时期教师教育的特点和深化教师教育改革的要求，围绕培养造就高素质专业化体育教师的目标，在传统教师教育优势基础上，深化改革，创新体育教育专业人才培养模式，全面提高培养质量。第三，体育学类本科专业的整体招生规模与专业设置数量呈正比，即体育教育本科专业招生数量与专业数量明显多于其他专业，运动人体科学专业和运动康复专业的招生规模最小，专业数量最少，在保证主体专业教育质量的同时，需要兼顾其他专业的整体协调发展。长期以来，体育学类本科专业教育延续着单一专业发展思维，在人才培养方案的制定上呈现出单一专业发展逻辑，缺乏整体性思维和统一的标准，不利于体育学类本科专业的发展和人才培养质量的提升。扭转这一局面，迫切需要以专业类群发展的整体思维，构建符合体育学类本科专业发展需求的"体育专业国家标准"，以利于进一步推动体育学类本科专业的快速健康持续发展。

六、我国体育学类本科专业教学质量国家标准研制与解读

（一）研制的基本范式、原则与依据

1. 研制的基本范式

"体育专业国家标准"的研制，采用了"小范围设计研究—大范围组织讨论—小范围决策研究"，即"总—分—总"的基本范式，并经过会议研讨、专家调查、国际比较和征集人才培养方案等环节，反复修订完善而成。

2. 研制的基本原则

研制工作领导小组和各专业研制小组积极贯彻落实教育部关于本科专业类教学质量国家标准研制工作的有关精神和要求，从统一指导思想、明确基本原则、确定基本要求、规范研制程序等几个方面展开研制工作。具体来说，"体育专业国家标准"的研制坚持了以下六条原则：①"立德树人"的原则，强调育人为本、德育为先，进一步巩固马克思主义的指导地位；强调遵循教育教学规律，进一步明确创新创业教育的目标要求，做到准、简、实、显；全面反映思想品德修养、创新思维和社会实践、全面发展和个性发展紧密结合的人才培养要求；②"基础作用"的原则，坚持把国家标准的研制、实施作为理顺高等教育"管、办、评"三者关系的重要举措，作为引导高校深化改革、内涵发展、提高质量的重要前提，发挥国家标准在开展人才培养实践和衡量人才培养水平中的基础性作用；③"三位一体"的原则，按照"专业类教学质量国家标准是专业类人才培养的基本要求，作为设置本科专业、指导专业建设、评价专业教学质量的依据"这一总体要求开展研制工作，努力实现准入标准、建设标准、评价标准三者有机统一；④"大小适用"的原则，强调课程的设置与人才培养目标定位相匹配；⑤"刚柔并济"的原则，强调要充分认识没有标准不利于提高高等教育整体质量，过于刚性又不符合引导学校特色发展和实现人才培养多样化的要求，确保规范性与多样化相统一；⑥"改革创新"的原则，牢固树立以国家标准引导教育教学改革的思想，一方面把最新教学改革成果吸收到标准研制中，另一方面通过标准实施促进教学内容和课程体系改革，形成专业建设和教学改革新机制，推动建立具有中国特色、世界水平的体育学类本科专业人才培养质量标准体系。

3. 研制的基本依据

由于我国开设体育学类本科专业的院校众多，办学历史传统不一，院校发展不平衡，专业间差异大。因此，"体育专业国家标准"制定过程必须遵循以下基本依据。

（1）寻找"最大公约数"——规范基本办学、基础建设

国家标准的第一个功能是"准入标准"功能。教学质量国家标准是专业类人才培养的基本要求，这就决定了国家标准首先要明确"最低标准"的要求。对体育学类专业来说，就是要找出7个专业的共性要求，也就是寻找"最大公约数"。本次研制的"体育专业国家标准"较好地体现了这一点。例如，对整个体育学类共7个专业的培养目标、培养规格、学制学分学位、师资队伍、教学条件、教学经费、质量保障等，提出了明确的共同目标和要求。同时，根据7个专业的属性特点，提出了分专业的培养目标和知识体系要求。特别是对在人才培养过程中起关键作用的课程设置，合理地提出了"7+3"模式，也就是规定7个专业都应开设7门共同的基础课程和各专业开设3门独自的最核心课程。通过以上举措，确保整个体育学类本科专业教学质量。

《21世纪的高等教育：展望与行动世界宣言》指出："高等教育应主要关心培养学生的创业技能和主动精神，毕业生不再仅仅是求职者，首先将成为工作岗位的创造者"。这既符合当今世界各国将"创业教育"作为高等教育改革的新内容，也符合世界各国体育专业标准把创业教育作为其重要组成部分的发展新趋势。因此，"体育专业国家标准"坚持把创新创业教育融入人才培养全过程各环节，从培养目标、规格、知识体系、课程设置、实践教学平台，师资队伍建设、专业建设经费等方面规范了体育学类本科专业创新创业人才培养的基本要求，尤其对体育教育以外的6个专业，提出可结合专业特点开设相关创新创业教育课程。

（2）实行"内容最小化"——鼓励多元发展、特色办学

国家标准的第二个功能是"建设标准"功能。由于"十一五"期间，高等学校体育教学指导委员会研制的"专业规范"是面向具体专业，而"体育专业国家标准"则要求面向专业类。这就要求"体育专业国家标准"的研制必须摆脱具体专业的约束，搭建适合的专业类平台，实现类与专业的有机结合。当然，从原先的1个"体育"专业发展到如今的体育学类7个专业，并不是从原来的"一刀切"演变成"切七刀"。同时，从高水平大学到一般普通高校再到新办本科院校，从已有百年办学历史的专业到正在提高办学层次的专业再到近期新办的专业，院校、专业之间的差异很大，这就决定了国家标准不能"管得太多、统得过死"。因此，"体育专业国家标准"应该允许并鼓励各高校找准自己的角色定位，培养出特色鲜明、能满足社会需求的体育专业人才。为了体现这一思想，"体育专业国家标准"作出了一系列规定。例如，关于总学分，规定了140～170学分这一有较大弹性的范围，规定每门课程的学分可以根据专业、学校特点自行设定；在基础课程和核心课程方面，在"7+3"模式基础上，也赋予了各高校各专业较大的自主权，形成了"7+3+X"模式，"X"是指根据各专业的培养目标而设立的专业核心课程，对"X"课程的门数和学分不做具体规定，既可在标准推荐的范围内选择，也可根据专业、学校特点自主设置；同时还设有属于选修课程范围的"专业拓展课程"模块等。以上这些设计有利于鼓励高校多元发展、特色办学。

"体育专业国家标准"具有明显的规约性和指导性特点，不同类型院校办体育学类本科专业都需要"达标"。由于各高校侧重点的异同，在同专业名称下，各高校根据需要有所侧重，以保持其特色，例如有的侧重能力的增强，有的侧重运动技能的掌握，有的侧重素质的提高，有的则侧重知识的掌握等。"体育专业国家标准"提出了针对不同类型高校的体育学类专业知识结构建议模型（图5-36）。首先，只要办的是体育学类本科专业，都应执行该标准。其次，在坚持"应用型人才"这一体育学类本科专业培养总体目标的前提下，强调高水平大学应侧重于培养创新型人才，一般普通高校应侧重于培养技能型人才，新建本科院校应侧重于培养技术型人才。

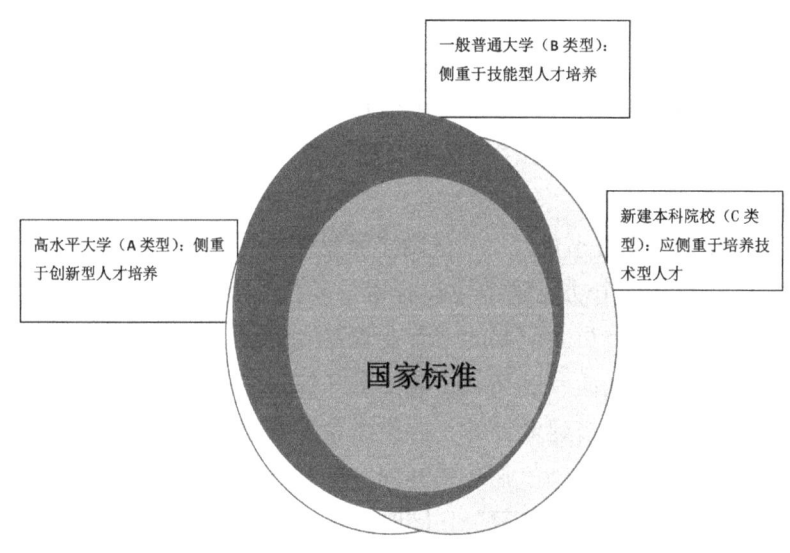

图5-36 不同类型高校体育学类专业知识结构建议模型示意

　　国家标准尽量赋予不同类型高校更多的自主发展空间，考虑不同类型高校的办学水平不尽相同，给予新建本科院校的空间较小，给予一般普通高校的空间较大，给予高水平大学的空间最大，也就是办学条件越成熟、办学水平越高的高校，其自主权越大。不同类型的高校可以根据人才培养目标和具体办学实际，构建独具特色的人才培养知识结构。

　　（3）紧扣"目标具体化"——促进科学评价、持续发展

　　国家标准的第三个功能是"评价标准"功能。它是衡量各专业教育教学质量和人才培养水平的重要标准。体育学类各专业的人才培养目标都主要定位在培养"应用型人才"，因此"体育专业国家标准"在"质量管理"方面，除了要求构建包括专业定位、办学思路、培养目标、课程设置、管理评审、教学评估等一系列完整的教学质量监控体系外，还特别强调要"建立毕业生跟踪反馈机制和社会评价机制，利用质量监控结果、毕业生跟踪反馈结果，及时改进人才培养工作"，重点放在教学过程质量监控机制、毕业生跟踪反馈机制、社会评价机制上。而且，在研制"体育专业国家标准"过程中，还特别注重以毕业生跟踪反馈结果的运用，倒逼人才培养方案设定、尤其是课程体系设置的反思。例如，研制组参考了教育部2013年向社会公布的2012年和2013年全国、各地就业率较低的专业名单（主要指体育学类本科专业，表5-9、5-10），在基础课程和核心课程的确定过程中，经过多次深入研讨和课程反思，目的是更好地培养"应用型"人才，提高毕业生就业率。从专业相关度看，无论是综合类院校还是体育类院校，多数毕业生从事的工作与自己所学专业密切相关。

表5-9　教育部公布的2012年、2013年全国就业率较低的专业名单一览[1]

序号	专业名称	序号	专业名称
1	食品卫生与营养学	9	表演
2	生物科学	10	艺术设计学
3	旅游管理	11	播音与主持艺术
4	社会体育指导与管理	12	音乐表演
5	市场营销	13	电子商务
6	动画	14	贸易经济
7	知识产权	15	公共事业管理
8	广播电视编导		

---

[1] 教育部公布就业率较低本科专业名单. 教育部门户网站［EB/OL］. http：//www. moe. edu. cn/publicfiles/business/htmlfiles/moe/s5147/201410/175978. html.

表5-10 教育部公布的2012年、2013年各地就业率较低的专业名单一览[1]

序号	省份	专业名称
1	山西	社会体育指导与管理
2	黑龙江	武术与民族传统体育、运动训练、体育教育
3	江苏	社会体育指导与管理
4	福建	体育教育
5	湖北	社会体育指导与管理
6	广西	社会体育指导与管理
7	贵州	运动训练
8	云南	体育教育
9	新疆	社会体育指导与管理

（二）我国体育学类本科专业教学质量国家标准解读

"体育专业国家标准"由概述，适用专业范围，培养目标与规格，学制、学分与学位，课程体系及说明，专业师资，教学条件，质量管理，附录9个部分组成。

1. 概述

"概述"主要从体育学科在国家建设与社会发展中的地位、体育学科与体育专业的关系、体育学类高等教育的历史与体育专业的历史变迁以及研制"体育专业国家标准"的意义等方面展开。既简明扼要地描绘了我国体育学类高等教育的历史与体育专业的历史变迁，又提纲挈领地论述了体育学科与体育学类专业的关系。

2. 适用专业范围

"体育专业国家标准"适用于教育部2012年颁布的本科专业目录中的体育学类专业，主要包括体育教育（040201）、运动训练（040202K）、社会体育指导与管理（040203）、武术与民族传统体育（040204K）、运动人体科学（040205）、运动康复（040206T）、休闲体育（040207T），以及尚未列入

---

[1] 教育部公布近两年就业率较低的本科专业名单［EB/OL］.http://news.163.com/14/1015/08/A8J8DEQB00014AED.html.

专业目录且与体育学密切相关的新专业，为今后高等学校体育学类本科专业的拓展和发展预设了空间。

3.培养目标与培养规格

建立专业制度以来，关于体育学类本科专业人才培养目标与规格的讨论、争论从未停止，时代发展和形势变化对高等教育体育人才培养提出的要求也不尽相同，因此，在专业理念方面，遇到的最大挑战就是专业定位、培养目标和培养规格三个方面的问题。这也是"体育专业国家标准"研制中需要着力解决的首要问题。

（1）培养目标

培养目标是专业所要培养的人才的方向、规格和要求，是教育目的的具体化[1]。"体育专业国家标准"对培养目标的界定主要围绕教育思想、观念、社会需要和科技水平等方面来展开。同时，鉴于我国体育学类本科专业布点学校类型多样、办学水平不一、专业布点多、各专业特点差异大，为避免只重分层，不重分类的现象，克服专业同质化现象，走多元化人才培养之路，"体育专业国家标准"对培养目标的确立主要出于三个层面的考虑：第一，基本培养目标；第二，分专业培养目标；第三，开放性培养目标。

基本培养目标主要以"体育学类本科专业人才共同的核心素养是什么"为逻辑起点，着力解决"体育学类本科专业培养什么样的人"这一问题。该问题曾经有过多种观点，争议的焦点集中在人才培养类型的表述上，如创新型、复合型、研究型等，表述多样。但似乎没有一种表述可以全面地概括体育学类本科专业人才培养的预期目标。研讨会上与会专家认为体育学类本科专业人才培养应以马克思主义教育观为指导，所培养的人才应具有高度的社会责任感、较好的科学和文化素养、现代教育和健康理念，较强的创新精神、创业意识和创新创业能力等基本素养，同时，应具有系统掌握体育学基本理论、基本技能和基本方法的专业素养。具体而言，体育学类本科专业人才共同的核心素养主要有政治素质、道德情操、科学素养、人文情怀、创新创业意识和能力、健康理念、运动技能、运动人体科学知识、体育人文素养、体育科研能力、职业素养、专业实践能力等。

基于问卷调查和对体育学类本科专业人才培养方案的统计分析，大部分专家和培养单位更倾向于将体育学类本科专业人才培养目标定位为"应用型"人才。如表5—11所示，在专家的问卷调查结果中，认为将培养目标定位为"应用型"的占62.7%，"复合型"的占35.8%，"创新型"的占1.5%；人才培养方

---

［1］潘懋元、王伟廉.高等教育学［M］.福州：福建教育出版社，2007：78-80.

案中将培养目标定位为"应用型"的占46%，"复合型"的占21.7%，没有明确定位哪种类型、只有"专门人才"或"高级专门人才"等描述的占32.3%。

表5-11　专家问卷调查和人才培养方案关于"培养目标定位"的频数一览

		专家调查 (n=67)	体育教育 (n=50)	运动训练 (n=28)	社会体育指导与管理 (n=62)	武术与民族传统体育 (n=13)	运动人体科学 (n=10)	运动康复 (n=14)	休闲体育 (n=12)	专业类别合计 (n=189)
培养目标定位	应用型 频数	42	20	7	34	3	6	5	12	87
	%	62.7	40	25	54.8	23.1	60	35.7	100	46
	复合型 频数	24	17	6	11	5	1	1	0	41
	%	35.8	34	21.4	17.7	38.5	10	7.1	0	21.7
	创新型或不清 频数	1	13	15	17	5	3	8	0	61
	%	1.5	26	53.6	27.4	38.4	30	57.1	0	32.3

可见，无论是针对专家的意向调查，还是针对培养单位实践培养方案的统计分析，其结果都表明多数倾向于将体育学类本科专业人才培养类型定位于"应用型人才"。尽管有部分专家或培养方案将人才培养类型定位为"专门人才""高级专门人才"或"复合应用型人才"，这样目标定位明显存在边界不清晰的问题。"应用型人才"可以理解为是与精于理论研究的学术型人才和擅长实际操作的技能型人才相并行的，既有足够的理论基础和专业素养，又能够理论联系实际将知识应用于实际的人才[1]。因此，把"应用型"作为体育学类本科专业人才培养的基本定位，既与体育学类本科专业的性质相符合，也与更高层次人才培养的目标定位相区别。

分专业培养目标着重解决体育学类不同专业人才培养的个性问题，主要以职业为导向，体现体育领域不同职业对不同专业的知识和能力的要求，有利于制订个性化的培养目标。如体育教育专业主要培养体育教师，体育教育专业的培养目标理应体现现代教育教学理论与方法以及学校体育课程与教学、课外体育锻炼和训练竞赛的基本理论与方法，具备运动技能和较强的体育教育教学能

[1]宋伯宁，宋旭红.山东省高等学校分类研究[M].济南：山东大学出版社，2012：126.

力，能胜任学校体育工作。实际上，当前发达国家在体育专业的培养目标中大多也都以职业为导向，如在英国高等教育体育本科专业发展中，就业问题一直是其优先考虑的重要内容[1]；俄罗斯本科层次的"体育专业国家教育标准"明确规定了体育专业人才培养对应的教师、教练、娱乐、组织管理、科研、文化教育等职业领域，并以此为基础，对人才培养的基本教育内容结构进行规范。

设立开放性的培养目标，主要基于两个方面的分析：一是从体育专业的分类建设来看，"体育专业国家标准"应当鼓励不同类别的高校在体育专业建设上突出本校的学科优势和特色。例如，财经院校办体育专业可开设体育财务管理方向；政法院校可开设涉外体育法律方向；理工院校可开设体育运动器材设计方向；艺术院校可开设体育文化艺术管理方向等，并依据确定的专业方向设定培养目标。二是从体育专业的分层建设来看，面对我国高校数量众多，实际存在研究型大学、教学科研型大学、教学型大学等不同类型的现状，研制组直面这一重要事实，正视高校的多样性，充分关照不同类型人才培养的实际需求，尽可能避免标准过于统一和刚性，从而导致人才培养的同质化。因为，不同部门、学校、学院和大学的教师资源和专业知识、办学条件、文化背景不同，如果目标规定过于明确，就会限制他们按照自己适合的方式选择、整理和传授课程体系的内容。正是基于以上两点分析，"体育专业国家标准"设立了开放性的培养目标，其目的是促进各高校在坚持基本培养目标和具体培养目标的基础上，体现个性化人才培养理念，以求体育学类本科专业建设更加适应经济社会发展、体育事业发展需要和学生未来发展需求，并指导高校根据自身条件和办学特色确立更合适的专业人才培养目标。

综上所述，"体育专业国家标准"的培养目标定位主要体现了三个要点：①人才培养类型。提取不同类型高校人才培养目标的共性，把培养目标定位于层层递进的"应用型人才"，其中"应用型"的基本定位符合体育学类本科专业的性质，既明晰不同层次培养目标的边界，也与国务院关于深化高等学校创新创业教育的改革精神和要求相吻合。②专业知识和能力的要求。定位于"系统掌握体育学基本理论、基本技能和基本方法，富有创新精神、具备一定的体育科学研究能力，具有创业意识，具备一定的创业素质和创业能力"，强调体育专业的核心素养问题，符合人才培养的定位。③学生素质和品德的要求。既突出各专业学生品德的共性要求，又从体育学类专业的性质和知识能力要求出

---

[1] Linney Direct. Hospitality leisure, sport and tourism 2008 [M]. London: The Gloucester office, 2008: 5.

发，强调"高度的社会责任感、较好的科学、文化素养"。

（2）培养规格

主要围绕素质、知识、能力三个方面制定体育学类本科专业人才培养的规格。"素质"包括基本素质和专业素质，"知识"主要有素养类知识和专业类知识，"能力"则对获取与应用知识、创新创业、服务社会等方面的能力进行了规定（表5-12），能力要求是培养规格中的重要内容。

表5-12 体育学类本科专业人才培养规格一览

培养规格	类别	要求
素质	基本素质	热爱祖国，拥护中国共产党的领导，牢固树立并践行社会主义核心价值观，具有高度的社会责任感、良好的敬业精神、较强的创新精神和实践能力；遵纪守法，诚实守信，恪守学术道德规范；具有人文情怀、科学素养和审美情趣；具有弘扬中华民族体育文化精神的自觉意识；具有强健的体魄、积极的人生态度和良好的心理素质
	专业素质	掌握体育学的基本理论、基本技能和基本方法，具备较强的专业技能；初步掌握体育学研究的基本手段和方法，能够运用体育学的理论和技能分析和解决本专业领域各种实际问题；了解国家有关体育工作的方针、政策和法规；具有相关领域工作所需的创新精神、创业意识、创新创业能力和从业资格
知识	素养类知识	具有良好的思想道德修养；掌握一定的自然科学、社会科学和创新创业知识，熟悉一门外国语，能基本阅读与本专业有关的外文文献；熟练掌握计算机的应用知识；具有健康生活方式的有关知识
	专业类知识	系统掌握体育学基础知识和各个分支学科的专门知识；理解运动技能的有关原理；了解体育改革与发展动态以及体育科研发展趋势；初步掌握体育科学研究方法，能够撰写体育学术论文和研究报告
能力	获取与应用知识的能力	具有自主学习、自我发展的能力，能够利用现代化手段获取信息，语言文字表达能力良好。具备较强的专项运动技能，能将专业知识与技能融会贯通；具有求真务实的科学态度，初步具有研究和解决体育专业领域实际问题的能力；具有适应未来工作所需的操作能力和管理能力

（续表）

培养规格	类别	要求
能力	创新创业能力	富有创新精神，具有敏锐的观察力和分析问题、解决问题的能力，基本具备从事体育科学研究的能力；具有创业意识，具备创业认知能力、专业职业能力、资源获取与整合能力；具有独立工作能力、沟通联系能力、合作协调能力
	社会服务能力	具有公共服务意识和公益精神，具备社会服务的基本技能与方法，具有较强的团队精神、协作能力，能够从事与体育有关的社会服务工作

4. 学制、学分与学位

关于学制，问卷调查结果显示，有47.8%的专家建议学制为3～5年，38.8%的专家建议为4～6年；从人才培养方案的统计分析来看，最低的学制为3年，最高的为9年。考虑运动训练专业有"在训"的学生，因此，"体育专业国家标准"将学制规定为"一般为4年。实施学分制的学校，根据学分获取情况，允许学生提前毕业或者延迟毕业，学习年限原则上为3～6年"。

关于学分，问卷调查结果显示，有44.8%的专家建议学分为140～170学分，34.3%的专家建议为130～160学分；各单位提供的人才培养方案统计结果显示，整个体育学类的平均学分为165.2学分，从专业个体看，最高的达到234学分，最低的为134学分（表5-13）。

表5-13 各单位人才培养方案学分设置一览（n=189）

	体育教育	运动训练	社会体育指导与管理	武术与民族传统体育	运动人体科学	运动康复	休闲体育	类平均学分
平均学分	170.5	162.1	163.9	160.8	162.1	168.1	168.9	165.2
最高学分	198	199	197	170	234	234	151	234
最低学分	150	145	134	145	156	149.5	178	134

学分设定是"体育专业国家标准"研制过程中遇到的突出问题，也是争议最大的问题之一。从以上调研结果可以看出，目前我国高校体育学类本科专业的总学分数差异很大，且总体偏高。针对这一状况，为鼓励交叉、复合培养，使学生的自主学习能力增强，研制组一致认为，减少总学分和压缩课内学时，

应该成为我国高校体育学类本科专业教育教学改革的方向，"体育专业国家标准"必须明确体现这一方向。当然，也需要考虑高校间学分学时差异较大的现实，不能简单地"一刀切"，应有一定的弹性。最后，"体育专业国家标准"将总学分规定为"140~170学分"。此外，针对体育学类本科专业存在的实践教学和通识课程不足等问题，"体育专业国家标准"规定了实践课程和通识课程的学分要求，体现了"应用型人才"的培养目标要求。

5. 课程体系及说明

课程承载着实现专业人才培养目标的功能，是专业建设的基础和落脚点。"体育专业国家标准"在课程设置方面，遇到的主要问题是课程结构如何优化，以及课程体系如何体现专业特点。在这方面，研制组颇费心思，创造性地提出了一系列改革举措。

（1）课程体系总体框架

课程体系是人才培养的载体和体现，课程设置合理与否，课程质量高低，实施有效与否，都直接关系到人才培养的质量。因此，研制组高度重视课程体系的设计，同时考虑"体育专业国家标准"作为一个基本标准，不可能像教学大纲那样规定详尽，强调在理论与实践、人文与科学、过程与结果、综合与专项等结合基础上提出了课程体系的总体框架。

"体育专业国家标准"课程体系的制订在统筹好通识教育与专业教育、运动技能学习与专业理论知识传授、选修课程与必修课程、实践实验教学与理论教学这四对关系的基础上，围绕着体育学类本科专业人才培养目标、马克思主义教育观的要求、国际体育学科发展趋势、经济社会发展对体育学类本科专业人才的要求、我国体育学类本科专业建设的现状等五个方面展开论证，提出了将体育学类本科专业课程体系分为通识教育课程、专业教育课程和实践课程。通识教育课程是在高等教育阶段，所有大学生均应接受的共同教育内容。通常分属若干学科领域，提供内容宽泛的教育，与专门教育有别[1]。实践课程主要是强调学生应用知识的能力。

"体育专业国家标准"中通识教育课程主要体现马克思主义教育观的要求和学校办学特色，由公共必修课程和公共选修课程构成。明确了公共必修课程包括思想政治理论课、创新创业教育、军事理论与训练、大学外语、计算机应用基础等教育部有关文件要求的必修课程，以及学校根据自身特点开设的彰显

---

[1] 顾明远.教育大辞典 [M].上海：上海教育出版，1998：1159-1160.

学校特色的通识教育课程。公共必修课程的学分在教育部有关文件规定的基础上，根据各校实际情况进行安排。明确了公共选修课程包括人文社会科学、自然科学领域由学校结合实际自主开设的课程，但对其开设的门数和学分提出了基本要求。

专业教育课程以实现体育学类本科专业人才培养目标的专业素养、掌握核心的知识体系、适应经济社会发展的需求、顺应国际体育学科的发展趋势并结合我国体育学类本科专业建设的现状进行设定。将专业教育课程分为专业类基础课程、专业核心课程、专业拓展课程。专业类基础课程的设置主要体现学科知识体系中核心知识领域；专业核心课程的设置体现各专业培养目标应掌握的核心知识、基本的运动技能或应具备的核心能力；专业拓展课程设置反映学科前沿和学校特色，并有利于学生拓宽专业知识和提升专业技能水平。

设置专业类基础课程并将其一一列出，目的是既体现体育学专业大类的共性要求，也体现体育学各专业的个性需要，同时将能否满足专业类基础课开课需求，作为高校能否开办体育学类本科专业的一个评判"门槛"。"体育专业国家标准"确定了7门专业类基础课程。

专业核心课程能够重点突出与本专业密切相关的知识与技能，属专业必修课程。基于专业基本要求，"体育专业国家标准"对每个专业只分别统一规定了3门课程，即课程开设采用"3+X"模式，其中"3"是指各专业最核心的3门专业核心课程，"X"是指根据各专业的培养目标而设立的专业核心课程。对"X"课程的门数和学分不做具体规定，"X"课程可在推荐的3个课程模块中选择，也可以根据不同专业、学校特点自主设置。这样可以保证体育学类本科专业中的同一层次、相同类型的人才培养在达到基本目标的同时，高校根据生源情况，选择侧重的课程模块，课程模块可以灵活组合，体现各校的特色和特点。可以预见，未来体育学类本科专业办学，如果不重视专业建设、没有办学特色必将被淘汰。另外，"体育专业国家标准"鼓励高校开发跨学科、跨专业的新兴交叉课程；充分利用"MOOC"（慕课）网络课程资源，为学生提供更多选择和自主学习机会。

实践教学是高校人才培养不可或缺的环节，根据体育学类各专业的"应用型人才"培养目标特质，要求进一步完善实践课程设置，强化实践教学环节。因此，"体育专业国家标准"中实践课程的设置坚持以培养"应用型人才"为目标，以提高学生职业技能为导向，以提高学生获取和应用知识能力为重点，主要包括社会实践、专业实践、创新创业实践、科研训练等课程。其中，社会实践包括入学教育、军事训练、劳动教育、社会调查、毕业教育和就业指导等，重点培养适应未来工作所需的综合素质。专业实践包括专业见习、专业实习，专业见习应体现理论结合实践，强化专业知识，为专业实习做好准备；专业实习应重点培养适应未来工作所需的操作能力和应用知识的能力。创新创业实践包括体育科技创新、创意设计、创业计划、创业训练等，重点培养专业领域的创新创业能力；科研训练包括毕业论文（设计）、学术活动等，重点培养从事科学研究的能力。

（2）专业知识和课程体系

专业知识体系主要从体育学科核心知识体系和实现人才培养目标所必备的核心专业知识和应用要求中提炼，由分学科基础知识体系、专业核心知识体系、专业实践三个方面构成。专业核心知识主要由不同专业的基本理论与方法、运动技能理论与实践构成。运动技能的理论与实践主要包括田径类、体操类、球类、武术与民族传统体育类、游泳类、冰雪或滨海类、健身休闲类、户外运动类等。不同专业对运动技能理论与实践的教学要求可有所侧重。

专业课程体系注重考虑人才培养目标、专业知识体系、课程体系一脉相承，专业类基础课程主要体现学科基础知识体系，专业核心课程主要体现专业核心知识体系（图5-37、表5-14）。课程设置应解决不同类型的学校、不同办学层次、不同专业类型有不同要求的问题，因此"体育专业国家标准"在课程设置中，既体现了办学的基本要求，又体现了各校的办学特色，既有刚性的、必修的、限制学分的课程，又有柔性的、选修的、彰显学校特色的课程，采用"7+3+X"的模式进行设置。

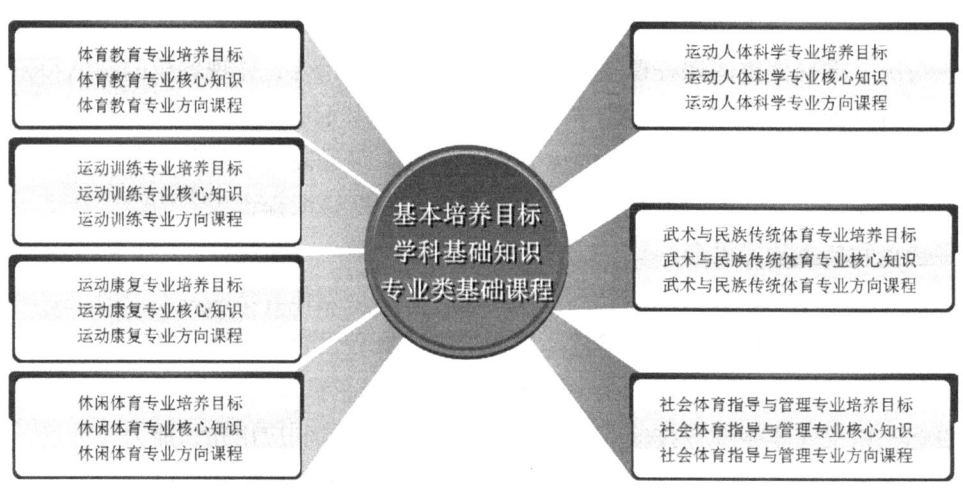

图5-37 体育学类本科专业培养目标、知识体系、课程设置结构关系示意

表5-14　体育学类本科专业培养目标、知识体系与课程设置一览

类或专业	培养目标	知识体系*	课程设置	学分要求
体育学类	系统掌握体育学基本理论、基本技能和基本方法，富有创新精神、具备一定的体育科学研究能力，具有创业意识，具备一定的创业素质和创业能力，能够从事体育事业、体育产业相关工作的应用型人才	体育的基本概念、本质、功能等；体育的社会现象及规律；体育运动过程的心理现象与规律；人体运动的执行结构；人体运动的基本功能；健康教育的基本理论；体育科学研究方法与手段等知识	体育概论、体育社会学、体育心理学、运动解剖学、运动生理学、健康教育学、体育科学研究方法	不少于16学分。每门课程的学分可以根据专业方向、学校特点而定
体育教育	掌握现代教育教学理论与方法以及学校体育课程与教学、课外体育锻炼和训练竞赛的基本理论与方法，具备一定的运动技能和较强的体育教育教学能力，能胜任学校体育工作	体育教育理论与方法主要包括教育学和心理学的基本知识，学校体育的基本理论，体育教学、课外锻炼与训练竞赛的基本理论与方法等	学校体育学、体育课程与教学论、运动技能学习与控制+X	修读一定学分的教育学、心理学基础理论和教师教育系列课程，运动技能课程不少于40学分
运动训练	掌握专项运动教学、训练、竞赛的基本理论与方法，具备较强的专项运动技能和运动训练指导及竞赛组织能力，能胜任专项运动教学、训练和竞赛组织工作	运动训练过程、专项运动教学、运动竞赛组织与管理的基本理论与方法等	运动训练学、运动技能学习与控制、体育竞赛学+X	运动技能课程不少于40学分
社会体育指导与管理	掌握社会体育的基本理论与方法，具备健身运动指导、大众体育活动策划与组织以及体育产业经营与管理的能力，能胜任社会体育方面的工作	社会体育的基本理论、健身运动指导、体育产业经营与管理和体育社会工作的基本理论与方法等	社会体育导论、健身理论与指导、体育市场营销+X	

（续表）

类或专业	培养目标	知识体系*	课程设置	学分要求
武术与民族传统体育	掌握专项运动教学、训练、竞赛和管理的基本理论与方法，具备较强的武术、养生、民族民间体育基本技能和传播、推广、教育、传承中华民族传统体育文化的能力，能胜任民族传统体育方面的工作	武术、民族传统体育、传统体育养生等基本理论与方法等	民族传统体育概论、中国武术导论、中国传统养生理论+X	运动技能课程不少于40学分
运动人体科学	掌握运动人体科学的基本理论和方法，具备开展运动机能评定和体质评价的能力，能胜任运动人体科学及相关领域的工作	运动生物科学基础理论，运动机能监测与评价、运动处方理论与实践、国民体质健康评价的基本理论与方法，运动人体科学实验技术等	运动机能生理生化测试（实验）、体质测量与评价、运动处方理论与实践+X	
运动康复	掌握现代康复的基本理论与方法，具备运动康复诊疗和运动防护技能，能胜任运动康复和运动防护方面的工作	康复与临床医学的基础理论，康复评定的理论与方法，运动康复、中国传统康复和运动伤害防护的理论与方法等	康复评定学、运动康复治疗技术、肌肉骨骼康复+X	
休闲体育	掌握休闲体育基本理论和方法，具备休闲体育项目策划与组织、休闲体育俱乐部经营与管理或体育旅游推广与经营或户外运动指导与管理的能力，能胜任休闲体育方面的工作	休闲体育的基本理论，休闲体育项目策划与组织，户外运动指导，休闲体育俱乐部和体育旅游的经营与管理等	休闲体育概论、体育旅游概论、体育俱乐部经营与管理+X	

★注：不同专业方向对运动技能理论与实践知识体系的要求不同，因此表中知识体系未体现运动技能理论与实践知识体系。

（3）专业类基础课程与专业核心课程的设置

专业类基础课程设置，从面向专家的问卷调查结果看，建议设为专业类基础课程且排在前12位的有《体育概论》等课程（表5-15）。从培养单位提供的人才培养方案统计结果看，居前12位的课程有《运动生理学》《运动解剖学》《体育心理学》等（表5-16）。在科学分析、使用问卷调查和人才培养方案课程设置统计结果的基础上，"体育专业国家标准"的研制还充分考虑了体育学类本科专业的核心素养、人的发展观、体育学科发展等方面的因素，最终确定了《体育概论》《运动解剖学》《运动生理学》《体育心理学》《体育社会学》《健康教育学》《体育科学研究方法》等7门课程作为专业类基础课程。

表5-15　专家问卷调查结果居前12位的专业类课程一览（$n=67$）

课程名称	频数	课程名称	频数
体育（学）概论	59	健康教育学	28
运动生理学	52	体育社会学	24
运动解剖学	51	体育管理学	22
体育科学研究方法	44	体育史	12
体育心理学	40	体育法学	6
运动技能学习与控制	29	体育保健学	2

表5-16　各单位提供的人才培养方案中居前12位的理论课程（$n=189$）

课程名称	总频数	体育教育（n=50）	运动训练（n=28）	社会体育指导与管理(n=62)	武术与民族传统体育(n=13)	运动人体科学（n=10）	运动康复（n=14）	休闲体育（n=12）
运动生理学	156	45	25	43	11	10	13	9
运动解剖学	152	45	23	42	11	10	12	9
体育（运动）心理学	127	42	27	32	11	6	3	6
体育保健学	119	42	18	43	4	3	2	7
体育科学研究方法	111	25	18	36	8	7	6	11
学校体育学	99	44	16	27	8	1	0	3
体育管理学	99	22	13	51	5	2	1	5
运动营养学	98	17	21	31	2	10	12	5
体育（学）概论	92	31	13	32	1	6	3	6
运动训练学	91	26	26	18	8	7	3	3
体育社会学	91	25	18	36	3	2	1	6
体育统计学	90	24	15	23	7	7	9	5

专业类基础课程的设置体现了体育学科的"综合性""应用性"特征及其发展趋势，其中自然科学类3门、社会科学类2门、综合类2门，这7门专业类基础课程的设置也体现了生物—心理—社会三维教育观。其中，尽管《健康教育学》课程所属的学科体系尚未成熟，但在体育学科群中的重要地位已尽显无疑。如美国运动协会奥兰多会议将体育学界定为一种学术领域[1]，它包括对身体活动的研究及其对身体健康、社会、生活质量的影响，与之相关的身体活动还有日常生活、工作、运动、舞蹈、游戏，为提高健康水平和体适能而参加的活动，为从损伤、残疾和疾病中恢复而进行的活动，为提高运动成绩而进行的调节和训练活动，以及其他高水平表演活动，将《健康教育学》放在专业基础类课程中将起到"建设标准"的作用。

专业类基础课程设置倾向于美国大学实行的以学科为中心的本科人才培养方式，专业核心课程设置主要以就业为导向，实现社会的现实需要，倾向于苏联和新中国的专业化或专门化人才培养方式[2]。"体育专业国家标准"在设置专业核心课程中，对各专业的核心知识课程也做了限定，如体育教育专业要求必须开设《学校体育学》《体育课程与教学论》《运动技能学习与控制》课程。在美国学校体育国家标准中，达到高度认同的标准有七条，其中一条就是"在学习和发展动作技能过程中，能够应用运动概念和原理"，这一标准是帮助学习者应用认知能力辅助动作技术的学习和完成，这包括应用来自运动心理学、运动生理学、生物力学以及动作技术的学习和表现的科学概念[3]，实际上《运动技能学习与控制》是实现这一标准的主要课程，在专业类基础课程问卷调查中，设置《运动技能学习与控制》课程的重要性也排在第6位，充分体现了该课程在体育学类本科专业中的重要性。但在"体育专业国家标准"研制过程中，考虑目前国内高校能够开设这一课程的师资不足，因此，将其作为我国体育学类本科专业中办学历史较长的体育教育专业和运动训练专业规定必修的专业核心课程，能够很好地起到入门标准和建设标准"二合一"的效果。

6. 专业师资

提高人才培养质量的关键在提升教师的教学水平。随着我国体育类本科专业布点数量和在校生人数的不断增加，各高校体育专业教师队伍也随之扩大，尤

［1］Jerry R. Thomas. The Public Face of Kinesiology in the 21st Century［J］. Quest，2009（66）：313–321.

［2］刘少雪.高等学校本科专业结构、设置及管理机制研究［M］.北京：高等教育出版社，2009：25–30.

［3］人民教育出版社课程教材研究所体育课程教材研究中心.美国学校体育国家标准研究［M］.北京：人民教育出版社，2007：97–99.

其青年教师的比例大幅提高。调研结果发现，青年教师教学经验相对不足，进修深造和职业发展压力较大的情况也凸显出来。"体育专业国家标准"基于体育专业教师队伍建设的现状，就师资规模与结构、教师素质与教学提出了要求。

（1）师资规模与结构

"体育专业国家标准"对师资队伍规模、职称、学历、年龄、学缘结构的要求，师生比要求，以及专业带头人、专业类基础课程授课教师的要求，主要依据《教育部关于印发<普通高等学校基本办学条件指标（试行）>的通知》（教发〔2004〕2号），提出了"具有研究生学历的教师比例不少于30%。其中，35岁以下的专任教师原则上100%应具有硕士及以上学位，具有高级职称的教师比例不少于30%"，考虑体育专业课程的特殊性，对班级授课规模应适当加以控制，提出了"合理控制班级授课规模，有足够数量的教师参与学生学习辅导，运动技能课程班级授课规模一般控制在20~25人"等规定。同时，对新办专业，依据面向专家的问卷调查结果（表5-17）作了明确的规定，如规定了"新办专业至少需要有同专业或培养方向相近专业的本科以上学历的教师20人以上。其中，应有具备从事本专业教学资格的教授职称者2人、副教授职称者4人以上，具有博士学位的教师2人以上"。提出这一系列具体标准，从一定程度上很好地体现了规范准入、指导建设、评价质量"三合一"的标准研制精神。

表5-17　关于新办专业教师队伍要求的专家问卷调查结果一览（n=67）

教师队伍	项目	百分比（%）
人数	20人以上	35
	30人以上	21.5
其中：教授	总数10%	33.8
	总数20%	23.1
其中：副教授	总数20%	9.2
	总数30%	38.5
其中：博士学位	总数10%	26.2
	总数20%	21.5

（2）教师素质与教学要求

体育学类本科专业教师队伍建设遇到的最大挑战是如何加深教师对专业的理解以及提升教师的专业素质问题。"体育专业国家标准"对教师素质及其教学要求分别针对教师、单位两个主体具体提出。就教师主体而言，主要从师德、职责、专业知识、学术视野、指导学生能力等方面对教师素质提出了标准；从承担教学任务、开展教学研究、主持教学改革、改进教学方法以及备课、组织课堂教学、课外辅导、教学效果、教学进修研讨等方面对教师教学提出了标准。考虑体育学类专业体育教师的特殊性，针对承担运动技能课程的教师，还明确提出了要"具有较高的专项运动技术水平和专项教学能力"。就单位主体而言，主要从对教师进修深造、教研活动、学术交流等方面的政策支持，建立健全基层教学组织、组织教学研讨及备课等机制，实施上岗资格、助教和任课试讲制度等方面提出了标准。

7. 教学条件

在体育学类本科专业建设发展过程中，长期存在着专业教材、网络资源、图书资料比较匮乏的问题，还有少数高校急于扩大办学规模，在实验条件和实习经费投入等方面存在较大差距。"体育专业国家标准"的"教学条件"部分，主要明确了教学设施、信息资源、实践基地、教学经费四个方面的标准，以此来保障办学质量。

（1）教学设施

教学设施主要围绕教学场地器材和专业实验室建设两个方面来制订标准。在教学场地器材方面，"体育专业国家标准"在《教育部关于印发<普通高等学校基本办学条件指标（试行）>的通知》（教发〔2004〕2号）提出的相关基本办学条件的基础上，增加了体现体育学类本科专业办学特点的教学场地器材标准，如"应有能够满足各类运动项目教学的一定数量的标准田径场、标准足球场、室内外篮球和排球场（馆）、体操房（馆）、舞蹈房（馆）、武术房（馆）等，有条件的学校应建设游泳池（馆），并保证办学需要的教学场地设施开放时间，各场馆应配有能够满足教学需要的体育运动器材和设备"。在专业实验室建设方面，除了按照教育部对普通高校本科教学水平评估的要求（包括建立相应课程的专业实验室，实验课的开出率、配备专职的实验员等指标达标）外，还结合体育学类本科专业的特点，规定了专业类基础课程（包括《运动解剖学》《运动生理学》《体育心理学》）必须建立相应的实验室，并根据研制组专家的意见，对以上三门课程的实验室基础建设标准作了详细的规定。同时，针对运动人体科学专业的运动生物化学实验室、体育保健实验室和运动生物力学实验室，运动康复专业的康复评定实验室、运动疗法实验室和物理治疗实验室，对这些实验室的用房面积、实验设备总价值等作出了明确规定，做到了共性与个性相结合。

（2）信息资源

在《教育部关于印发<普通高等学校基本办学条件指标（试行）>的通知》（教发〔2004〕2号）提出的基本办学条件的基础上，对专业书籍、专业期刊、法律法规、规范、标准、教学挂图、录像、光盘，以及电子教案和教学课件文件资料、专业电子资源知识、电子资源数据库等传统信息资源的保有量和更新率作出了明确的规定。还结合教育信息化的深入推进，就网络信息资源提出了建设标准，如"学校可根据自身条件建设专门的教学信息资源平台，鼓励建设视频公开课、资源共享课或MOOC课程等在线开放课程。" MOOC作为一种新型的学习和教学方法的显著特点是大规模、在线、开放、易于使用、学习资源丰富，为学生自主学习提供了丰富的课程资源。

专业教材建设是当前体育学类本科专业建设中面临的关键问题之一。"体育专业国家标准"对教材的思想性、科学性、启发性、先进性、适用性、影响力也提出了具体要求，如"编制教材建设规划，教材配套齐全；必修课程应选用教育部高等学校体育教学指导委员会审定或推荐的最新出版或修订的教材；加快教材的更新换代，缩短使用周期，近5年出版教材的数量不低于专业课程选用教材总数的60%；建立健全科学的教材评价和选用制度，定期开展教材审核和测评。"

（3）实践基地

在体育学类本科专业人才培养模式改革创新中，培养学生的创新精神和实践能力，是重中之重。对体育学类本科专业的人才培养而言，其应用型人才培养目标和"系统掌握体育学基本理论、基本技能和基本方法，富有创新精神、具备一定的体育科学研究能力，具有创业意识，具备一定的创业素质和创业能力"的培养要求，都需要进一步强化实践教学环节。因此，"体育专业国家标准"将实践教学列为其中的一项重要内容，强调相关高校应根据体育专业培养方案制订实践教学计划，突出课程的实践内容，规范实践教学程序，细化各项评价指标，切实保证实践教学规范化、实践活动常态化，不断提升学生的创新精神和实践能力。同时，"体育专业国家标准"还在创新创业、专业实践教学的基地、经费、时间、形式等方面提出了明确的"门槛"，提出了相应的定性、定量指标，有利于推动实践教学改革，加强实践基地建设，提升学生实践能力。

作为实践教学重要平台的实践基地，"体育专业国家标准"要求"拥有一定数量且相对稳定，满足社会调查和专业见习、实习、实验、实训需求的校内或校外基地"，以满足实践教学的基本要求。其中，对运动康复专业，还依据该专业特点，提出了"至少有1所三级医院或相当水平的康复机构作为专业实习基地"。

（4）教学经费

"体育专业国家标准"关于专业建设经费投入，要求"不能低于教育部高等学校本科教学评估的合格标准"，而且对专业建设经费的用途作了明确规定。同时，对新办专业建设经费的投入也作出了要求。

8. 质量管理

（1）质量保障目标

教学质量监控体系的内涵应包括大学依据质量管理的理念和方法，结合自身实际，确定质量目标，设立经常性的质量监控、评估等工作项目，对影响教学质量的诸要素和教学过程的各个环节进行积极认真的规划、检查、评价、反馈和调节。建立常设的质量监控组织机构，开展持续的质量监控工作[1]。"体育专业国家标准"提出的质量保障目标对专业定位、办学思路、人才培养目标、课程设置、管理评审、教学评估、公众监督，以及教学质量监控机构、责任人及职责等予以明确规定，并要求建立全方位、分层次的质量管理体系。同时，还要求根据《教育部关于普通高等高校本科教学评估工作的意见》（教高〔2011〕9号）有关精神，制定专业教学质量保障、监控与评估办法及实施细则。

（2）质量保障规范与监控

国际上，如英国、美国、加拿大、澳大利亚等发达国家政府，通过建立教育机构标准、教师标准以及开展专业认证、课程认证等方法，构建和完善体育专业教育质量外部监控体系。美国大学的教学质量监控体系可分为内部教学质量监控体系和外部教学质量监控体系。内部教学质量监控体系包括学生评价和高校内部的自我评价，外部教学质量监控体系分为社会监控和政府监控[2]。"体育专业国家标准"借鉴美国大学的教学质量监控体系，建立了信息反馈机制和调控改进机制，内容包括规范管理、督导、评议机制，开展经常化和制度化的质量评估等方面。

[1] 蔡青.论地方教学型大学教学质量监控体系的构建与实践 [J].黑龙江高教研, 2006（7）：66-68.
[2] 史秋衡, 陈蕾.中国特色高等教育质量评估体系的范式研究 [M].广州：广东高等教育出版社, 2011：220.

9. 附录：名词释义和数据计算方法

"体育专业国家标准"的附录部分包括名词释义和数据计算方法两部分内容，主要对常见的、容易引起争议的教学质量标准的名词和数据计算方法进行了解释。同时，也对体育专业特有的名词进行了解释，如"运动技能课程"是指通过身体练习，以传授运动技术、技能和运动项目基本知识为目的的课程。

（三）我国体育学类本科专业教学质量国家标准的主要特点

"体育专业国家标准"具有五个主要特点，即指导思想站位全局、顶层设计系统集成、具体要求刚柔并济、深化改革多措并举、保障体系健全完善，可体现在以下"十八个三"的概括中。

1. 指导思想站位全局

"体育专业国家标准"在指导思想上，突出了体育学类本科专业建设的战略性和前瞻性。一是强调"三个特"，即充分体现中国特色、时代特征、学科特性三者的紧密结合；二是强调"三个经得起"，即力争做到经得起历史考验、经得起实践检验、经得起后人评价；三是强调"三个满意"[1]，即确保在体育学类本科专业人才培养全过程，政府能够对照标准精准指导、社会能够对照标准精准评价、学生能够对照标准精准反馈，真正实现政府满意、社会满意、学生满意，有效建立政府、社会（用人单位）、学生和高校之间的良性互动格局。

2. 顶层设计系统集成

"体育专业国家标准"研制全过程，充分考虑了近期与远期、整体与局部、基准与标准的关系，实现了标准整体的系统集成。一是立足"三个层次"建标准，即在充分考虑国家标准（国标）本位的同时，为省、行业部门（协会）和高校联合制定专业人才评价标准（行标），促进各高校根据经济社会发展需要和本校实际修订各专业人才培养方案（校标），提供范本。二是覆盖"三个层面"提目标，即在明确体育学类本科专业性质，同时区别于本科以上

[1] 教育部高等教育司.《关于印发〈高等学校本科专业类教学质量国家标准研制工作会议纪要〉的通知》（教高司函〔2014〕22号）［EB/OL］.http：//www.moe.gov.cn/s78/A08/A08_gggs/A08_sjhj.2014-05-4.

层次人才培养目标定位的基础上，把"应用型人才"作为最基本培养目标；在明确职业导向，体现体育领域不同职业对不同专业的知识和能力要求的基础上，依据7个专业分别设立了分专业培养目标；在坚持个性化人才培养理念，强调各校、各专业在差异发展、特色发展的基础上，设立了开放性培养目标。三是构建"三位一体"新体系，即坚持把"体育专业国家标准"作为设置本科专业、指导专业建设、评价专业教学质量的重要依据，并按照这一方向和思路，有效实现体育学类本科专业的准入标准、建设标准和评价标准集于一体的标准体系。

3. 具体要求刚柔并济

"体育专业国家标准"基于体育学类本科专业建设和人才培养各个环节的特点，实现了"刚柔并济"。一是体现了"三个最"，即根据体育学类7个本科专业的共同特征，找到了各专业的"最大公约数"，凝练出了人才培养的核心要素，明确了通用性、普适性的"最基本要求"，并根据体育学类本科专业开办院校、具体专业的差异性实现了"内容最小化"，确保各个专业在"类"的基础上建立起来，并实现类与专业的有机结合。二是突出了"三个结合"，即突出了理论与实践相结合，既反映了专业建设的理论研究成果，又反映了专业人才培养的实践经验总结；突出了共性与个性相结合，既体现了专业建设目标与内容的高度一致，又强调了各专业发展方向与路径的特色多元；突出了过程与结果相结合，既强调了体育学类本科专业"应用型人才"的培养目标，又强调了人才培养过程中各环节、各要素要围绕这一目标布局展开。三是明确了"三个统一"，即实现了规范建设与分类指导相统一，既体现了标准建设规范、统一的特点，又有利于依据不同院校、专业的层次和类型，建立体育学类本科专业分类管理体系；实现了整齐划一与特色发展相统一，既明确了体育学类整体框架下各专业建设的统一标准，又强调了各校、各专业结合个性化的培养目标实施特色发展战略；实现了继承传统与实践创新相统一，既充分吸收了建国以来体育学类本科专业建设的成功经验，又结合深化专业改革的目标任务体现了专业发展的新要求、新思路。

4. 深化改革多措并举

"体育专业国家标准"在研制过程中，主动对接全面深化改革的部署，体现了高等教育综合改革的理念和思路。一是从管理层面来看，有利于理顺管、办、评"三者关系"。即按照建立管办评分离的教育管理体制的总体思路，力求通过标准实施进一步明确政府、学校、社会在办学活动中的定位，以进一步落实和扩大体育类相关高校、相关专业的办学自主权，激发办学活力。二是从培养过程来看，有利于加快招生、培养、就业"三环联动"。"体育专业国家标准"的研制在全面分析了近十年来体育学类本科专业招生数、在校生数、毕业生数的动态变化的基础上，有针对性地提出了突出职业导向、就业导向的人才培养具体要求，进一步强调了招生、培养、就业联动改革，引导体育学类相关高校、相关专业通过这三个环节的联动调控，实现资源配置与市场需求对接，人才培养标准与职业标准对接，实现资源利用效益、人才培养效益的最大化。三是从专业发展来看，有利于推进高地、高原、高峰"三高建设"。"体育专业国家标准"高站位、高起点的顶层设计，有利于引导体育类相关高校、相关专业对标建设，加快体育学类本科专业高地的形成；有利于在建设专业高地、人才培养高地的基础上，把众多的高地连点成片，形成体育学类本科专业的高原；在此基础上，还通过留余地、留空间的方式，鼓励体育类相关高校、相关专业个性发展、特色发展，有利于推动已经具备较强实力的高原专业建成体育学类本科专业中的标杆专业、品牌专业、高峰专业。四是从改革路径来看，有利于专业建设的速度变化、结构优化、动力转化"三化同步"。"体育专业国家标准"通过近十年来体育学类本科专业布点情况、人才培养规模的动态分析，主动适应高等教育正在从以规模扩张为特征的外延式发展向以质量提升为核心的内涵式发展转变的趋势，引导体育类相关高校、相关专业把发展战略重点从"以量谋大"转向"以质图强"，主动对接社会需求和行业需求，实施"供给侧"结构性改革，不断优化调整专业布局结构和人才培养类型、层次结构，以改革人才培养模式、创新人才培养机制的实际成效推动专业建设质量提升。

5. 保障体系健全完善

"体育专业国家标准"从培养规格、课程体系、专业师资、条件建设、质量管理等方面推动了人才培养质量保障体系的健全和完善。一是培养规格集成"三大要素"，即围绕素质、知识、能力三大要素，体现了基本素质与专业素质并重，素养类知识传授与专业类知识传授并举，获取与应用知识的能力、创新创业能力、社会服务能力兼具，强调了在人才培养过程中，要切实做到传授知识、培养能力、提高素质融为一体、协调发展、综合提高。二是课程设置形成"三大体系与板块"，即进一步优化了体育学类本科专业的课程结构，厘清课程间的主次关系、层次关系和衔接关系，形成了培养厚基础、强素质、重实用、强能力的通识教育课程、专业教育课程、实践课程三大课程体系和专业教育的专业类基础课程、专业核心课程、专业拓宽课程三大板块。三是师资建设彰显"三个转变"，即在强调师资队伍规模与结构的同时，分别针对教师、单位两个主体，从师德、师能两个方面，进一步明确了教师素质与教学要求，这一系列要求应本科教学改革新趋势，引导和指导教师适应形势发展，实现由学习资源提供者向学习资源选择者和组织者转变，由知识传授者向问题解决者转变，由集体化教学向个性化教学转变。四是条件建设强化"三维保障"，即分别从教学基础设施与平台、信息资源、教学经费三个维度，明确了体育学类本科专业办学的保障条件，有利于相关高校、相关专业对照标准持续推进人才培养质量保障体系的建设与完善。五是质量管理突出"三大功能"，即从目标系统、制度体系、监控手段三个方面，就加强体育学类本科专业质量管理提出了具体要求，突出了标准的落实、检验、纠正三大功能，有利于在具体实践中，对照标准检查人才培养各环节任务落实情况，检验标准具体内容在执行中的实际效果，并在此基础上通过政府、社会、学校、专业、学生等多个主体的信息反馈，对标准有关内容及时进行调整、修正和纠正。

七、结语

一个"点"上的实践和创新，往往引发一系列"线"上的拓展，突破乃至一场"面"上的综合改革。"体育专业国家标准"的研制，从不同层次、不同维度为提升体育学类本科教育质量提供生动和具体的注脚。随着高等教育改革的深入，这一标准还将在具体实践中不断完善。

全面了解并经过研讨、咨询、调研、起草、论证、征求意见、修订完善等各个环节而形成的"体育专业国家标准"，将为其在全国范围内的贯彻和实施打下扎实的基础。相信"体育专业国家标准"的研制和实施，必将对我国体育学类本科专业建设和教育教学改革起到积极的引领、示范作用。

第二节　体育学硕士研究生课程发展研究

根据教育部《教育部关于改进和加强研究生课程建设的意见》（教研〔2014〕5号）和《关于征询开展研究生课程建设调研工作时间安排意见的函》（教研司便字20150705）文件精神和要求，第七届体育学学科评议组受国务院学位委员会和教育部学位管理与研究生教育司委托，组织实施体育学研究生课程建设情况调研工作。以便全面了解体育学学术型研究生课程建设和课程学习现状，深入分析课程教学和管理中存在的问题，并提出有针对性的建议策略。

本次全国体育学硕士课程设置调研分硕导问卷和硕士问卷，具体的调研样本数据如表5-18和图5-38所示，以下针对回收的有效问卷进行数据分析。

表5-18　体育学学术型研究生课程建设调研样本基本情况

问卷类别	发放问卷	回收问卷	有效问卷	有效回收率
硕导问卷	700	616	573	81.9%
硕士问卷	2500	2007	1969	78.8%

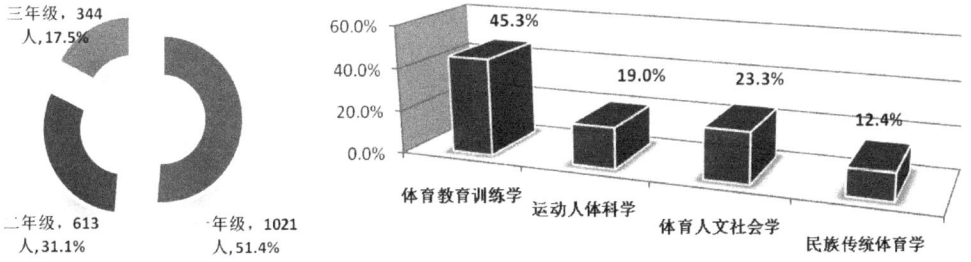

图5-38　体育学学术型研究生课程建设硕士问卷调研样本基本情况

一、课程设置

（一）课程总体满意度

根据图5-39显示的调研数据统计，在硕导对其单位当前课程体系设置能否满足国家对授予研究生学位基本要求的问题上，23.9%的硕导认为完全满足，35.1%的硕导认为满足，34.4%的硕导认为基本满足，只有6.6%的硕导认为还有些差距；另外，在关于课程体系设置能否达成培养目标的调查中，基本呈现出同样的趋势（图5-40）；在硕士对当前课程设置满意度的调查中，有11.4%的硕士表示非常满意，29.7%的硕士表示比较满意，47.5%的硕士表示一般，10.7%的硕士表示不太满意，0.8%的硕士表示很不满意。上述调查结果说明目前体育学学术型研究生课程设置总体上只能算基本满意，从硕导和硕士的调查中也可以得到相互印证，针对少数反映不满足或不满意的情况也要予以重视，在把握课程设置总体方向的基础上，尽可能满足不同群体对课程设置的需求。

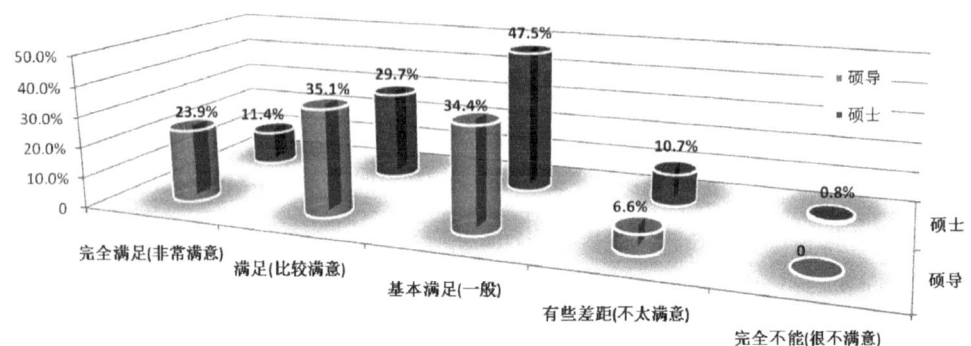

图5-39　课程体系设置满足（满意）情况调查结果

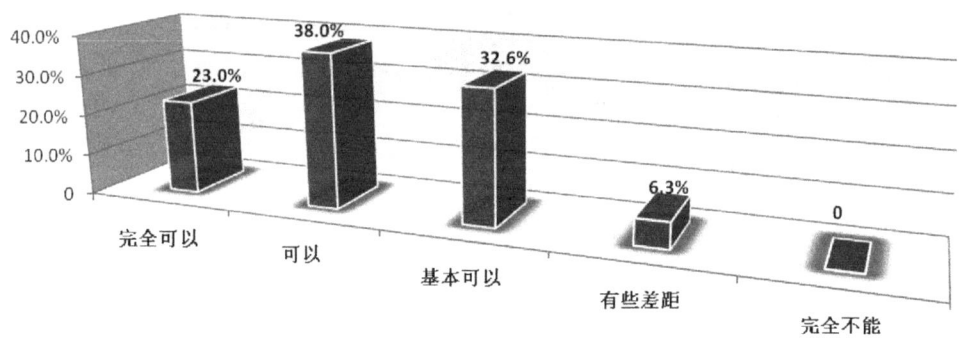

图5-40　课程体系设置能否达成培养目标的调查结果

（二）本硕课程层次性

体育学学术型研究生课程主要在课程内容和理论深度等方面表现出与本科课程不同的层次性（图5-41）；在关于本科生和硕士生之间课程体系层次性的调查中，29.3%的硕导认为层次清晰，51.7%的硕导认为层次较清晰，17.6%的硕导认为层次较模糊，0.9%的硕导认为层次混乱，还有0.5%的硕导觉得说不清。虽然觉得层次模糊或混乱的比例不大，但也足以说明还是存在问题的。实际上，关于体育学本硕课程层次问题的争论早已存在，本硕无论是公共课、专业课还是选修课都存在重复设置的现象。

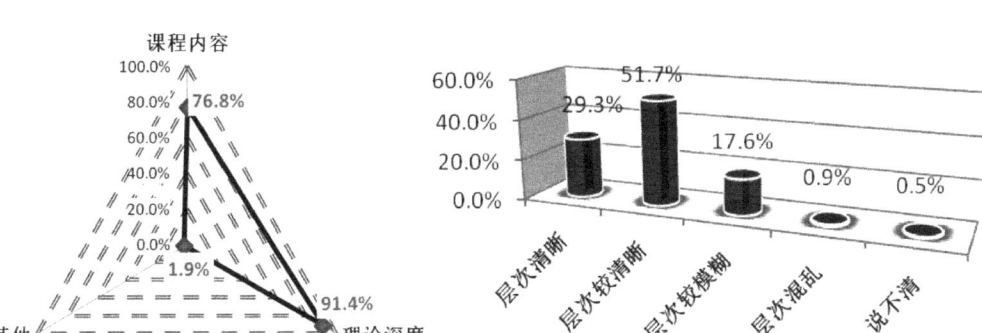

图5-41　本硕课程体系层次性调查结果

（三）合作开发或开设课程

调查结果显示有51.5%的硕导反映其培养单位在硕士研究生培养中有与其他单位合作开发或开设课程（图5-42），其中83.4%的硕导认为这种合作对于提升学生培养质量的作用很大或较大；另外，还有40.1%的硕导反映其培养单位在硕士研究生培养中有通过国际合作开设课程或与国外高校联合培养硕士研究生，其中87.4%的硕导认为这种国际合作对于提升学生培养质量的作用很大或较大。

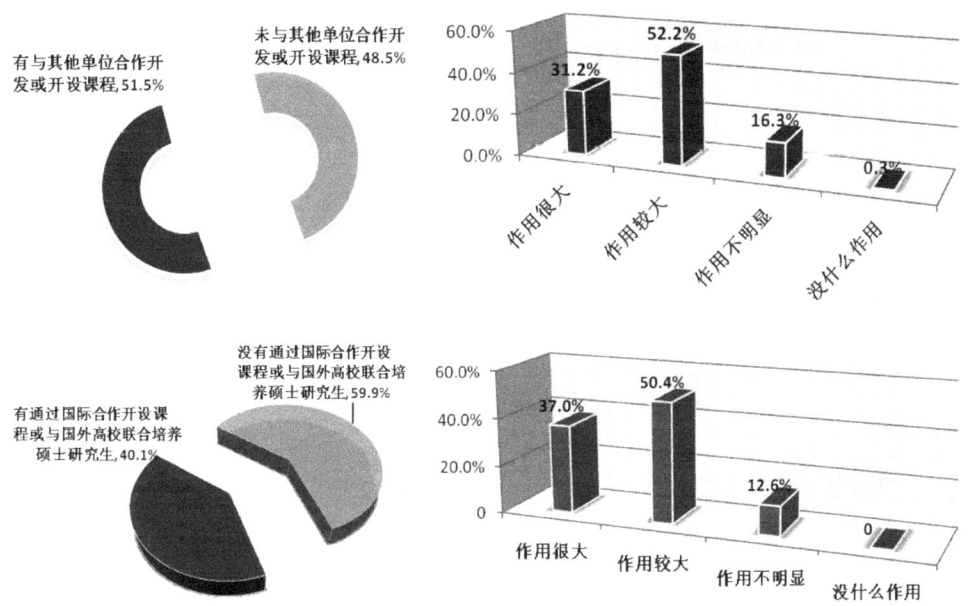

图5-42　与其他单位合作开发课程或国际合作培养硕士研究生的情况

（四）跨选修课与在线课程设置

在信息时代，学科知识一方面在不断深化和分化，一方面又在不断融合，这两种现象同时存在，而且是相互依存，这也是跨学科知识存在的基础。鉴于此，各培养单位要为硕士研究生设置跨选修课和在线课程。其中跨选修课又包含院内跨学科（二级学科）选课、跨学院选课及跨学校选课，调查显示有61.9%的硕士反映其培养单位有为其设置学院内的跨学科选课（图5-43），这其中有67.5%的硕士研究生表示满意，32.4%表示一般或不满意；在跨学院的选课中，有48.3%的硕士反映其培养单位有为其设置跨学院选课（见图5-44），其中有68.3%的研究生表示满意，而31.6%表示一般或不满意；在跨学校的选课中，只有17.1%的硕士反映其培养单位有为其设置跨校选课（见图5-45），其中有73%的研究生表示满意，27.1%表示一般或不满意。

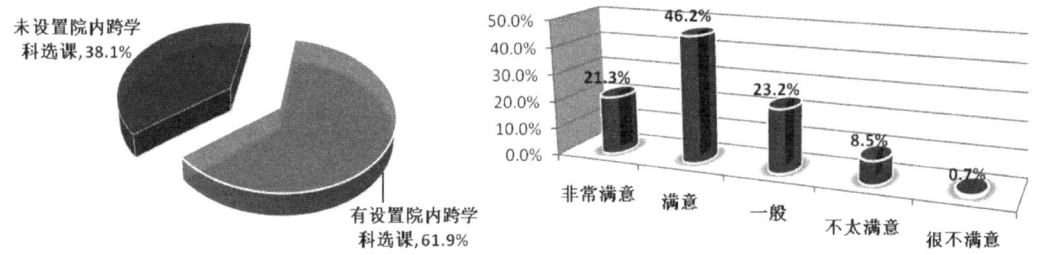

图5-43 培养单位跨选修课设置及硕士满意度的调查情况

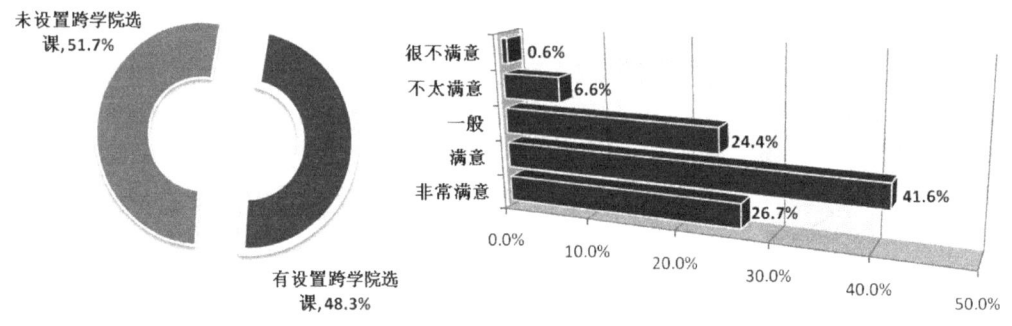

图5-44 培养单位跨选修课设置及硕士满意度的调查情况

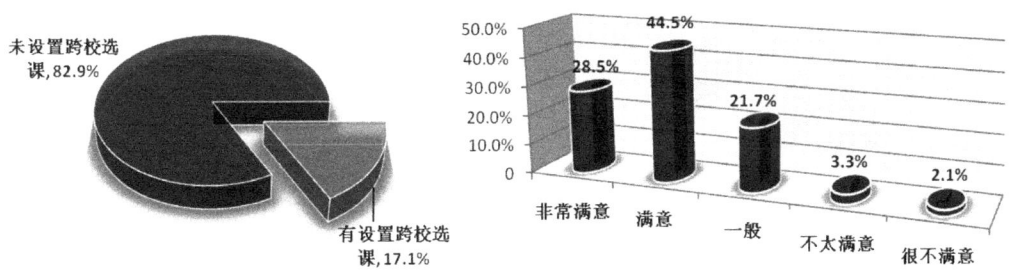

图5-45　培养单位跨选修课设置及硕士满意度的调查情况

另外，有62%的硕士研究生反映导师在其选课过程中有提出建议，而38%反映其导师没有为其提出选课建议；有76.2%的硕士反映导师或培养指导委员会在其选课中给予了帮助，还有23.8%的硕士反映导师或培养指导委员会在其选课中给予的帮助很小甚至没有帮助（图5-46）。

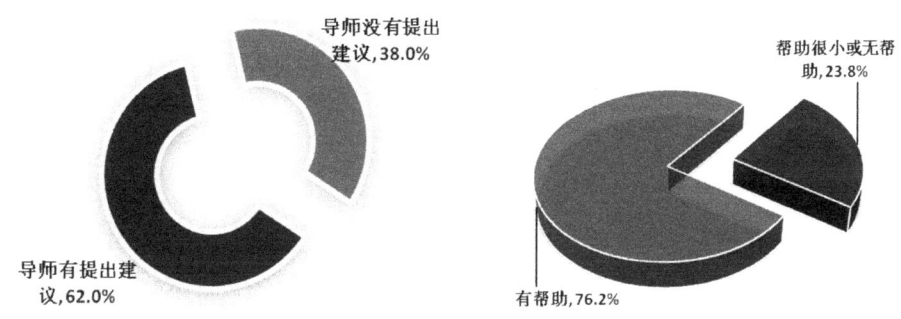

图5-46　导师在硕士研究生选课中的建议及帮助情况

在线课程设置方面，只有29%的硕导反映其学校有建立体育学相关的在线课程（图5-47），而71%反映没有建立；87.9%的教师认为建立体育学相关的在线课程对学生有较大或非常大帮助。多数导师觉得建立体育学相关在线课程对学生有帮助，而真正建立却不多，原因可能是一种路径依赖，传统课程设置相对更为熟悉，而建立在线课程还需要进一步学习，花更多时间来更新维护。

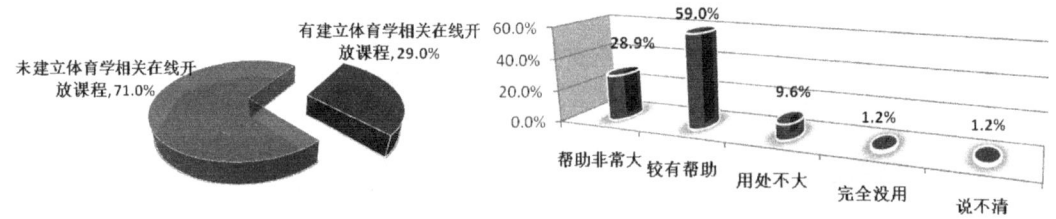

图5-47 培养单位在线课程设置及其对学生的帮助调查情况

二、课程内容

（一）实践类课程

实践性是体育学科非常重要也非常显著的学科特征，从图5-48的调查结果中，可以看出体育学四个二级学科硕士研究生培养中都是比较重视实践类课程的，尤其是体育教育训练学和民族传统体育学更加受到重视，分别有77.8%和72.6%的硕导反映实践类课程在这两个二级学科硕士研究生培养中占有非常重要的地位。

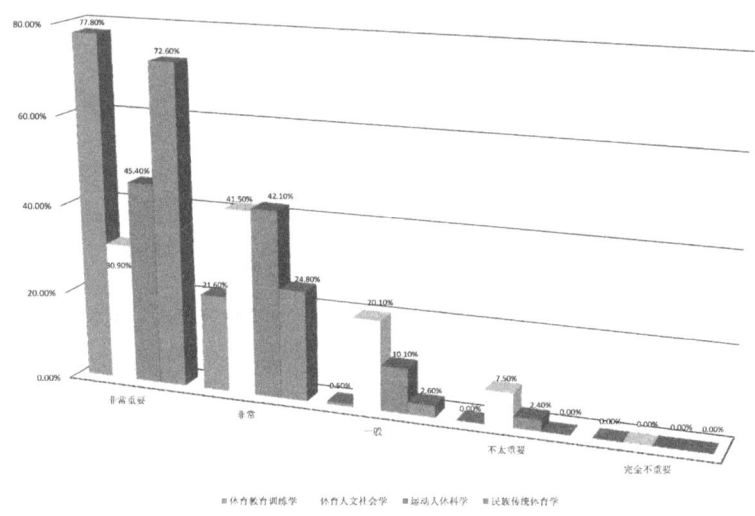

图5-48 实践类课程在体育学四个二级学科硕士研究生培养中重要性示意

（二）科研方法类课程

科研方法是开展学术研究的重要利器，从图5-49的调查结果中，可以看出体育学四个二级学科硕士研究生培养中都是非常重视科研方法类课程，四个二级学科都有70.0%以上的硕导认为其在硕士研究生培养中占有非常重要的地位，而且认为科研方法类课程在硕士研究生培养中占有重要地位的硕导比例也都在20.0%以上，这与四个二级学科的学科特征及体育学学术型研究生的培养目标是有重要关系的。从图5-50的调查结果可以看出硕士研究生对培养单位为其提供的科研方法类课程的满意度，19.8%的硕士表示非常满意，39.1%的硕士表示满意，还有40.0%以上的硕士表示一般或不满意。这个调查结果与科研类方法在体育学研究生培养中的重要性不相匹配，值得引起重视。

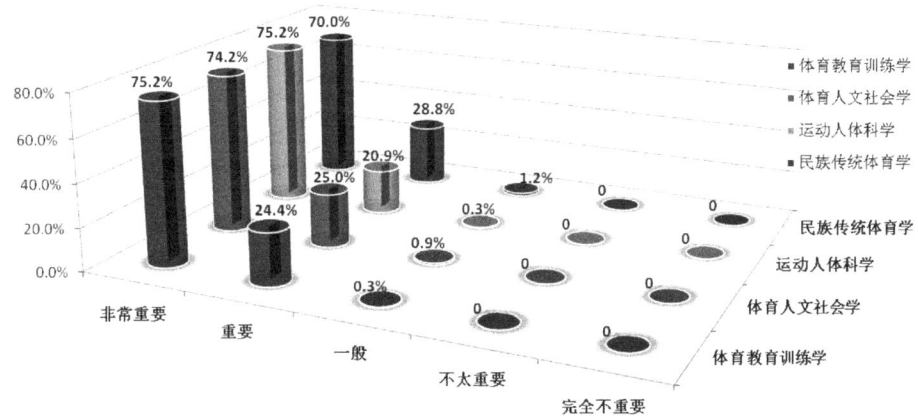

图5-49　科研方法类课程在体育学四个二级学科硕士研究生培养中的重要性示意

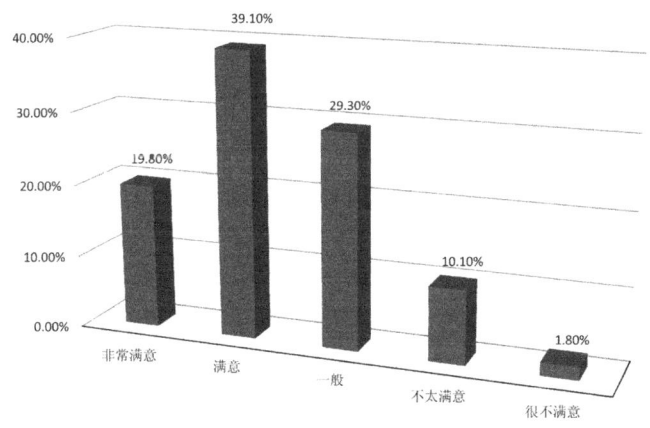

图5-50　硕士研究生对学校提供的科研方法类课程满意度示意

（三）外语类课程

从图5-51的调查结果中，可以看出外语类课程在体育学四个二级学科硕士研究生培养都是比较重要的，尤其是在运动人体科学硕士研究生培养中更重要，有57.4%的硕导认为外语类课程在该二级学科硕士研究生培养中占有非常重要的地位。实际上，在体育学四个二级学科中，运动人体科学学科是最具自然学科特征的，该学科也与国际体育学相关研究衔接最为紧密。因此，学好外语是阅读外文文献及紧跟国际前沿热点的重要基础。从图5-52的调查结果可以看出硕士研究生对培养单位为其提供的外语类课程的满意度，只有10.6%的硕士表示非常满意，21.6%的硕士表示满意，还有60.0%以上的硕士表示一般或不满意。这个调查结果与外语类方法在体育学研究生培养中的重要性相去甚远，说明了目前硕士研究生外语类课程需要根据学生需要进行较大力度的改革，如允许达到一定标准的硕士研究生免修外语。目前有42.8%的硕导反映其培养单位有设立外语免修制度，还有57.2%的硕导反映未设立（图5-53）；针对不同专业的硕士研究生开设专业相关的全英文课程，目前有35.3%的硕导反映其培养单位有开设专业相关的全英文课程，还有64.7%的硕导反映未开设。

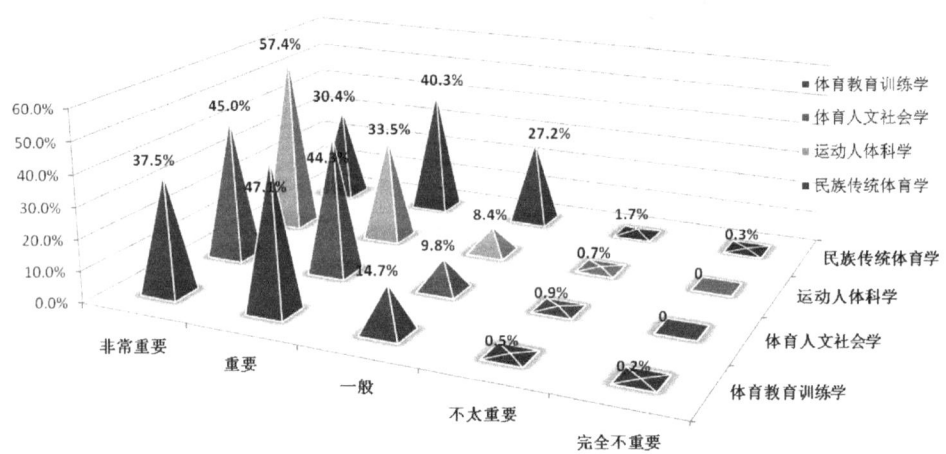

图5-51　外语类课程在体育学四个二级学科硕士研究生培养中重要性示意

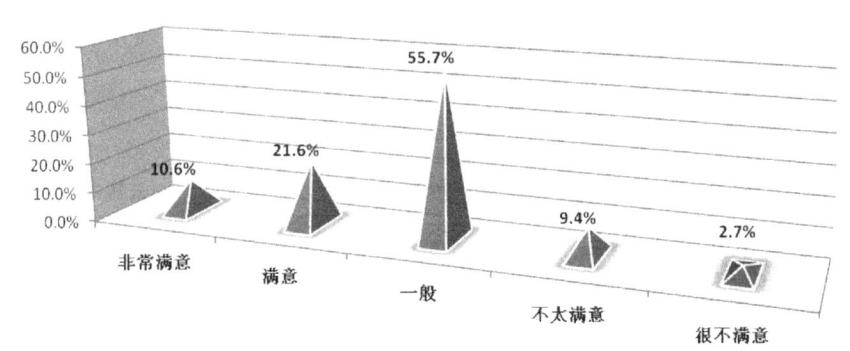

图5-52　硕士研究生对学校提供的外语类课程满意度示意

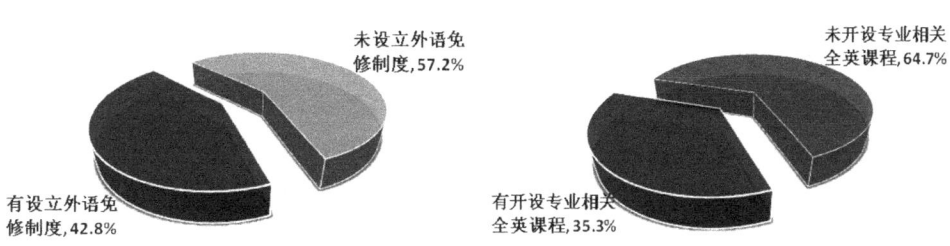

图5-53　培养单位为硕士研究生设置外语免修及专业相关全英文课程情况示意

（四）学科前沿类课程

掌握学科前沿动态对进行学术研究具有非常重要的导向作用，从调查结果中（图5-54），可以看出体育学四个二级学科硕士研究生培养中都是比较重视学科前沿类课程的，尤其是体育人文社会学和运动人体科学两个二级学科，都有70%以上的硕导认为学科前沿类课程在硕士研究生培养中占有非常重要的地位；四个二级学科都有20%以上的硕导认为学科前沿类课程对硕士研究生培养有重要作用。

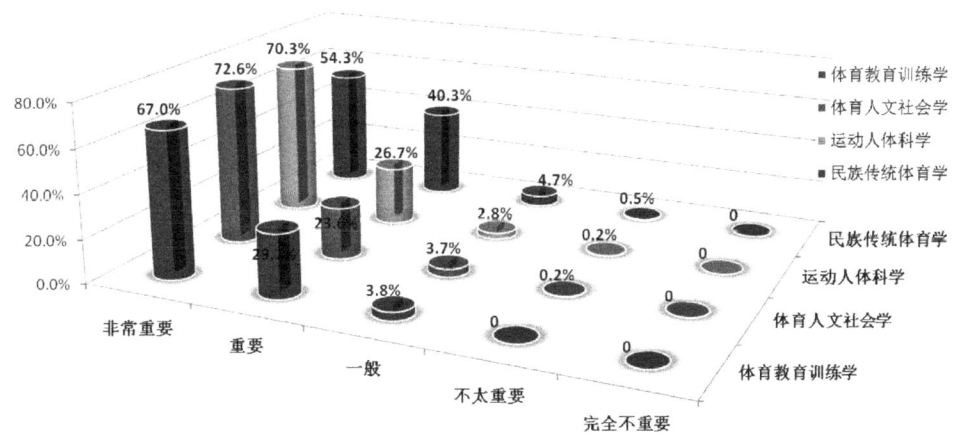

图5-54　学科前沿类课程在体育学4个二级学科硕士研究生培养中的重要性示意

（五）创新创业类课程

从调查结果中，可以看出体育学四个二级学科硕士研究生培养中都是比较重视创新创业类课程的，四个二级学科都有50%左右的硕导认为创新创业类课程在硕士研究生培养中占有非常重要的地位；有30%以上的硕导认为重要（图5-55）。另外，从硕士研究生对学校提供创新创业类课程必要性的态度来看，80%以上的硕士研究生都认为有必要或者非常有必要，这与目前整个社会掀起的创新创业浪潮有重要关系（图5-56）。中国目前面临着各种转型，尤其是面临着从传统制造向创新驱动转型，在这种大背景下，创新创业类课程在体育学四个二级学科硕士研究生培养中的重要性将会愈发凸显。

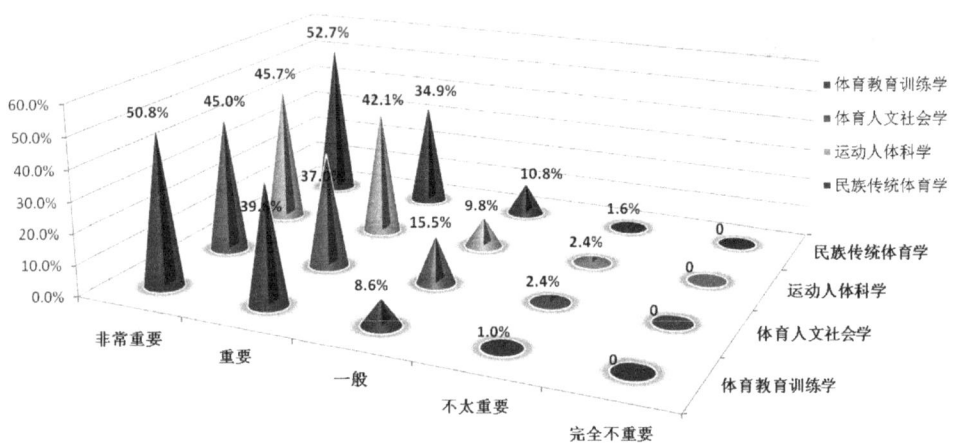

图5-55　创新创业类课程在体育学四个二级学科硕士研究生培养中的重要性示意

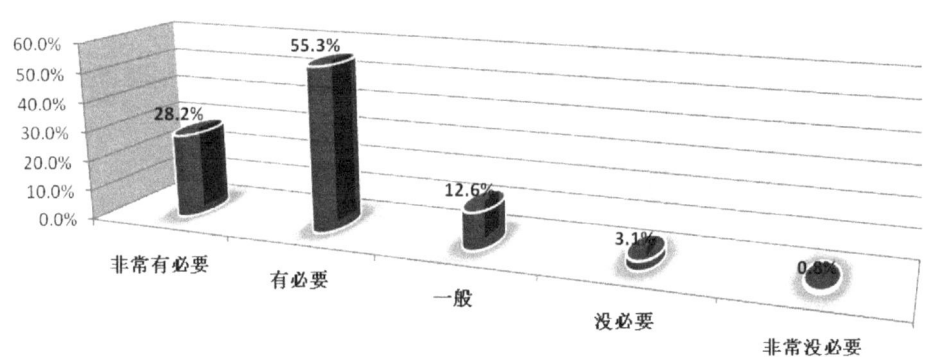

图5-56　硕士研究生对学校提供创新创业类课程必要性示意

（六）专业理论与技术类课程

从调查统计结果来看，硕士对专业理论类与专业技术类课程促进其专业发展的态度相差不大，认为有重要帮助的分别有30.4%和41.8%，认为有一定帮助的分别有49.1%和47.8%，认为帮助很小的分别有18.9%和7.8%，说不清楚的分别有1.6%和2.5%（图5-57）。另外，45.9%的硕士反映体育专业技术类课程的课时太少，49.5的硕士认为可选择的项目太少，有5.2%的硕士反映教师水平不够（图5-58）。

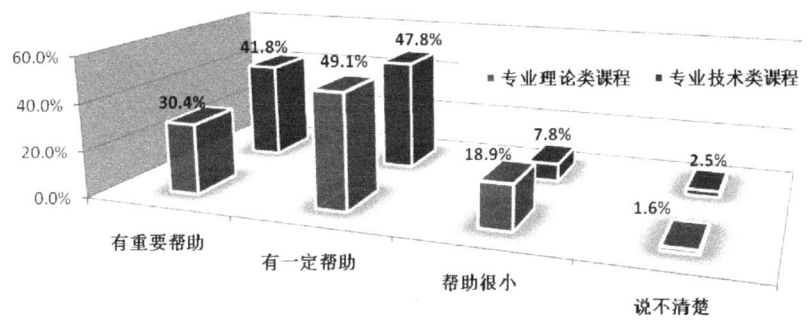

图5-57　专业理论与技术类课程对体育学硕士专业发展帮助示意

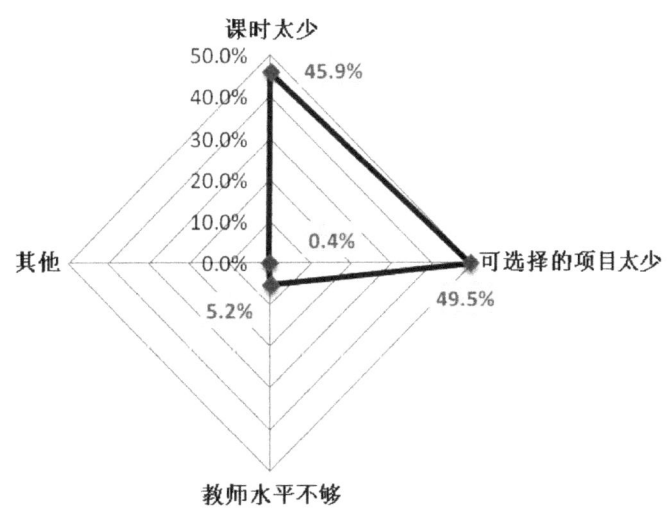

图5-58　体育学硕士生认为体育技术类课程存在的主要问题

社会需求是体育学学术型研究生培养目标制定的重要依据之一，同样也是课程设置和课程内容选择的重要依据之一，调查结果显示有76.6%的硕导反映培养单位会根据社会需求变化而及时有针对性地调整课程设置方案（图5-59），而有23.4%的硕导反映培养单位没有及时根据社会需求变化而有针对性地对课程设置方案及内容进行调整。

图5-59　是否根据社会需要调整课程设置方案及内容

三、课程教学

（一）教学方式

在关于体育学学术型研究生专业理论课程教学方式的调查中，有67%的硕导反映他们频繁采用教授式教学方式（图5-60），即老师讲学生听，这种传统教学方式容易导致"填鸭式"教学，却是几种常用教学方式中采用最多的；频繁采用研讨式的硕导有54.6%，这种师生互动讨论的教学方式应被更广泛地采用，成为研究生阶段课程教学的重要教学方式。在关于体育学学术型研究生专业技术课程教学方式的调查中，有频繁采用教授式教学方式的情况减少到了18.2%，频繁采用现场式教学方式的硕导有63%，这是体育专业实践课程课程教学的主要教学方式。从硕导对增加研讨课、案例分析课以及现场教学课的态度来看（图5-60），80%以上的导师认为应该增加，这与前述实际调查情况有些矛盾，原因可能有以下几点：①学生水平较差，客观上无法和教师形成互动；②教师不具备研讨课、案例分析或现场式授课方式的技巧和能力；③教师主观投入教学的热情不够，不愿花时间开展多样化授课方式；④学校未能有效

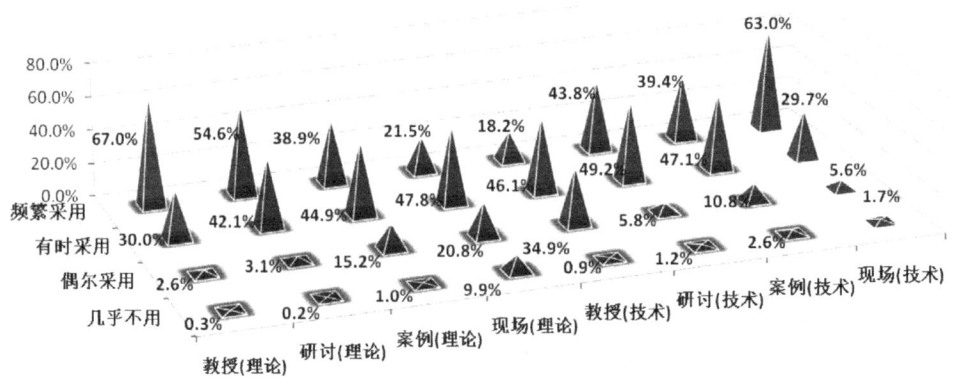

图5-59　理论课与运动技术课常用教学手段示意

激发教师的教学积极性，客观导致教师授课形式单一；⑤课程内容只适合进行教授式教学；⑥多样化教学形式的效果反而不如教授式效果好；⑦学校不能为教师提供案例式教学或现场式教学的授课条件。

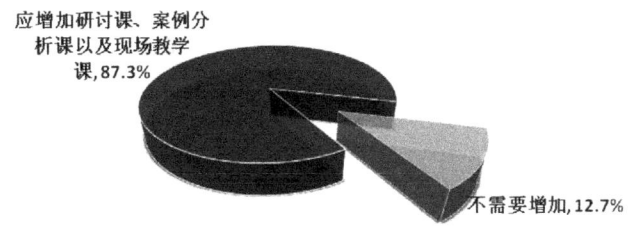

图5-60 硕士生导师对增加研讨课、案例分析课以及现场教学课的态度示意

（二）教学考核

在课程教学考核中，22.3%的硕导反映他们主要采用过程性评价（图5-61），通过考勤和平时成绩来评定学生的成绩；10.3%的硕导反映他们主要采用结果性评价，以期末考试为依据；还有67.4%的硕导反映他们主要采用综合性评价，兼顾过程性与结果性评价。在具体的考核手段上，11.2%的硕导主要采用闭卷考试，16.6%采用开卷考试；62.1%通过提交论文或作业，还有10.1%主要采用随堂测试或考试。只有少数教师认为单纯笔试（试卷）考核形式能非常准确的反映学生掌握知识情况（图5-62），这与硕士对教师的评价基本吻合。

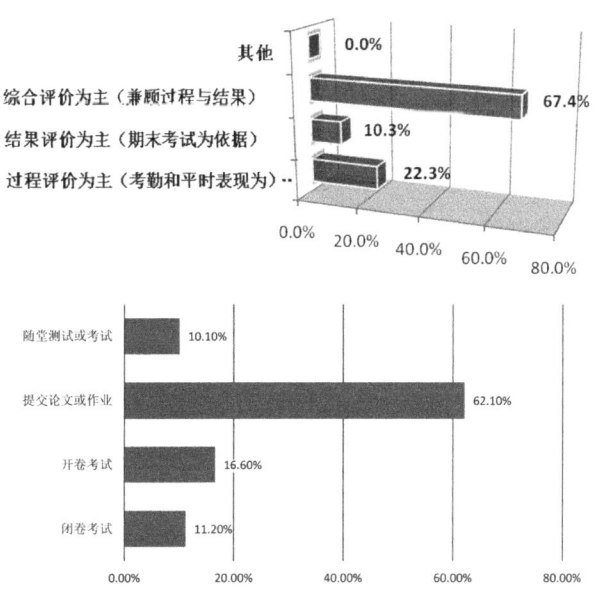

图5-61 体育学学术型硕士研究生课程教学考核主要方式与手段示意

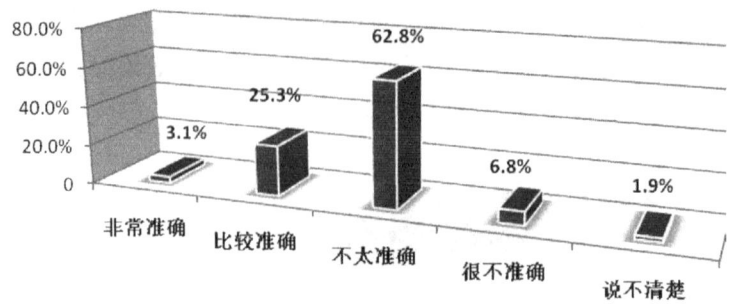

图5-62　硕士生导师对单纯的笔试（试卷）考核形式能否准确反映学生掌握知识的态度

四、教材建设

从调查统计结果可知，采用自编教材给硕士研究生授课的导师有25.1%，采用统编教材的占28.3%，采用自编与统编相结合的占46.6%（图5-63）。另外，有46.6%的硕导认为在硕士研究生主干课程中有必要采用全国统编教材（图5-64）；有55.1%的硕导反映其所授课程存在缺少合适教材的情况；有43.6%的硕导反映其培养单位近三年未在教材开发上投入经费（图5-65）。导师对当前硕士研究生教材使用情况的满意度并不乐观，10.8%的硕导表示非常满意，33.5%的硕导表示满意，还有50.0%以上的硕导表示不太满意或说不清（图5-66）。综上来看，体育学学术型硕士研究生课程相关教材建设还存在较多问题。

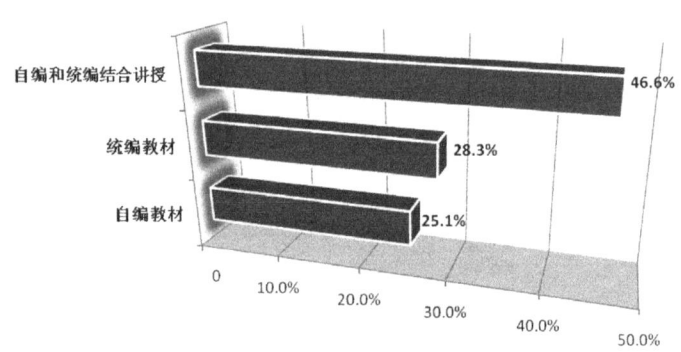

图5-63　硕士生导师目前采用教材类型调查情况示意

图5-64　导师对硕士研究生主干课程采用全国统编教材必要性的态度示意

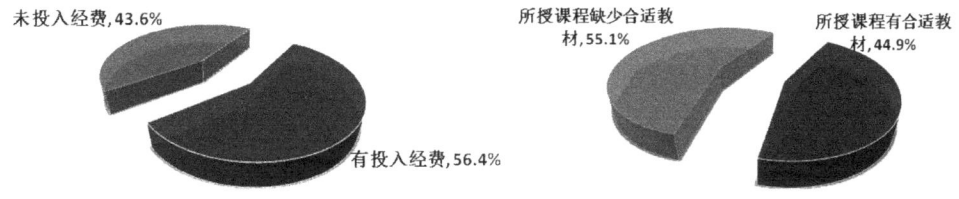

图5-65　近三年教材开发经费投入情况与教材适宜程度示意

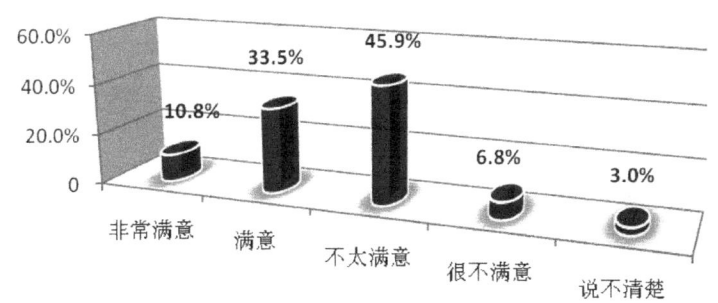

图5-66　硕士生导师对当前教材使用总体情况的满意度示意

五、教学管理

从图5-67所示的调查结果来看，有56.2%的硕导反映其培养单位同时建立了体育学学术型硕士研究生课程设置标准及其审查机制，有33.2%的硕导反映其培养单位仅建立了课程设置标准而并未建立相应审查机制，还有10.6%的硕导反映其培养单位没有建立课程设置标准，也就更谈不上建立相应审查机制了。

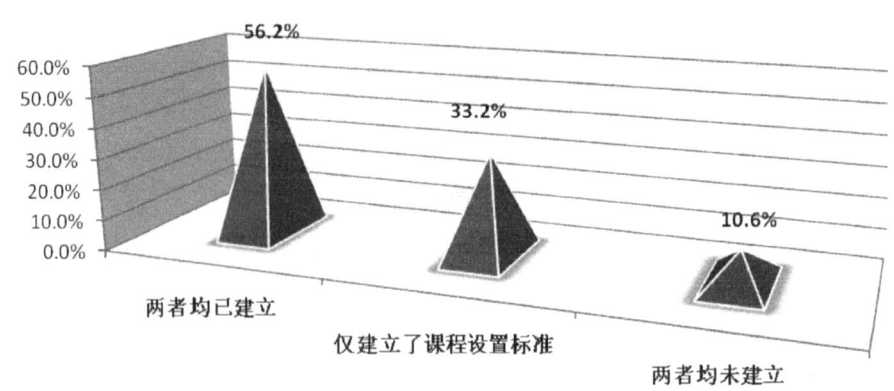

图5-67 课程设置标准及其审查机制建立情况示意

从图5-68所示的调查统计结果可知，各培养单位对硕士研究生任课教师的学历和职称要求还是有所不同的，62.5%的硕导反映其培养单位对硕士研究生任课教师有学历要求，75.9%的硕导反映其培养单位对硕士研究生任课教师有职称要求，这在一定程度上反映出多数培养单位更重视任课教师职称方面的要求，硕士学位的讲师所在比例要低于非硕士学位的副教授。

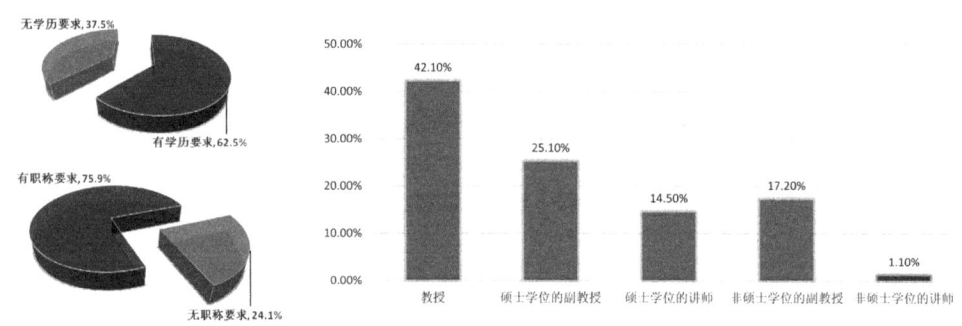

图5-68 培养单位对硕士研究生的任课教师学历与职称要求

在任课教师按照教学大纲进行授课的管理方面，35.8%的硕导反映其培养单位要求任课教师必须严格按照教学大纲来执行，52.2%的硕导反映其培养单位要求任课教师总体上按照教学大纲来执行就可以，还有12%的硕导反映其培养单位对任课教师是否按照教学大纲来授课并不做具体要求，而由授课教师自主选择（图5-69）。

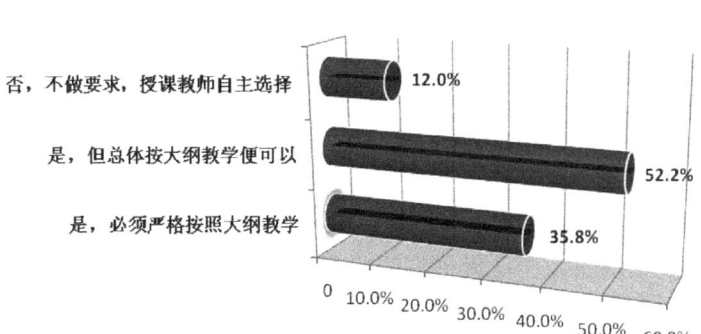

图5-69　培养单位要求任课教师按照教学大纲进行授课的情况

从调查统计结果来看，培养单位对硕士研究生任课教师教学效果的评价主要有领导评价、同行评价、学生评价、自我评价和教学督导组评价，其中领导评价占40.7%，同行评价占55.5%，学生评价占79.1%，自我评价占35.7%，教学督导组评价占50.3%，以上评价对任课教师教学产生的促进作用总体上还是比较大的，80.0%以上的硕导都认为是有较大促进作用的（图5-70）。另外，有59.3%的硕导反映其培养单位会对任课教师课程教学的评价结果实施一定奖惩（图5-71）。

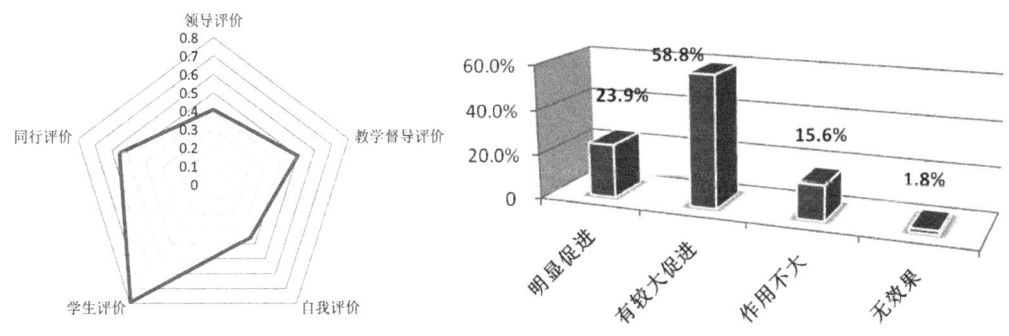

图5-70　培养单位课程教学效果评价机制及其作用

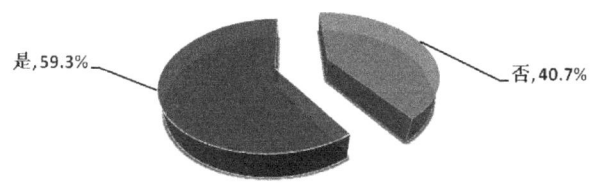

图5-71　培养单位根据课程教学评价结果实施一定奖惩的情况示意

第三节　我国体育学博士研究生课程发展研究

依据教育部学位与研究生教育司的《一级学科研究生课程调研提纲》，在收集相关文献资料及广泛开展调研的基础上，围绕专家征求意见会上提出的主要焦点问题设计问卷，经过多轮的修改，设计了《体育学学术型博士研究生课程建设情况调查问卷（博导填写）》《体育学学术型博士研究生课程建设情况调查问卷》，从课程体系、课程内容、课程教学与考核方法、教材建设、课程教学管理五个层面对各调研院校的博士生导师、博士研究生进行问卷调查。具体调研数据及样本情况如表5-19和图5-72所示。

表5-19　博士研究生课程建设情况调查问卷基本情况统计

类别	发放问卷	回收问卷	有效问卷	有效回收率
博导问卷	87	82	79	90.80%
博士问卷	323	315	310	95.98%

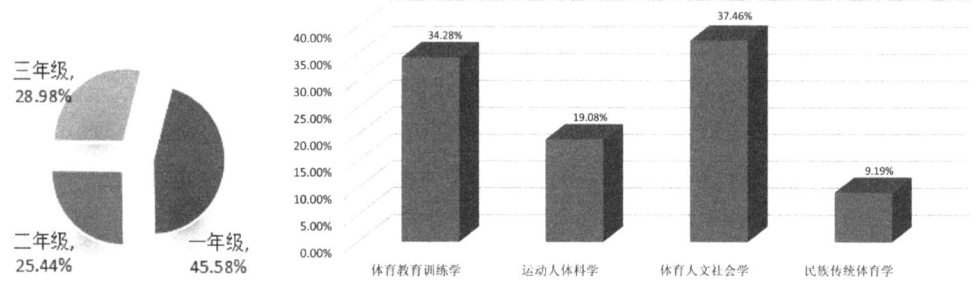

图5-72　体育学博士研究生课程建设调研样本基本情况示意

一、课程设置

（一）课程满意度

丰富完善的课程体系，不仅能够为博士生打下坚实的知识基础，而且可提高博士研究生的科研能力和道德水准。对博士生导师的调查结果显示（图

5–73、图5–74），有23.5%和38.2%的博导认为现有的课程设置可以"完全满足"及"满足"国家对博士研究生学位的基本要求，33.8%的博导认为"基本满足"，引起注意的是，有44.1%的博导认为"有些差距"。另外，在课程体系设置满足单位培养目标的调查结果呈现出基本相同的趋势，不同之处在于，仅有8.8%的博导认为现有课程体系设置与单位培养博士培养目标"有些差距"。可见，大部分博导对现有课程体系设置较为满意，但仍有部分博导认为课程设置与国家对博士学位的要求具有一定的差距。

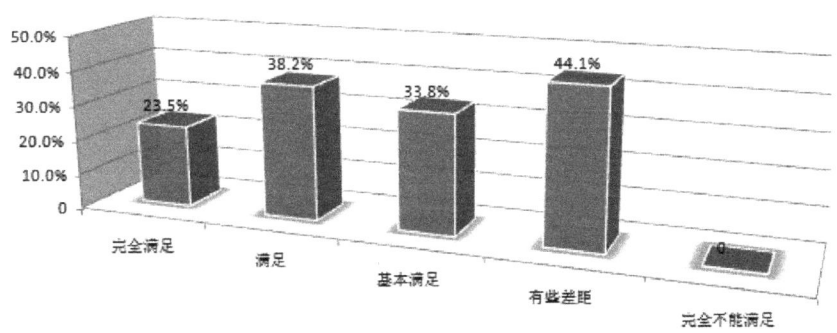

图5–73 　当前体育学博士生课程体系满足博士学位要求示意

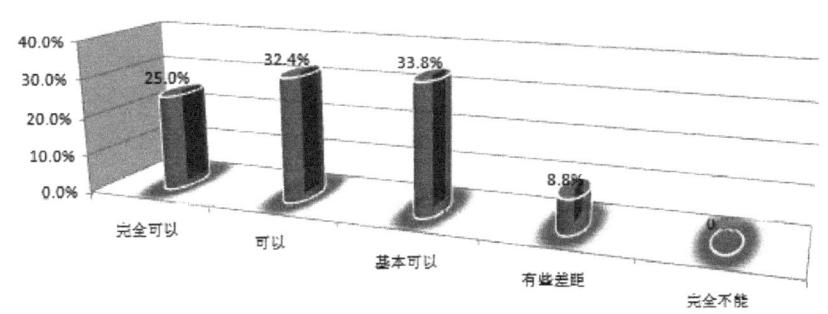

图5–74 　体育学博士研究生课程体系设置满足培养目标示意

学生对课程的满意度是课程目标实现与否的重要参考指标，调查结果显示（图5–75），21.20%和35.69%的博士研究生对课程设置"非常满意"和"比较满意"，但是26.86%的博士生感觉"一般"，另外13.07%和3.18%的博士生"不太满意"和"很不满意"。

上述调研结果表明，我国体育学博士研究生课程体系设置总体上能够满足博士导师和博士生的要求，但是，还需要进一步优化课程体系设置，强化课程教学质量，尽量满足不同群体对的课程设置需求。

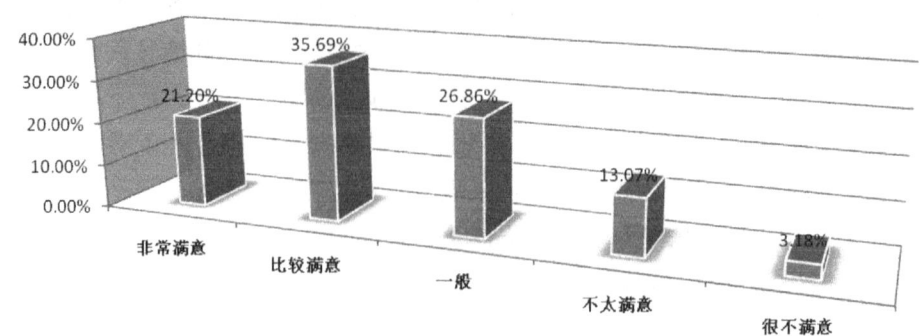

图5-75 博士生对课程设置的满意度评价示意

（二）课程的层次性

硕士研究生课程体系主要体现专业性和技能性，博士研究生课程主要体现学术性和创新性。硕士、博士课程体系应逐层递进，硕士研究生课程是博士研究生课程的基础，博士研究生课程是对硕士研究生课程的进一步拓展和加深。调查结果显示（图5-76），30.9%的博导认为硕、博士课程体系"层次清晰"，39.7%的博导认为"层次较清晰"，另外有22.1%和7.4%的博导认为"层次较模糊"和"说不清"。可见，我国体育学硕士、博士课程体系能够较好体现层次性设置要求。进一步调查发现，硕士、博士课程体系的层次性主要体现在课程的理论深度方面，占70.6%，其次是课程内容方面，占57.4%。

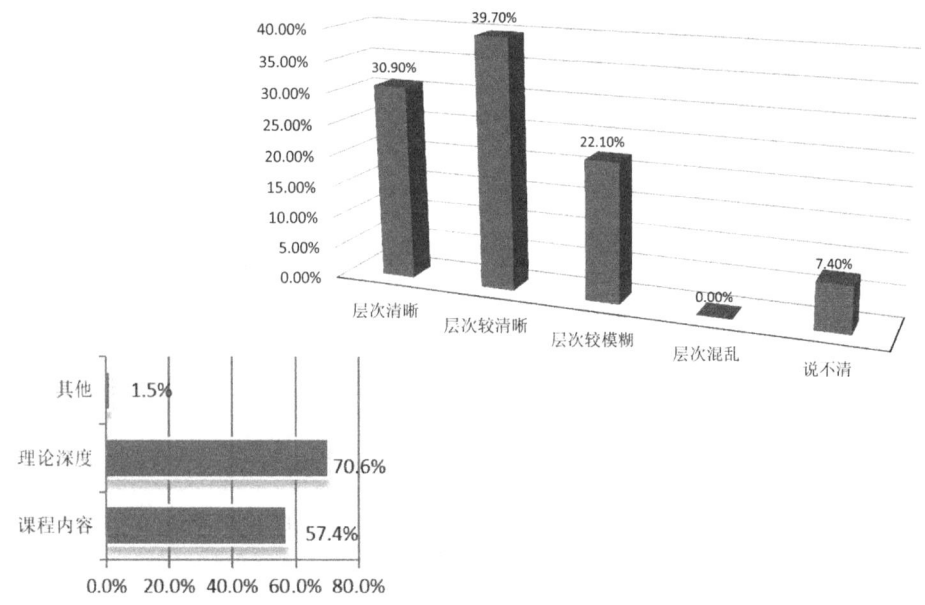

图5-76 硕、博士课程体系层次性调查结果统计示意

（三）合作课程开发

调查结果显示（图5-77），50%的培养单位与其他单位合作开发设置课程。其中，25%的博士导师认可或认为这种合作课程模式对提高博士研究生培养质量"作用很大"，16.2%的导师认为"作用较大"，8.8%的导师认为"有点作用，但不明显"（图5-78）。另外45.6%的培养单位开设了国际合作课程或与国外高校联合培养博士研究生，其中，19.1%的博导认为国际合作对提高研究生培养质量"作用很大"，20.6%的博导认为"作用较大"，5.9%的博导认为"有点作用，但不明显"（图5-79）。

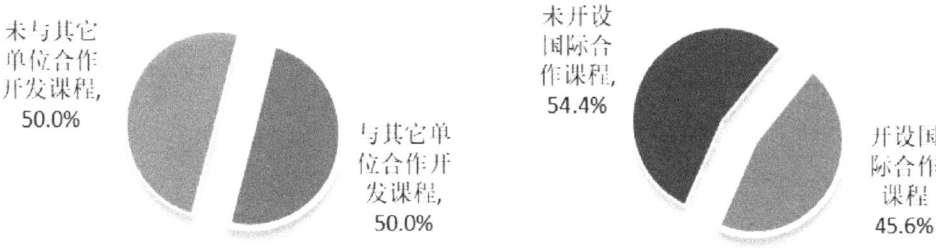

图5-77　与其他单位合作开发课程或联合培养博士研究生的情况

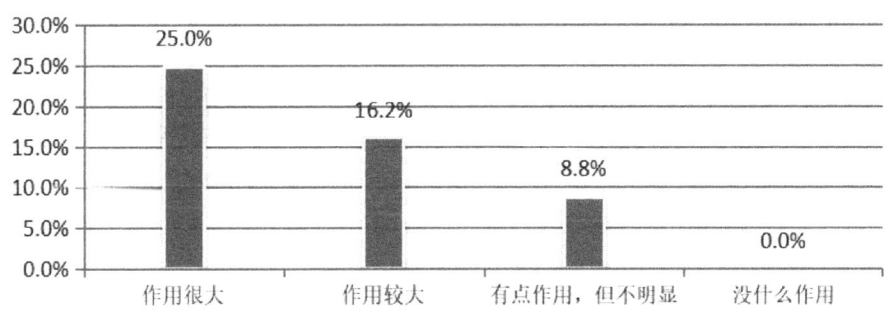

图5-78　合作开发课程对提升培养质量的效果示意

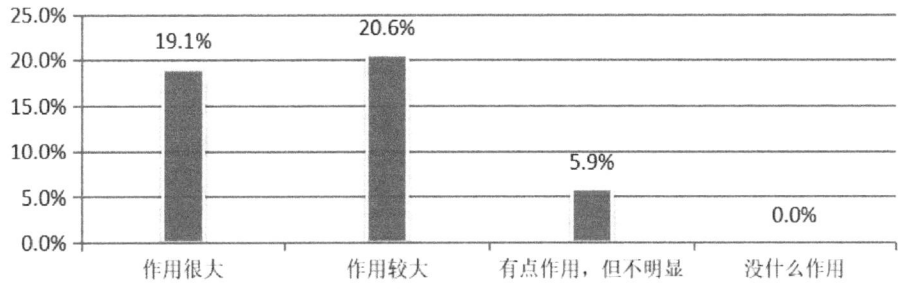

图5-79　开设国际合作课程或联合培养研究生作用效果示意

（四）课程选择与开设

随着科学知识的日益分化和整合，针对博士生设置的课程也越来越多样，如何从繁杂的课程体系中选择适合自身发展的课程尤为重要，在这方面博士导师起着关键作用。调查结果显示（图5-80），80.21%的博士导师和71.38%导师组（培养指导委员会）对博士生的课程选择提出建议，19.79%的导师和28.62%的导师组（培养指导委员会）没有对学生选课提供建议。可见，大部分博导能够积极指导学生选修课程。

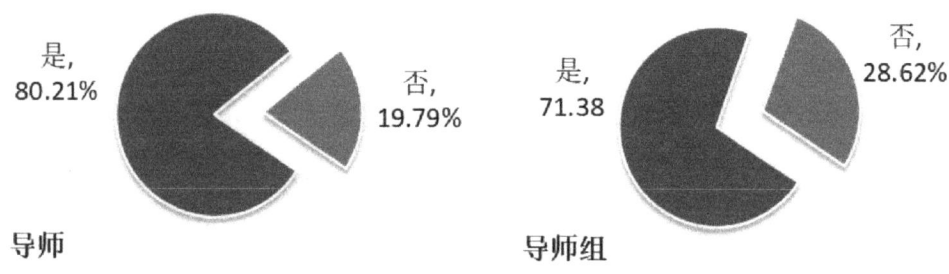

图5-80　对博士生选课指导调查结果统计示意

在课程选修方面，各培养单位能够为博士生提供跨学科、跨学院和跨学校的课程选择机会。调查结果显示（图5-81），79.51%的培养单位提供了跨学科（二级学科）院内选课制度，其中23.67%的博士生对院内跨学科选课表示"非常满意"、38.87%的博士生表示"满意"，另外，27.92%的博士表示"一般"，而有8.13%和1.41%的学生表示"不太满意"和"很不满意"，可见有待于进一步提高院内跨学科选课制度，提高学生选课满意度。

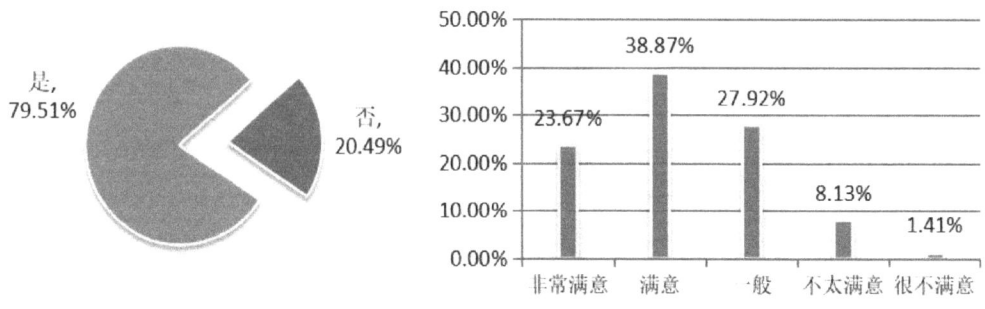

图5-81　培养单位跨学科课程设置及满意度示意

在跨学院的选课制度中，65.72%的培养单位提供了跨学院选课机会，其中，22.85%和39.78%的博士生对跨学院选课表示"非常满意"和"满意"，30.11%的学生表示"一般"，而有7.53%的学生表示"不太满意"（图5-82）。

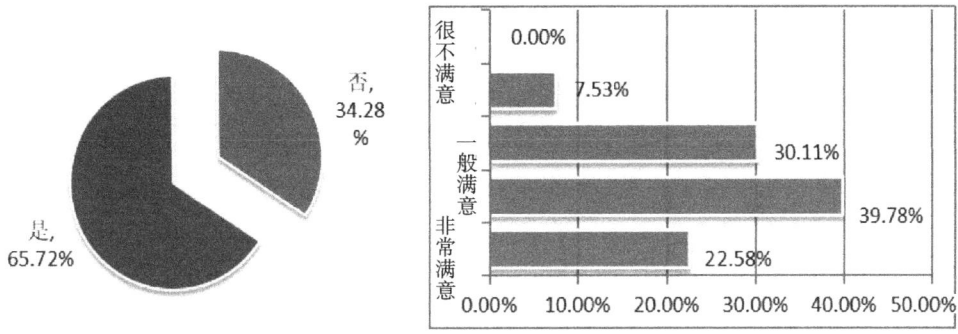

图5-82　培养单位跨学院课程设置及满意度示意

在跨学校的选课制度中，65.02%的培养单位提供了跨学校选修课程机会。其中，21.21%和44.44%的博士研究生对跨校选课表示"非常满意"和"满意"，16.16%的学生表示"一般"，另外14.14%和4.04%的学生表示"不太满意"和"很不满意"（图5-83）。

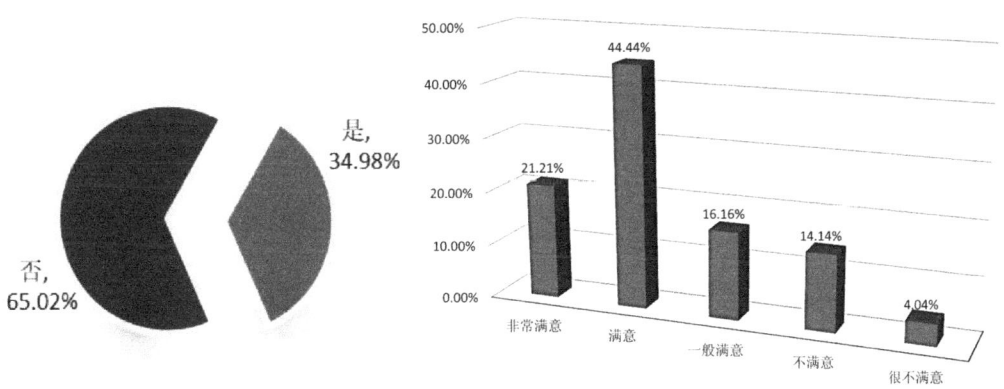

图5-83　培养单位跨学校课程设置及满意度示意

从调查结果来看，从院内跨学科选课，到跨院选课，再到跨校选课，各培养单位提供选课机会越来越少，即从79.51%降低到65.02%，相反学生对不同类型选课的满意度却逐步提升，即"非常满意"和"满意"的比例从62.54%上升到65.65%。

二、课程内容

（一）实践类课程

课程实践是博士研究培养过程的重要组成部分，其内容主要包括听取学术报告、举办学术讲座、担任助教等，可以培养博士研究生的社会适应能力。调查结果显示（图5-84），四个二级学科都非常重视实践类课程，尤其是体育教学训练学，92.6%的博导选择"非常重要"和"重要"，其次是民族传统体育学，85.3%的博导选择"非常重要"和"重要"。这两个二级学科运动实践性较强，因此，实践类课程更显重要。

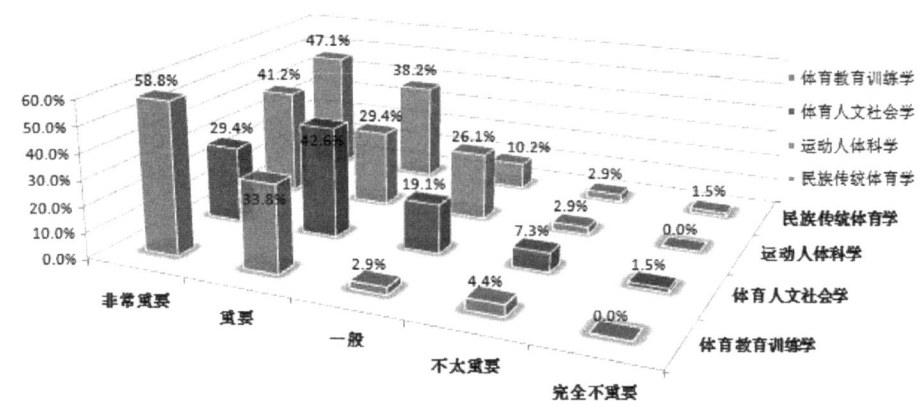

图5-84　实践类课程在体育学四个二级学科博士研究生培养中的重要性

（二）科研方法类课程

博士研究生课程设置以培养学生科研能力为主，主要包括体育统计学、体育科研方法、专业文献研读等课程。调查结果显示（图5-85），四个二级学科都非常重视科研方法类课程，排列第一的是体育人文社会学，79.4%和16.2%的博导认为科研方法类课程对体育人文社会学"非常重要"和"重要"，其次是运动人体科学，94.1%的博导认为"非常重要"和"重要"，最后是体育教育训练学和民族传统体育学，占比92.6%。从图5-86中可以看出，17.31%和35.69%的博士生对科研方法类课程表示"非常满意"和"满意"，25.80%的博士生表示"一般"，另外，21.20%的博士生表示"不太满意"和"很不满意"，可见，对科研方法类课程表示满意的比例只占52.00%，有待于进一步加强体育科研方法类课程设置和课程教学，突显科研实践，通过科研方法类课程教学，切实提高学生的科研能力和水平。

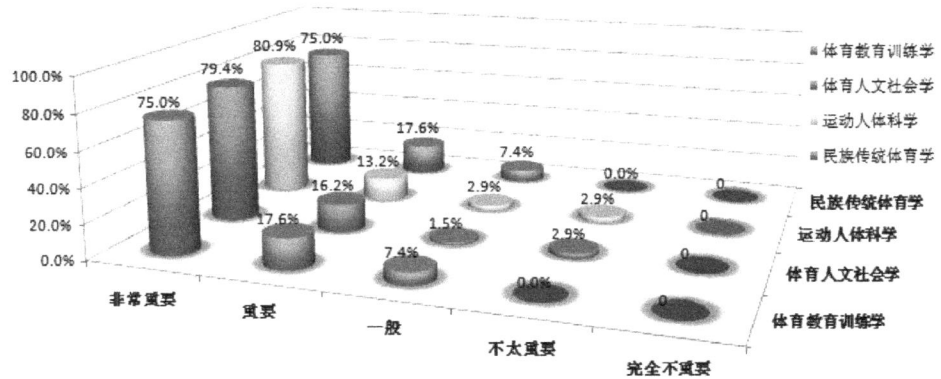

图5-85 科研方法类课程在四个二级学科中的重要程度示意

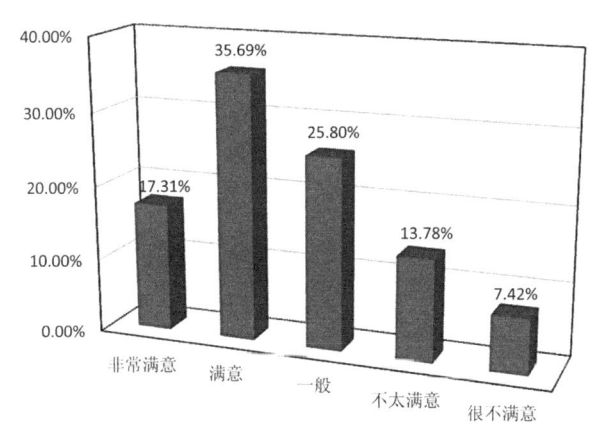

图5-86 博士生对科研方法类课程满意度示意

（三）外语类课程

调查结果显示（图5-87），4个二级学科都非常重视外语类课程，尤其是运动人体科学和体育人文社会学，58.8%和22.1%的博导认为外语类课程对运动人体科学"非常重要"和"重要"，48.5%和39.7%的博导认为外语类课程对体育人文社会学"非常重要"和"重要"，此外，是体育教育训练学和民族传统体育学。外语课程满意度调查结果显示（图5-88），48.41%的博士生表示"非常满意"和"满意"，32.16%的博士生表示"一般"，19.43%的博士生表示

"不满意"和"很不满意"。可见博士生对外语类课程的满意程度与其在博士生培养过程中的重要程度不相符合，进一步的调查显示，仅有60.3%的培养单位设立的外语免修制度，而29.4%培养单位开设了与专业课相关的外语课程，可见，现有外语课程的设置主要集中在公共外语课程，而与博士生的科研相关的专业外语课程设置数量偏少。

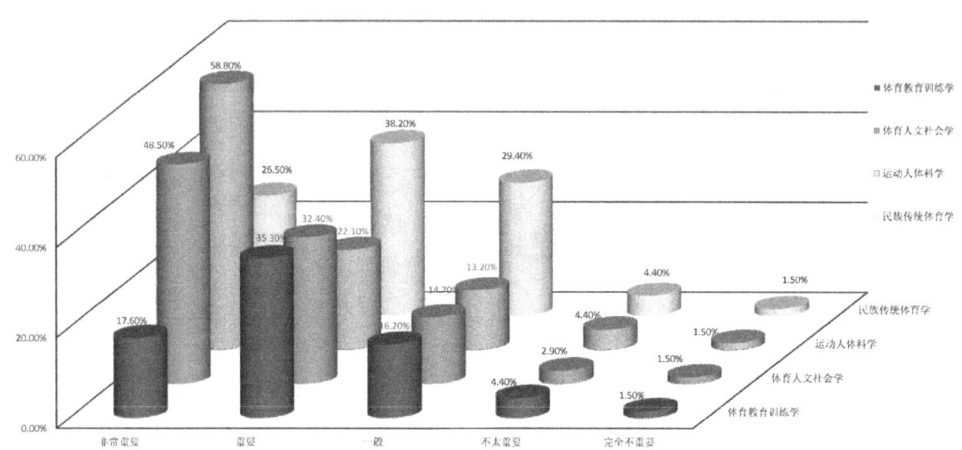

图5-87　外语类课程在4个二级学科中的重要程度示意

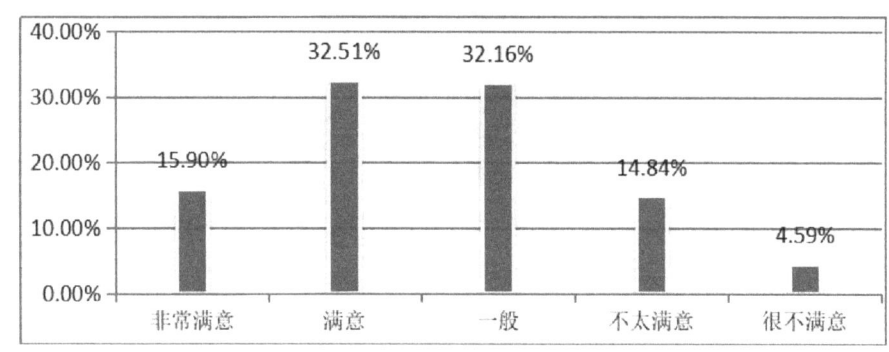

图5-88　博士生对外语类课程满意度示意

（四）学科前沿课程

博士研究生以创新性科研为主，其课程设置应体现学科前沿热点问题。调研结果显示（图5-89），四个二级学科都非常重视学科前沿课程的设置，平均70.6%的导师认为学科前沿课程"非常重要"，平均27.2%导师认为学科前沿课程"重要"。

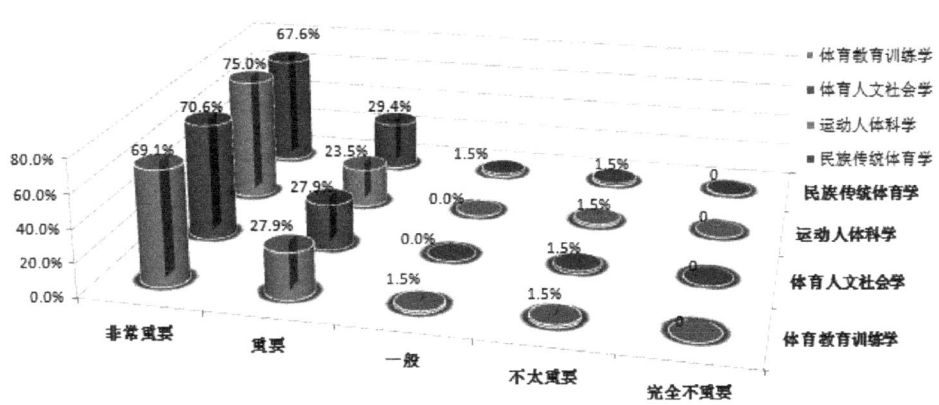

图5-89　学科前沿课程在4个二级学科中的重要程度示意

（五）创新创业课程

相对于其他课程，博士生导师对创新创业课程的重要性认知略有不足，如图5-90所示，有44.1%的博士导师认为创新创业课程对运动人体科学"非常重要"，其次是体育教育训练学，占42.6%，最后是体育人文社会学和民族传统体育学。对博士研究生的调查结果显示（图5-91），15.9%的学生表示创新创业课程"非常有必要"，45.58%的学生表示"有必要"，18.73%的学生表示"一般"，另有19.79%的学生表示"没必要"或"非常没必要"。可见，随着我国博士研究招生规模的扩大，博士研究生越来越重视创新创业课程，希望通过创新创业课程能够及时转化为科研成果。

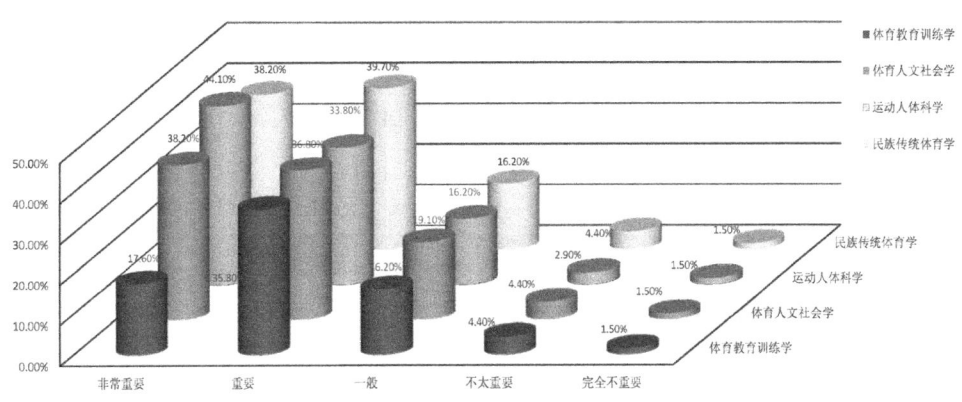

图5-90　创新创业课程在4个二级学科中的重要程度示意

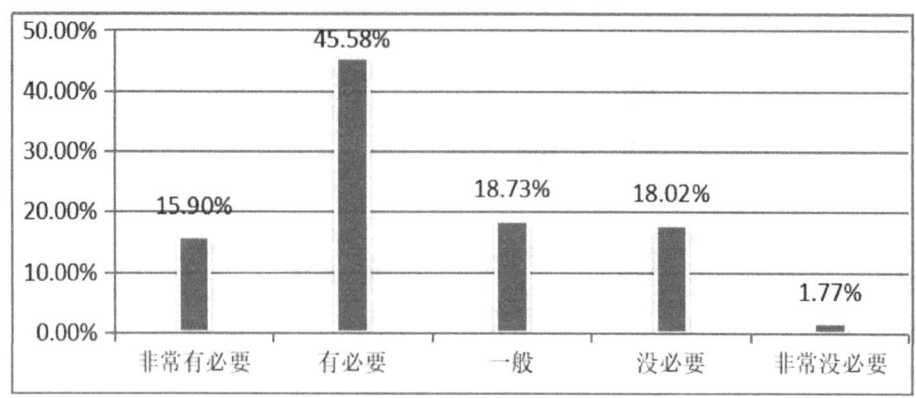

图5-91　创新创业课程必要性结果示意

（六）专业类课程

对于体育学博士研究生来说，专业类课程包括专业理论课程和运动技术课程两个类别。调查结果显示（图5-92、图5-93），博士研究对专业理论课程与运动技术课程促进其专业发展的态度相差不大，认为"有重要帮助"作用的分别占34.64%和30.04%，认为"有一定帮助"的分别占57.95%和51.24%，认为"帮助很小"的分别占7.42%和15.19%，"说不清楚"的分别占0%和3.53%。可见，体育学博士研究生非常重视运动技术类课程，他们认为，运动技术类课程在其专业发展中的作用不亚于专业理论课程。进一步的调查发现（图5-94），38.87%的博士生认为运动技术类课程"课时太少"，43.46%的博士生认为"可选择的项目太少"，11.31%的博士生认为运动技术课程"教师水平不够"。可见，在强化专业理论课程设置的同时，满足学生的需求，适当增加运动技术类课程，同时，增加可选运动项目、配备高水平师资队伍。

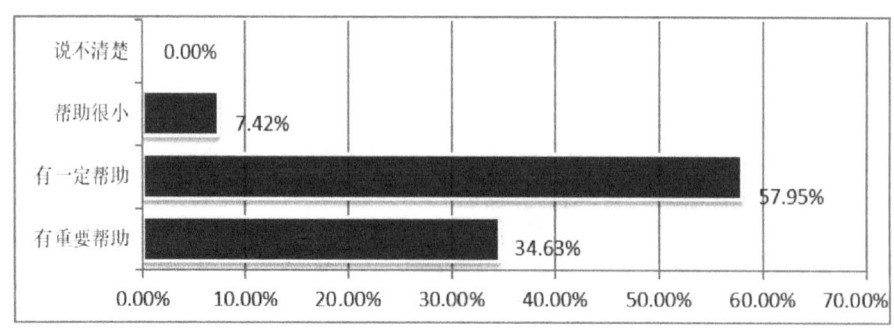

图5-92　专业理论课对学生专业发展促进作用示意

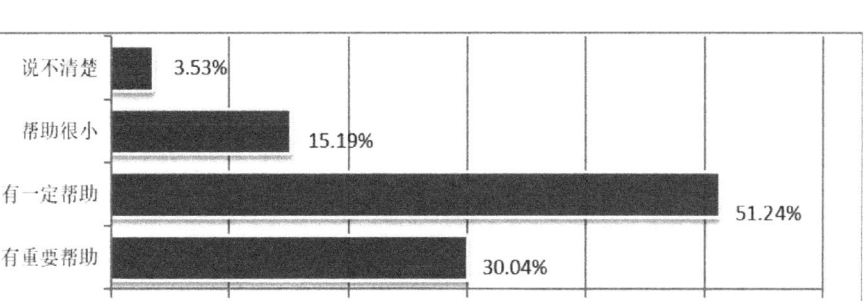

图5-93　运动技术课程对学生专业发展促进作用示意

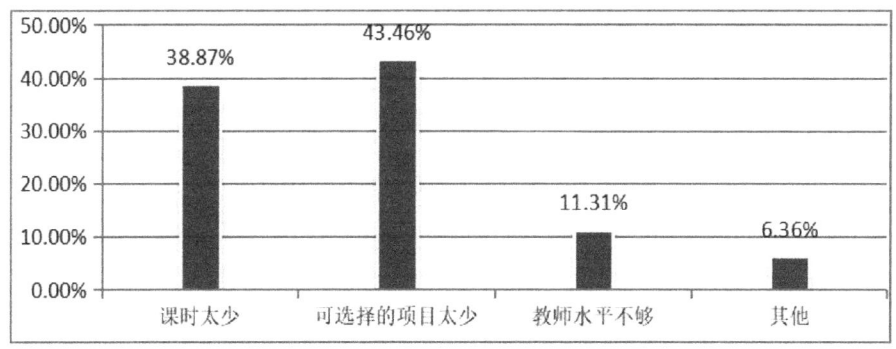

图5-94　博士研究生运动技术课程主要存在的问题

三、课程教学

（一）教学方式

调查结果显示（图5-95），大部分博士生导师采用研讨式（66.2%）和教授式（60.3%）的教学方式，其次是案例式（41.2%）和现场式（22.1%）的教学方式。可见在博士阶段的教学过程中，教师能够频繁采用研讨式教学，通过师生之间的互动，使学生受到启发。进一步的调查发现（图5-96），21.2%博士生感觉上课过程中师生互动效果"非常好"，30.39%的博士生感觉互动效果"好"，但是仍有33.57%和14.84%的博士生感觉效果"一般"和"不太好"。因此，虽然研讨式教学已经成为主要的教学方式，但有待于加强研讨互动的效果。而且仍有60.3%的教师频繁采用传统教师讲学生听的教授式教学。

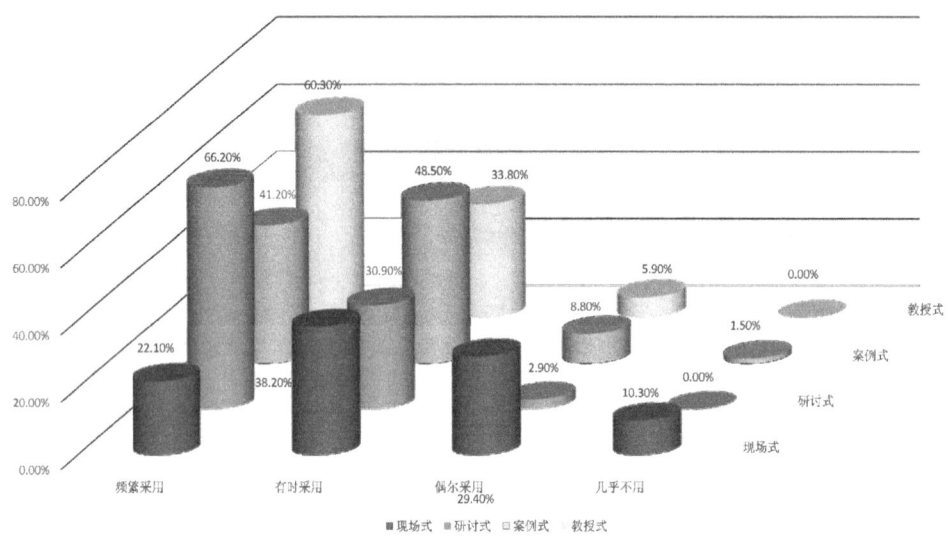

图5-95　教学方式使用频率统计示意

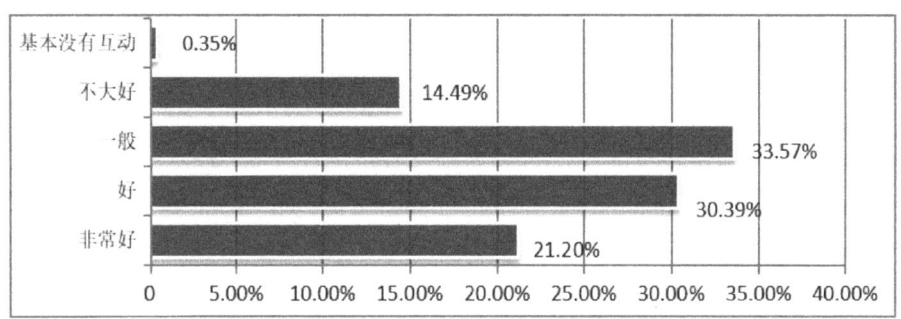

图5-96　师生互动频率调查结果示意

（二）考核方式

在课程教学考核中，70.6%的博导主要采用综合性评价，兼顾过程性与结果性评价；17.6%的博导采用过程性评价，通过考勤和平时表现来评定学生的成绩；11.8%的博导主要采用结果性评价，以期末考试为依据（图5-97）；在具体的考核手段上，91.2%的博导主要采用提交论文和作业的形式，4.4%的老师采用开卷考试或闭卷考试（图5-98），博士研究生课程教学主要以论文和作业的形式完成，而不拘泥于传统的考试，可以考察并提升学生的综合能力。

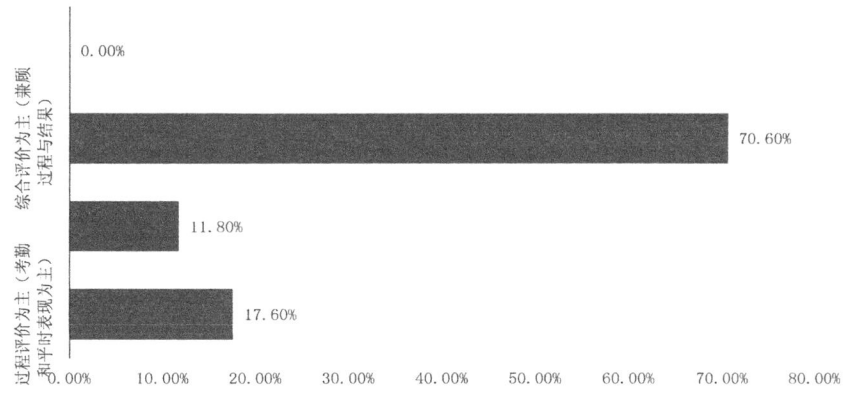

图5-97　专业理论课程考核方式统计结果示意

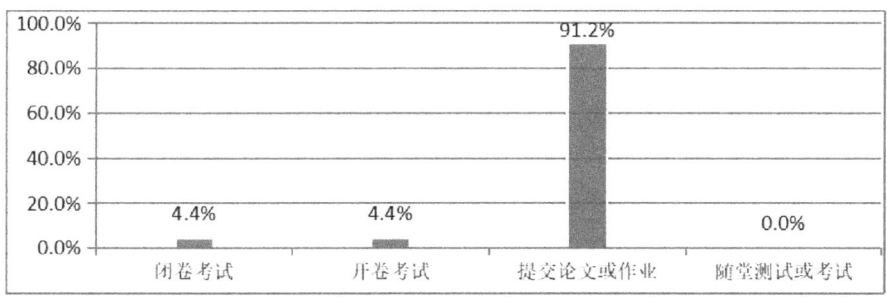

图5-98　课程考核手段统计结果示意

同时，64.7%的培养单位要求任课教师为博士研究生布置课后作业，进一步调查显示（见图5-99），14.7%的任课教师每次课都布置课后阅读或作业，35.3%的任课教师布置课后作业的频率为75%左右，38.2%的任课教师布置课后作业的频率约为50%，仅有10.3%的老师布置课后作业的频率为25%左右。可见，大部分教师都能主动、积极为博士生布置课后阅读或作业，同时45.6%的任课教师能够在下次课中及时检查作业完成情况，另有45.6%的教师会偶尔检查，8.8%的教师没有检查课后作业（图5-100）。

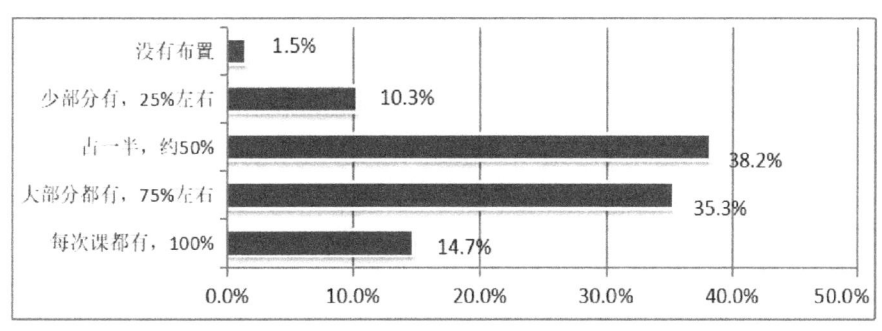

图5-99　专业理论课程课后作业布置频率示意

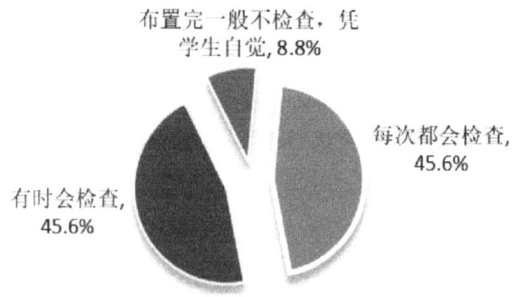

图5-100　课后作业检查情况统计示意

四、教材建设

随着科学的发展与分化，博士生任课教师的研究日益精深，他们的研究总是能够进展到独立开设课程的程度，由此导致了博士生课程设置日益多样化和随意化，其具体表现为教材建设的弱化。调查结果显示，76.5%的博士导师认为博士研究生主干课程没有必要采用统编教材，61.8%的任课教师教授的课程没有合适的教材。76.5%的任课教师采用自编教材或自己准备授课材料，14.7%的任课教师采用自编教材和统编教材相结合的形式进行授课，而仅有8.8%的教师采用统编教材授课（图5-101）。博士研究生课程内容的前沿性特征决定了课程内容的多变性，为了紧跟科研热点问题，大部分教师往往采用自编教材或自己准备授课材料。另外，任课教师较少采用统编教材也可能与缺乏相关资金有关，调查显示，仅有36.8%的培养单位近三年投入了专门的博士生课程教材开发经费。

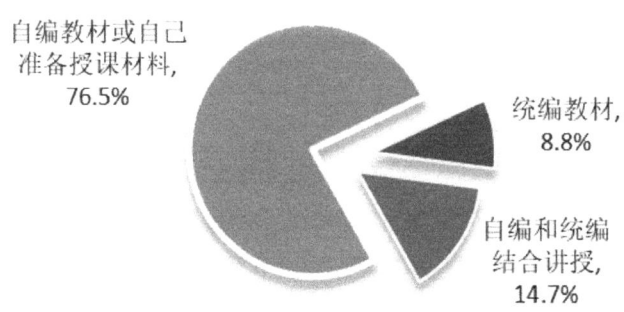

图5-101　任课教师采用课程教材形式的统计结果示意

五、课程教学管理

(一)课程设置标准

我国博士研究生课程设置存在缺乏科学论证、因人设课、因热点设课的现象，课程设置的随意性较大，缺乏相应的课程设置标准和审查机制。调查结果显示（图5-102），有44.1%的博导反映其培养单位同时建立了课程设置标准及其审查机制，39.7%的博导反映其培养单位仅建立了课程设置标准而并未建立相应审查机制，还有16.2%的博导反映其培养单位没有建立课程设置标准，也没有建立相应审查机制。

图5-102　课程设置标准及审查机制建设情况示意

(二)师资要求

另外，85.43%的培养单位对博士研究生任课教师提出了学历学位要求，88.2%的培养单位提出了相应的职称要求。进一步调查显示（图5-103），50.0%的培养单位要求博士研究任课教师具有教授职称资格，16.2%的培养单位要求具有博士学位的副教授职称资格或博士学位的讲师，仅有5.9%的培养单位其任课教师可以为非博士学位的副教授，由此可见，培养单位对博士研究生任课教师的要求普遍较高。

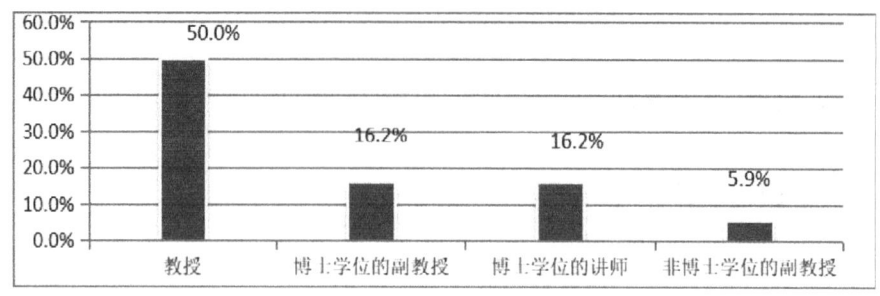

图5-103　任课教师学位、职称要求统计结果示意

（三）教学质量监控体系

另外，88.2%的培养单位构建了课程教学质量管理体系，其中44.1%的培养单位执行学校的相关教学质量监控体系，55.9的培养单位根据体育学科特点，构建了自身教学质量监控指标体系（图5-104）。进一步的调查发现，14.7%的培养单位能够"有效执行"现有课程教学质量监控体系，60.3%的培养单位"较有效执行"，而仍有25.1%的培养单位不能很好地执行（图5-105）。可见，在建立课程教学质量监控体系的基础上，仍要加强质量监控的执行力。

图5-104　课程教学质量监控体系类别统计示意

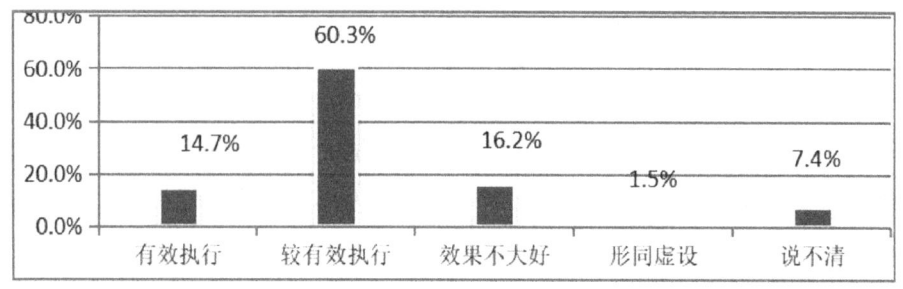

图5-105　课程教学质量监控体系执行情况统计示意

（四）教学评价

调查结果显示，58.8%的培养单位建立了课程教学效果评价机制，评价方式包括领导评价、同行评价、学生评价、自我评价和教学督导组评价等，其中主要采用的形式是学生评价（42.6%），其次是同行评价（30.9%）和督导组评价（26.5%）（图5-106）。通过不同形式的教学评价，有效保障了教学质量，其中13.2%的博士导师认为课程教学评价对教学产生了真正的促进作用，36.8%的博导认为"有较大促进"作用，仅有8.8%的博导认为"作用不大"（图6-107）。另外，为了强化课程教学评价的实施力度，41.2%的培养单位能够根据课程教学评价结果给予一定的奖罚。

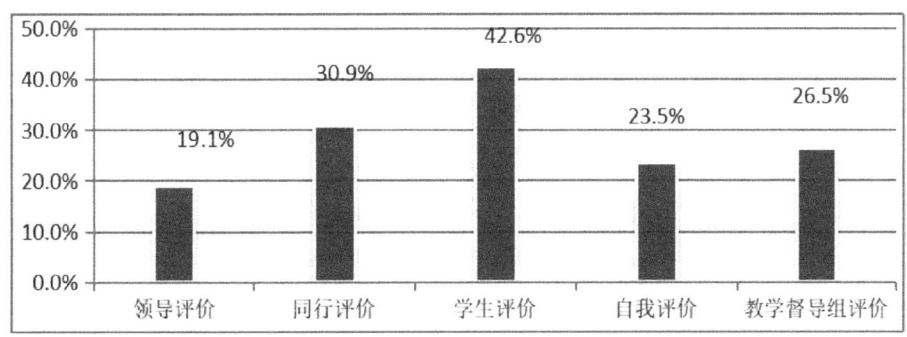

图5-106　博士培养单位课程教学评价方式统计示意

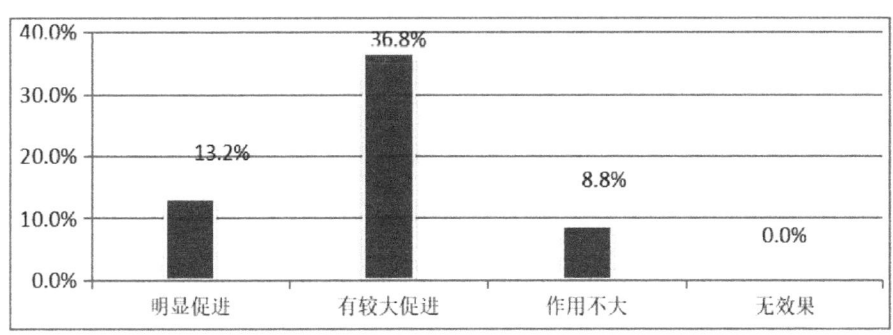

图5-107　课程教学评价效果统计示意

（五）课程建设

课程建设主要包括在线课程建设和精品课程建设两个方面。调查结果显示，仅有27.9%的博士培养单位建立了在线课程，其中，31.6%的博士导师认为在线课程对学生"帮助非常大"，36.8%的博导认为"较有帮助"，另外31.6%的博导认为"用处不大"（图5-108），可见，对在线课程的效果，博导的意见存在一定的分歧。另外，在精品课程建设方面，仅有7.4%的培养单位在校级层面建立了精品课程，可见，任课教师对博士精品课程建设积极性不高。

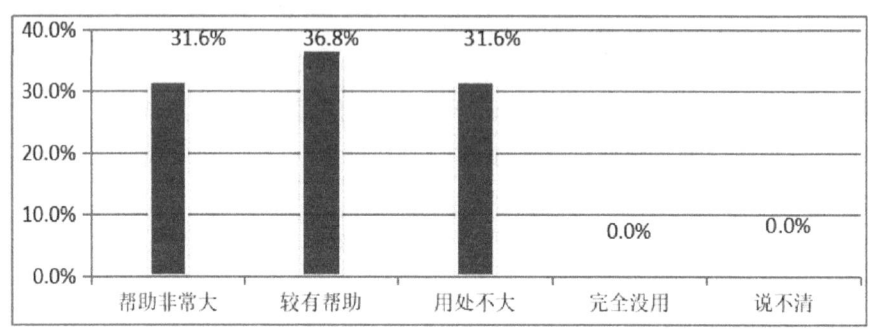

图5-108　在线课程效果统计示意

从调查结果来看，目前体育学研究生课程设置能够较好满足国家对研究生学位及硕士、博士培养目标的基本要求，大部分研究生对目前课程设置较为满意。博士生课程设置能够基于硕士课程在理论深度上进一步深化拓展，各培养单位合作开发课程的积极性较高。导师或导师组能够对研究生的选课给予及时指导，各培养单位能够为研究生提供了跨学科、跨学院和跨学校等的多种课程选择机会。但是，还需要进一步优化课程体系设置，强化课程教学质量，尽量满足不同群体的课程设置要求。同时，需要进一步探索硕士、博士课程层次性差异，在课程理论深度和教学方式等方面体现课程层次性。在增加跨学科、跨院校选课机会的同时，进一步开发国际合作课程，提高课程的国际化程度。

体育学研究生开设的课程主要包括实践类、科研方法类、外语类、学科前沿类、创新创业类和专业类等6个类别。实践类课程要包括听取学术报告、举办学术讲座、担任助教等，四个二级学科都非常重视实践类课程的设置，尤其是体育教育训练学和民族传统体育学；科研方法类课程主要包括体育统计学、体育科研方法、专业文献研读等，体育人文社会学和运动人体科学二级学科对科研方法的重视程度较高；外语类课程包括公共外语和专业外语课程，大部分研究生导师和研究生都非常重视外语课程，但仅有少部分培养单位开设了专业外语课程，且有待于进一步提高外语课程的教学质量，加强专业课程的设置；专业理论课和运动技术课在促进学生专业发展方面具有同等重要的作用，部分体育学研究生希望增加开设运动技术类课程，并提高专业教师的教学水平。

在教学方式方面，大部分研究生任课教师能够采用多元化的方式，例如研讨式、教授式、案例教学和现场教学等，其中，研讨式是主要的教学方式，研究生阶段的研讨式教学，可以通过师生之间的互动使学生受到启发，但是，仍然需要进一步加强研讨式课程教学中师生互动的效果。此外，还有部分教师采用传统的教授式教学。在课程考试方式方面，大部分任课教师采用兼顾过程和结果的综合性评价方式，在具体的考核手段上，绝大多数导师采用提交论文和作业的形式，以评价和培养学生的综合能力，约有一半的任课教师会布置课后作业，并及时检查。但总体来说，研究生课程考核的严格性不足，规范性欠缺，缺乏必要的淘汰机制，从而使课程考核制度成为形式和摆设。

体育学研究生课程教材建设相对较弱，这与研究生培养中突出课程内容的前沿性和教学方式的启发探索性相关，大部分导师认为没有必要统一课程教材，学校也没有课程教材建设的相关经费支持。

我国体育学研究生课程设置存在缺乏科学论证、因人设课、因热点设课的现象，课程设置的随意性较大，缺乏相应的课程设置标准和审查机制，因此，应该加强课程设置的审议制度，同时加强课程教学质量监控体系的构建。各培养单位对任课教师的学历、职称要求较高，硕士培养单位要求具有博士学位或副高级职称，博士培养单位一般必须具有博士学位或高级职称。同时，大部分研究生培养单位建立了课程教学效果评价机制，能够采用领导评价、同行评价、学生评价、自我评价和督导组评价等多种评价方式，并且能够积极开展研究生在线课程和精品课程建设。

第四节　体育学的学术期刊发展研究

依据学科制度理论来看，学者或机构之间的竞争，是对科学发现优先权（scientific priority）的竞争，文本载体是其唯一的评判指标，学术出版物的重要性由此得以体现[1]。目前看，学术出版物主要包含了学术期刊、会议论文

---

[1]方文.学科制度和社会认同［M］.北京：中国人民大学出版社，2008：33.

集、专著、教科书及其衍生物等众多形式，这其中，学术期刊成为了其中最主要的文本载体。从期刊与学科的关系看，期刊是刊登学科内的科学共同体最新研究观点和创新性知识的载体，期刊的发展状况能够直接反映和影响学科的发展走向。科学引文索引与社会科学引文索引（SCI/SSCI）是由美国汤森路透集团下属的美国科技情报所（ISI）推出的二次文献检索数据库，主要收录基础研究领域的学术成果，具有权威性、连续性、实效性等特点，是目前国际公认的期刊评价体系[1]。由此看，基于这一数据库中收录的体育学期刊来考察体育学的国家发展具有理论上的可行性与科学性。

通过对"中国知网"的前期文献调研情况看，卢石在2002年较早发表了针对体育学类SCI期刊的研究成果[2]，随后相关研究呈逐年递增趋势。通过对现有成果的研读发现，已有研究主要从两个视角展开，一是运用文献计量学的方法对体育学类SCI/SSCI期刊的知识生产问题进行的研究，二是从分支学科视角展开的关于期刊与学科发展关系的辨析。这其中，从期刊视角探讨体育学的国际整体发展现状的研究鲜有见到。

从学科研究中形成的知识与制度分析框架看，学科具有理智与社会的双重属性。从两者的关系进行辨析，知识代表了学科的内在逻辑是理智属性的体现，而制度代表了学科的外在逻辑是社会属性的体现。从理智属性来看，学科在不同国家应当具有一致的发展规律，具有内在的同一性，如此才能够进行国际交流与对话。从这个意义上说，就像不存在中国物理学和美国物理学一样，同样不存在中国体育学和美国体育学。各国学者能够就体育学的发展进行共同语境下的探讨。而从社会属性上来看，学科又因不同国家学科制度产生的学科规训力量而体现出特异性，使得体育学在不同国家呈现出不同的个性化。然而，归根到底学科的理智属性是第一位的，是决定性的方面，它能够决定学科的社会性存在。我们从国际期刊视角出发讨论体育学，目的有二：第一，研究试图通过对SCI/SSCI期刊主题、名称、影响因子分布、出版国家和语言等情况的分析客观反映国际主流认识中对于体育学的定位与理解；同时，借此为学界展示国际视野下体育学当前的发展现状与态势，开阔视野与研究思路。第二，通过反映世界各国对体育学的研究价值上的共识，映照与镜鉴我国体育学发展中存在的问题与未来发展的可能走向。

---

［1］王亮.基于SCI引文网络的知识扩散研究［D］.哈尔滨：哈尔滨工业大学博士学位论文，2014：2.

［2］卢石，刘文娟，王会赛.SCI体育期刊评价指标的分析［J］.北京体育大学学报，2002（4）：440-442.

一、体育学的学术期刊考察

（一）学术期刊的选取与概况

汤森路透集团的SCI/SSCI数据库目前已经成为世界科学界共同认可的学术交流平台，具有很强的代表性。一个国家科研论文被SCI收录和引用的情况，是评价该国的国际学术地位、基础科学研究水平、科技实力和科技论文质量高低的重要标准。我们以汤森路透集团2016年期刊引证报告（JOURNALS IN THE 2016 RELEASE OF JOURNAL CITATION REPORTS）作为资料来源进行论述，保证了研究的时效性、科学性和准确性。

汤森路透集团公布的2016年SCI（科学期刊引文目录）中，收录的体育学类期刊数量共有81种[1]。此外，在SSCI（社会科学期刊引文目录）中收录体育学类期刊23种[2]。这其中，有10种是SCI和SSCI双收录期刊。将这10本期刊剔除后，有13本期刊是由SSCI单独收录的。这样看，在SCI和SSCI两份期刊名目中，收录的体育学类刊物共有94种。从SCI/SSCI的收录标准看，这94种刊物可以视为国际学术界具有代表性的体育学期刊。我们将以此作为研究对象，对体育学的学术期刊进行考察。

从这94种期刊的出版地来看，共涉及17个国家。其中，美国有48种期刊，超过了所有总数的一半。其后依次是英国（17种）、德国（7种）、荷兰（3种）、意大利（3种）、中国（2种）、波兰（2种）。而澳大利亚、西班牙、丹麦、加拿大、爱尔兰、法国、巴西、克罗地亚、瑞典、土耳其等各有1种期刊入选。总的来看，美国显示了它在体育学术研究上的霸主地位。值得指出的是由上海体育学院主办，与全球最大的生物医学科学文献出版机构爱思唯尔合作出版的《运动与健康科学》[3]（JOURNAL OF SPORT AND HEALTH SCIENCE，JSHS）被SCI和SSCI同时收录，在2016年影响因子达到1.685，并且分别位列SCI的2区和SSCI的2区。从期刊的语言分类上看，在这94种刊物中，

---

[1] 2016年SCI期刊收录名目［EB/OL］. http：//science. thomsonreuters. com/cgi-bin/jrnlst/jlresults. cgi?PC=D&SC=XW，2016-10-10.

[2] 2016年SSCI期刊收录名目［EB/OL］. http：//science. thomsonreuters. com/cgi-bin/jrnlst/jlresults. cgi?PC=SS&SC=MW，2016-10-10.

[3]《体育与健康科学杂志》介绍［EB/OL］. http：//www. jshs. org. cn/EN/column/column105. shtml，2016-10-10.

有90种以英语作为刊物的正式用语。其余4种刊物分别采用德语（2种）、西班牙语（1种）和葡萄牙语（1种），而这4种刊物的影响因子排名均在倒数15名以内。总的来说，英语依然是体育学中国际通用的学术交流语言，非英语系列的刊物影响力很难在国际上产生较大影响。

（二）不同细分学科期刊的影响因子分析

影响因子（Impact Factor，IF）是1972年由E.加菲尔德提出的，现已成为国际上通行的一个期刊评价指标。学术期刊的影响因子是指期刊近两年的平均被引率，用公式表示为：影响因子=该刊前2年所发表的论文在第3年被引用的次数/该刊前2年内所发表的论文总数[1]。影响因子是一个相对数量指标，一般认为能够较好地反映期刊被使用的客观情况，可较公平地评价各类学术期刊，通常影响因子越大，期刊的学术影响力和作用也越大[2]。从这个公式看，影响因子的大小与期刊所属学科的影响力与受关注度密切相关。首先，是该期刊所属的研究领域或学科在"科学共同体"中的受关注度和参与研究的人数。如果该期刊发表的成果拥有数量庞大的"科学共同体"给予关注，并参与到相关"问题域"的研究中，那么这些成果被引用的概率会增加，在刊物发文量不变的情况下，影响因子会因此而增长。从总体上说，某学科在当代科学中所处位置越重要其影响因子就越大，某学科来源期刊越多其影响因子就越大。比如，世界科学界常年对于癌症疾病的持续研究与关注使得美国《临床医师癌症杂志》（CA：A CANCER JOURNAL FOR CLINICIANS）能够连续多年排名SCI影响因子榜首，该期刊在2016年的影响因子达到了131.723，超出了《NATURE》（38.138）和《SCIENCE》（34.661）近4倍。从这个角度看，我们通过分析这94种体育学期刊的影响因子，并结合期刊的细分研究领域便能够大致看出当前体育学中各分支学科的发展态势。

从大的学科分类看，科学引证索引（SCI）收录体育学类期刊81种，社会科学引证索引（SSCI）收录体育学类期刊23种，其中有10种期刊属于SCI与SSCI共同收录。从数量上看，当前世界上对于体育学的研究侧重于自然科学。而从影响因子看，依据表2可以发现，SSCI体育学期刊影响因子最高的是《国际体育与锻炼心理学评论》（INTERNATIONAL REVIEW OF SPORT AND

［1］谢文亮.影响因子的设计缺陷及其修正［J］.中国科技期刊研究，2012（5）：921.
［2］史庆华.影响因子评价专业学术期刊的科学性与局限性［N］.现代情报，2006（1）：35.

EXERCISE PSYCHOLOGY），影响因子为3.682，其余期刊中仅有两种期刊影响因子大于2。而在SCI的期刊中排名前10的期刊影响因子均超过了3。这也说明了当今世界各国体育科学研究中侧重于自然科学的现象。

　　表5-20所示为SCI体育学影响因子前20位的期刊基本信息情况，从中可以发现，其中前9种期刊都是以运动医学为主要内容的，涉及英国、美国、德国、澳大利亚、新西兰等5个国家。从中可以看出，在当今世界主要国家的体育科学研究中，运动医学已经成为研究的中心议题。如果将期刊考察范围进一步扩大，我们发现处于SCI体育学1区的前20种期刊中有14种期刊都以运动医学为主要研究领域，有3种期刊以运动生理学为主要研究领域，有2种期刊以运动心理学为主要研究领域，有1种期刊以运动生物力学为主要研究领域（GAIT & POSTURE《步态与姿势》）。从中大致可以看出体育科学研究中的几大重点领域和分支学科。

表5-20　SCI体育学影响因子前20位的期刊基本信息

排名	期刊名称	研究领域	影响因子	SCI/SSCI	国家
1	BRITISH JOURNAL OF SPORTS MEDICINE	运动医学	6.724	SCI	英国
2	SPORTS MEDICINE	运动医学	5.579	SCI	新西兰
3	AMERICAN JOURNAL OF SPORTS MEDICINE	运动医学	4.517	SCI	美国
4	EXERCISE AND SPORT SCIENCES REVIEWS	运动医学	4.451	SCI	美国
5	EXERCISE IMMUNOLOGY REVIEW	运动医学	4.294	SCI	德国
6	MEDICINE AND SCIENCE IN SPORTS AND EXERCISE	运动医学	4.041	SCI	美国
7	JOURNAL OF SCIENCE AND MEDICINE IN SPORT	运动医学	3.756	SCI	澳大利亚
8	KNEE SURGERY SPORTS TRAUMATOLOGY ARTHROSCOPY	运动医学	3.097	SCI	德国
9	ARCHIVES OF PHYSICAL MEDICINE AND REHABILITATION	运动医学	3.045	SCI	美国
10	INTERNATIONAL JOURNAL OF SPORTS PHYSIOLOGY AND PERFORMANCE	运动生理学	3.042	SCI	美国
11	SCANDINAVIAN JOURNAL OF MEDICINE & SCIENCE IN SPORTS	运动医学	3.025	SCI	丹麦
12	JOURNAL OF APPLIED PHYSIOLOGY	运动生理学	3.004	SCI	德国
13	PSYCHOLOGY OF SPORT AND EXERCISE	运动心理学	2.605	SCI/SSCI	荷兰
14	JOURNAL OF ORTHOPAEDIC & SPORTS PHYSICAL THERAPY	运动医学	2.551	SCI	美国
15	INTERNATIONAL JOURNAL OF SPORTS MEDICINE	运动医学	2.528	SCI	德国
16	JOURNAL OF SHOULDER AND ELBOW SURGERY	运动医学	2.412	SCI	美国
17	JOURNAL OF SPORT & EXERCISE PSYCHOLOGY	运动心理学	2.379	SCI/SSCI	美国
18	EUROPEAN JOURNAL OF APPLIED PHYSIOLOGY	运动生理学	2.328	SCI	德国
10	CLINICAL JOURNAL OF SPORT MEDICINE	运动医学	2.308	SCI	美国
20	GAIT & POSTURE	运动生物力学	2.286	SCI	爱尔兰

表5-21所示为SSCI体育学影响因子前10位的期刊基本信息，从中可以发现，其中5种期刊都是以运动心理学为主要内容的，且影响因子排名前4的期刊全都是以运动心理学为主题，涉及英国、荷兰、美国等3个国家。从中可以看出，当今与体育相关的社会科学研究中，运动心理学是其中影响力最大的研究领域和分支学科。此外还有3种期刊分别涉及到体育社会学、体育教育与社会学和体育管理学。而美国的《运动与锻炼研究季刊》与我国的《运动与健康科学杂志》涉及在不同视角下研究体育与锻炼的内容，我们在此将其研究主题视为综合性。

表5-21　SSCI体育学影响因子前10名期刊基本信息

排名	期刊名称	研究领域	影响因子	SCI/SSCI	国家
1	INTERNATIONAL REVIEW OF SPORT AND EXERCISE PSYCHOLOGY	运动心理学	3.682	SSCI	英国
2	PSYCHOLOGY OF SPORT AND EXERCISE	运动心理学	2.605	SCI/SSCI	荷兰
3	JOURNAL OF SPORT & EXERCISE PSYCHOLOGY	运动心理学	2.379	SCI/SSCI	美国
4	SPORT EXERCISE AND PERFORMANCE PSYCHOLOGY	运动心理学	1.756	SSCI	美国
5	RESEARCH QUARTERLY FOR EXERCISE AND SPORT	综合	1.702	SCI/SSCI	美国
6	JOURNAL OF SPORT AND HEALTH SCIENCE	综合	1.685	SCI/SSCI	中国
7	JOURNAL OF APPLIED SPORT PSYCHOLOGY	运动心理学	1.369	SCI/SSCI	英国
8	INTERNATIONAL REVIEW FOR THE SOCIOLOGY OF SPORT	体育社会学	1.341	SSCI	美国
9	SPORT EDUCATION AND SOCIETY	体育教育与社会学	1.269	SCI/SSCI	英国
10	SPORT MANAGEMENT REVIEW	体育管理学	1.193	SSCI	美国

如果考察SSCI收录的所有23种体育学期刊，可以发现这其中以运动心理学为主要内容的有7种，以体育社会学为主要内容的有3种，以体育管理学为主要内容的有3种，以体育经济学为主要内容的有3种，涉及综合类研究的有2种，以体育哲学、体育史、休闲体育、体育教练员为主要内容的各有1种。此外，还有1本《运动教育与社会》（SPORT EDUCATION AND SOCIETY）期刊，兼顾体育教育学和体育社会学。从中可以看出，运动心理学、体育管理学、体育社会学、体育经济学是国际上体育人文社会科学研究中关注的重点领域，这些分支学科是体育学中主要的人文社科类分支学科。而我国平时重点关注的体育教育领域仅有《运动教育与社会》一本期刊有所涉及。从中可以发现体育教育在体育科学研究中认同度较差。从国际视角看，学界更倾向于从心理学视角去探究体育教育或技能习得方面的内容。此外，以运动心理学为主要内容的期刊

普遍被SCI和SSCI同时收录，这也反映了世界科学界对于运动心理学的跨学科定位。进一步来说，在SCI和SSCI之中均有与体育相关的期刊收录，这也反映了体育学的跨学科性质。

（三）期刊名称的考察与分析

从期刊名称看，体育学中影响力较大的学术期刊普遍以明确的研究领域或分支学科名称命名。从表5-20和表5-21中展示的28种期刊（共30种，有2种重复）来看，只有美国的《运动与锻炼研究季刊》和中国的《运动与健康科学杂志》两种期刊的名称未体现出具体的分支学科名称。从内容上看，这两种期刊刊发的研究成果涉及运动人体科学与体育人文社会学两个方面，的确不宜对刊物名称进行精确界分。除此之外的26种期刊均明确使用了运动医学（sport medicine）、运动生理学（sport/exercise physiology）、运动心理学（sport/exercise psychology）、体育社会学（sport society）、体育管理学（sport management）等分支学科名称作为期刊名称。这种命名方法能够使科学界明确期刊的研究范围和办刊重点，有利于吸引相关领域学者的关注。根据波普尔的知识增长理论来看，这种办刊思路有利于为特定分支学科的研究者建立一个共同的学术平台，有利于针对具体"问题域"的深入探讨与交流，进而有助于提高知识增长效率。

同时，我们也注意到，在SCI和SSCI收录期刊中，单独以体育学（sport sciences）命名的期刊很少，只有英国的《欧洲体育学杂志》（EUROPEAN JOURNAL OF SPORT SCIENCE）、美国的《锻炼和运动科学评论》（EXERCISE AND SPORT SCIENCES REVIEWS）以及《科学与体育》（SCIENCE & SPORTS）三种期刊。其中，《锻炼与运动科学评论》和《科学与体育》分别由美国运动医学院和法国运动医学院出版[1]，是针对运动医学领域的研究刊物。可以说，这里的"sport science"是作为"运动科学"来理解的，侧重于运动人体科学领域的研究。《欧洲体育学杂志》是欧洲体育学协会（European College of Sport Science <ECSS>）主办的刊物，该机构首先对《欧洲体育学杂志》标题中的"sport"进行了界定："包含了旨在改善身体与人类福祉，创造和改善社会关系或是获得优异竞技表现的所有形式的人类运动（all forms of human movements）"。此外，该机构对《欧洲体育学杂志》的用稿范围进行了如下界

---

[1] SCIENCE & SPORTS期刊介绍［EB/OL］. http: //www. journals. elsevier. com/science-and-sports, 2016-10-10.

定：①应用体育科学；②生物力学与运动技能控制；③生理学与营养学；④社会科学、人文科学以及心理学；⑤运动与锻炼医学及健康[1]。通过以上界定我们可以作出判断，这里的"sport science"是与我国的体育学相对应的，是包含了运动人体科学与体育人文社会学的一个综合性学科。这样来看，欧洲和美国呈现出对于"sport science"的不同理解。

二、学术期刊视角下体育学的发展现状解析

学科问题的研究主要存在于高等教育和科学研究两个领域中。我们通过学术期刊进行考察，主要是在科学研究领域中考察体育学的学科存在。期刊是学科知识生产的载体与交流平台，在知识与制度两个维度上均体现了与学科的密切联系。由此也为我们从体育学的期刊视角考察学科发展现状奠定了基础。在上述分析中，我们对于SCI/SSCI体育学刊物进行了较为全面的考察，接下来我们以此为基础对体育学的国际发展现状进行分析。

（一）体育学中的自然科学研究倾向明显，分支学科发展极不均衡

通过对体育学SCI/SSCI收录期刊的整体考察可以发现，国际学术界侧重于对运动人体科学类的研究，偏重于自然科学。简单地来看，科学引文索引（SCI）收录期刊可以视为自然科学范畴；社会科学引文（SSCI）可以视为人文社会科学范畴。从两者体育学期刊的收录数量看，前者是81种，而后者是23种，数量差异明显。从影响因子来看，体育学SCI期刊中，有24种影响因子大于2。而体育学SSCI期刊中，影响因子大于2的刊物只有3种。呈现出很明显的自然科学研究倾向。

科学研究是以具体问题为导向的，这是科学研究的一条普遍规律，在不同学科中均有体现。这一规律导致各学科中的研究往往会以具体分支学科或研究领域进行划分。比如物理学的分支学科有力学、光学、电磁学等，而力学研究又会具体到天体力学、生物力学、动力学、地质力学、材料力学等。通过对体育学类SCI/SSCI收录期刊的分析可以发现，各体育学期刊同样以具体的分支学科为研究主题。通过对期刊主题或刊名的考察，我们可以发现体育学内在的

---

[1] 欧洲体育学研究协会对于《欧洲体育学杂志》的介绍 [EB/OL]. 2016-10-10. http：//china. tandfonline.com/action/journalInformation?show=aimsScope&jouRnalCode=tejs20#. UxCOPIXEE3k.

分支学科发展的整体结构状况。在体育学SCI的81份收录刊物中，涉及运动医学、运动生理学、运动生物力学、运动心理学、运动训练学和运动营养学等多个分支学科。而从相应期刊数量与影响因子看，各分支学科的研究呈现典型的非均衡性。在影响因子在前10名的刊物中，前9种都是运动医学类刊物。而在汤森路透公布的体育学SCI影响因子一区（Q1）的21种刊物里，运动医学类刊物有14种，成为体育学研究的绝对核心。从SSCI体育类刊物来看，其中同样涉及运动心理学、体育社会学、体育教育学、体育管理学、体育哲学、体育经济学、体育史等多个学科。但从影响因子前10位的期刊来看，前4位均为运动心理学期刊。总的来看，虽然体育学涉及自然科学与人文社会科学两大类，分支学科分布广泛，但从期刊的影响因子来看，真正在科学界起到较大影响的分支学科并不多。这其中，运动医学是核心，运动生理学与运动心理学次之。整体看分支学科研究实力与影响力差异很大。运动训练学、体育教育学、体育哲学、体育史等传统体育学分支学科在研究领域的存在感较差。

通过以上分析我们可以发现，从国际范围来看，学界普遍重视和认同运用自然科学的研究范式展开对体育相关问题的探研，而人文社会科学范式下的研究在体育学刊物中处于边缘化的位置。虽然体育学同时具有自然科学与人文社会科学的双重属性，但从当前学界的研究倾向看，学者们首先选择的是被科学界广泛认同的实证主义科学观，运用自然科学的研究方法展开对体育问题的探讨。此外，我们认为导致体育学刊物中呈现出自然科学研究倾向的一个重要原因还在于自然科学研究范式的统一性和规范性。与体育人文社会学的研究成果相比，自然科学研究不会过多地受到文化和社会背景的影响，它的范式在不同国家均是统一的，能够在国际学术界通畅的交流与引证。而体育人文社会学方面的研究更多地是在具体的民族、国家、社会、文化等背景下探讨的，不同成果间的可参考性和可借鉴性不强，相对于自然科学来说，学界不容易在同一个平台上进行对话。这导致了体育人文社科类研究成果在不同国家间的引用率受到影响，进而影响了期刊的影响因子和收录情况。

（二）体育学独立学科地位的认同度偏低，旗舰期刊缺失

一门成熟的学科，首先是从学科名称的规范和确立开始的。而通过我们之前的考察看，至少在学术期刊领域内看，体育学国际统一的学科名称尚未得到确立。在美国，学术界正努力推广"Kinesiology"作为统一的学科名称，而从当前的情况看，该名称仅在北美地区得到了初步认同，在包括欧洲、亚洲在

内的其他地区目前并未采用[1]。以欧洲体育学协会（ESSS）为代表的学术机构，目前将"sport sciences"作为一种综合性的体育学的名称。中国、德国、日本等非英语系国家体育学名称的英文翻译也普遍被译为"sport science（s）"，但是该词在北美等地又被普遍理解为偏向自然科学范畴的"运动科学"。可以说，目前体育学的学科名称在科学研究领域尚未形成统一意见。这使得围绕体育或运动（sport）进行研究的综合性期刊的名称也多采用组合词的形式。包括了英国的《欧洲体育学杂志》、美国的《运动与锻炼研究季刊》、中国的《运动与健康科学》等。

从学科制度理论看，一门成熟的学科中普遍存在着一本旗舰期刊（flagship journal）。这本旗舰期刊代表了得到"科学共同体"认可的权威与影响力。在"科学发现优先权"的激烈竞争中，这类权威出版物被置于像金字塔一样的学术声望等级结构中，成为学者和研究机构学术声望和学术水平评价的标尺。学者能够通过在旗舰期刊上发表学术成果而大幅度地提升自己的"符号资本"。当少数学者通过"符号资本"的积累而上升为"学科制度精英"时，这些"学科制度精英"便能够与旗舰期刊形成一种互动。即旗舰期刊通过吸引"学科制度精英"的成果而继续提升自己的影响力；而"学科制度精英"也可以通过旗舰期刊发表成果而继续保持自己的地位。然而，从我们考察的这94种刊物的情况看，体育学的旗舰期刊并不存在。在体育学SCI/SSCI的刊物中，普遍是以各分支学科作为自己刊物的名称或主题。比如：《英国运动医学杂志》《国际运动与锻炼心理学评论》《锻炼免疫学评论》《体育管理学评论》等。与此同时，学术界将体育学视为一个整体而出版的期刊则非常少，英国的《欧洲体育学杂志》和美国的《运动与锻炼研究季刊》可以作为其中的代表。但如表5-22所示，旗舰期刊一般在本学科中拥有最高的影响因子，而《欧洲体育学杂志》和《运动与锻炼研究季刊》分别为1.785和1.702的影响因子使其无法达到旗舰期刊所具有的影响力和代表性。

表5-22　不同学科旗舰期刊及其影响因子情况

学科	物理学	教育学	社会学	生物学	医学	心理学	体育学
旗舰刊物	Review of Modern Physics	Review of Educational Research	Annual Review of Sociology	BIOLOGICAL REVIEWS	NEW ENGLAND JOURNAL OF MEDICINE	Annual Review of Psychology	无
影响因子	33.177	5.235	4.509	10.725	59.558	19.085	

［1］Benoît G. Bardy .A European Perspective on Kinesiology in the 21st Century［J］. QUEST, 2008（60）: 139-153.

由此我们可以发现，体育学在科学研究领域中尚未获得国际认同的学科名称；刊物出版主要针对分支学科或特定研究领域，将体育学作为一个独立学科而出版的刊物很少，学科中缺乏旗舰期刊。总体上看，体育学在科学研究领域中的认同度偏低。

（三）体育学的科学研究以欧美国家为中心

目前，各国被SCI/SSCI收录的刊物数量以及在其中高影响因子刊物中刊发论文已成为评衡量和评价各国科研能力的一个重要指标。从体育学SCI/SSCI收录的94种刊物的归属地来看，美、英、德3国合计出版了其中的72种刊物，占到总数的79%。除美国和欧洲国家外，中国、澳大利亚、加拿大和巴西4个国家共有5种刊物收录其中。从期刊归属地来看，体育学的科学研究是以美国和欧洲国家为核心的。从期刊的影响因子看，在体育学SCI期刊影响因子前20位的刊物中，只有澳大利亚的《运动科学与医学杂志》1种期刊来自美国和欧洲以外的地区；在体育学SSCI期刊影响因子前10位的刊物中，只有我国上海体育学院主办的《运动与健康杂志》1种期刊来自美国和欧洲以外的地区。由此看，当前体育学SCI/SSCI高影响因子的刊物中，绝大多数都来自于欧美国家。

从收录期刊的出版语言来看，英语依然是国际体育科学界进行学术交流的主要语言。在94种刊物中，有90种以英语作为刊物的正式用语。其余4种刊物分别采用德语（2种）、西班牙语（1种）和葡萄牙语（1种），而这4种刊物的影响因子排名均在全部期刊的倒数15名以内，体现了较差的影响力。从世界科学研究的整体秩序来看，以欧美为代表的西方国家依然作为一种主导性力量存在。英语作为目前的世界通用语言，也是科学研究交流的主要语言，这成为他们的核心竞争优势。非英语系国家若想加入国际体育学术界的交流中，语言首先成为一个先天障碍。

我们从期刊出版地域、高影响因子期刊分布地域、期刊出版语言3个方面考察了体育学SCI/SSCI刊物的整体情况，从结果看体育学的科学研究呈现出典型的以欧洲和美国为中心的特征。

（四）国际学术界对运动训练学与体育教育学的认同度较低

运动训练学与体育教育学在我国被认为是最能够体现体育学自身知识逻辑的两个分支学科，具有很强的代表性。由两者整合而成的体育教育训练学是我国体育学的4个二级学科之一，也是研究生招生规模最大的分支学科。基于以上原因，我们在此对其进行专门探讨。

通过对体育学SCI/SSCI刊物的考察看，针对关于运动训练学和体育教育学的期刊很少。以体育教育学为主题的刊物仅有2种，以运动训练学为主题的刊物仅有3种，且影响因子排位普遍在50名以后。从SCI/SSCI刊物的收录标准与影响因子计算方法看，这表明围绕这两个分支学科进行研究的学者偏少，相关成果间的引用率较低。进而也可以推证国际体育学术界对于运动训练学和体育教育学的科学性认同度较低，这引起我们对于体育教育训练学的科学性问题的反思。

首先，我们来考察学科的科学性问题。对于证明一个学科的科学性的问题，英国科学哲学家A.F查尔莫斯在考察了拉脱卡斯、库恩等人的成果后进行了详细论述。从其结论看，学科中是否有一套基于成熟理论或学说（theory）的纲领或范式是决定学科的科学性的关键[1]。由此看，我们大致可以从理论或学说的角度对运动训练学和体育教育学的科学性进行考察。

从运动训练学来说，目前看它所依赖的理论主要有两个，分别是超量恢复理论与周期训练理论。从教材的知识体系看，其中的适宜负荷与适时恢复原则、周期安排原则、适应与裂变效应、重复训练法、间歇训练法及年度训练计划制订、训练课次、内容的制订等核心内容均直接阐发自上述两个理论。通过对超量恢复理论和周期训练理论的针对性考察可以发现，这两个理论所呈现的研究成果归根到底还是对"人"的研究，理论的提出建基于生物学（生理学）的研究范式。可以看出，在这两项理论中研究对象是"运动的人"，其中运动负荷仅仅是作为一种"实验变量"而存在的。它们探讨的是不同"实验变量"中，人体机能的变化规律。由此看，在运动训练学的研究中，科学基础必然是生物学（生理学），由此才能够反映其科学性。当然，从运动训练实践来看，水平再高的生物学家或生理学家大概也无法训练出博尔特与刘翔。这便涉及到运动训练中一些不可言传的知识，即波兰尼所提出的默会知识。这种默会知识的传授需要依靠一种手把手的"师傅教徒弟"的方式进行传承。在此我们无意轻视默会知识的重要性，但关键是波兰尼已经明确指出，默会知识是一种"无法充分言说"的知识[2]，而我们的科学研究又必须通过"可以充分言说的"

[1] A.F.查尔莫斯.科学究竟是什么？——对科学的性质和地位及其方法的评价［M］.北京：商务印书馆，1982：88-101.

[2] 迈克尔.波兰尼.个人知识——迈向后批判哲学［M］.贵阳：贵州人民出版社，2000：93.

文字进行交流。这种矛盾性决定了我们在进行运动训练的科学研究时依然需要依靠理论与实验展开，而这种研究范式又必然是生物学的。也就是说，从真正可以交流的科学研究的角度看，运动训练学自身的科学性是比较差的，需要依赖于生物学的研究范式进行研究。

从体育教育学来说，由于体育主要体现了一种实践性知识，本身无法形成自有理论。它同样需要依靠教育学的理论对自身的知识体系与科学性进行建构。我们查阅了国内外诸多教育学许多代表性著作，包括了被视为是教育学学科确立标志的《普通教育学》（赫尔巴特）和《大教学论》（夸美纽斯），以及当前国内外著名学者数十本教育学基本理论著作。通过研读发现，只有美国教育学经典著作《斯滕伯格教育心理学》中，明确提出了教育学的理论基础，分别是"学习的行为理论"和"学习的认知理论"，而这两门学说都是来源于心理学。其他著作中均未提出教育学的任何理论或学说（theory），谈论的只是各教育家的教育思想。从我们的文献调研以及教育学域内的研究成果看学界均认为教育学的理论基础来源于心理学。由此看，体育教育学的理论基础应当也由心理学中导出。这样看来，以教育学为研究范式和理论基础的体育教育学自身的科学性也必然是偏低的。

通过上述分析可以发现，从学理的逻辑论证和期刊的现实表现两个方面，均能够说明运动训练学和体育教育学本身呈现出了较低的科学性。

三、思考与启示

从学科学的研究看，期刊与学科在知识与制度两个维度上均存在着密切联系。体育学SCI/SSCI刊物在国际学术界拥有者公认的代表性和权威性。以上两个方面为我们通过SCI/SSCI刊物考察体育学的国际发展特征提供了理论上的可能性与科学性。通过研究，我们考察了体育学在国际发展中存在的若干特征，这些特征与我国体育学的发展存在着较为显著差异或矛盾性。具体来说，体育学在国际上呈现出自然科学的研究倾向，而我国体育学以人文社会科学研究为主；国际体育学术期刊普遍以单一的分支学科为主题，而我国体育学术期刊栏目设置普遍兼顾体育学4个二级学科；运动训练学与体育教育学在国际上认同度偏低，科学性较差，而我国体育教育学在国内拥有很高的地位，是以科研为单一目标的体育学博士生培养最大规模的专业。这些矛盾性的存在能够为学界思索我国体育学后续发展提供了一些思路与启迪。

学科是历史演进的产物也是社会发展的结果，作为学科的体育学由此会在不同地域间产生差异与个性。然而，学科又是一种合逻辑的知识体系，内在地蕴含着理智属性。作为一种理智的存在应当具有共同的发展规律。就本书来说，我们从期刊视角为学界呈现了一幅体育学国际发展的全景图像。以这一图像为背景，映射出了我国体育学的独特性存在。这些独特性从历史或制度维度考量均有其存在的合理性，但若要将中国体育学融入世界图景，需要做的则是坚持体育学内在发展的规律性探索。希望本书能够增进国内学界对体育学国际发展的理解，并以此为基础为学界探寻中国体育学的科学发展之道提供些许帮助。

第五节　我国体育学近代图书出版研究

作为体育学术的一种主要载体，体育图书对知识传播、人才培养与文化创新均具有重要作用。对推崇"文以载道"的中国传统士人来说，"书中自有黄金屋，书中自有颜如玉"的雅训，曾激起了学子们对生活的无穷想象和美好期待，也赋予了图书超越一切的魔力。然而，清末的社会巨变，彻底摧毁了他们将想象和期待变成现实的可能性，也截断了传统的谋生之道和求学之路，迫使他们做出了不同以往的选择。或为了能生存于乱世，或出于传统士人的家国情怀，在西学东渐的影响下，一些先进分子开始了译介外国图书的尝试。作为文化传播和学术交流的重要领域，中国近代体育图书业由此孕育并获得了逐步发展。整体而言，中国近代出版的体育图书，不仅反映了社会的体育需求和体育的发展水平，也折射出不同时代的学术诉求和体育学术的发展趋向。正如著名书商陆费逵所言："我们希望国家社会进步，不能不希望教育进步；我们希望教育进步，不能不希望书业进步；我们书业虽然是较小的行业，但是与国家社会的关系却比任何行业为大。"[1]中国近代出版的体育图书，在中国近代化和体育"中国化"的过程中，曾发挥了不可替代的作用。因时空变迁与过往条件的制约，对于中国近代体育图书的研究，除已有的几种体育书目曾有涉及外，鲜有研究者专门涉猎，更妄谈深入开展。通过梳理与审视中国近代体育图书出版的沉浮与变迁，分析和探明影响其发展的时空条件，旨在呈现中国近代体育

---

[1] 陆费逵.《书业商会二十周年纪念册》序[A]//俞筱尧，刘彦捷.陆费逵与中华书局[C].香港：中华书局，2002：440.

图书的发展历程，探寻利于现代体育图书业及其学术发展的重要资源与启示。

一、研究基础及说明

（一）资料来源

关于近代中国究竟出版了多少种体育图书，至今尚未有精确的统计数字。20世纪90年代中期，由北京图书馆主编的《民国时期总书目》的问世，一方面，使后人对民国时期出版体育图书的数量与时间分布有了一个整体认识；另一方面，基本奠定了研究者分析和讨论中国近代体育图书的史料基础。而本书的史料主要以1995年出版的《民国时期总书目》（教育·体育卷）（1911—1949）为基础，同时辅以2012年刘彩霞主编的《百年中文体育图书总汇（1903—2002年）》和1984年张大为编写的《一九〇三——九八四年中文体育书目》。为了保证研究资料的相对周全和精准，笔者也将1984年上海辞书出版社出版的《体育词典》中关于"著作""人物"词条中的相关信息，吴文忠编写的《中国近代百年体育史》中关于不同时期出版体育图书的附表，罗时铭主编的《中国体育通史》（第三卷）中关于学术研究和图书出版的介绍，徐元民所著的《中国近代知识分子对体育思想之传播》，罗时铭与崔乐泉合著的《中国体育思想史》（近代卷）中所涉人物的著作信息，以及2012年刘斌所著的《清末民国中小学体育教科书研究》，作为重要的补充资料。此外，在补充、核对和修正中国近代出版的体育图书书目信息过程中，笔者还参考了《体育季刊》中的"新书译介"专栏与关于图书销售的广告信息，2010年国家图书馆出版的《民国时期出版书目汇编》（总二十册）中关于各出版机构的史料记载，2012年中华书局出版的《中华书局百年总书目》（1912—2011）中有关体育的书目信息，以及各类核心期刊公开发表的相关论文。

（二）关于收集资料的说明

根据《民国时期图书出版调查》[1]一文公布的数据，《民国时期总书目》收录的中文图书124040种，估计《民国时期总书目》的收书率为90%。从

---

[1] 邱崇丙. 民国时期图书出版调查［A］//叶再生. 出版史研究（第二辑）［M］. 北京：中国书籍出版社，1994：163–171.

该研究进行的分类统计和百分百计算中得知：教育·体育类收书14324种，占11.55%；其中，体育有945种，占该类图书的6.59%。而相关学者认为90%"这个比例可能估计得略高了一点，南京图书馆就收藏有不少北京、重庆、上海三大图书馆所没有的抗战文献。"[1]本书整理后的书目数量远大于945种，再次验证了上述推断。一般来说，《民国时期总书目》《一九〇三——一九八四年中文体育书目》和《百年中文体育图书总汇》所收录和提供的体育图书信息，应该能基本反映中国近代体育图书的整体状况。但是，为了较为全面和真实地了解中国近代体育图书的出版情况，尤其是图书数量和内容的主要变化与特点，笔者还依据其他几种文献对其进行补充，最后，共收集各类体育图书1561种。本书所收集的体育图书，可能不是最为精确的数字，但相比于各类书目及其他研究中涉及的体育图书数量，应该较为准确。

二、中国近代体育图书的发展历程

在来华传教士和先进士人的影响下，19世纪末介绍西方科学知识的图书已从教会学校扩展到各式官学中。步入20世纪，新式教育的推展、文化思潮的迭起、政治力量的角逐与社会风气的开化，为中国近代图书业的发展提供了物质条件和精神资源，同时也注定了中国近代体育图书史的基本轨迹。随着书业市场的形成与发展以及时空环境的变迁，鉴于不同年代出版体育图书的数量变化和主要内容，以及编著群体和体育实践的特征，中国近代体育图书业经历了孕育、萌生、发展、式微与稳定的过程。

（一）20世纪10年代前：中国近代体育图书业的孕育期

清末10年是中国近代社会动荡最为激烈的时期。中日甲午海战和中俄边境冲突的阴霾一直笼罩在宫廷内外，戊戌变法的失利和庚子之变的结果强化了先进分子推行改良的决心。加之，西方文化的持续渗透使得清朝统治岌岌可危，清廷的救世无方招致社会各界怨声载道，新旧势力的不断冲突扰得皇朝上下人心惶惶、清朝政权摇摇欲坠。这些错乱和失序交织在一起，迫使清政府推行了较为彻底甚至完全西化的改革，从政治到军事，从教育到文化，似乎在瞬间都可焕然一新。在某种程度上，改革的彻底性中断了自身的持续性，同时也降低

---

[1]吴永贵.民国出版史[M].福州：福建人民出版社，2011：77，30.

了其可行性；虽然这可能是改革者们始料未及的，但在不少领域仍因此而获得了生机。新式教育正统地位的确立、体育的发展，特别是"体操科"正式成为学堂的教学内容，无疑是最为明显和重要的变化与成果。而体操教材的匮乏和需求，也为体育图书业的发展提供了直接动力。

1. 图书数量不多，分布集中

严格上讲，中国的文化构成中找不到与体育直接对应的元素，即使与其功能相近的养生术、宫廷娱乐活动和百戏，价值取向上也与之差异较大。因体育是在近代西学东渐的过程中才传入中国，故参与和推展体育的工作应归功于欧美传教士及留学归国人员。而对中国近代体育图书的研究也当以此为源头，不应例外。清末，西方教会的出版机构在孕育和催生中国近代出版业的同时，也对体育图书的出版产生了直接或间接的推动作用。从清末体育图书的出版情况看（图5-109），数量不多，仅40种，主要分布在1903—1908年。其中，1906年出版图书数量最多，共12种；其次是1907年，有6种。

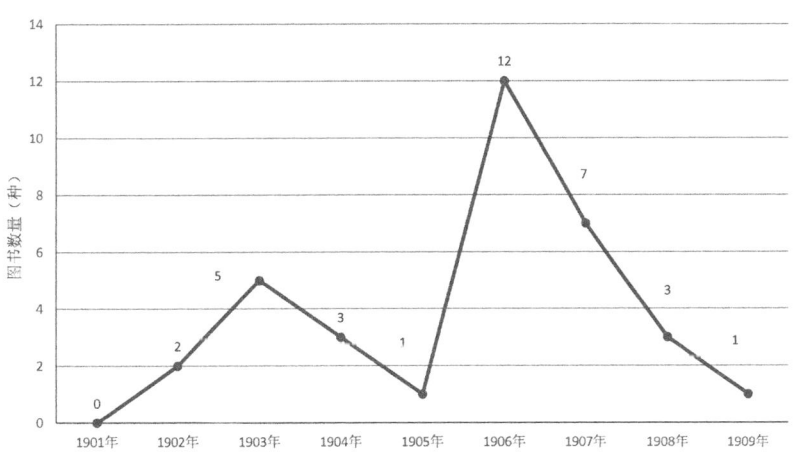

图5-109　1910年前出版图书数量变化情况

从数量变化看，1904年《奏定学堂章程》（即癸卯学制）的颁布和实施，对20世纪10年代前出版的体育图书影响最为直接和关键。究其原因，一方面，"体操科"被正式规定为学校教育的基本内容，且成为各级学堂的必修课，则直接产生了各级学校对体操教辅用书的需求，进而带动了体育图书的编辑和出版。另一方面，迅猛增加的教学用书需求使得官办出版机构捉襟见肘，在出版数量和质量上都难以满足全国学堂的基本需求，进而为民办出版机构提供了发展契机。1902年，文明书局的创建及其随后对教科书市场的影响，在打破商务印书馆和官办出版机构垄断的同时，也刺激和带动了其他出版机构的建立与出书内容的调整。尤其是文明书局从1902年开始出版的成套蒙学教科书和商务印书馆至1904年出齐的《最新教科书》，当时都为两者在出版界赢得了更高的地位和市场份额；商务印书馆更由此发展成为全国最大的出版机构。可以说，"1905年前后，出版业的重心完成了从教会和官书局到民营出版业的转变"[1]。值得一提的是，在留日学生的助推下，1906年中国图书公司和晚清学部的成立，开创了中国近代体育图书出版的新局面。如学部另设编译图书局，并"于局中附设研究所，专研究编辑各种课本"[2]，同时还第一次审定了初等小学教科书暂用书目，为其后中国国定教科书的实施铺平了道路，也促成了1906年体育图书出版小高峰的出现。

2. 图书内容单一，以体操类为主

1910年前出版的体育图书，内容较为单一，多是适用于学校教学的中小学体操类教辅用书。这种情况的产生，主要归因于新学制的颁布和实施。《奏定学堂章程》规定各级学堂开设体操必修科，这不仅在法理上规定了"体操"在学校教育中的正统地位，也为社会相关机构提供了组织编制和出版教科书的条件。如1890年，上海广学会出版的《幼学操身》，开启了中国近代体育图书的肇端。该书源自日本的相关著作，由翟汝舟和英国人庆丕合译而成，并由著名实业家和教育家盛宣怀作序。虽然书中尚未出现"体操"或"体育"的专业词汇，内容也以图解为主，但它却被认为是迄今发现的中国"第一本体育理论书籍"[3]。笔者认为将其视为中国第一本体育理论书籍欠妥，一是从术语使用看，该书既未包含"体操"，也未提及"体育"，仅是养护身体的方法；二是从内容看，书中主要是以32幅图配以文字说明，若称其为体育理论书籍，着实有些牵强。

同时，值得一提的还有《体操上之生理》。该书由徐傅霖所著、中国图书公司于1909年出版，较早论述了人体运动器官、骨骼、躯干及头的运动、上下肢运动、运动的强弱、运动的性质、体操的基本形式等内容。该书虽具有明显的舶来色彩，但因具有较强的专业性和科学性，被认为是第一本中国自编的近似于运动解剖的专业书籍，也是迄今发现的最早的一本运动生理学

[1]黄宝忠.近代中国民营出版业研究——以商务印书馆和中华书局为考察对象[D].杭州：浙江大学，2007：51.

[2]舒新城.中国近代教育史资料（上册）[M].北京：人民教育出版社，1961：280.

[3]罗时铭.中国体育通史（第三卷）[M].北京：人民体育出版社，2008：118.

专著。需要说明的是，其间出版的绝大多数图书属于体操类教辅用书（也有几本游戏类教辅用书），且多是译作；从图书名称到主要内容，均反映出军国民教育思想对当时出版的体育图书影响至深；从体操到游戏，几乎都带有浓厚的军事色彩。换言之，清末"军国民教育思想"的影响与清廷实施的教育改革，使"体操科"成为学校教育的法定内容；随之产生的对体操教材的迫切需求，为相继回国的留日学生提供了施展才华的机会，成为了清末民初编译体操教材的主力军。

整体上，伴随着中国的近代化历程，近代出版业获得了前所未有的良好发展环境，使得"清末最后10年，翻译出版物数量更是成倍增长。"[1]同样的变化也出现在处于孕育阶段的体育领域。以其间出版的体育图书而言，从基本内容看，主要深受军国民教育思想和进化论的影响；从作者群体特征看，大多数图书由留日归国人员编译而成；从出版机构看，官办机构和民营机构都有出版，但主体是民营机构，而文明书局和商务印书馆的影响最大。虽然出现了专业性的体育图书，但是数量极少，且具有较强的移植性。有限的图书数量和单一的图书内容，加之，其具有的浓重日本色彩，充分说明10年代之前出版的体育图书带有明显的舶来性质。这些特征虽说明当时体育的专业性仍不明显，但中国近代体育图书出版业的雏形已基本形成。

（二）20世纪10年代：中国近代体育图书业的萌生期

20世纪10年代是废旧立新、充满希望的年代，是新旧交织、矛盾重重的年代，也是内外纷争、血雨腥风的年代。在文字讨伐和流血牺牲的氛围中，一场以"科学"与"民主"、"救国"与"启蒙"为主题的复杂战争，由自发转向自觉。体育作为新文化的代表，自然被深受进化论影响的先进人士赋予一定的教化功能，成为改造社会的一种工具。而清末盛行的"尚武"之风与军国民思想，当时虽居于主导地位，但是美国自然主义教育思想的传入与影响，已逐渐动摇了前者的思想根基，由此产生了学校体育教学中的"双轨制"。在某种程度上，20世纪10年代的文化思潮和政治变动，激化了西式体育和传统体育的冲突，而这种冲突却促使两者开始融合，增加了体育图书的数量，丰富了体育图书的内容，也提高了体育的社会地位。

---

[1] 吴永贵.民国出版史［M］.福州：福建人民出版社，2011：30.

1. 图书出版数量逐年增加

一般来说，体育图书的出版情况直接反应并取决于体育学术水平，而两者都受制于体育的发展现状。由于20世纪10年代中国体育的普及程度和发展水平较低，对于学术发展水平抱有过高的要求只能是一种不切实际的奢望。更为重要的是，当时中国体育事务的参与者和推动者，几乎全是基督教青年会干事和留日学生。对于留日学生来说，因其早期将各自创办的体育学校主要用于组织和训练革命党人，故并未对当时中国体育专门人才的培养和输送产生较大的影响。在本土体育资源中，各地创办的体操学校虽然不少，但多是培养中小学体育师资，且体现出明显的地域性。如影响较大的中国体操学校，其辐射范围主要在江浙和一些发达城市。虽然后期不少省份设有体育专科学校，专门为本地培养体育师资，但是面对当时中国体育人才严重匮乏而产生的需求，可谓杯水车薪。仅从当时译介的图书内容和种类，便可察知带有明显的依附性和移植性。由此，体育的现实境况与地位，并未因其前期在学校教育系统中合法性的确立而得以真正改变和提高，多数学校仍沿袭旧制。

从长远看，此时的体育凭借着知识精英的认同和基督教青年会的推动，开始在中国跌跌撞撞前行，尤其是逐渐走出国门，在运动会的舞台上与邻国同场竞技。虽然整体成绩可圈点之处不多，但参与本身已说明了社会对体育的关注和重视，也促进了人们对体育的基本认识。从当时体育图书的出版数量看，较之前明显增加（图5-110），达110余种。由于新文化运动的影响及学校将武术纳入教学内容，使得传统体育类图书的数量骤然增加，且于1917年出现了第一次出版高峰，分别出版10余种传统项目类和体育技术类图书。以后者为例，此种变化应该与1915年在上海举行的第2届远东运动会有关。这不仅是上海第一次承办国际性体育赛事，也是中国第一次举办国际体育赛事。对于此，政府和社会各界都给予了极大的热情和关注，组织了庞大的参赛队伍并取得了令人振奋的成绩，如打破了所有的全国纪录和5项远东纪录，荣获了3个单项锦标和总锦标，总成绩超过了菲律宾和日本。通过此次赛会，越来越多的国人在进一步了解和认识体育的同时，也较大增强了普及体育的决心和参与赛事的信心。从各类图书内容看，军国民教育思想的长期影响，使得用于学校教学的体操类图书仍占大多数；同时，因相继参加了1913年、1915年、1917年和1919年召开的4届远东运动会，使得比赛规则类图书明显增加。从编著群体看，基督教青年会干事、传统体育爱好者和留日学生，成为此时出版体育图书的主要力量。

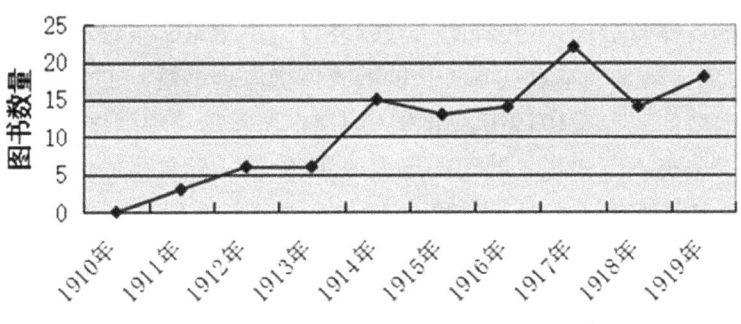

图5-110 20世纪10年代出版图书数量变化情况

2. 图书内容趋于两极化，"专项技术"与"传统项目"竞相争艳

中西文化的接触和碰撞，终于在20世纪10年代逐渐得以显现和爆发。其间传统体育与西式体育图书数量的增多，便是一个说明。如在110余种体育图书中，专项技术类体育图书数量最多，达40余种；其次是传统项目类，有30多种。就前者而言，1912年之后，数量基本保持稳定，且多数仍是学校体操科教学用书。这不仅与中华民国成立后制定和实施的教育方针政策有关，同时也再次说明了体育图书的出版，尤其是教科书的出版反映并紧贴官方的教育理念和改革举措。而通过比照发现，自1916年后出版的专项技术类图书的内容，已从单一学校体操教材开始转向多种现代体育项目。

若从出版的传统体育项目类图书看，1915年是个分界点。之前，出版此类图书的数量较少，图书名称也带有一定的"西式体育"色彩；之后，此类图书的数量逐年增加，研究范围和主题也更加宽泛，研究内容逐渐细化和深入。整体上，此变化与3个时间点有关，起点在1911年，开始有此类图书正式公开出版和发行；1915年此类图书数量开始增多；1917年到高点。究其原因，当时的社会背景为中国传统体育发展提供了主要动力和条件。初期，武术家马良和精武体育会对传统武术进行的科学化和现代化改造及其推广实践，逐渐在社会上获得更多人士的了解和认同；而1911年出版图书的名称使用，也侵染着对中国传统武术科学化改造的痕迹。1915年，第一次全国教育联合会通过了《拟请提倡中国旧有武术列为学校必修课》的提案，经教育部批准并即令在全国施行。这不仅确定了武术教学在学校教育中的正统地位，也促进了体育社团或武术爱好者对武术教材的编撰、传统拳法的整理和武术理论的研究。随之，1918年教育部通令将马良创编的"中华新武术"列为全国各大、中学堂正式体操的内容；1919年又将其列为全国学校体操科的教学内容。故从1915年开始，传统项目类图书数量逐渐增加的原因应直接与此有关。

此外，当时还有两部商务印书馆出版的学术著作值得一提。一是1912年徐福生编译的《体育之理论与实际》，共258页，由绪论、本论、体育史和余论4个部分组成，既是一本以技术见长的旧式体操原理书籍，也是一部最早类似体育原理的著作。二是1919年郭希汾（绍虞）所著的《中国体育史》，共139页，书前有朱亮、范祥喜、叶绍钧等人的序各1篇，除首尾的绪论、结论外，共8编，内容主要包括古时之体操、角力、拳术、击剑、弓术、舞蹈、游戏等。由所查阅的体育图书信息看，该书是中国第一部较为完整的体育史著作，资料丰富，并有考证，在当时学界和社会产生了重要影响，后曾多次再版，被商务印书馆收入"史地小丛书"和"万有文库"中。两者在内容上的独特性和价值上的奠基性，对当时和后世而言都是难得的体育学术著作。

总之，此时体育图书的出版情况，受到中国近代体育发展基础薄弱的影响，虽尚未能产生较大的变化，却孕育着希望。一方面，图书数量明显增多，内容主要集中在体操、拳术和技术规则方面，多是普及性的中小学体育教材和科普性的小册子；编辑群体上，除了留日学生的持续影响外，基督教青年会和中国传统武术家的贡献逐渐凸显；出版机构上，商务印书馆的影响远超其他出版机构，居于首位，其次是中国图书公司、中华书局和基督教青年会的出版机构。在某种程度上，这反映出当时体育发展的空间有限，国人对体育多处于被动接受的状态，且社会各界对体育的认识还较为肤浅和片面。另一方面，民国教育宗旨的确立和新学制的颁行，产生了对新体育教材的需求；留日学生在培养体育专业人才方面的前期努力，为体育图书的编辑队伍提供了本土培养的专业人才；国内外体育赛事的举办和参与，扩大了体育影响力，为报纸或图书扩展了宣传内容。不可忽略的是，民营出版机构的增加和竞争，又为20世纪10年代体育图书的出版数量和质量平添了一份保证。从整体趋势看，中国近代体育图书业此时已从低点起步，开始向高处发展。

（三）20世纪20年代：中国近代体育图书业的发展期

中国的20世纪20年代，是一个让后人爱恨交织的时代。一方面，随着新文化运动持续而广泛的影响，国内各界掀起了一股学术热潮，新知旧学的转换、中西文化的碰撞、各种主义的交锋，为当时的社会注入了一份自由和科学的氛围，为当时的中国增加了一份包容和民主的色彩；另一方面，社会局势极不稳定，派系斗争不断。在此背景下，随着体育在学校和社会上广泛普及和深入发展，尤其是学校教育目标的调整和诸多体育赛事的举办及中央国术馆的成立，加之中国本土培养的体育人才大量进入社会，体育的发展获得了前所未有的良好局面。而美国"实用主义"教育思想的渐进影响及基督教青年会的继续引导，特别是以麦克乐为主的青年会干事，积极建立体育社团、创办期刊、译介或编著图书，并提倡和鼓励各地开展学校体育的调研活动，不仅培养了体育界良好的科学研究意识，产生了一批质量较高的成果，也带动了体育向科学化、系统化、实证化方向发展。

1. 图书数量大幅增加，呈交替性变化

20世纪20年代出版体育图书的数量变化，与当时中国社会发展较为相似，都是起伏不定，变动不居。整体上，其间共出版体育图书220余种（图5-11），错落分布于10年间，虽然每年起伏不定，但总体趋势是稳中有升。这种变化主要与学制的更替和体育赛事的影响有关。前者主要指1922年颁行的《壬戌学制》确立了"以儿童教育为本"的教育思想，以及1928年国民政府"三民主义"教育宗旨的订定，直接影响着学校体育教辅用书的集中编制与批量印刷；后者主要指中国相继举办了1届全国运动会（1924年第3届全国运动会）、2届远东运动会（1921年第5届和1927年第8届均在上海举行），并参加了4届远东运动会，运动赛事的举行和参与必将直接影响到技术规则类、裁判法、训练法及与赛事宣传相关图书的出版和发行。从编著群体看，中国体操学校的毕业生成为20世纪20年代体育图书编著的主要力量，虽然南京高等师范学校体育专修科毕业生的贡献不容忽视，但比较之下，仍显逊色。暂不论内容和质量，单从数量看，仅王怀琪一人编辑的关于传统体育、体操、游戏类图书就达30余种，称得上是当时中国体育图书编辑界的领军人物；若论总量，甚至将其称为中国近代体育图书第一编辑家也不为过。

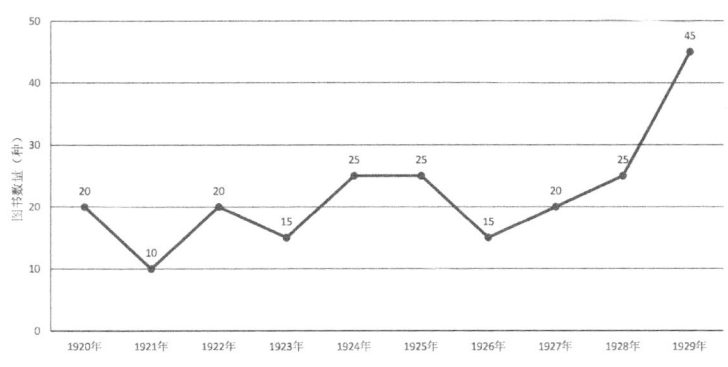

图5-11　20世纪20年代出版图书数量变化情况

中国体育具有的舶来特点和当时基督教青年会的持续影响，助长了国人的依附心理，也激化着新旧体育的矛盾，进而促使20世纪20年代体育的发展具有

了一些新变化。如在推展体育方面，国人的依赖心理虽然仍直接或间接地发挥作用，但不少体育精英已开始有意识地弱化外来人员的影响，并最终打破了其势力长期主导和垄断中国体育事务的局面；同时，体育界也开始独立进行体育实践和开展学术研究。值得一提的是，以麦克乐为代表的青年会干事，在体育教材的编写、体育人才的培养以及体育社会与学术组织的建立方面，仍然扮演着重要角色。麦氏践行的自然主义体育思想及其铺就的体育实践之路，不仅对当时及后世中国体育的发展产生了广泛而深远的积极影响，也对当时及后世中国体育学术氛围和传统的形成起到了关键而有效的推动作用，虽然这种推动作用有时可能会成为一种障碍。

2. 图书内容庞杂，趋于科学化

西式体育自清末引入后，基督教青年会成为了中国近代体育普及和发展的推动者和主导者；因多元的课外体育活动主要在教会学校开展，一般学堂仍以体操类和游戏类课程为主。相对于西式体育，传统体育在民间仍有广泛的社会基础，从武术家到棋手，或出于谋生，或出于爱好，仍以传统的方式开展活动。中华民国成立后的短暂新气象和继之而来的新文化运动的影响，使得不少武术家和棋手或出于"保存国粹"，或出于跟随潮流，开始著书立说。外来力量和本土资源的同生共长，使得此时段出版的体育图书在内容上逐渐摆脱了以往"体操"主导的局面，从枯燥、呆板转向丰富、多样。而以麦克乐为核心的在华青年会干事，尽管编著体育出书数量不多，但在前半段对体育界具有的影响力和发挥的作用依然较大，如为远东运动会编译的多种中英文结合的规则类图书，可谓助推了中国近代体育竞赛规则体系雏形的形成。从编著群体看，以谢似颜、庞醒跃为代表的留日学生仍在发挥作用，但较之于相继回国的美国体育生，其群体数量和出书数量已处于劣势。此外，国内几位界外学者编著的生理、健康方面的图书，也对当时及其后来体育知识的科学化发展产生了一定作用。

从图书内容及其学术价值看，此时出版的体育图书不乏奠基之作。如1924年，由中华书局出版、罗一东所著的《体育学》，被认为是中国较早从学理层面系统研究体育的理论著作；同年，由商务印书馆出版、程瀚章所著的《运动生理》，可谓是中国历史上第一本《运动生理》著作；而由庞醒跃编著、东亚体专出版的丛书之一《体育哲学管理》，很可能是迄今发现中国近代最早的体育哲学和体育管理类图书。此外，1926年，由商务印书馆出版、郝更生所著的《PHYSICAL EDUCATION IN CHINA》（中国体育概论），被界内视为中国第一部用英文撰写的体育理论著作。1929年由商务印书馆出版、宋君复所著的

《体育原理》，也是迄今有据可考的、由中国体育学者编著的、最早的一本体育原理类著作。这些成果及其影响是重要而深远的，同时也证明：20年代的体育实践工作及其学术研究，已逐渐由国人独自承担；中国早期培养的体育师资及留学归国的高层次体育人才，开始进入体育的各个领域，成为引导和推动中国体育事业及其学术研究的中坚力量。这也使得体育图书的作者群开始了由国外向国内、由体育界外向体育界内逐渐过渡，为后期体育图书业的发展积蓄了能量和资源。

从整体上讲，20世纪20年代是中国体育发展的一个过渡期，同时也说明体育图书出版从数量到质量已具有了一定的规模和水平。在体育实践和学术研究的专业人才方面，留日学生在继续发挥影响的同时，在其影响下成长的一代（以中国体操学校的毕业生为主）也在积蓄能量，寻找实现"体育救国"的机会。而20年代前后各级体育学校的大量出现，与之前相比无论是在数量和规模上都可谓是有过之而无不及。加之，体育社会团体和学术组织的涌现，也进一步提高了体育的专业性和科学性。从编著群体的特征看，留美归国体育人员和本土培养体育人才的出现，使得留日学生的影响力虽在，但群体数量及影响已显著下降。从出版机构看，商务印书馆和中华书局仍居于高位，大东书局的出版特色和影响力也较为明显。这些力量和因素的相互作用，提升了20世纪20年代体育图书的数量和质量，也助推了20世纪30年代体育图书出版顶峰的来临。

（四）20世纪30年代：中国近代体育图书业的式微期

20世纪30年代是一个多事之秋。南京政府的成立，使国家基本结束了近20年的军阀混战，实现了形式上的真正统一；其颁行的一系列"体育建国"举措，快速而有效地推动了体育发展。最具影响力的变化是体育管理制度的建立和完善，从教育部体育机构与体育督学的设立，到各类标准的制定及各级体育场的出现，都预示着体育社会地位的普遍提高和体育发展潜力的初步显现。然而，当学界正通过各种努力加快中国的发展步伐时，日本侵华势力的叫嚣和蔓延使得繁荣景象戛然而止。尽管如此，仍产生了诸多令后世难以企及的成就，并铸造了民国史上的"黄金时期"。若论30年代体育图书的出版，从数量变化到内容选择都具有典型的时代特征。

1. 图书数量骤变，从高峰落至低点

20世纪进入30年代，由于体育知识的普及及发展水平的提高，新的体育

需求也随之迅速增长。从出版的体育图书数量看，不论是年均数量还是总体数量，此时都到达到了最高点（图5-112）。虽然1939年仅出版23种，但1935年出版150余种的纪录，在近代可算是空前绝后，也由此创下了30年代出书750余种的"奇迹"，成为后人评价中国近代体育学术发展"黄金十年"中的一个重要指标。仅以传统项目类图书为例，不仅数量达到170种，其变化特点也更为鲜明。整体而言，一方面，此类图书数量的变化趋势与其他各类不同；另一方面，此类图书的变化幅度也与其他各类有别。1933年成立的中央国术体育研究会和1934年成立的全国国术统一委员会，对武术研究的推动贡献最大。二者相继成立后，不仅创办了多种武术刊物，还出版了一些武术教材、挂图和专著，这些都在20世纪30年代传统项目类图书中占有较大的比例。此外，中央国术馆开展的一系列国术考试和教育实施的体育改革，也直接或间接带动和促进了武术研究活动的开展。这些相继施行的举措，不论是出于自觉还是被迫，都在不同程度上提高了对武术的进一步普及与发展提供了基本的制度保证，也提高了对传统体育项目的关注度和社会地位。20世纪30年代出版的传统项目类图书中，虽然研究各种拳术的相关图书仍不少，但是关于剑、枪、刀等兵器的图书数量明显增加，也说明在国民政府倡导下而产生的对传统体育需求和重视程度的增加。

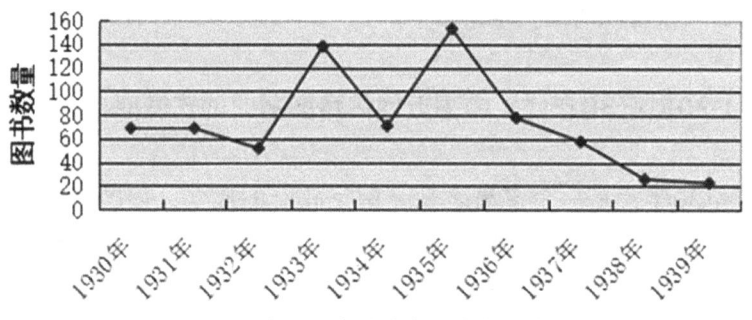

图5-112 20世纪30年代出版图书数量变化情况

20世纪30年代前期体育图书数量骤增及后期数量剧减，虽是多种因素综合作用的结果，但直接得益于国民政府成立后制定并实施的一系列法规政策。这些以"建国"为目的的方案和法规，为社会体育和学校体育的发展提供了制度保证，拓宽了体育的发展空间。一方面，为了满足学校体育改革的需要，提高竞赛水平，国民政府主动召集和组织体育专家和学者，快速、高效地编著了大量体育教材；同时，鼓励体育界广泛开展实地调查和深入研究，由此掀起一股体育学术热潮。另一方面，20世纪30年代日本的挑衅行为和侵略目的，极大地刺激了国人的民族自尊，更激起了社会各界的集体抗议和强烈谴责。面临着强敌压境及战事的扩散性影响，许多学校和出版机构被迫南迁，正常的体育教学和既定的竞赛活动不得不改变形式甚至取消；出于经费、招生、政治、战争等原因，不少体育学校相继解散或被迫关闭。在此背景下，体育图书出版业也只能是夹缝中生存，而1938年和1939年出版体育图书数量的骤然下降，则证明其境况的艰难。

2. 图书内容系统性强，出版丛书化

20世纪20年代的实践探索和学术积累，以及一批专业精英的同时出现，促使体育及其学术研究达到一种新的高度；同时也深化了20世纪30年代学界对体育问题关注的广度和深度。从图书的研究内容和学术价值看，探究体育学理与指导体育实践并行、知识性和思想性并重，是20世纪30年代前期出版体育图书的一个重要特点，如吴蕴瑞、方万邦、吴邦伟、吴志青、阮蔚村、赵竹光、唐豪、王庚、王怀琪等编著的图书。这种变化的出现，一方面，得益于不同知识背景和教育经历的体育人才的同时涌现。因体育发展水平的提高与学术研究的积淀密切关联，而中国近代培养的第一批体育人才，已于20世纪30年代前后独立并积极担负起体育发展的使命，成为当时体育实践和理论研究的中坚力量；另一方面，源于学校里和社会上快速增加的体育需求。在一系列社会建设和教育举措的推动下，中国体育事业迎来了前所未有的发展契机：为了举办全运会，相继修建了许多不同规模的体育场馆；为了满足学校体育教学的要求，培养体育师资和专门人才的专科学校纷纷成立；为了体育更好地服务于复兴与抗战的需要，倡导和推行"体育大众化"的举措不断出现，这些都为体育图书出版业的发展提供了直接动力和资源。

体育理论探究和实践推展的共同作用，促使体育图书在20世纪30年代多以丛书化的形式编著和出版。如勤奋书局的《体育丛书》（即25种新课程标准小学体育教本）、中国健学社的《三段教材》系列、世界书局的《写真国术丛书》（或写真尚武丛书）、大东书局的《尚武楼丛书》、商务印书馆的《体育小丛书》，以及其他组织编著的《东亚体专丛书》《国术丛书》《康健丛书》《剑术丛书》等。而当时出版的赛事类图书，不论从总体数量还是具体内容上，都远远超过其他种类，且主要分布在1933年、1935年和1937年；同时，还有一些与赛事有关的报告和指南。此外，关于各种体育组织和体育场馆方面的图书数量也明显增多。细究之，这显然受到了国民政府相继制定和实施的一系列规章制度的影响，尤其是20世纪30年代前后颁布和执行的《国民体育法》和《国民体育实施方案》；两者不仅为体育管理体制的形成奠定了基础，也加速了中国近代体育的规范化发展。

从研究内容和研究深度看，此时段出版的体育图书虽然仍以学校体育教学用书为主，但课外活动或个体锻炼方法类的图书逐渐增多，呈现出兼具多样性与综合性、普及性与专业性、系统性与科学性的特点。从作者群体特征看，本土培养的体育专业人才不仅活跃在各个体育实践领域，也成了体育研究的主体，使得当时体育图书的编著者几乎是清一色的本土面孔。这种"本土化"淹没"西方化"的结果，恰说明体育学人已摆脱了对西人的过度依赖，开始了较为独立的发展。从出版机构看，勤奋书局的出现和中国健学社的贡献，既是体育影响力和实力的明证，也是体育发展水平和社会地位的象征。此外，还有一个特殊现象：20世纪30年代专门以女性体育为研究对象的图书增多，如仅专项技术类就有10种。这不仅与体育的普及程度和发展水平有关，也得益于中国近代女性地位的提高及由此产生的积极影响，尤其是女子接受教育和体育的机会的增加。当然，战时特殊的国内环境及第二次世界大战中欧洲战场的经验，也引起和强化了时人对女性参与体育活动的重视。

总之，20世纪30年代体育图书出版业可谓经历了冰火两重天：体育图书出版业在初期的"黄金时代"与末期的发展低谷，使后人对前期体育实践及其理论研究的发展虚实难辨。而20世纪30年代体育图书业的发展态势，受制于多种因素的综合影响。执政当局的高度重视，体育专业人才的大量涌现及留学美国、德国学生数量的迅速增多，尤其是执教中小学体育教师具有的丰富经验与归国留学生带回的先进理论的结合，壮大了图书作者群的数量和规模，提升了图书编辑的层次和质量，也促使此时段体育图书的内容、编著或译介、出版和刊行，朝向更加多元和正规的方向发展。而后期国内外战事的影响，则促使人们对体育范畴的规定和功能的认知逐渐发生了变化，同时也阻止了体育图书业的良好发展态势，使其落至低点。

（五）20世纪40年代：中国近代体育图书业的稳定期

历时性地看，20世纪40年代的中国社会与20世纪10年代之前有着某种相似性：同是困于新旧杂陈、内忧外患，同是面对民怨沸腾、求助无门。不同的是，经过20世纪30年代末的考验和适应，加上国民政府南迁后开展的建设工作，20世纪40年代初的社会各领域已开始缓慢恢复。20世纪40年代的教育和学术，虽难敌20世纪30年代的辉煌，但也不至于完全失序。这种局面的出现，与之前社会经历的启蒙和抗争有关。通过几十年的痛苦启蒙和奋力抗争，20世纪40年代的中国社会添了一份理性，少了一份盲目；20世纪40年代的知识分子多了一份自觉，少了一份自由。同样的变化，使得体育界具有了绝境逢生的勇气；也因付出了绝望中创造希望的努力，才使得各项体育工作在动乱中逐渐调整，不至于彻底中断。

1. 图书数量基本稳定，1948年例外

抗战爆发后，随着当时的出版中心上海、南京相继失陷，许多重要出版机构、不少高等学校、著名专家学者都被迫南迁，并在十分艰巨和恶劣的环境下开展工作。为了适应抗战需要，国民政府对许多教育规章进行修订与推行，同时也相继出台了一系列的战时政策，号召甚至强制全国各界严格践行。在教育和出版界，国民政府的努力很快取得了成效，陪都重庆不久取代了上海，成为新的文化重地和出版中心。据统计，1942年和1943年，重庆出版图书分别达1292种和1642种，分别占全国的33.3%和37.3%，其中科技图书是重要的组成部分。从体育图书的数量看，20世纪40年代共计出版326种，远低于20世纪30年代，但若与20世纪20年代相比还是增加了不少。整体而言，除1948年第7届全运会的召开使该年的体育图书数量骤增外，其他年份的变化不大，趋于稳定（图5-113）。

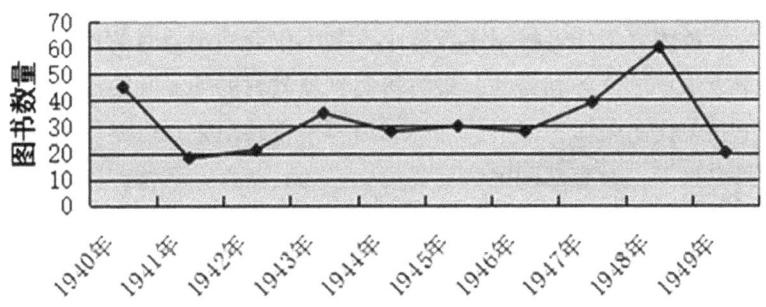

图5-113　20世纪40年代出版图书数量变化情况

20世纪40年代体育图书数量的变化，源于20世纪30年代体育发展奠定的基础和抗战开始后相继颁布的战时政策。一方面，20世纪30年代涌现出的一大批体育专家和学者，合力将当时的体育事业推上了制高点，也为随后体育发展奠定了坚实基础，使得20世纪40年代体育各项工作的调整和开展，并未因战争而遭受更大的损失和阻碍。另一方面，体育作为教育的组成部分，教育政策的任何变化都将使体育因之改变；何况，在抗战救国的形势下，两者间唇齿相依、

［1］苏朝纲.抗战时期陪都重庆出版业的反战变化及其特点［J］.出版史料，2004（2）：71-73.

同生共长的关系达到了无以复加的程度。学校体育目的受制于国民政府确立的教育宗旨，社会体育工作受制于国民政府颁行的战时政策，而当时的一切目的都应服从抗战需要，一切政策都要服务于民族利益。体育图书的内容选择及编著、出版和刊行，自然也不可能例外。这不仅源于当时国难当头和社会动荡，更受制于执政当局的制度设计。即使抗日战争的结束，也并未使体育图书业的发展境况获得较大改变。只不过，民族仇恨转变成阶级矛盾。为了凝聚人心，也为了获得国际支持，体育赛事变成了战争的另外一种形式。"为了维持耐久的战争，体育也发挥了部分的功能"[1]，1948年体育图书出版数量的骤然增加，便是一个明证。

2. 图书内容重实用，战时色彩明显

20世纪40年代出版的体育图书，其研究领域相对集中，内容以实用性较强的学校教辅用书为主，且战时特点更加突出，如与航空、军事有关的图书数量明显增多；同时注重实用性，如对方法类和实战类的研究更为重视。其中，程登科、江良规、余永祚、王学政、赵竹光等人编著热情较高，成果也相对较多。细究之，除了20世纪30年代体育发展奠定的基础和所颁布的战时教育方针影响外，20世纪40年代国民政府颁布和施行的新政策也发挥了重要作用。而学校教辅用书的变化，为学校体育工作者提出了新要求，其不仅反映出战时的特殊需要，也调整或改变学校体育的任务和目的，最终落实到新教材的编制和使用上。对于此，可从20世纪40年代出版体育图书的名称和内容中反映出来。需要指出的是，为了活跃体育研究氛围，教育部国民体育委员会于1942年举办了体育论文竞赛；并从1943年开始，编印体育教材和书刊以满足学校体育教学的迫切需要。而上述行动对当时及后来体育图书的出版及其数量的增加，则起到了直接的促进作用。

在20世纪40年代出版的图书中，体育赛事规则与宣传方面的图书也占有较大比例，并且多集中在1945年抗战胜利后。这一变化主要与体育赛事的举办有关。如在国际赛事方面，1948年，中国组团参加了第12届伦敦奥运会，虽未取得可以称道的竞技成绩，但因是抗战胜利后参加的第一次国际性的体育赛事，在某种程度上其象征意义已远远超过现实成绩。几种介绍和宣传奥运赛事图书集中在当时出版即是明证。在国内赛事方面，1948年在上海江湾体育场举行的第7届全国运动会，"因其所处的特定历史阶段，被国人看为强国御辱复兴民族的一种手段"[2]。也正是源于此种认知和心理，深陷战争窘境的国民政府才动员多方

[1] 许义雄，徐元民. 中国近代学校体育（上）——目标之发展 [M]. 台北：师大书苑有限公司，1999：183.

[2] 姚敏. 体育教国：民国时期全运会研究 [D]. 武汉：华中师范大学，2011：摘要.

力量，积极举办了近代史上最后一届全运会，也是最后一次大型的国内赛事。而第7届全运会及一些区域性体育赛事的举办，不仅促使1948年出版图书数量明显增多，从整体上也弱化了其余年份图书出版情况的不景气。20世纪40年代体育图书业的发展充分说明：执政当局的重视是推动中国近代体育发展的重要动力。

总之，虽然时人普遍期望"体育能配合军事、政治、经济而为抗战之主力，建国之枢纽，挽文弱之颓风，树蓬勃之潮气"[1]，但体育图书业却未因体育的重要程度和特殊功能而获得特殊发展。从数量看，20世纪40年代出版的体育图书不算少，除1948年骤增外，整体上基本保持稳定；从内容看，多是与战时相关的教辅用书，且不少属于重印和集体编制。而20世纪40年代作者群的一个主要特征，则是作者群体的组织化和组织的官方化，组织取代个人，成了编译图书的重要力量。以后见之明看，20世纪40年代中国体育的发展态势及其影响，不仅表现在图书出版数量的减少，更在于体育功能的偏离及强化。而这种偏离和强化现象的产生，却由体育界集体促成，是在启蒙与救亡之间转变生成的一种意识形态，是在强敌压境和战事频发中自觉选择的一种意外结果。不论这种结果是否理想，它体现出20世纪40年代体育界的主动性，也折射出经历20世纪30年代快速发展后，中国体育界生成的一种务实诉求。至今，我们仍受其影响而不自知。

三、小结

作为一种文化载体和启蒙工具，中国近代体育图书的出版与特定时期的社会需要紧密相关；是在西学东渐，并回应不同时代社会需要的过程中得以孕育和发展。对于近代中国而言，正是基于"建国"和"救国"的需要和启蒙，国家制度设计中体育体制的确立，预示着体育界将主动或被动地肩负起挽救民族危亡的沉重使命，同时也已有意或无意赋予了体育一定的政治功能。以后见之明看，在自身发展未能成熟和定型之前，体育界就面临国难当头的考验，是一种机遇，更是一种灾难。因此机遇，体育的社会地位更加稳固；因此灾难，体育逐渐失去了独立发展的空间；随之而来又不可扭转的是，体育实践的自主性减弱，政治性加强。事实上，近代以来，在内忧外患、新知旧学的影响下，体育因吻合了进化论和"尚武"思想，因作为新文化具有的象征意义和启蒙价值，因成为国家制度设计的重要一环，在不同时代经历了不同程度的发展；但有一点是相似的，即通过各种媒介或舆论的宣传，体育的社会关注度不断提

[1] 吴文忠. 中国近百年体育发展史 [M]. 台北：商务印书馆，1967：369.

高，体育图书业也随之获得了或快或慢的发展，经历了从孕育、萌生、发展、式微到稳定的过程。以后见之明看，持续的动荡局势和长期的国恨家仇提高了体育的地位，同时也转变了体育的功能，甚至逐渐沦为一种政治性工具。与之伴生的是，体育学术也丧失了自主性，不可避免地沦为意识形态的一种附庸。结果，当体育逐渐被民族利益和政治道德绑架时，身陷其间的体育学人也难以保持独立性，独立性的丧失也将致使自主性的缺失。而现代中国体育图书及其学术的发展，至今仍深受这种结果的影响。

中国近代体育图书业的发展，是中国近代社会的一个缩影。近代中国动荡无常的社会局势和翻云覆雨式的文化思潮，难以为体育图书的出版提供一个长期稳定的环境，保证图书的有序刊行和流通；也难以提供一个相对持久的教育目的，保证图书的后续修订和完善。以数量论，中国近代能有1500余种体育图书出版，不能算少；以内容论，从理论到技术、从标准到方法，不能算单一；从发行看，从内部使用到公开流通、从再版到多版，不能说有书无市。然而，若论整体质量、论学理依据、论学科体系、论学术价值，近代出版的体育图书仍有诸多需要完善之处。民国时期出版界倡导的"不宜追逐潮流"，作为一种工作目标和价值追求，只能托于后人完成。

反观当下，经过几代学人的共同努力，中国体育图书业在许多方面取得了很大进步，如从图书数量和规模看，稳中有升的趋势和不断扩大的影响日渐明显；从图书内容和类型看，形成了较为科学的体育学科体系和基本满足了社会的多元体育需求；从作者群体和出版机构看，专业化程度和标准化水平日渐提高。但是，当前庞大的图书数量和规模、丰富的图书内容及人员与组织的专业化程度，并未证明现代体育图书业在思想性和学术性方面比民国时期具有更多的优势。如民国时期的不少图书（尤其是教科书），在某种程度上，虽然多数可以认为是官方思想的体现或当局政府需要的结果，编著者自身的观点难以尽情表达，然而当代多数教科书的编著者在本可以表达的时代，并未表达得更多；相较于体育思想的探讨和个人观点的呈现，当代出版的不少图书则更注重体育知识的梳理和整合。在体育需求更加多元和学术资源日益丰富的背景下，这是值得我们不断反思和继续努力的地方。若真正实现中国体育事业的可持续发展，营造体育图书业及学术发展的良好局面，稳定的社会环境固然重要。但身处稳定的社会环境中，更重要的则是，体育界同人应一方面基于体育学科的社会认同，明确自己的学术信念，形成自己的学术思想并善于表达；另一方面，明确和形成现代体育的功能定位和学术思想，培育和建构中国气派的学术氛围和传统，助益体育强国建设和体育文化创新。

第六章　体育学的学科体系建构研究

第一节　学科体系建构回顾

很多人认为体育学作为一级学科是1990年或1996年的事[1][2]。其实，在1983年，国务院学位委员会颁布《高等学校和科研机构授予博士和硕士学位的学科、专业目录（试行草案）》中，体育学即被列为一级学科（学科代码0403），归属教育学门类。学科是知识形态、活动形态和组织形态的统一体，是主体为了教育或发展的需要，通过自身认知结构与客体结构的互动而形成的一种既有利于知识的传授又有利于知识创新的组织体系。体育学的学科属性是体育学基本理论中的一个重要问题，它涉及学科的定位和本质。在改革开放初期，学界对于体育学学科性质的研究形成了一波高峰。通过文献调研看，这应当是在1977年高考制度恢复后，各体育院校在思索学科和专业发展过程中形成的一波研究热潮。需要说明的是在最初的讨论中，大家对相关术语的界定还比较混乱，在表述体育学这一学科概念时存在着体育学、体育科学混用的现象。从20世纪80年代初开始有学者提出用"体育学"作为体育科学的总称[3]。为方便论述和交流，本文在研究中对其予以甄别并统一用"体育学"进行表述。在这一波关于体育学学科属性的讨论中主要出现了4种观点：体育学属于自然科学、社会科学、综合性科学和人体科学。

一、对体育学学科性质的讨论

（一）体育学属于自然科学

在最初对体育学性质归属的讨论中有人提出体育学属于自然科学的观点。

但彼时的理由更多是从体育是生产力，体育活动规律是一种自然现象而不是社会现象和体育本身不是上层建筑等方面来谈的[1]。在论述中具有明显的概念模糊和概念替换问题。正如一些学者指出的：为了论证"体育属于自然科学"，首先把"体育学"的概念换成"体育"，然后又把"体育"的概念换成"运动"，再后又把"运动"归结为运动的方法和增进健康的效果。最后，似乎只须说明运动的方法和在生理方面的效果是受自然规律所制约的，也就"证明"了"体育学的属性是自然科学"[2]。随着研究的深入大家逐渐认识到了这一问题，提出应当把作为一种社会现象的体育同作为一种学科形态的体育区别开来，进而又有人从历史唯物主义观点出发，通过对体育学的形成、发展和经验状态下的体育3个方面的论述证明体育学属于自然科学的结论[3]。总体来看，持这一观点的学者不多，且主要出现1978—1980年这波讨论的开始阶段。以逻辑学角度看，在论证时经常会出现各种"推不出的错误"，属一种不甚成熟的观点。

（二）体育学属于社会科学

与体育学归属自然科学相对应的观点便是认为体育学应属社会科学。持此观点的学者认为，体育是由社会关系所决定的，是一种社会现象，是教育的不可分割的有机组成部分，有明显的社会属性[4]。由于体育学是主要从人的身体方面进行培养教育全面发展的人的科学，因而我们只能让它在社会科学的领域中占一席之地。同时，从体育的发生发展来看，体育从来就是人类社会文化教育的有机组成部分，其主要作用在社会方面，在于"育"人，因而它是一门阶级性很强的社会科学[5]。至于对人体活动规律的研究，则是为体育的目的任务服务的，仅处于从属的地位，不能决定体育这门学科的性质。从对论据的选择来看，持这一观点的学者更多地是将体育学定义在狭义的体育教育学范畴中，将体育学视为教育学的一个分支学科。这一观点与现今国家学位管理体系中对体育学的定位相似，但不可否认的是体育学同样包含了运动人体方面的内容，而这些又是属于自然科学的。鉴于这一显然的缺陷，使这一观点并未被大

[1] 李宁. 关于体育是一门什么学科的讨论 [J]. 武汉体育学院学报，1978（2）：106

[2] 熊斗寅. "体育""运动"和"体育运动" [J]. 武汉体育学院学报，1980（3）：64-65.

[3] 郑振坤. 从我国历史发展上对体育科学属性的研究 [J]. 体育科学，1982（1）：5-7.

[4] 胡小明. 体育应该是一门社会科学 [J]. 成都体育学院学报，1979（1）：15-16.

[5] 李宁. 关于体育是一门什么学科的讨论 [J]. 武汉体育学院学报，1978（2）：106.

家广泛接受，在这一时期的讨论中也仅属昙花一现。

（三）体育学属于综合性学科

上述两种观点在讨论初期处于一种不可调和的状态，但这种状态仅持续了很短的一段时间。此后，便有人提出分别设立运动学和体育学的观点，认为运动学是研究人体健康活动规律的自然科学，体育学则是研究体育理论、观点、制度及设施等现象的社会科学，两者各自分工独立而又互相渗透依存，这不仅在科学性质上泾渭分明，而且在实践上也是与之相一致的。但问题随之而来，这一分法将体育学与运动学并列，那么两者的上位学科又是什么呢？沿着这一思路，陆续有人认为，把体育看作是单纯的自然科学或社会科学都是强调了它的一个方面，而不是它的整体。他们主张体育学是一门新兴的正在发展中的综合性科学[1]。还有人进一步提出，现代科学技术成就和各种学科理论不断向体育科学渗透，和在体育科学上的广泛应用使体育科学出现了既高度分化，又高度综合的一致性。随着论据的丰富这一观点引起了大家的共鸣，逐步认可体育科学是一门综合性科学的见解[2]。回顾这个讨论过程时我们发现，当时形成的一些观点陆续成为后期"体育整体观"和"大体育观"等思想的源头。需要特别指出的是，当时无论是钱学森还是于光远的科学体系分类都没有综合性科学这一说法。体育界的学人们是通过认真分析和讨论体育学的学科性质后自主提出的体育学应归属综合性科学这一结论。考虑到改革开放初期大家的思想固化惯性，这种开创性的研究思路在今天看来依然是值得称道的。

（四）体育学属于人体科学

在20世纪80年代初，有学者从体育学的研究对象出发，提出虽然体育科学与其他门类的科学体系之间都有错综复杂的关系，但关系至为密切的还是关于人的科学。认为体育学应当归属于人体科学下面的一个门类[3]。如果单纯照此逻辑来看这一观点并没有问题，但如果继续从"人"的属性进行分析，就会发现"人直接的是自然存在物"，同时又是"一切社会关系的总和"具有自

[1] 熊斗寅. 体育科学是一门综合性科学 [J]. 武汉体育学院学报，1983（4）：1-2.
[2] 田雨普. 试析体育科学体系 [J]. 哈尔滨体育学院学报，1983（1）：36.
[3] 龙天启，李献祥. 现代体育科学体系初探——学习恩格斯《自然辩证法》关于科学分类问题的体会 [J]. 北京体育学院学报，1981（3）：5-6.

然和社会的双重属性。这样看，单纯认为体育学归属人体科学似乎有待商榷。此外，构建这一观点的理论基础是当时钱学森所构建的科学体系。在钱学森的观点中，认为人体科学是与自然科学、社会科学并列的学科层次[1]。需要注意的是钱学森设立人体科学的一个重要前提在于他对特异功能的错误认识。在20世纪80年代初钱学森始终将人体的特异功能视为一种正确的科学现象而为此四处呼吁，并以此为依据提出设立人体科学。这一观点在后期逐渐被证明是错误的，而此后他设立的人体科学也就此无人提及[2]。虽然体育界学者从研究对象出发所提出的体育学归属人体科学这一观点对当时的理论界是一种有益补充，但只有充分认识此观点的形成背景才能更深入地对其进行把握和理解。

二、对体育学学科体系构建的研究

学科体系是指一个学科的内部框架结构，它体现了一个学科内部各个组成部分之间的相互关系，以及凭借这些关系建构而成的有别于其他学科的总体标志[3]。在改革开放初期并无"体育学科"这一提法，而多是以"体育科学"作为其同义词进行表述[4]。随着对体育学学科体系这一主题研究的不断深入，其研究意义和价值也引起体育职能部门的注意。1982年国家体委"工作要点"明确指出："要进一步重视体育科学研究工作，充分发挥学会作用，逐步建立完整的体育学的科学体系"[5]。

在1978—1987年发表的以体育学学科体系构建为主要研究内容的文献共有12篇，其中以"初探""试析""初论"等词命题者占到6篇，达到50%，这在一定程度上说明当时对学科体系问题的研究尚处起步阶段（表6-1）。此外，应当注意到当时我国对总体科学体系的认识也尚未统一，仍处于讨论阶段。钱学森曾在1981年撰文，把科学技术体系归纳为："自然科学、社会科学、技术科学、数学、工程技术和哲学"6部分[6]，而同一时期于光远在全国科协二大的发言中则提出了"自然科学、社会科学、哲学和数学"的不同分类主张[7]。

［1］钱学森. 系统科学、思维科学与人体科学［J］. 自然科学，1981（1）：7.

［2］陈祖甲. 对"特异功能"和"人体科学"的高层争论［J］. 炎黄春秋，2013（7）：55-57.

［3］杨小永，王健. 体育学科体系的分类：宏观、中观与微观［J］. 武汉体育学院学报，2009（7）：20.

［4］鲁长芬，罗勤鹏. 体育学"体育科学与体育学科辨析［J］. 天津体育学院学报，2009（4）：285.

［5］熊斗寅. 体育科学是一门综合性科学［J］. 武汉体育学院学报，1983（4）：1-2.

［6］钱学森. 系统科学思维科学与人体科学［J］. 自然科学，1981（1）：2-4.

［7］于光远. 科研管理的三个问题［J］. 科研管理，1981（1）：1-3.

表6-1　改革开放初期（1978—1987年）我国体育学学科体系构建问题论文统计表

序号	作者	发表时间	篇名
1	袁旦	1979年	对体育科学体系的初探
2	胡晓风	1980年	关于体育科学体系的若干问题——在成都体院一次学术报告会上的发言
3	熊斗寅	1981年	体育科学体系初探
4	胡晓风	1981年	再谈关于体育科学体系的若干问题
5	龙天启 李献祥	1981年	现代体育科学体系初探——学习恩格斯《自然辩证法》关于科学分类问题的体会
6	卢元镇	1982年	关于体育科学体系与科学属性探讨情况简介
7	田雨普	1982年	试析体育科学体系
8	熊斗寅	1983年	初论体育学的科学体系
9	胡晓风	1983年	关于建立体育科学体系的几个主要问题
10	黄捷荣 王建国	1984年	论体育科学的系统、结构和层次
11	袁旦	1986年	现代体育科学的思维模式——兼论传统体育观的没落和现代体育观的兴起
12	黄捷荣	1987年	体育科学的系统论初探

（一）体育学在整个科学体系中定位问题的研究

体育学在整个科学体系中的定位问题直至今天还依然困扰着我们。不少学者不认可将体育学放在教育学门类下的做法，认为体育学涵盖的内容已远超教育学的边界，应当将体育学升格为学科门类[1]。而2011年艺术学从一级学科升级为学科门类的现实，更是重重地撩拨了一下体育界学人的心弦，成为此后一段时间的研究热点。其实，早在改革开放初期即有一些学者提出了同样的观点，并对此进行了论述。

当时我国对于整体科学体系的分类虽未形成统一意见，但钱学森的"四层次"分类方法却影响甚广。他认为现代科学技术体系应当分为4个层次，由高到低分别是哲学、基础科学、技术科学和工程技术。体育界有学者认为体育学应当属于技术科学这一层次，是归属于综合性学科下面的第三层次，与教育学处于并列关系。主要理由有3点：①认为教育下有体育的内容，但体育中也有教育的内容，因此这是两个相互交叉的学科；②随着科技的进步，人类工作会逐渐被机器代替，体育将会成为生活的必需品，重要性不可限量；③体育学的

---

[1]龚建林，鲁长芬.体育学科发展分析[J].体育文化导刊，2010（9）：120.

知识体系涉及自然科学和社会科学等众多学科，远非教育学所能包罗[1]。但是总体来看，当时对体育学学科定位的专题研究并不多，在1983年的《学科和专业目录》中，虽将体育学列在教育门类之下，但直至1987年也并未见到任何针对该学科设置的不同观点的表达。

（二）体育学学科体系的内部结构研究

一个完整的学科体系不仅要列示出有关的构成内容，而且还要阐明各构成部分之间的内在关系。体育学的学科体系有其自身的结构和层次，但是人们的认识和理论如何去反映和概括这一客观存在则是研究者需要做的工作。准确揭示体育学学科体系的内部结构，能使其条理化和系统化，进而能够使人们从整体上去把握体育学的发展[2]。在这一问题的讨论过程中，大家有统一也有纷争，但体现出的目的很明确，就是为了尽快建立并完善体育学的学科体系，使其能够更好地为体育实践服务。在体育学学科体系研究初期学者不约而同地提出一个观点，即体育学的学科体系应当是开放的，而不是闭合的，是随着社会和时代发展而不断变化的[3][4]。这一观点的确立为后期大家对学科体系结构的探讨奠定了一个良好的基调。

对体育学学科体系中结构和分类的讨论始见于1980年[5]，大家对此问题的观点归纳起来可分为两类，即"二分法"和"三分法"（表6-2）。"二分法"是指将体育学的第二层次划分为体育自然学科和体育社会学科两大类，第三层次中的分支学科又按照"自然"或"社会"属性进行细分。"三分法"是指在体育自然学科和体育社会学科两大类的基础上再增加一类学科，各位学者的不同观点主要集中在增加的这一类学科的设置上。第一种观点认为，应将其设置为基础学科。基础学科在当时主要是指哲学、数学、自然科学和社会科学在体育领域里的运用。因为当时有一种观点，认为体育科学的研究以及专业教育的落后与我们之前不注意基础学科有很大关系；第二种观点则是按照当时科学界的自然科学、社会科学和数学的分类依据，提出在依托数学设立体育

---

[1] 鲁长芬，罗勤鹏.体育学、体育科学与体育学学科辨析 [J].天津体育学院学报，2009（4）：285.

[2] 周西宽.体育学 [M].成都：四川教育出版社，1988：10-12.

[3] 龙天启，李献祥.现代体育科学体系初探——学习恩格斯《自然辩证法》关于科学分类问题的体会 [J].北京体育学院学报，1981（3）：5-6.

[4] 熊斗寅.体育科学体系初探 [J].江苏体育科技，1981（2）：25-26.

[5] 胡晓风.关于体育学科体系的若干问题 [J].成都体院学报，1980（1）：2.

管理类学科，这类学科包括体育情报学、体育人才学、体育统计学和体育经济学等；此外，还有人建议将其设置为"体育综合性学科"，这样方便一些兼具"自然"与"社会"属性的分支学科寻找上位学科类别。

表6-2　改革开放初期（1978—1987年）不同观点下体育学学科体系结构一览表

作者	第一层次	第二层次	第三层次	第四层次
胡晓风（1981）	体育学——体育哲学	体育社会学学科 体育基础学科——情报学 运动学学科	学校体育等5种 体育史等9种 中国武术等8种	无
熊斗寅（1981）	体育学	体育自然科学 体育社会科学 体育管理科学	训练学等7种 体育原理等8种 体育管理学等6种	无
龙天启（1981）	体育科学	理论部分（12种） 基础科学（9种）	应用部分 技术科学	各项运动技术等3种
田雨普（1983）	体育科学	自然基础科学 社会基础科学	自然技术科学（8种） 社会技术科学（8种）	专业技术（4种）
赵敏毅（1984）	体育科学	体育自然学科 体育社会学科 体育辩证法	运动生理学、体育社会学、体育逻辑学、体育行为学、体育管理学等合计13种	无
黄捷荣（1987）	体育科学	体育精神学科 体育自然性学科 体育综合性学科 体育社会性学科	体育技术学科等4层 体育方法学科等2层 体育管理学科等3层	无

从以上论述可以看出，各种观点的出现都是学者根据当时科学背景或学科体系存在的现实问题提出的，体现了求真务实的态度。但持"三分法"观点的学者们在设置第三类学科分类时似乎又犯了一些错误。比如，第一种观点中基础学科是按照基础、应用的原则设置的，而自然学科和社会学科是按照学科性质设置的，两者的设置原则不同，不宜作为并列的关系。在第二种观点中体育管理学是划分在数学这一自然科学类的学科之下的，而今天看来体育管理学的属性更应当偏向于社会科学类。从研究方法上看，研究者受近代科学的形而上学机械论模式影响较重，延用着以简单分析和简单归纳为特征的传统科学方法。总的来看，改革开放初期的学科体系内部结构研究体现了一届学人脚踏实

地、孜孜以求的务实态度和敬业精神，根据自身对体育学的理解传递了不同观点，丰富了理论研究。同时也表现出一些研究者在学科学等相关理论知识上的欠缺。

（三）体育学分支学科的研究

1983年版的《学科专业目录》中，体育学下设12个二级学科，分别是体育理论、人体解剖学（含运动生物力学）、人体生理学（含运动生物化学）、运动生理学、运动心理学、体育保健学、运动医学、体育教学理论与方法、运动训练学、武术理论与方法、体育史和体育管理学[1]。虽然其中存在着诸如人体生理学和运动生理学并存这样的不合理现象，但从学科整体设置看，当时大家已经认可体育学的学科地位和实际价值。

如果以首本专著出现的时间作为该学科研究的始点，在这12个二级学科中除运动训练学、体育保健学和体育管理学3门属新兴学科外，其他9门学科均已经历了至少十余年的发展（表6-3）。诸如体育理论、体育教学理论与方法、武术理论与方法等学科的发展历程甚至超过半个世纪，在此期间形成的科研成果和社会影响力为体育学的学科地位提供了有力支撑。

表6-3　1983版《学科专业目录》中体育学二级学科及首本专著信息一览表

序号	二级学科名称	专著名称	著者	时间	出版单位
1	武术理论与方法	中华新武术拳脚科	马良 等	1917年	商务印书馆
2	体育教学理论与方法	体操教授新论	王秋如	1922年	商务印书馆
3	体育理论	体育原理	王云五	1929年	商务印书馆
4	人体生理学	运动生理学	蔡翘	1940年	商务印书馆
5	运动生理学				
6	体育史	世界体育史纲要	程登科	1945年	商务印书馆
7	运动医学	运动医学	上海第一医学院	1961年	人民卫生出版社
8	运动心理学	心理学讲义	编写组	1964年	武汉体育学院
9	人体解剖学	运动人体解剖	编写组	1965年	不详
10	运动训练学	训练学专题选讲	田麦久等	1983年	江苏省体育科学研究所
11	体育管理学	体育管理学	编写组	1984年	武汉体育学院
12	体育保健学	体育保健学	编写组	1984年	人民体育出版社

[1] 胡晓风.关于体育学科体系的若干问题［J］.成都体院学报，1980（1）：2.

改革开放初期，在体育学中除了上述9门相对成熟的二级学科外，出现了许多像运动训练学、体育管理学和体育保健学一样的新兴学科，它们丰富和充实了这一时期的体育学学科框架。从学科学角度看，学科产生和发展的过程实际上是学科的分化过程。在这一过程中，学科由比较单一的学科发展为复杂的学科，由比较单一的初级综合学科向多门学科分化，而多门学科分化到一定的时候又产生了比较高一级的综合学科。我们对首篇以"学科构建"为主要内容的文献的出现时间和著者等信息进行梳理，并匹配出第一本专著出版的相关信息后，得出在改革开放初期体育学出现新兴分支学科21门（表6-4）。

表6-4　改革开放初期（1978—1987年）体育学新学科一览表

序号	学科名称（曾用名）	第一篇代表性文献出现时间及作者	第一本专著出现时间、著者及出版单位
1	体育美学	1980年 胡小明	1987年 胡小明 四川教育出版社
2	运动心理学（体育运动心理学）	1980年 李正祥	1979年 编写组 武汉体育学院教务处
3	比较体育学（体育比较学）	1981年 古月	1984年 编写组 华东师范大学
4	体育人才学	1980年 黄捷荣	1991年 黄捷荣等 广东高等教育出版社
5	体育社会学	1982年 林启武	1990年 刘德佩 人民体育出版社
6	体育情报学	1982年 蔡俊五	1988年 马铁等 人民体育出版社
7	体育统计学	1982年 刘延年	1982年 杨敏等 辽宁财经学院
8	体育经济学（体育经济管理）	1982年 韩官准	1985年 曹谛川 北京体育学院出版社
9	运动训练学	1982年 过家兴	1983年 田麦久等 江苏体育科学研究所
10	体育哲学	1982年 古月	1986年 编写组 哈尔滨体育学院科研处
11	体育伦理学	1983年 何湛峰	1989年 潘靖五等 北京体育学院出版社
12	体育测量与评价	1983年 教学组	1984年 陈锡纯 湖南怀化师专体育科
13	体育法学	1984年 石刚	1994年 姜仁屏等 黑龙江人民出版社
14	运动生物化学	1984年 冯炜权	1978年 编写组 北京体育学院
15	体育管理学	1985年 谢琼桓	1984年 编写组 武汉体育学院
16	群众体育学	1985年 王则珊	1987年 王则珊等 北京体育学院出版社
17	残疾人体育	1985年 田麦久	1990年 刘绍增 北京体育学院出版社
18	体育保健学	1985年 刘汝杰	1984年 编写组 人民体育出版社
19	体育人类学（体育与人类学）	1986年 谭华	1999年 胡小明 广东人民出版社
20	体育预测学	1986年 俞诚士	1992年 白耀东 四川教育出版社
21	体育文化学	1986年 王瑞	1998年 易剑东 文津出版社

注：表中资料来源于国家图书馆和福州地区大学城文献信息资源共享平台。

通过文献研读，我们发现在体育学新学科的形成路径上，主要存在三种方式：①翻译国外已有理论获取；②通过学科交叉获取；③根据我国现实需要从体育学理论中直接分化获取。在实际情况中多数新学科的形成兼具这三种路径，只是有主次之分。以体育社会学为例，其学科框架的形成主要通过参考国外已有成果，但同时又根据我国实际需要进行了调整[1]。根据这一思路，我们将改革开放初期形成的21门新学科按照形成路径的不同归纳为3类。第一类主要通过翻译国外已有理论获取，主要有运动训练学、体育社会学、运动心理学、体育情报学、体育测量与评价和运动生物化学6门；第二类主要通过学科交叉获取，包括体育比较学、体育人才学、体育法学、体育经济学、体育哲学、体育伦理学、体育管理学、体育与人类学、体育文化学、体育统计学和体育保健学11门；第三类主要根据现实需要运用体育理论分化获取，主要包括群众体育学、残疾人体育、体育美学和体育预测学4门。

学科作为一个相对独立的知识体系，是一个历史的范畴。学科的变化是人们基于时代与社会的演变，基于知识的综合、分化、交叉、融合，为适应科学和社会发展的变化需要而进行的适应性调整活动。回顾我国体育学二级学科的演变过程，我们发现它符合先分化后综合的规律。改革开放后二级学科的不断细分，为1997年"研究生招生专业目录"中二级学科的整合奠定了基础。

第二节　各国学科目录考察

2015年11月5日，国务院对外发布了《统筹推进世界一流大学和一流学科建设总体方案》，简称"双一流"建设。这是"985工程"持续18年后国家在高等教育发展上的重大战略调整[2]。至此，突出学科建设的逻辑思路成为我国新常态下高等教育发展路径上的重要转折。

学科是知识和制度形态的统一体。从高等教育领域看，学科的确立与高校中对应科系的设置和专业人才培养体系的建立具有密切联系。当前世界主要发达国家普遍采取的是一种自下而上的高等教育管理制度，各高校在学科和专业

[1] 林启武. 介绍体育运动社会学 [J]. 北京体育学院学报，1982（3）：74-76.

[2] 康宁，张其龙，苏慧斌. "985工程"转型与"双一流方案"诞生的历史逻辑 [J]. 清华大学教育研究，2016（5）：11.

设置上拥有较大的自主权。出于管理的需要，各国统计部门一般每年会对于本国高等教育的学科、专业发展情况进行统计，并根据学科开设情况，每隔几年发布一次学科目录。虽然这种自下而上的学科汇总办法与我国不同，但由于各高校是在根据社会需求和竞争后最终确定的学科开设。所以从某种意义上说，统计机构发布的这种学科目录更能够体现不同学科在各国高校中发展的实际状况。学科目录由此成为研究各国学科发展现状的重要文本。以学科目录为载体对中外体育学设置情况进行研究的依据由此得以体现。

通过文献梳理可以发现，国内学界从学科视角对体育学展开系统研究始于20世纪80年代初。大致经历了学科概念和学科性质辨析、学科体系建构、学科知识生产等研究热点 。在2011年艺术学上升为学科门类后，学界对于体育学的学科设置和学科地位问题产生了一次集中讨论，但研究视线多聚焦于中国体育学的发展。从学科制度视角对中外体育学的学科设置与定位等问题的系统性研究很少见到。本书试图以学科目录为切入点对中国、德国、法国、英国、美国和日本6个国家的学科目录进行考察，展现当前世界各国对体育学的定位与认同，发现体育学发展过程中存在的不足与缺失。通过中外学科目录的比较为我国体育学的学科设置和发展思路提供启示，同时也力图能够进一步拓展学界的理论视野，为我国体育学基本理论研究做出些许贡献。

一、各国学科目录的选取及其概况

本文以各国学科目录作为主要研究文本，对于学科目录选择的合理性在很大程度上决定了研究的科学性。考虑到现代大学和学科制度诞生于西方，故在国家的选择上以西方发达国家为主，选取了德国、法国、英国和美国4个国家。从中国体育学的学科发展史来看，日本体育教习成为清末民初中国体育学发展的原初力量，中日两国体育学渊源颇深，由此将日本纳入研究视线。这样看，文章分别选取中国、德国、法国、英国、美国和日本6个国家的学科目录展开研究。所有资料的获取均通过各官方网站下载原版文本，确保资料的权威性和时效性。根据资料，我们对各国体育学的名称、代码与归属等信息进行汇总制作了表6-5，对各国学科目录以及体育学的设置情况进行了介绍。

---

[1] 王雷，李平平.我国体育学学科设置起点中若干问题的研究及启示 [J].武汉体育学院学报，2016（2）：37.

表6-5　代表性国家体育学名称、代码与归属信息

序号	国家	名称	英译名	学科代码	来源	上位学科
1	中国	体育学	Sport Science	0403	国务院学位委员会颁布的学科专业目录	教育学
2	德国	Sportwissenschaft	Sport Science	02	德国联邦统计局	无
3	法国	STAPS（Sciences et Techniques des Activites Physiques et Sportives）	STAPS, Science and Technology in Physical Activity and Sports	74	法国大学全国委员会学科分组表（CNU）	交叉学科
4	日本	体育学関係スポーツ科学	Sport Science	无	文部科学省颁布的日本大学学科分类表	教育学
5	英国	Sport and exercise science	Sport and exercise Science	C600	英国高等教育统计处（JACS）	生物科学
6	美国	无	无	无	教育统计中心学科目录，CIP国家研究理事会（NRC）	无
		Kinesiology	Kinesiology	无		生命科学

　　从德国看，德国联邦统计局（Destatis）每年会对国内高校的学科设置情况进行统计，并发布高等教育统计报告，其中包含学习、研究领域的学科目录。这一学科目录分为学科群、学科、分支学科、细分学科4个层级。前面三级大致与我国的学科门类、一级学科、二级学科相对应。从目录看，德国的体育学与艺术学、数学、语言与文化科学等学科并列，属10学科群之一，代码是02，名称为sportwissenschaft[1]。德国体育学下面分为运动教育学（Sportpädagogik）和运动学（Motologie）两大分支学科。

　　从英国看，英国高等教育统计中心每隔3~5年会发布英国高等教育学科目录（JACS code）。目前最新的版本是2012—2013年发布的JACS 3.0版本。

---

[1] 德国高等教育统计中心统计报告. Bildung und Kultur Studierende an Hochschulen [EB/OL]. 2017-11-10. https：//www. destatis. de/DE/Publikationen/Thematisch/BildungForschungKultur/Hochschulen/StudierendeHochschulenVo rb2110410148004. pdf?__blob=publicationFile.

其中，体育学的名称是体育与锻炼科学（Sport and exercise science），代码为C600，归属于生物科学[1]。体育学下设6个分支学科。分别是C610：运动训练（Sport coaching），主要是指导运动员的竞技能力提升；C620：体育发展（Sport development），主要是为体育运动提供诊断、分析以提升运动中的各要素；C630：运动技能、康复与理疗（Sport conditioning, rehabilitation & therapy），主要是运用解剖、生理、心理和运动力学的手段对身体技能进行调适；C640：体育研究（Sport studies），主要是从社会、文化、健康等视角来研究体育的本质与影响；C650：体育技术（Sport technology），主要是从生物工程、材料技术等角度研究科技和工效学对体育的影响；C690：其他以运动与锻炼科学为界定的一些分支学科。需要指出的是在这份学科目录中，还有3个分支学科是归属于各自母学科，分别是C813：体育心理学，N880：体育管理学和X151：体育教育学。

从法国看，法国目前实行的是中央集权下的高校自主管理制度。在这一制度背景下，法国教育部颁布的文件依然对于各高校具有很强的指导意义。从学科分类来看，法国"国家大学委员会"（National Council of the Universities）1982年将体育学（STAPS, Science and Technology in Physical Activity and Sports）作为一门独立学科增列入学科分组表，代码为74，归属于交叉学科群[2]。

从日本看，日本文部科学省基于各学校的统计，发布了学科系统分类表。其中分为大分类、中分类、小分类3个层次，大致与我国的学科门类、一级学科、二级学科相对应。日本体育学的名称叫作"体育学関係"，归属于教育大类[3]。在日语中"関係"一词有"关联"的意思，"体育学関係"可以理解为体育学相关的学科。

从中国看，在由国务院学位委员会、教育部正式颁布的《学位授予和人才培养学科目录》中，体育学被列为一级学科，归属于教育学门类，下设体育教育训练学、体育人文社会学、运动人体科学和民族传统体育学4个二级学科。

［1］英国高等教育统计中心学科目录与代码表（JACS3.0）［EB/OL］. 2017-11-18. https：//www. hesa. ac. uk/support/documentation/jacs/jacs3-detailed.
［2］法国大学学科分类表［EB/OL］. http：//www. cpcnu. fr/listes-des-sections-cnu#groupe12. 2016-10-22. 2017-11-15.
［3］日本文部省学科系统分类表［EB/OL］. 2017-11-10. http：//www. mext. go. jp/b_menu/toukei/001/05122201/006/004/009. htm.

此外，美国的情况较为特殊。美国的学科专业目录是CIP（The Classification of Instructional Programs）[1]。该学科目录是由美国教育部教育统计中心发布的。在这份文件中，共有47个学科群，其中对体育学并未独立设置。大部分的体育类专业下设于公园、娱乐、休闲与健身学科群中。包括体育与健身管理、运动学与锻炼科学、健身技师、体育研究等。此外，还有体育传播、体育教育与训练、身体理疗、运动医学等分支领域下设于传播、教育、健康等相应的母学科。由此看，美国体育学呈现出一种松散的架构，但近年来，美国体育学研究院（National Academic of Kinesiology）始终在推动美国体育学独立学科地位的确立。该组织认为，"Kinesiology"应当成为美国统一的体育学名称。在2006年，这种努力得到回报。"Kinesiology"被美国科学研究委员会（NRC，National Research Council）承认并纳入了其学科分类体系中，作为一门独立学科颁发学位。上海体育学院陈佩杰教授是目前美国体育学研究院唯一的中国籍院士（international fellow），从陈教授介绍的美国体育学科最新发展情况看，Kinesiology一词在前些年主要是指运动机能学，但在NAK的努力下，现在Kinesiology的内涵发生了很大的变化，从2014年以来已经陆续将体育管理学和一些体育人文学科吸纳Kinesiology里面来，目前正朝向综合性的方向发展[2]。美国体育学研究院（NAK）也指出，"Kinesiology"是一门以身体活动为研究对象的学科，它包含了运动生物力学、体育史、体育哲学、运动生物化学、运动生理学、体育社会学、体育心理学、体能训练、技术习得、运动医学[3]。这一界定与我国对体育学的理解大致相当。

二、体育学学科地位确立的历史回溯

从学科史的研究看，在知识形态向学科形态的演进过程中，该门知识是否具有科学性或学术性是其最终能够被确立为学科的关键。从已有资料看，体育学最初是以体育教育为中心的。在学科地位确立的过程中，各国对体育教育的科学性或学术性的认定成为最初赋予体育学学科地位的核心议题。

德国在世界各国中较早地确认了体育学的学科属性。19世纪中期，德国图宾根大学便设立了体育系，但这时的体育系仅仅作为开展全校体育

---

［1］美国教育统计中心学科目录［EB/OL］. 2017-11-12. https：//nces. ed. gov/ipeds/cipcode/Files/Introduction_CIP2010. pdf.

［2］2016年9月25日，作者在福建师范大学就美国体育学科发展现状对陈佩杰教授进行了访谈。

［3］Benoît G. Bardy .A European Perspective on Kinesiology in the 21st Century［J］. QUEST，2008（60）：139-153.

工作的机构，没有人将体育视为大学中的一个学术部门（academic field in universities）。至20世纪20年代，德国一直没有允许颁发体育学的博士学位。甚至1947年德国科隆体育大学成立后依然被禁止授予毕业生学术性学位（academic degrees）[1]。德国对体育教育学术地位的争取最终由欧姆·格鲁普（Ommo Grupe）取得突破。20世纪60年代，欧姆·格鲁普在明斯特大学获得教育专业的哲学博士学位后，被德国体育先驱卡尔迪姆和德国体育联合会主席道姆联合推荐至图宾根大学任体育学院院长。欧姆·格鲁普于1967年首先获得了图宾根大学体育教育专业的教授职位，标志着体育学（sportswenschfat）成为德国大学认可的学术性学科（the subject of academic studies）[2]，进而确立了学科地位，并列入学科目录。

　　法国、美国和英国的情况均与德国类似。在法国，体育学同样由体育教育（PE）和体育教师教育（PETE）演化、发展而来[3]。虽然体育教育在法国拥有长久的历史，但始终未能以一种学术化的身份得到国家的认同。在历史上，法国自19世纪50年代便开始在学校中实施体育教育，最初的体育教师来自于军事学校（military school of Joinville）。1975年，DEUG（两年制普通大学学业文凭）的创办以及教师资格认证制度的实施使得体育教育开始了系统的"学术化"（academicizing）进程。经过体育教育研究委员会（UER EPS）的批准，STAPS取代了EPS（pyshical education），成为法国体育学的学科名称，并在1982年列入学科分类表。从美国看，针对美国大学中其他学科的教授认为体育仅仅是实践性科目，不应当享受正统学术地位的待遇，不能授予教授资质的观点，加州大学富兰克林·亨利（Franklin Henry）在1964年首先挑起了"体育教育能否成为一门学科"（《physical education：an academic discipline》）的讨论[4]，同样是以体育教育为主题的。从英国高等教育领域看，英国学者大卫·穆鲁（David.Munrow）在1946年首先将体育教育引入到英国的伯明翰大学，成立了体育与锻炼科学学院，设立了一种非职业性的（non-vocational）

［1］Jurgen Court. Warum scheiterte 1920 August Biers Antrag auf einen doktor der Leibesubungen？［J］. Sportwissenschaft，2011（41）：91-99.

［2］Michael Kruger. Gymnastics and Sport at German Universities：The Example of the Teacher Training College in Tubingen from the Beginnings to Its Academic Acceptance［J］. The International Journal of the History of Sport，2015（6）：770-771.

［3］Cécile Collinet & Philippe Terral. Conflicts and competition for influence：the history of PETE in France［J］. Sport，Education and Society，2007（1）：67.

［4］Henry，Franklin M. Physical education：an academic discipline［J］. Journal of Health，Physical Education and Recreation，1964：32-39.

体育学位，拓展了体育教育领域[1]。在"英国皇家学术委员会"（council of national academic awards）的支持下，针对体育运动的科学研究（the scientific study of sport）在1975年成为一门学科（became a subject）[2]。

综合以上论述可以发现，体育教育是世界各国高校中体育学存在的原始形态。在当时，体育教育作为体育学的核心构件，各国均对其偏向于实践性的理解。但在学科规训力量的驱动下，高校体育教师作为"利益共同体"，在谋求自己切身权益（如教授职位）的过程中持续开展了对体育教育学术性问题的探讨，并最终推动了各国体育学学科地位的确立。

三、体育学的学科名称及用语分析

从学科学的角度看，规范与统一的名称是一门学科成熟的重要标志，由此才能具备学术共同体之间的对话基础与平台。同时，国际范围内统一的学科名称也是各国对该学科基本理论研究达成共识的一种体现。

以各国母语对体育学的学科名称进行考察可以发现，中国、德国和日本3个非英语系国家的体育学名称均由单独的一个词语构成，且构词方法是与其他学科一致，采用的是"科目"＋"学"的构词方法。比如，德国自20世纪初便开始使用"Sportwissenschaft"一词作为体育学的统一名称，该词由"sport"和"wissenschaft"组成，后者解释为"科学"。在德语中对"wissenschaft"的理解是包含了人文社会科学和自然科学两方面，类似于英文中的"humanity"和"science"的组合。一般翻译为体育科学或体育学，对应的英语翻译为Sport Science。其他学科名称的构词法与此一致，比如宗教学"Religionsvissenschft"、工程学"Ingenieurwissenschaften"等。日本采用的"スポーツ科学"和中国的"体育学"情况均大致一样。

除上述国家外，法国和英国较为特殊。法国体育学的名称以一个长词组的形式被予以命名，缩写为STAPS，即："Science and Technology in Physical Activity and Sports"，译名是"运动和身体活动的技术与科学"。法国教育部正式文本中以"STAPS"的缩略形式予以代替。这也是已知国家中唯一将"技术"（technology）一词列入体育学名称的国家。从法国科学史与体育史

［1］英国伯明翰大学体育与健康系介绍［EB/OL］. 2017–11–22. http：//www. birmingham. ac. uk/schools/sport–exercise/about/index. aspx.

［2］Tudor Hale.History of developments in sports and exercise physiology［J］. Journal of Sports Sciences，2008，26（4）：364–365.

看，这与法国的机械还原论思潮密不可分。在法国，身体锻炼概念的悠久历史可以看作对身体功能理解的上的一系列变化。从18—19世纪开始，身体被看作像机器，这种隐喻不但被用来描述体育锻炼，同时也被用于19世纪末法国绝大多数体育理论研究的文章中，对法国体育思想影响深远[1]。这种机器隐喻的运用使得法国学界更为重视技术在体育研究中的重要性，也是其将"technology"融入其学科名称的重要原因。而根据法国体育理论家科林奈特（Cécile Collinet）的研究看，"STAPS"中"科学的（scientific）"和"技术的（technical）"这两个形容词的使用也表明了法国学界所认为的体育学具有科学研究和专业教育的双重目的。

英国的体育学名称"Sport and exercise science"，来源于英国高等教育统计中心发布的学科目录（JACS code）。目前使用的是2012—2013年修订的JACS 3.0版本，该版本在JACS 2.0的基础上有了较大幅度的修订。在之前JACS 2.0版本中，体育学的名称是sport science。学科目录的修订说明对体育学名称的更迭进行了解释，指出增加"exercise"一词的原因是由于高等教育统计中心收到了各大学以及学术组织的建议，认为在现实中"sport"和"exercise"容易出现混用（often interchangeable）[2]。如果不将其吸纳进来，在人才培养的专业和课程设置时容易出现语义混淆的情况。从中可以发现对于体育、运动、锻炼等词在国外也是存在着概念模糊的问题。而英国和法国这种以词组形式命名体育学名称的办法与其他经典学科并不一致。

从学科名称的统一性来看，中国的"体育学"、德国的"Sportwissenschaft"、法国的"STAPS"、日本的"スポーツ科学"和英国的"Sport and exercise science"在各自国家已大致形成统一认识，而将"Kinesiology"作为体育学的名称在美国学界仍然存在一定争议。

目前看国际学术交流中主要以英文作为通用语言。因此，我们进一步对各国体育学对应的英文译名进行了考察。从表6-6所示的信息可以发现，体育学的英文名称主要有4种，分别是"Sport science"（中国、德国、日本）、"Sport and exercise science"（英国）；"STAPS：Science and Technology in Physical Activity and Sports"（法国）和"Kinesiology"（美国）。从中可以看出，即使全部统一为英文，各国体育学的学科名称依然没有形成一个统一的用

[1] J. Gleyse .The machine body metaphor：From science and technology to physical education and sport，in France（1825—1935）[J]. Scand J Med Sci Sports，2013（23）：758-765.
[2] 英国高等教育统计中心JAC3.0介绍[EB/OL]. https：//www. hesa. ac. uk/support/documentation/jacs. 2017-11-10.

语，以"Sport Science"为主。这与成熟学科在国际上早已形成的统一学科名称具有明显差距。此外，"Sport Science"以一种词组的形式呈现，从构词法来看这种以词组形式出现的学科名称并不符合传统的学科命名方式。从表6-6可以发现，国际上各学科的名称普遍统一为一个独立的单词，大部分单词的构词法为"前缀+ology"或"前缀+ophy"。从这个角度看，只有美国体育理论界推广的"Kinesiology"与国际通用的学科命名方式相一致的。虽然体育学在各国高等教育中已存在较长时间，获得了各国的普遍认同，但至少从学科名称看，体育学依然处于学科发展的初级阶段，学科基本理论研究亟待加强。

表6-6　世界主要学科的英文名称一览表

数学	物理学	生物学	医学	化学	生理学	地理学
mathematics	phsics	biology	Medicine	chemistry	physiology	gedgrophy
哲学	社会学	历史学	教育学	人类学	心理学	体育学
philosophy	sociology	history	Pedagogy	anthropology	Psychology	Sport science

四、学科定位和归属分析

学科目录中对学科的独立设置是各国高等教育中相应学科建制确立和专门化人才培养的体现。各国普遍会依据学科的规模或重要性以学科门类、一级学科、二级学科等层次进行划分和定位。这种定位在一定程度上能够反映各国对相应学科的认同。从体育学的定位看，除美国之外，中国、德国、法国、英国和日本5国均在其学科目录中独立设置体育学，体现了当前世界各国对体育学独立学科地位的普遍认同。

具体来看，德国将体育学作为一门独立学科群，与语言和文化科学、法律与经济学、艺术学、数学等学科群并列。一方面，这体现了德国对于体育学很高的认同度；另一方面，从德国著名学者哈格（H.Haag）的著述看，德国学界已经形成了体育学跨学科特征的共识。由于德国未设立综合性学科群这一类目，所以体育学也很难找到其归属。除德国外，其他国家普遍将体育学作为低于学科门类或学科群的位置进行设立，与我国的一级学科地位相当。从学科归属上看，中国和日本将体育学归属于教育学门类；法国将体育学归属于交叉学科群；英国将体育学归属于生物科学。美国教育部学科目录中虽然没有独立设置体育学，但美国国家研究理事会（NRC）将体育学视为独立学科，归属于生命科学，并颁发Kinesiology博士学位。

从学科归属角度进行分析，中国和日本将体育学归属于教育学门类，我们认为这是一种偏向"传统"的归类办法。从体育学的发展史看，各国体育学在发展之初均以师资培养作为其学科发展的中心，体育学与教育学的历史渊源颇深。从历史角度看，将体育学归属于教育学具有其内在的合理性。但同时应当看到在最近数十年的时间里，体育学早已突破了单一的教育属性而迈向了多元化发展。将体育学归属为教育学已不合时宜。美国和英国将体育学归属于生命科学和生物科学门类，我们认为，这是一种偏向"现代"的归类办法。英国和美国从近代科学革命以来一直是实验主义哲学的推崇者，在其学术理念中，有明显的偏重于自然科学的思想。英、美两国是以健康为核心来看待体育学，因此偏重于从人体科学的角度来看待体育学。从现代体育学的发展及其本身具备的功能看，这种定位符合社会对体育学的内在需求。同时，这也应该是体育学今后发展的主要方向。但是据此便将体育学简单地纳入生命科学或生物科学，却忽略了体育学的人文性与社会性。从已有研究看，这种归属办法已经招致了学界的许多批评[1]。

当前世界各国对体育学归属的差异也体现了各国对于体育学不同的理解和判断。体育学的研究对象涉及人文社会科学和自然科学的多个学科，具有典型的综合性学科特征。从这一点来说，对于体育学的归属应当像德国和法国一样，要么独立设置，要么归属于交叉学科群或综合学科群，这是符合体育学本质的。

五、高等教育与科学研究中体育学设置的比较分析

从学科制度理论看，学科存在于高等教育和科学研究两大领域。从上述考察中可以发现，体育学普遍在各国高等教育领域的学科目录中独立设置，获得了较高的学科认同。在此，我们继续考察上述6国国家科学基金学的学科目录，通过高等教育和科学研究两大领域中对体育学设置的差异，更为全面地了解体育学的发展与认同现状。

在科学研究领域，各国一般会有一个国家层面的核心资助机构或基金组织对各研究领域进行全方位的资助。在中国，是国家社会科学基金和国家自然科学基金；在德国，是德意志研究联合会（DFG）；在法国，是国家科学研究中

---

[1] Diane L. Gill .Integration: The Key to Sustaining Kinesiology in Higher Education [J] . QUEST, 2007 (59): 270.

心（CNRS）；在英国，是英国科研理事会（RCUK）；在美国，是国家科学基金（NSF）；在日本，是国家学术振兴基金会（JSPS）。上述每个科学基金均会颁布对应的学科资助分类目录。根据资料，我们对各国科学基金学科目录设置情况进行汇总和统计，如表6-7所示。

表6-7　世界主要国家科学基金与学科设置概况

国家	基金名称	性质	学科目录	体育学是否单列
中国	国家社会科学基金 国家自然科学基金	政府机构（隶属国务院）	社科基金：27个学科 自科基金：8个学部	国家社科基金单列
德国	德意志研究联合会（DFG）	独立社会组织	14大学科群，48个学科组	否
法国	国家科学研究中心（CNRS）	政府机构（归属教育、研究与技术部）	10个学科群41个学科组	否
日本	学术振兴基金会（JSPS）	独立法人机构（归属文部科学省）	4大学科群，10大学科领域，47个学科组	是
英国	英国科研理事会（RCUK）	政府机构（隶属产业、创新与科学部）	7大学科群，52个学科组	否
美国	国家科学基金（NSF）	独立社会组织	7大学科群，33个学科组	否

从表6-7中展示的信息可以发现，上述6个国家中，只有中国和日本设置了与体育直接相关的学科，并将其单列进行了基金资助。其中，我国的国家基金分为国家社会科学基金和国家自然科学基金两大类。在国家社科基金中对体育学进行单列，但这里的"体育学"只能算是涵盖了人文社会科学领域的狭义的"体育学"。在国家自然科学基金中，尚未单列体育学进行资助，仅有下设于生命科学部的运动生理学（代码：C1106，归属于C11，生理学和整合生物学）、运动心理学（代码：C2111，归属于C21，心理学）和骨、关节和运动系统生物力学（代码：C100102，归属于C10，生物力学与组织工程学）3个分支学科[1]。此外，在医学科学部中单独设置了"运动系统"（代码：

[1] 中国国家自然科学基金学科代码查询系统［EB/OL］. 2017-11-10. http://www.nsfc.gov.cn/publish/portal0/tab268/.

H06），下设与运动系统疾病、损伤相关的13个分支方向。日本学术振兴基金会（JSPS）国家科学基金中专门设置的体育学科的名称为"健康．スポーツ科学"（健康·体育科学），归属为综合领域，下设身体教育科学（2401）、体育科学（2402）和应用健康科学（2403）3个分支学科。与日本文部科学省的学科目录相比，这里的学科名称增加了"健康"，强调了科学研究中对健康与体育的同等重视。此外，美国、德国、法国和英国4个国家均未单独针对体育学进行设置。从以上4个国家科学基金中设置的细分学科目录看，美国是33个、德国是48个、法国是41个、英国是52个。由此看，即便学科分组已经较为细致的情况下，这些国家依然没有对体育学进行独立设置。这在一定程度上反映了各国在科学研究领域中对体育学较低的认同度，说明体育学在高等教育和科学研究领域的认同问题上存在较为显著的差异。

通过进一步研究发现，在以上4个国家中，虽然这些基金虽然并未将体育学作为独立学科进行设置，但其中与体育相关的科研立项并不少见，只是这些项目均被分散到其他学科之中。比如，以"Sport"为关键词对德意志研究联合会数据库进行了检索后得出51项体育相关课题[1]。从课题主持人的学科身份看，51项课题中共有57位主持人（有6项课题是2人联合主持）。其中，有19位主持人来自体育学，其余38位主持人分别来自历史学、医学、文学与艺术学，系统与信息科学、社会学、心理学和生物力学等13个学科，涉及人文社会科学和自然科学的多个学科，呈现出交叉学科研究态势。从美国国家科学基金（NSF）和美国国家健康研究所（NIH）的基金立项情况看，涉及体育学（Kinesiology）的资助项目同样普遍以跨学科形式出现，主要以体育学与心理学、公共健康学、生物学、工程学等几大学科的跨学科合作为主，同样体现出体育学典型的跨学科特征[2]。

六、小结

（一）体育学在高等教育和科学研究领域呈现出认同的差异性

从高等教育领域对体育学的定位来看，体育学普遍层级较高。在德国，体

---

［1］德国德意志科学基金信息检索系统［EB/OL］. 2017-11-10. http：//gepris. dfg. de/gepris/projekt/259275602.

［2］Patty Freedson.Interdisciplinary Research Funding：Reaching Outside the Boundaries of Kinesiology［J］. QUEST，2009（61）：23.

育学是作为最高等级的"学科群"出现的。在法国、日本、英国和中国，体育学是作为仅次于学科群或学科门类的等级出现的。这说明体育学在各国高等教育领域中早已具备了独立且成熟的学科形态，认同度较高。然而，从科学基金的资助情况看，只有日本单列体育学进行资助。中国针对人文社科类的"体育学"进行单列资助。德国、美国、法国和英国的国家科学基金均未独立设置体育学进行资助，学科认同度偏低。体育学在高等教育和科学研究领域呈现出认同的差异性。

（二）体育学的学科地位将取决于自身科学化的水平

知识形态向学科形态的演进中，知识的科学性起到关键作用。从体育学发展史看，体育教育是体育学存在的原始形态。在学科规训力量的驱动下，高校体育教师作为"利益共同体"，在谋求自己切身权益的过程中持续开展了对体育教育的科学性或学术性问题的探讨，并最终推动了各国体育学学科地位的确立。在体育学的内涵持续扩张的今天，其自身的科学化水平将会影响内部和外部"学术共同体"对体育学的认同，并最终决定体育学学科地位的高低。

（三）体育学依然处于发展的初级阶段，学科基本理论研究亟待加强

体育学仅在单个国家层面上拥有一致的学科名称，但就国际层面来看，尚未形成一种公认的学科名称。目前学界采用较多的"Sport Science"作为一种组合词，与传统的学科命名方式并不一致。从归属看，德国将体育学独立设置，中国和日本将体育学归属于教育学，法国将体育学归属为交叉学科，英国和美国对体育学定位于偏向生物科学或生命科学的理解。各国对体育学的认识尚未统一，呈现出不同的理解与定位。从总体看，目前依然处于一个高速发展的尚未成熟的过程中，学界对学科基本理论问题的研究亟待加强。

（四）我国体育学应当超越教育学的领地

在我国1983年发布的《学科专业目录》中，体育学便作为一级学科被列入教育学门类，这一归属延续至今。从体育学在世界各国的演进历程看，体育教育是体育学的起点，体育学具有先天的教育基因。从历史上看将体育学归属

教育学有其内在的合理性。然而，当今体育学早已超出了单一的教育属性迈向了多元化发展。从各国学科目录中体育学的定位和科学基金中立项资助的特征看，体育学均呈现出典型的交叉学科特征。将体育学依然下设于教育学与当今体育学发展的国际趋势已经大相径庭，同时也与其学科发展规律不符合。从学科归属的国际经验及其内在属性的分析看，有理由相信在今后对体育学的学科定位调整上会突破教育学的领地向交叉学科类目靠拢。

第三节　我国体育学学科交叉结构演化考察

一、研究方法和数据的获取

课题组以5年为单位将我国体育学发展历程分为7个阶段，在中国引文数据库下载7个阶段体育学科学知识流动数据。由于体育学科学交叉目标学科较多，如果选取全部168个学科进行社会网络分析的话，会造成网络节点过多而无法清晰地展示学科交叉网络结构的现象。因此，我们依据经济学的"二八定律"（"二八定律"是19世纪末20世纪初意大利经济学家帕雷多发现的。他认为，在任何一组东西中，最重要的只占其中20%，其余80%尽管是多数，却是次要的，因此又称"帕累托法则"[1]），选取体育学知识流量排名前20%的亲缘学科构建知识流动矩阵，利用Ucinet6、Netdraw软件进行社会网络分析并绘制每一时段的学科交叉网络图。设置节点大小与节点度数成正比，利用软件中的Iterative matric MDS功能对网络节点进行布局，将节点的关系投射至二维平面图，用节点间的距离来映射节点关系。在Iterative matric MDS布局下，节点之间的距离越近说明节点之间的关系就越密切，距离相近的一组学科就能够组成一个学科群（聚类）。这样不仅能从网络图中看到体育学和其他学科的关系，还能看到体育学和哪些学科群形成固定的联系，以及这些学科群内部、外部的联系紧密程度。通过对网络图的历时性比较，还能够推测出各个学科群形成的轨迹。

［1］二八定律：百度百科［EB/OL］. 2016-03-03. https：//baike. baidu. com/item/%E4%BA%8C%E5%85%AB%E5%AE%9A%E5%BE%8B/747076?fr=aladdin.

二、知识流入视角下我国学科交叉结构演化

(一)1981—1985年

从这一时期体育学学科交叉的网络结构来看,这一时期的网络节点少,密度低,能够直观地从网络图中了解网络的大致结构。这一时期体育学知识供体学科数量为62个,亲缘学科数量为12个。如表6-7所示,体育学和生物学的关系最为密切,其次是特种医学、数学、基础医学、教育理论与教育管理。在中国知网的学科分类中,生理学、生物化学、人类学都被划入生物学,这些学科都和体育学的关系非常密切,生物学向体育输出的知识量是最大的。数学是科学研究定量分析的基础,体育学研究中对数学的依赖度也较高。从学科属性来看,大部分学科都属于自然科学范畴,在12个网络节点中,仅有教育理论和教育管理、哲学两个学科属于人文社会科学。表明这一时期体育学学科交叉跨度较小,主要是和自然科学发生交叉,学科之间的知识流动距离较短。从网络中的聚类来看,这一时期形成了两个聚类,一是是医学生物学聚类,这一个聚类包含了生物学、基础医学、临床医学、心血管系统、预防医学与卫生学、中医学6个学科。另一个则是教育学心理学聚类,只包括心理学和教育理论与教育管理2个学科。造成这种现象主要是由于在20世纪80年代科学事业恢复的初期,我国体育学术研究受苏联模式影响较大,主要是从生物学、医学、教育学的视角来研究体育。因此体育学和医学、生物学、教育学的关系较为密切,医学生物学学科群和教育学心理学学科群成为形成最早的体育学知识供体学科群。

(二)1986—1990年

尽管在20世纪80年代初期体育学知识体量快速增长,但是由于受经济体制改革的影响,20世纪80年代后期体育学知识体量的增速放缓,这一阶段和上一阶段相比学科交叉网络结构变化并不大。从整体特征来看,网络结构比较简单,节点少,密度低。这一时期体育学知识供体学科数量增加至78个,亲缘学科数量为13个。网络节点的构成也有一些变化,增加了社会学及统计学和自然科学理论与方法两个学科,而临床医学并未出现在知识流动网络中。从体育学

和其他学科的交叉关系来看，这一时期体育学和特种医学关系最为密切，其次是生物学和心理学（图6-2）。结合各个学科知识流入量的百分比来看，特种医学、生物学、心理学3门学科就占到了知识流量的47.7%，表明了人体科学作为体育学的基础学科地位还是没有改变。从网络中聚类来看，这一时期形成了3个学科群，一是医学生物学学科群，和上一时期相比，医学生物学学科群变化并不大，只是减少了临床医学。另一个是教育学心理学学科群，和上一个时期包含的学科相同。20世纪80年代也是我国运动心理学快速发展的时期，1986年中国运动心理学学会（China Sport Psychology Society）作为会员加入国际运动心理学会，这一时期中国运动心理学在运动员心理评定、心理选材和心理训练、心理咨询等方面取得了丰硕的研究成果[1]。这一系列成绩的实现离不开母学科心理学的知识输入，这一阶段体育学大量吸收了心理学的知识，心理学的知识流量快速增长。值得注意的是，这一时期出现了一个新的学科聚类，包含了哲学、自然科学理论与方法、科学研究管理。从这个聚类中包含的学科来看，大部分属于人文类的学科。表明这一时期学者们对于体育理论的探讨在不断的深化。

（三）1991—1995年

进入20世纪90年代，我国体育学进入了高速发展阶段。从学科交叉网络来看，这一时期的网络结构更加复杂，整体网密度的增幅也非常明显，由上一时期的70.2增加至114.8。学科交叉范围进一步扩大，目标学科的数量达到了117个，亲缘学科数量达到了24个。

这一时期形成了3个主要的聚类。一是医学生物学聚类，这一时期的医学生物学学科群规模更大，联系更加密切。从学科群的构成来看，和上一时期相比新增了特种医学、外科学、生物医学工程、临床医学4个学科。在"国家体育科技工作面向运动训练主战场"和"奥运、亚运科研攻关"的战略指导下，训练监控、运动营养、伤病防治、体能与疲劳恢复等领域开始受到重视。《全民健身计划》的颁布也使如何提高国民体质、增进国民健康水平成为研究热点。这都有力地促进了运动人体科学的发展，体育学和医学生物学学科交叉范围进一步扩大、学科交叉更加深化。另一个聚类则是教育学、心理学聚类，这一时期教育学、心理学聚类中新增了中等教育、高等教育2

个学科。学校体育是竞技体育和社会体育的基础，随着学术研究的分化、融合，学校体育教育研究由大一统的课程论和教育学进一步分化为针对不同群体的体育教育研究，高等教育和中等教育成为了这一时期主要的关注对象。和上一时期一样，网络中也出现了人文学科聚类，聚类所包含的学科也和上一时期相同，说明理论研究继续得到学者们的重视。此外，网络中还增加了许多没有形成聚类的新节点，如非线性科学和系统科学、管理学、旅游、考古学。虽然这些学科的知识流入量排名相对靠后，但是新学科的出现，说明了体育学跨学科知识交流的范围进一步加大，许多"远缘"学科也陆续和体育学发展交叉。而新增的节点很多都是属于人文社会科学范畴的学科，这说明体育人文社会科学研究得到进一步的重视。值得注意的是，体育学已经开始吸收一些具有方法论性质学科知识，如非线性科学与系统科学。体育科研工作者已经认识到观察法、实验法、调查法等传统方法过于单一，方法也过于落后。随着20世纪80年代我国科学界对于"老三论""新三论"的介绍和引进，体育科研工作者也对这些新知识和新方法有了一定的认识，并逐渐运用到体育学术研究中来。此外，体育学和统计学、数学等学科产生交叉也显示出量化研究的方法也逐步深渗透体育学的研究领域。这种对于新方法的追求一来是为了满足学术研究的需求；二来体现出学者们已经具有学科反思意识，开始有意识地从元研究层面对体育学方法论进行探讨。

（四）1996—2000年

这一时期知识供体学科数量达到了141个，亲缘学科数量为28个。从亲缘学科交叉网络来看，和上一时期相比网络节点数量增加了4个，但是网络密度由上一时期的114.8增加至382.3，网络密度增量要远高于节点增速。学科交叉成为体育科学研究中的普遍趋势，每一门学科都和外部学科的关系越来越密切，学科交叉的跨度、强度在不断增加，体现出了当代科学发展就是学科在高度分化的基础上通过学科交叉实现高度综合的特征。和上一时期相比，这一时期的亲缘学科增加了经济理论及经济思想史、中国政治与国际政治、中药学、经济体制改革、计算机软件及计算机应用、企业经济、宏观经济管理与可持续发展。从增加的学科来看，属于经济学部类的学科有4个，且大部分都属于宏观经济学的范畴。从这一时期网络的聚类来看，除了之前的医学生物学学科群和教育学心理学学科群以外，这一时期突现了一个新的聚类——经济学学科群。体育学大量吸收经济学知识是有其历史必然性的。1992年党的十四大提出的经济体制改革的目标是建立社会主义市场经济体制，在经济体制改革浪潮推动下，体育实践中出现了大量的经济问题需要研究和解答，这为体育科学研究提供了丰富的研究课题，为了解决这些问题学者们必须依托母学科的理论和方法来解释日益复杂的体育经济现象。从经济学本身来看，经济学近几十年不断向其他学科渗透和扩张，经济学界称这种现象为"经济学帝国主义"[1]。在这种学科内部扩张和外部渗透的双重作用力的影响下，体育学和经济学的互动越来越频繁、密切。1998版的《中华人民共和国国家标准学科分类与代码》首次将体育经济学列为体育科学下属的12个二级学科之一，标志着体育经济学作为独立的学科已经得到国家权威部门的认可[2]。这一时期网络中还出现了一个较小的聚类——社会学政治学学科群，这一学科群包括了中国政治与国际政治、社会学及统计学、哲学、马克思主义。在改革开放初期，体育充当了"让中国走向世界，让世界了解中国"的开路先锋[3]。在"改革开放、解放思想"的指导思想引领下和全球化背景下，我国学者已经开始跳出原有的框架，不仅认识到体育具有健身、育人的功能，还注意到体育具有一定的政治、经济、文化等社会功能，体育能够以国家"软实力"的形态对政治及国际关系产生重大的影响。[4][5][6]在这种背景下，对于体育尤其是竞技体育的政治功能和社会功能的探讨也逐渐成为热点，特别是在奥运周期中这种迹象尤盛。此外，计算机学科也首次出现在网络中，表明体育学在这一时期和计算机科技的联系也越来越密切。20世纪末随着互联网的普及和信息科技的发展，计算机在体育中的应用也越来越普及，尤其是在科学研究方面越来越受到研究者的重视。[7]以计算机技术为中心的高新技术手段在体育中心的应用将促进整个体育运动产生革命性的变化。[8]这使得体育科学和计算机学科之间的渗透、融合趋势越发明显。

[1] 杨玉生，杨戈. "经济学帝国主义"评析 [J]. 经济学动态，2001（1）：48-53.

[2] 钟天朗. 体育经济学概论 [M]. 上海：复旦大学出版社，2016：13.

[3] 胡小明. 新世纪——中国体育的理论创新 [J]. 体育文化导刊，2002（1）：4-7.

[4] 刘光涛. 全球化与体育政治功能转变初探 [J]. 北京体育大学学报，2004（4）：448-449，457.

[5] 刘纯献. 我国体育政治软实力研究 [J]. 体育文化导刊，2011（5）：1-5.

[6] 唐宏贵. 试论社会主义初级阶段的体育政治研究 [J]. 武汉体育学院学报，1989（2）：74-75.

[7] 张辉，马德云. 德国"体育计算机应用"学科的发展与我国体育高等院校开设"体育计算机应用"系统课程的构想 [J]. 山东体育学院学报，2006（6）：99-101.

[8] 李元伟. 科技与体育——关于新世纪体育科学技术发展问题 [J]. 中国体育科技，2002（6）：4-9，20.

（五）2001—2005年

这一时期体育一共向164个学科吸收过知识，基本上涵盖了所有的学科，亲缘学科的数量为33个，比上一时期多出5个，网络密度由上一时期的382.3增加至1197.96，网络密度增长幅度明显超过节点增加幅度。随着科学研究的深入，学科交叉向着纵深化方向发展，也就是在原有学科交叉的基础上持续深入地研究。体育学也是这样，在学科发展的初期，体育学通过广泛的和其他学科产生交叉，由此获得学术启迪，创造的知识增长点和把握新的科学前沿。随着学科不断成熟，通过这种简单的交叉行为已经无法满足知识创新的需要，只有在某一个方向持续、深入地进行挖掘，才能够把握科学研究的前沿，实现知识创新。体育学的学科交叉也体现出纵深化发展的趋势，开始频繁地和二级学科、三级学科交叉甚至更加细分地研究领域产生联系。从新增的供体学科来看，和上一时期相比，这一时期新增了文化、贸易经济、内分泌腺及全身性疾病、新闻与传媒、成人教育与特殊教育、美学、图书情报与数字图书馆、市场研究与信息。大部分新增学科都属于人文社会科学范畴，新增的自然科学只有内分泌腺级全身性疾病一个。可见推动体育学学科交叉持续发展的动力主要还是源于体育人文社会学研究，而体育学和自然学科的交叉主要还是在医学、生物学以及一些基础理论学科之间开展。而像农学、工程技术等学科由于与体育学在研究对象、研究方法、研究范式等方面存在较大差异，学科之间相互通约的可能性较小，学科之间鲜有交叉。

从网络中的学科群来看，一共形成了4个聚类。医学生物学学科群还是联系最为紧密的学科群，这一时期体育学和这一学科群的联系尤为密切，表明运动人体科学依然受到学界高度的重视。进入21世纪，国家为了备战雅典和北京奥运会，制定了一系列的文件，如《中国奥运（2008）科技行动计划》《奥运争光科技行动计划》《2001—2010年体育科技发展规划》。2000年后，国家体育总局围绕着夏冬两季奥运会科技备战，对有突出贡献的科研团队和个人实行奖励和表彰。在这些政策的刺激下，力量训练、体能恢复、科研测试、兴奋剂检测、医疗康复器械等方面的研究得到高度重视，也取得了许多优秀的成果。另外，全民健身的开展也离不开体育科技的支持，国家出台的《全民健身计划科技工程》就是为了保障《全民健身计划纲要》的顺利实施而出台的配套科学技术系统。可以说"两个计划"的实现都离不开体育科学的支持，尤其是运动人体科学在其中起着非常重要的作用。经济学学科群继续发展壮大，新增了市场研究与信息与贸易经济2个学科，随着经济学知识持续向体育学渗透，体育经济学由研究前沿转化为研究热点，并逐渐转变成了一个较为成熟的研究领域。教育学心理学学科群这一时期新增了成人教育与特殊教育，说明体育教育学研究领域不断的细分，研究对象的覆盖面不断扩大。相比之下，社会学政治学学科群的规模一直比较小，这一时期文化取代了马克思主义，成为学科群的一员，说明这一学科群的结构并不稳定。除了网络中的聚类以外，网络中还存在一些零散的节点，如美学、旅游、图书情报与数字图书馆、新闻与传媒、市场研究与信息等。随着体育文化交流的日益增加，国外丰富的体育理念和思想传入我国，使我国对于体育的理解发生了深刻的变化，人们开始从人类文化的高度重新认识体育的本质和内涵。学者们的学术视野在不断扩大，通过和不同学科之间产生交叉，创造了许多新的知识生长点。此外，2008年北京奥运会的申办成功，围绕着如何举办一届成功的奥运会给学者们提出了许多新的研究课题，而这些问题导向的课题仅依靠单一学科是无法完成的，这使得体育学多学科交叉综合研究成为普遍的趋势。

（六）2006—2010年

这一阶段体育学吸收知识的范围扩展至167个，涵盖了所有的学科，亲缘学科的数量增加至34个，网络密度也由上一时期的1197.96增加至2791，增幅明显。这一时期的聚类和上一时期一样。分别是医学生物学聚类、教育学心理学聚类、经济学聚类、社会学与政治学聚类，表明体育学主要还是和这4个聚类中的学科产生交叉。和上一时期相比，体育学和医学生物学聚类联系还是非常密切。这主要是由于这一时期还处于北京奥运会周期，国家科技政策还是面向竞技体育主战场，运动人体科学研究得到高度重视。这一时期经济学聚类规模继续增大，市场信息研究、旅游被整合进这一聚类，而服务业经济虽然还没有被整合进聚类，但是也开始出现在网络中。表明体育经济学是近年来我国体育社会科学研究领域一门非常活跃的学科，在社会主义市场经济体制下，体育市场化、产业化成为必然，在这一过程会涌现出大量的问题，这就需要借助经济学的理论来为我们提供解决方法和决策参考，这使得体育经济学具有非常大的应用价值。在社会学政治学聚类中，新增了行政法及地方法、中国政治与国际政治两个学科，而原有的哲学不在聚类中，这再次说明这一学科群的结构不够稳定，社会学（这里的社会学是狭义的社会学，而不是指整个社会科学）本身的凝聚力不够强，体育学和社会学发生交叉的接触点不多。教育学聚类这一时期内部联系更加紧密，初等教育、音乐舞蹈等学科虽然没有被整合进聚类中，但是已经和这一学科群产生了一定的联系，表明体育学和教育学的交叉更加深化，学科之间的交融点越来越多。

从亲缘学科的构成来看，这一时期新增的学科全部都属于人文社会类学科，之所以出现这种现象一是我国的体育科技战略推动的结果；二是适应社会政治经济形势的需要。2004年国家体育总局下发了《国家体育总局关于进一步繁荣发展体育社会科学的意见》，确立了新时期繁荣发展体育社会科学的总体目标，建立具有中国特色的体育社会科学体系[1]。在这一战略大背景下，我国体育人文社会科学研究队伍不断壮大、投入不断增多、管理不断完善、优秀成果不断涌现、学科体系也初步形成。这一时期还是我国体育在全面建设小康社会大背景下以北京奥运会为契机带动体育事业大发展时期[2]。在体育科技面向竞技体育主战场的同时，除了对于如何实现"绿色奥运""人文奥运""科技奥运"等问题的探讨之外，学界也开始讨论后奥运时代中国体育如何实现从"体育大国"向"体育强国"迈进以及在全面实现小康社会背景下群众体育与竞技体育协调发展等问题，人文社会科学所具有的科学认识、价值导向、管理决策、反思批判等功能能够帮助我们更好地面对体育实践多元化带来的困惑和难题。在现实需求的推动下，研究者们需要借鉴多学科的知识，从哲学、社会学、管理学、经济学、法学等视角对我国体育实践进行多维分析，使得体育学和人文社会科学部类的学科交叉更加深化。

（七）2011—2015年

国家体育总局"十二五"规划明确提出"科教兴体、人才强体"，坚持体育事业发展要依靠科学技术进步，科学技术必须发挥先导作用[3]。在建设体育强国的战略方针指导下，我国体育科技事业保持快速发展的势头，体育学和外部学科之间的交流更加深化。和上一时期一样体育学在这一时期学科交叉范围覆盖了所有的167个学科，网络节点数量也相差无几。网络密度增幅非常大，是上一时期的3倍，学科之间的知识流量越来越大，不同学科

［1］国家体育总局.改革开放30年的中国体育［M］.北京：人民体育出版社，2008：212.

［2］郝勤.论中国特色体育发展道路的历程、内涵及基本经验［J］.体育科学，2009（10）：3-8+36.

［3］蒋志学.促进体育科技创新，推动体育强国建设——在第九届全国体育科学大会上的主题报告［J］.体育科学，2012（1）：3-7，39.

之间的交叉融合成为了现代科学发展的必然趋势。从网络中的聚类来看，有3个聚类较为明显，分别是医学生物学聚类、教育学心理学聚类、经济学聚类。所有聚类中，医学生物学聚类学科联系依然是最为紧密的，体出现高度综合的趋势。相比之下，经济学聚类和教育学心理学聚类学科内部联系较为松散，两个聚类之间的联系也越来越紧密。和上一时期相比，社会学政治学聚类学科数量减少，仅有行政学及国家行政管理、中国政治与国际政治、经济体制改革3个学科联系较为紧密，并且和经济学距离逐渐靠拢。结合社会网络分析的结果发现，造成这种现象的原因并不是由于学科群内部的联系疏远所致，而是由于这一时期网络密度增幅非常大，学科和学科之间都形成普遍的联系，并且知识流量也非常大，学科之间的交叉趋势越来越明显。不仅某一聚类内部的学科之间的联系越来越紧密，不同聚类学科之间也形成了广泛的交叉关系。现代科学发展的趋势是在高度分化的基础上高度交叉融合，学科之间的边界越来越淡化，这种趋势在人文社会科学中越发明显。这最终可能会导致体育学学科交叉网络最后形成两个聚类，一是自然学科聚类，主要是以医学生物学为核心；另一个是人文社会科学聚类，以教育学、经济学为核心。

三、知识流出视角下我国学科交叉结构演化

（一）1981—1985年

和知识流入相比，改革开放初期体育学科知识流出视角下的学科交叉网络规模非常小。这一时期体育学知识受体学科的数量仅为20个，亲缘学科界定为4个，学科交叉网络规模非常小。4个节点分别为特种医学、生物学、心血管系统疾病、数学。在知识受体学科中，特种医学、生物学、心血管系统疾病属于人体科学，数学作为基础科学能够和绝大部分学科产生联系，交叉网络节点性质都较为相似。表明了体育学知识输出范围较小，和自然科学的关系更为密切。和知识流入网络结构图横向比较来看，尽管网络密度相差无几，学科交叉网络大部分都是自然学科，但是网络规模却要小很多。这一时期体育学在整个科学体系中影响力较小，仅有几个学科会从体育学领域辐集知识。此外，这一时期网络中并没有出现聚类，表明这一时期网络节点的联系普遍较弱，综合化趋势并不明显。

（二）1986—1990年

和上一时期相比，体育学学科知识流出的受体学科数量由20个增加至41个，选取前20%的学科绘制学科交叉网络图。从学科交叉网络来看，首先和上一时期相比网络中节点数量由5个增加至9个，网络密度由40.3增加至55.1。网络规模和网络密度增幅都不大，但还是可以看出体育学学科的影响力有所提升，越来越多的学科开始从体育学科领域内辐集知识。从网络节点构成来看，和上一时期相比增加了心理学、高等教育、中等教育以及轻工业手工业等学科。在网络中体育学和特种医学、心理学联系较为紧密，而生物学、预防医学与卫生学、轻工业手工业等学科的距离也逐渐靠拢，和知识流入网络相比，分化趋势并不明显。从学科性质来看，这一时期体育学知识输出学科不再是清一色的自然科学，中等教育、高等教育、轻工业手工业等学科也出现在学科交叉网络中。在学科交叉丰富度、差异度增加的情况下，部分性质迥异的学科被整合进学科交叉网络，这些学科由于距离较远，无法直接形成联系。这表明了体育学知识输出的范围在不断增大，影响力在逐渐增加。但从整体来看，由于学科处于重建初期，体育学还不够成熟，学科知识输出还比较混乱，并没有形成固定的知识受体学科群，和外部学科之间的交叉关系不够稳定。

（三）1991年至1995年

进入20世纪90年代以后，体育在我国社会生活中的地位逐渐上升，体育与社会诸因素的联系日益密切和显现。要深刻理解体育现象，要回答体育运动前进中提出的新问题，仅从生物学角度来观察是远远不够的，必须跃升到社会学、政治学、经济学、伦理学、心理学、哲学等层面上来考察，进行全方位的研究。这样才能深刻揭示体育的本质和规律，找到体育领域诸多现实问题和理论问题的答案。[1]在这一过程中，体育学辐集了相关学科的知识来解释日益多样化的体育现象，随着体育学的成熟，学术研究形成的新理论、新知识又能够反过来影响、丰富母学科的理论体系，这时体育学和母学科的知识流动不再是单向度的，学科之间的知识流动循环往复，在这个循环过程中实现了知识的创新、理论的深化。这一时期知识受体学科的数量增加至75个，环比增长

---

[1] 张岩. 我国体育社会科学的崛起 [J]. 体育科学, 1992（3）: 1-4, 8, 92.

45%。和上一时期相比整个网络的规模要更大，密度要更高，学科之间的知识流通更容易，学科交叉网络呈现出结构化、聚合化的发展趋势。体育学知识流出量最大受体学科依然是特种医学，占到了总被引量的18%，其次是中等教育（11%）、生物学（9%）、心理学（6%）、高等教育（5%），说明这些学科和体育学的关系较为密切，受体育学的影响较大。和上一时期相比，这一时期新增了基础医学、教育理论与教育管理、力学、临床医学、图书情报学、外科学、中医学、自动化技术8个学科。这些学科中，大部分都是属于体育学传统的亲缘学科部类，如医学、教育学，但也出现了力学、图书情报学、自动化技术这些和体育学关系较为疏远的"远缘学科"。表明体育学影响力的扩大不仅仅表现在知识输出量的增加，还体现出了知识输出覆盖面也在扩大。从网络中的聚类来看，这一时期受体学科网络中出现了两个聚类，一个是医学生物学聚类，这个聚类内部学科联系比较紧密，另一个是教育学心理学聚类，聚类内部学科之间联系相对较少。这一时期受体网络中的聚类和上一时期供体网络的聚类相似度较高，提示我们学科之间的知识交流可能存在一种互惠现象。也就是说，体育学学科交叉知识流动都是双向的，一般都是体育学先吸收母学科的知识，形成新的学科或是新的研究领域，等这一学科或领域发展成熟以后，母学科又反过来吸收体育学的知识。

（四）1996—2000年

这一时期一共有104个学科吸收了体育学的知识，从学科交叉网络来看，表征亲缘学科的节点数量为21个，比上一时期增加6个。相比之下这一时期网络密度增加趋势更加明显，由上一阶段的183.9增加至615.4，和同期知识供体学科的交叉网络密度（382.4）相比，网络密度要高出很多。表明知识受体学科之间的联系比供体学科更加紧密，造成这种现象原因主要是由于体育学辐集知识的范围要比辐射范围更广。知识受体学科数量少、距离近，学科之间联系更为紧密。相比之下，知识供体学科数量多，学科之间的跨度更大，学科之间的联系相对更加疏远。和体育学关系最为密切的学科依然是特种医学、教育学、生物学、心理学，体育学对这些学科的影响较大。从网络中的聚类可以看到，这一时期开始医学生物学学科群规模开始扩大，新增了中药学、医药卫生方针政策与法律法规研究、军事医学与卫生、生物医学工程4个学科，表明体育学对于医学的影响范围在逐渐扩大，而医学生物学聚类内部的学科群之间的联系也越来越密切。这一时期教育学心理学聚类将中等教育纳入聚类中，学科群已经初具规模。和医学生物学聚类相比，这一时期体育学和教育学心理学聚类的距离更近，体育学向这一聚类输出的知识量更大，联系更为紧密。除了传统的医学部类和教育学部类下的学科，一些新学科也出现在交叉网络中，比如说市场研究与信息、旅游、计算机软件及计算机应用等。表明随着体育学学术研究的演进，理论不断的丰富，体育学的影响范围在进一步扩大，除了一些传统的知识互惠型学科，许多不同性质的学科也开始吸收体育学的知识和理论，其中既有属于社会科学范畴的学科如旅游学、军事学，也有属于自然科学范畴的学科，如计算机软件及计算机应用。

（五）2001—2005年

这一时期体育学知识受体学科一共有141个，亲缘学科数量达到了28个，学科交叉数量持续增加，覆盖面更广。网络密度也有所增加，从615.4增加至958.5，学科之间的信息交流量也逐渐增大。体育、高等教育、心理学处于学科交叉网络的核心，表明这3个学科在学科交叉网络中处于枢纽地位，和绝大部分学科都发生过交叉。和上一时期相比，新增的学科包括服务业经济、贸易经济、经济体制改革、行政法及地方法制、图书情报与数字图书馆、公安、音乐舞蹈、新闻与传媒、内分泌腺及全身性疾病、资源科学、成人教育与特殊教育。新增的学科大部分属于人文社会科学领域，如经济学、传播学，属于自然科学的只有图书情报与数字图书馆和内分泌腺及全身疾病。表明体育人文社会科学的影响力在不断增大，部分理论已经能够开始反哺母学科。从各个学科的距离来看，医学生物学依然形成了一个聚类，且学科之间的距离非常近。教育学心理学聚类的规模继续在扩大，新增了成人教育与特殊教育，此外还纳入了初等教育，越来越多的教育学分支学科开始吸收体育学的知识，体育学影响力进一步扩大。这一时期经济学聚类初现雏形，市场研究与信息、贸易经济、经济体制改革3个学科形成了较为紧密的联系。说明随着体育经济学研究逐渐成熟，体育学也开始反哺母学科，开始向经济学输出知识。此外，在图谱最左边，计算机软件与计算机应用、图书情报与数字图书馆、新闻与传媒也形成了一个小的聚类，这3个学科在中国知网学科专题中都被划入信息科技学科门类下。表明这一时期随着计算机、互联网的普及，体育学和信息科技学科群的联系也开始变得密切。

（六）2006—2010年

这一时期属于北京奥运会周期，作为在中国举办的最大规模的体育盛会，体育在这一时期引起各行各业的普遍关注。在科学研究领域也是一样，在国家科技战略的支持下，体育逐渐成为这一时期的学术界普遍关注的热点。这一阶段体育学知识受体学科达到了163个，知识输出范围基本上覆盖了所有学科。学科交叉网络密度为2971，节点数量达到了32个。从网络结构来看，形成3个主要的聚类，分别是医学生物学聚类、教育学心理学聚类、经济学聚类，和上一时期相同。3个聚类中，医学生物学聚类和教育学心理学聚类的变化并不大，经济学聚类新增了投资、工业经济、宏观经济管理与可持续发展、企业经济，并且这些学科之间的距离和上一时期相比更加靠近。随着体育经济学从研究前沿逐渐转化成为一个稳定的研究领域，经济学对于体育学而言不再是单向的知识供体学科，经济学也能够成为体育学的知识受体。这种双向的知识流通加深了学科之间的融合，为知识创新提供了有利的条件。此外，在图谱的左下角还有文化、新闻、图书馆情报与数字图书馆、计算机科学形成了一个小规模的聚类。这一时期还处于2008北京奥运会周期，奥运会不仅是体育盛会，还是文化传播的一个非常好的平台。在体育学众多学科中，体育人文社会学和民族传统体育学不仅承载着科学研究的使命，还是具备文化传播的功能，如民族体育文化学和体育史学承担着积淀和传承文化的作用，而比较体育学、奥林匹克学就承担着国际文化交流、沟通的作用[1]。因此在这一时期文化，传媒等行业对于体育的关注度也比较高。

（七）2011—2015年

从这一时期体育学知识流出所涉及的学科来看，数量达到了167个，知识输出范围涵盖了所有学科。从学科交叉网络特征来看，网络中共有34个节点，网络密度为12335。从网络特征纵向演变来看，网络节点数量是1981—1985年时段的7倍，而网络规模则是当时的300倍，由最初的、分散的学科网络发展到形成包含固定学科群落的较为稳定的网络结构。这表明了近30年来，学科之

[1] 刘一民，曹莉.体育人文社会学的功能——体育人文社会学元问题研究之三 [J].武汉体育学院学报，2008（5）：20-24，46.

间的联系越来越密切，在这一过程中，体育学的影响也在不断提升，从之前只对医学、生物学、教育学等学科进行知识输出，发展至对全部学科都有知识输出。这一时期网络中形成了3个主要的聚类，医学生物学聚类、教育学心理学聚类、经济学聚类，表明体育学主要还是向这3个学科群输出知识。这一时期医学生物学聚类的联系比上一时期更加紧密，并且新增了许多学科，如心血管系统疾病、神经病学、肿瘤学等。在2008年北京奥运会后，国人对于金牌的追求更加理性，运动人体科学研究的关注点从提高运动成绩转向"运动与健康"这一主题[1]。从体育学和各个聚类的距离来看，体育学依旧和教育学心理学聚类联系更加密切，说明这一学科群吸收体育学的知识量最大，和体育学学科交叉最为密切。值得一提的是，这一时期和同期的知识流入网络一样，教育学心理学聚类和经济学聚类的内部学科联系没有上一时期密切，这两个聚类之间的联系反而越来越密切。表明学科边界在不断的淡化，学科交叉的跨度增大，学科交叉成为了科学研究中的普遍现象。和上一时期相比，以文化、传播为核心的小规模聚类不再出现，这验证之前所述的这种聚类的出现是特定历史时期的特殊现象。

四、对于我国体育学学科体系的探讨

国内外许多学者对体育学的学科体系进行过研究，研究成果也比较丰富，但是对于体育学学科体系并未达成共识。造成这种现象的主要原因是学者们普遍采用规范研究的方式，自上而下地构建体育学学科体系。通过这种方式所构建的学科体系是体育学的"应然状态"，不同的分类标准所形成的学科体系截然不同。此外，研究者在建构体育学学科体系时，研究关注点主要集中在体育学学科本体，忽略了体育学和其他学科之间的关系。体育学本身是综合性的交叉学科，研究领域横跨了自然科学、人文科学、社会科学，任何一个标准都无法完全关照体育学知识体系，仅对本学科知识进行考察，依据学科内部知识的共性来构建学科体系显然是很难有说服力的。德国著名学者H.哈格在1992年提出了体育学学科体系构建的5种模式，指出可以根据母学科知识结构来考虑构建体育学学科体系[2]。2004年H.哈格提出以学科组群的方式来构建体育学的学科体系，将体育学分为4个学科基础群组，分别是医学和自然学科基础

---

[1] 冯炜权.加强运动人体科学研究，适应国际最新发展[J].体育与科学，2013，34（1）：17-18.

[2] Hagg H，Grupe O，Kirsch A. Sports Science in Germany [M]. Berlin：Spinger-Verlag，1992：1-2.

群，政治、经济、法律和管理类基础群，哲学、信息科学、历史学基础群，行为科学、社会科学、教育学基础群[1]。H.哈格的体育学学科分类思想为确定我国体育学学科体系提供了一个有益的参考。但是和其他学者一样，哈格对于体育学学科体系的研究主要采用规范研究的方式，利用演绎和归纳等方法，在理论层面描绘体育学的"应然状态"，据此自上而下地构建出体育学的学科体系。这种建立在思辨哲学、先验哲学基础上的规范研究在研究的精确性、可证伪性、科学性等方面都存在着一定的缺陷，容易造成理论脱离实际的现象。对此，我们着眼于体育学知识结构的"实然状态"，采用实证主义的研究进路，依据量化分析的结果提炼体育学学科分类模式，通过自下而上的路径构建出体育学学科体系。在本章的学科交叉结构的相关研究中，我们考察了改革开放以来我国体育学和外部学科之间的知识流动的演变，勾画出不同时期的学科交叉结构图。这种基于学科知识流动所形成的体育学和外部学科之间的知识结构图谱可以直观地显示出体育学相关学科之间的联系，也就是H.哈格所说的体育学母学科的知识组织结构，这为我们构建体育学的学科体系提供了依据。在实证的基础上，我们以哈格提出的学科分类思想为参考，从体育学和外部学科之间的交叉关系入手，根据本章对于体育学知识供体学科和知识受体学科学科结构演化分析的结果，梳理出演化过程中出现的学科聚类群，由此勾勒出体育学学科体系的框架，并将相应的二级学科进行归类。通过对本章我国体育学学科交叉结构演化的梳理，我们发现在演化的过程中一共出现过6个学科聚类，以此为依据将体育学母学科的知识结构划分为6个学科群，还增加1个"其他学科群组"，为体育学新兴学科的设置留有空间。此外不同的学科群聚类在演化过程中出现的次数并不一样，说明不同学科群组作为体育学母学科的稳定性也存在差异。因此，对于体育学学科体系并没有做层次上的划分，而是根据学科群聚类出现的次数来确定不同学科群组的稳定性。如图6-1所示，依据体育学和外部学科的交叉关系将体育学学科体系分为7个群组，顺时针沿着箭头方向学科群组的稳定性逐渐降低。其中医学生物学学科群组的稳定性最高，其次是教育学心理学学科群组、经济学学科群组、人文类学科群组、社会学、政治学、法学学科群组、信息科技学科群组、其他学科群组。在确定交叉学科群组的基础上，不同的分支学科或是研究领域则根据相应的母学科纳入不同的学科群组群，形成了体育学的不同分支学科。

---

[1] Hagg H. Research Methodology for Sports and Exercise Science：A Comprehensive Introduction for Study and Research [M]. Berlin：Verlag Karl Hofmann，2004：14-18.

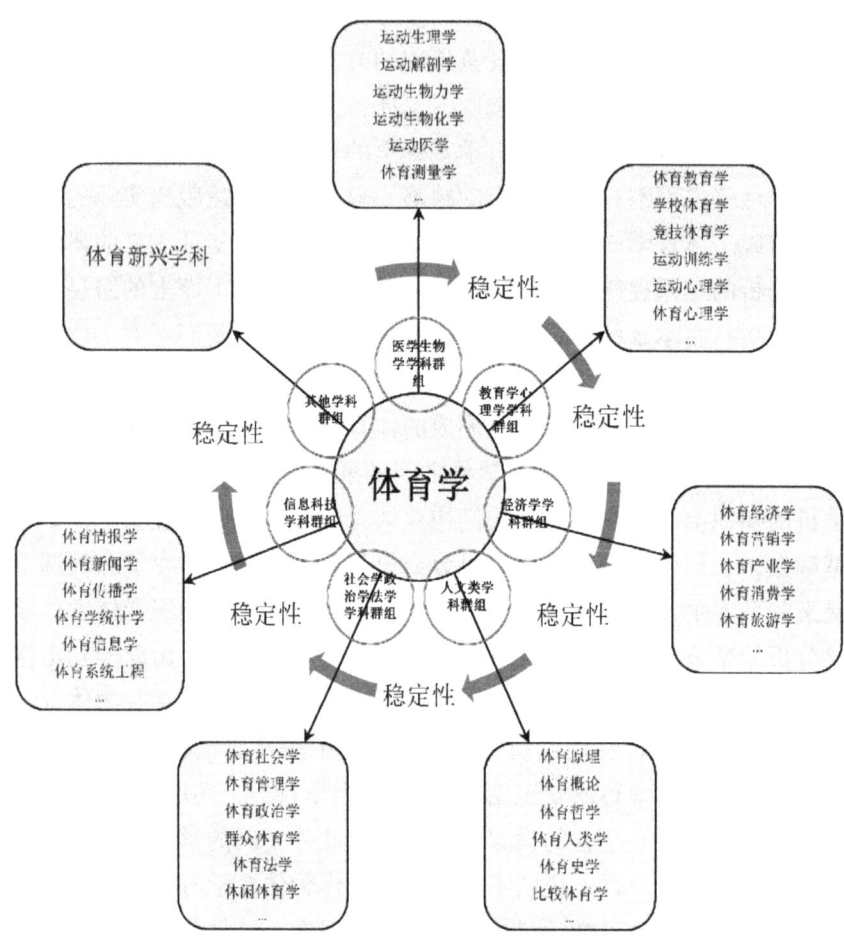

图6-1　以稳定性为基础的体育学学科体系

第七章 结论

一、体育学基本理论领域研究

（1）从知识增长理论看，体育学的学科形态的确立经历了"问题→知识→知识领域→知识范畴→学科"5个阶段。其中，由问题到知识范畴的演进能够依靠单纯的知识生产作为演进动力，而在知识范畴向学科形态的演进中则需要依靠制度与知识两者共同驱动。

（2）体育运动促进健康的独特功能与人类对健康的永恒诉求相契合成为体育学发展的核心动力。构成体育学的体育教育学、运动训练学和运动医学等核心分支学科最初的发展受到以健康为中心的实用主义驱动。研究认为，"physical exercise"（身体练习）是体育学学科建设的逻辑起点。

（3）历史和制度维度的论述能够展示现象层面体育学的学科特征，而知识维度的论述能够展示本质层面体育学的学科特征。从知识维度看，体育学具有运动实践性、外在决定性、应用性和综合性4个方面的学科特征。其中，运动实践性是指：以体育运动实践为主体的体育默会知识最能体现体育学自身特色，成为区别于其他学科最为显著的内核。从体育学的研究对象看，运动实践可以视为体育学独特的研究对象。对于这些问题的回答，体育学具有垄断性的、不可替代的地位。外在决定性是指：体育学自身并不具备独特的理论或学说，包括运动训练学在内的各分支学科依赖母学科理论进行建构，学科性质由外来母学科决定。应用性是指：体育学的出现与演进遵从实用主义导向，各分支学科知识体系的建立是外来学科理论在体育领域中应用的结果，目的在于解决体育实践中出现的各类现实问题；综合性是指：体育技术、体育技能和体育技艺由低到高的3个层次综合构成了体育默会知识；体育默会知识与体育理论知识综合构成了体育知识；体育知识与外来学科知识综合构成了不同体育学分支学科；不同体育分支学科知识体系的综合形成体育学。

（4）体育学在高等教育领域和科学研究领域呈现出认同的差异性。具体说，体育学在各国高等教育领域已经取得了独立的学科地位和普遍认同。而在科学研究领域则认同度较低，体育学在科学研究领域中尚未获得国际认同的学科名称；刊物出版主要针对分支学科或特定研究领域，将体育学作为一个独立学科而出版的刊物很少，学科中缺乏旗舰期刊。美国、德国、法国和英国均未在国家科学基金中对体育学独立设置进行资助。

二、体育学发展史领域研究

（1）体育教育学、运动训练学、运动医学等分支学科的出现受到明显的实用主义驱动。这种驱动从根本上看是来源于体育运动本身在身体、民族、文化以及强国强种等多个方面所具有的广泛功能。但寻根溯源，体育学各分支学科的出现与演进受到以健康为中心的驱动力的推动。这4个分支学科出现的时间顺序是：体育教育学、运动训练学、运动医学和体育社会学。其中，体育教育学最早在知识和制度维度上确立了学科形态。体育运动实践最早是与教育结合在一起，由此看，体育学最早可以说是由体育教育学逐渐演进发展而来。从学科发展史看，在体育学的发展中，我们并未发现学科标志性人物的出现。

（2）体育学在各国存在两种确立模式。通过上述考察能够发现，体育学在各国的高等教育领域普遍确立了学科地位。然而，由于高等教育制度的差异，体育学的确立模式也各有不同。中国和法国采取的是通过官方或半官方的学术组织以一种自上而下的方式对体育学的学科地位进行了确立。与中国和法国不同，德国、英国、日本等国学科目录主要是通过统计局或高等教育统计中心发布。体育学必须在各国高校中达到一定数量的开设后才能够被列入学科目录。它们采取的是一种"自下而上"的方式对体育学进行了确认。在这些国家中，更多地是依靠学者、大学或学术机构对体育学的接纳和认同来最终实现体育学的学科确立。

（3）体育学在各国都是由体育教育逐渐发展而来。从本书涉及的6个国家看，他们体育学的形成无一例外，均是由体育教育发展而来，首要任务是培养体育师资。从历史上看，体育教育最初阶段的发展普遍是各国以增进体质健康为中心的一种强国强种的策略和手段。而在体育教育的发展又是以师资培养为内核的，它首先以一种教育实践的形态出现，随后再逐渐向科学研究演进。

（4）近代中国体育学术的萌芽源于晚清时期对体育师资培养的需要，首先是以一门专业课程——"体育学"（体育教育学）的形态出现的。从民国体育学的发展历程来看，体育学始终是以体育教育学的形式呈现的。民国时期体育学在自然主义和民族主义思潮的影响下形成了自己的学术传统，并且在吸收、整理西方体育知识的基础上与本土研究相结合取得了丰硕的研究成果。"苏联模式"为新中国体育事业的发展起到了重要的奠基作用。正是在苏联的帮助下我国首次成立了体育专业院校和专门的体育科研机构，建立了体育科研人才培养制度，为新中国体育科学的发展指明了方向。

三、体育学知识生产与流动领域研究

（1）改革开放40年来我国体育学知识体量和知识流量都实现了跨越式的增长，知识体量的变化是非线性的、波动的，经历了复苏期、指数增长期、逻辑增长期3个阶段，知识流量的增长是线性的，呈现出持续增长的态势。和其他学科相比，体育学在整个学科体系中的地位较低，学科开放性也不高，学科知识体量的增长大部分都是学科"自繁衍"的结果。北京奥运会后，这些现象在逐渐改观，学科开放性在逐渐增加，体育学由"外延式发展"逐渐转向"内涵式发展"。

（2）我国体育学和外部学科交叉呈现出两大趋势。一是从学科交叉的多样性来看，和体育学交叉融合的学科数量越来越多，学科交叉的跨度越来越大，体育学和外部学科交叉所形成的知识流量的分配由混乱向着有序化，学科之间的交叉关系逐渐稳固。我国体育学知识流出和知识流入两个视角下学科交叉呈现出趋同化的发展趋势。体育学和应用科学、软科学的关系越来越密切，和纯科学、硬科学的关系越来越疏远，体育学学科性质向着"软性化""实用化"的方向发展。生物学医学学科群、教育学心理学学科群、经济学学科群成为与体育学最为稳定的关系。

（3）体育学最原始的知识形态是以运动技术或是运动技能为表现形态的实践性知识，为了满足科学化需求，和医学、教育学、社会学、心理学等学科进行交叉，逐渐演化成为一个包含众多分支学科的综合性知识体系。理论贫乏和方法的缺失使得体育学在和其他学科进行知识交换时总是扮演知识受馈者的角色，无法形成有效的知识回馈，为此付出的代价就是让渡学科的话语权，造成的后果就是体育学和其他学科在交叉融合的过程中始终处于被动地位。

（4）体育学是属于"知识输入型"的学科。体育学在发展过程中较为依赖外部学科的知识，本学科的知识较难得到外部学科的认可。从知识流动趋势看，体育学的知识输入输出比在逐年下降。随着体育学自身学科体系的完善、学科知识体量的增加、学术研究质量的提升，体育学的知识输出量也逐年增加，外部学科对体育学的认可度在逐步提高，体育学正由"知识输入者"逐渐向"知识输出者"转变。

四、体育学创新与发展领域研究

（1）国际学术界侧重于对运动人体科学类的研究，偏重于自然科学。简单地来看，科学引文索引（SCI）收录期刊可以视为自然科学范畴；社会科学引文索引（SSCI）可以视为人文社会科学范畴。从刊物数量和影响因子来看，体育学SCI期刊有81种，其中24种刊物影响因子大于2.0。而体育学SSCI期刊只有23种，影响因子大于2.0的刊物只有3种。呈现出明显的自然科学研究倾向。

（2）从国际范围来看，学界普遍重视和认同运用自然科学的研究范式展开对体育相关问题的探研。人文社会科学范式下的研究在体育学刊物中处于边缘化的位置。虽然体育学同时具有自然科学与人文社会科学的双重属性，但从当前学界的研究倾向看，学者们首先选择的是被科学界广泛认同的实证主义科学观，运用自然科学的研究方法展开对体育问题的探讨。

（3）我们从期刊出版地域、高影响因子期刊分布地域、期刊出版语言3个方面考察了体育学SCI/SSCI刊物的整体情况，从结果看体育学的科学研究呈现出典型的以欧洲和美国为中心的特征。无论从体育学的内在发展逻辑、国际社会对运动医学的重视程度还是"双一流"建设需要等多个角度看，运动医学在我国体育学的学科地位将会持续提升。

（4）从培养目标看，不同类型的体育学研究生差异显著。从当前实际的课程设置看，博士和硕士之间呈现出明显差别。硕士生阶段的课程要注重基础性、宽广性和完整性，博士生阶段的课程要注重研究性、前沿性和交叉性。从研讨会专家反馈的意见看，我们应当坚持凸显专业学位和学术型学位研究生课程设置的差异性。在专业型学位的课程设置上注重实践类课程传授和在实习实训过程中的能力塑造。在学术型学位课程的设置上则应当突出科学研究方法类知识的传授，以论文撰写等科研能力为中心培养。

（5）研制并通过教育部颁布实施了《高等学校体育学类本科专业教学质量国家标准》。

五、体育学学科体系建构研究

（1）当今体育学早已超出了单一的教育属性迈向了多元化发展。从各国学科目录中体育学的定位和科学基金中立项资助的特征看，体育学均呈现出典型的交叉学科特征。将体育学依然下设于教育学与当今体育学发展的国际趋势已经大相径庭，同时也与其学科发展规律不相符合。从学科归属的国际经验及其内在属性的分析看，有理由相信在今后对体育学的学科定位调整上会突破教育学的领地向交叉学科类目靠拢。

（2）依据体育学和外部学科的交叉关系将体育学学科体系分为7个群组，其中医学生物学学科群组的稳定性最高，其次是教育学心理学学科群组、经济学学科群组、人文类学科群组、社会学、政治学、法学学科群组、信息科技学科群组、其他学科群组。在确定交叉学科群组的基础上，不同的分支学科或是研究领域则根据相应的母学科纳入不同的学科群组群，形成了体育学的不同分支学科。

参考文献

一、外文文献

[1] Benoît G. Bardy. A European Perspective on Kinesiology in the 21st Century [J]. QUEST, 2008（60）: 139–153.

[2] Cécile Collinet & Philippe Terral.Conflicts and competition for influence: the history of PETE in France [J]. Sport, Education and Society, 2007（1）: 67.

[3] Deborah A.Wuest, Jennifer L. Fisette. Foundations of Physical Education, Exercise Science and Sport [M]. New York: Mc Graw Hill Educaton, 2014: 109–114.

[4] Diane L. Gill. Integration: The Key to Sustaining Kinesiology in Higher Education [J]. QUEST, 2007（59）: 270.

[5] Dixon N M. Common knowledge: how companies thrive by sharing what they know [M]. Boston: Harvard Business School Press, 2000.

[6] Grupe, O. Einleitung in die Sportwissenschaft [J]. Sportwissenschaft, 1971（1）: 7–18.

[7] Hagg H, Grupe O, Kirsch A. Sports Science in Germany [M]. Berlin: Spinger-Verlag, 1992: 1–2.

[8] Hagg H. Research Methodology for Sports and Exercise Science: A Comprehensive Introduction for Study and Research [M]. Berlin: Verlag Karl Hofmann, 2004: 14–18.

[9] Henry, Franklin M. Physical education: an academic discipline [J]. Journal of Health, Physical Education and Recreation, 1964, 32–39.

[10] J. Gleyse .The machine body metaphor: From science and technology to physical education and sport, in France（1825–1935）[J]. Scand J Med Sci Sports, 2013（23）: 758–765.

[11] Jerry R. Thomas. The Public Face of Kinesiology in the 21st Century [J]. Quest, 2009（66）: 313–321.

[12] JOHN E. NIXON. The Criteria of a Discipline [J]. QUEST, 1967（69）: 42–48.

［13］Jurgen Court. Warum scheiterte 1920 August Biers Antrag auf einen doktor der Leibesubungen? ［J］. Sportwissenschaft, 2011（41）：91-99.

［14］K. Lee Lerner, Brenda Wilmoth Lerner. World of Sports Science ［M］. London: Thomson Gale, 2007: 328-330.

［15］Linney Direct. Hospitality leisure, sport and tourism 2008 ［M］. London: The Gloucester office, 2008: 5.

［16］Michael Krüger. Gymnastics and Sport at German Universities: The Example of the Teacher Training College in Tübingen from the Beginnings to Its Academic Acceptance ［J］. The International Journal of the History of Sport, 2015（6）：771.

［17］Mike McNamee. Philosophy and the Science of Exercise, Health and Sport ［M］. London: Routledge, 2005: 2.

［18］Patty Freedson. Interdisciplinary Research Funding: Reaching Outside the Boundaries of Kinesiology ［J］. QUEST, 2009（61）：23.

［19］Porter A L, Cohen A S, Roessner J D, et al. Measuring researcher interdisciplinarity ［J］. Scientometrics, 2007, 72（1）：117-147.

［20］Porter A L, Chubin D E. An indicator of cross-disciplinary research ［J］. Scientometrics, 1985, 8（3）：161-176.

［21］Roland naul and ken hardman.sport and physical education in germany ［M］. Routledge, 2002.

［22］Shannon C E. A mathematical theory of communication ［J］. The Bell system Technical Journal, 1948, 27（4）：623-656.

［23］Stirling A. A general framework for analysing diversity in science, techonology and society ［J］. Journal of the Royal Society Interface, 2007, 4（15）：707-719.

［24］Tipton, Charles M. History of Exercise physiology ［M］. New York: Human Kinetics, 2014: 16.

［25］Torsten Schmidt-Millard.Perspectives of Modern Sports Pedagogy ［J］. European Journal of Sport Science, 2003（3）.

［26］Tudor Hale.History of developments in sports and exercise physiology ［J］. Journal of Sports Sciences, 2008, 26（4）.

［27］Walter Camp. Training for sports ［M］. New York, Charles Cribner's Sons, 1921: 43.

［28］William H. Freeman. Phsical Education，Exercise and Sport Science：in a Changing Society［M］.JONES BARTLETT LEARNING，2015：139.

二、中文文献

［1］恩斯特·卡西尔.人文科学的逻辑［M］.上海：上海译文出版社，2013.

［2］赫尔巴特.普通教育学［M］.北京：人民教育出版社，1989.

［3］沃尔夫冈.贝林格.运动通史：从古希腊罗马到21世纪［M］.北京：北京大学出版社，2015.

［4］弗·弗·克拉耶夫斯基.教育学原理［M］.北京：教育科学出版社，2007.

［5］埃米尔·涂尔干.社会分工论［M］.北京：生活.读书.新知三联书店，2000.

［6］夸美纽斯.大教学论［M］.北京：人民教育出版社，1984.

［7］罗伯特·J.斯滕伯格，温迪·M.威廉姆斯.教育心理学［M］.北京：机械工业出版社，2012.

［8］乔纳森·特纳，社会学理论的结构（上）［M］.北京：华夏出版社，2001.

［9］琼·温克.批判教育学［M］.长沙：湖南教育出版社，2008.

［10］皮亚杰.结构主义［M］.北京：商务出版社，2007.

［11］A·F.查尔莫斯.科学究竟是什么：对科学的性质、地位及其方法的评价［M］.北京：商务印书馆，1982.

［12］卡尔·波普尔.科学发现的逻辑.杭州：中国美术学院出版社，2008.

［13］罗素.西方哲学史（上册）［M］.北京：商务印书馆，1963.

［14］迈克尔·波兰尼.个人知识——迈向后批判哲学［M］.贵阳：贵州人民出版社，2000.

［15］方文.学科制度和社会认同［M］.北京：中国人民大学出版社，2008.

［16］冯建军.教育基本理论研究20年（1990—2010）［M］.福州：福建教育出版社，2012.

［17］顾明远.教育大辞典［M］.上海：上海教育出版社，1998.

［18］国家体育总局.改革开放30年的中国体育［M］.北京：人民体育出版社，2008.

［19］郝勤.体育史［M］.北京：人民体育出版社，2006.

［20］黄汉升. 中华人民共和国体育科技发展史［M］. 北京：科学出版社，
　　　2002.

［21］李乃胜. 中国海洋科学技术史研究［M］. 北京：海洋出版社，2010.

［22］李元. 知识的轨迹［M］. 北京：北京体育大学出版社，2016.

［23］刘军. 整体网分析［M］. 上海：格致出版社，2009.

［24］刘少雪. 高等学校本科专业结构、设置及管理机制研究［M］. 北京：高
　　　等教育出版社，2009.

［25］罗时铭. 中国体育通史（第三卷）［M］. 北京：人民体育出版社，2008.

［26］普赖斯. 巴比伦以来的科学［M］. 石家庄：河北科技出版社，2002.

［27］叶再生. 出版史研究（第二辑）［M］. 北京：中国书籍出版社，1994.

［28］邱均平. 文献计量学［M］. 武汉：科学技术大学出版社，1988.

［29］瞿葆奎. 元教育学研究［M］. 杭州：浙江教育出版社，1999.

［30］人民教育出版社课程教材研究所体育课程教材研究中心. 美国学校体育
　　　国家标准研究［M］. 北京：人民教育出版社，2007.

［31］史秋衡，陈蕾. 中国特色高等教育质量评估体系的范式研究［M］. 广
　　　州：广东高等教育出版社，2011.

［32］舒新城. 中国近代教育史资料（上册）. 北京：人民教育出版社，1961.

［33］宋伯宁，宋旭红. 山东省高等学校分类研究［M］. 济南：山东大学出版
　　　社，2012.

［34］吴文忠. 中国近百年体育发展史［M］. 台北：商务印书馆，1967.

［35］吴永贵. 民国出版史［M］. 福州：福建人民出版社，2011.

［36］许义雄，徐元民. 中国近代学校体育（上）——目标之发展［M］. 台
　　　北：师大书苑有限公司，1999.

［37］张寒生. 当代图书情报学方法论研究［M］. 合肥：合肥工业大学出版
　　　社，2006.

［38］张建华. 体育知识论［M］. 北京：北京体育大学出版社，2012.

［39］张力为. 运动心理学［M］. 上海：华东师范大学出版社，2003.

［40］郑金洲，等. 元教育学研究［M］. 杭州：浙江教育出版社，1999.

［41］钟天朗. 体育经济学概论［M］. 上海：复旦大学出版社，2016.

［42］周登嵩. 学校体育学［M］. 北京：人民体育出版社，2004.

［43］周西宽. 体育基本理论［M］. 北京：人民体育出版社，2007.

［44］周西宽. 体育学［M］. 成都：四川教育出版社，1988.

［45］蔡兵，马跃. 交叉学科研究的动力机制分析［J］. 西南交通大学学报（社会科学版），2008（1）.

［46］蔡青. 论地方教学型大学教学质量监控体系的构建与实践［J］. 黑龙江高教研，2006（7）：66-68.

［47］曹卫东. 从"认同"到"承认"［J］. 人文杂志，2008（1）：44-45.

［48］曹玉冰. 体育科学学科边界问题的跨学科认识［J］. 武汉体育学院学报，2013，10：10-13，62.

［49］陈俊钦，黄汉升，朱昌义，等. 改革开放后我国体育社会科学发展的审视——以历届全国体育科学大会为视角［J］. 广州体育学院学报，2006，4：1-4.

［50］陈俊钦. 试论体育社会科学学科体系构建的逻辑起点［J］. 武汉体育学院学报，2009，43（10）：21-23.

［51］陈梅，黄丽霞. 近五年来我国图书馆知识转移理论研究评述［J］. 情报科学，2011，29（4）：633-637.

［52］陈琦. 体育院校制订本科专业人才培养方案的思考［J］. 体育学刊，2007，14（9）：6-9.

［53］陈赛君. 领域交叉性分析指标与方法新探及其实证研究［J］. 情报学报，2013，32（11）：1184-1195.

［54］陈中，郭丽君. 论教育科学发展的"边缘效应"［J］. 教育理论与实践，2016，36（12）：6-8.

［55］陈祖甲. 对"特异功能"和"人体科学"的高层争论［J］. 炎黄春秋，2013，7：55-57.

［56］范广贵，孙久喜，阿英嘎. 探析中国体育学科的演进方式及其跨学科研究的指向［J］. 南京体育学院学报（自然科学版），2010，9（4）：17-20.

［57］方文. 社会心理学的演化：一种学科制度视角［J］. 中国社会科学，2001（6）：126-136，207.

［58］冯炜权. 加强运动人体科学研究，适应国际最新发展［J］. 体育与科学，2013，34（1）：17-18.

［59］高强. 体育学与哲学：基于学科关联的历史考察［J］. 体育科学，2016，36（11）：82-90.

［60］龚建林，鲁长芬. 体育学科发展分析［J］. 体育文化导刊，2010（9）：120.

［61］龚怡祖. 学科的内在建构路径与知识运行机制［J］. 教育研究，2013
　　　（9）：16.

［62］顾浩. 论学科交叉路径及趋势［J］. 上海金融学院学报，2006（6）：
　　　67-69，73.

［63］郭玉，赵新力，潘云涛，等. 我国科技期刊基本状况统计与分析［J］. 编
　　　辑学报，2006，01：1-4.

［64］郝勤. 论中国特色体育发展道路的历程、内涵及基本经验［J］. 体育科
　　　学，2009，10：3-8，36.

［65］胡小明. 体育应该是一门社会科学［J］. 成都体育学院学报，1979，1：
　　　15-16.

［66］胡小明. 新世纪——中国体育的理论创新［J］. 体育文化导刊，2002
　　　（1）：4-7.

［67］胡晓风. 关于体育学科体系的若干问题［J］. 成都体院学报，1980，1：2.

［68］黄宝忠. 近代中国民营出版业研究——以商务印书馆和中华书局为考察
　　　对象［D］. 杭州：浙江大学，2007：51.

［69］黄汉升，季克异. 我国普通高校本科体育教育专业课程方案的研制及其
　　　主要特征［J］. 体育学刊，2003，10（2）：1-4.

［70］黄汉升，林顺英. 体育院系课程设置：国际比较［J］. 中国体育科技，
　　　2002，38（12）：5-13.

［71］黄汉升. 新中国体育学硕士研究生教育的回顾与展望［J］. 体育科学，
　　　2007（9）：3-22.

［72］蒋洪池. 托尼·比彻的学科分类观及其价值探析［J］. 高等教育研究，
　　　2008（5）：93-98.

［73］蒋志学. 促进体育科技创新，推动体育强国建设——在第九届全国体育
　　　科学大会上的主题报告［J］. 体育科学，2012，01：3-7，39.

［74］蒋志学. 抓住2008年北京奥运会的重大机遇 全面提升我国体育科技整
　　　体实力——在第八届全国体育科学大会上的主题报告［J］. 体育科学，
　　　2007，11：4-8.

［75］康宁，张其龙，苏慧斌. "985工程"转型与"双一流方案"诞生的历史
　　　逻辑［J］. 清华大学教育研究，2016（5）：11.

［76］李春景，刘仲林. 现代科学发展学科交叉模式探析——一种学科交叉模
　　　式的分析框架［J］. 科学学研究，2004（3）：244-248.

［77］李凤梅. 中国近代学术史论［D］. 福州：福建师范大学，2015.

［78］李刚. 评析卢梭的自然主义体育思想特质［J］. 体育科学，2012，32（4）：77-83.

［79］李建辉，王志魁，徐宏，等. 自引对科技期刊影响因子作用的量化研究［J］. 编辑学报，2007，02：154-157.

［80］李宁. 关于体育是一门什么学科的讨论［J］. 武汉体育学院学报，1978，2：106.

［81］李韶红，侯金川. 自引与自引分析［J］. 图书馆，2001，06：39-43.

［82］李晓宪，邱剑荣，李晴慧，等. 新中国体育学术（科技）期刊发展研究［J］. 体育科学，2009，05：3-23.

［83］李永宪，刘波，肖宇. 体育科学跨学科研究初探［J］. 体育学刊，2010，17（8）：11-16.

［84］李元，王莉. 体育科学学科互动研究：知识受馈、回馈与自馈视角［J］. 天津体育学院学报，2015，01：11-17.

［85］李元伟. 科技与体育——关于新世纪体育科学技术发展问题［J］. 中国体育科技，2002，06：4-9，20.

［86］李长玲，纪雪梅，支岭. 基于E-I指数的学科交叉程度分析——以情报学等5个学科为例［J］. 图书情报工作，2011，55（16）：33-36.

［87］理查德·詹姆斯. 澳大利亚高等教育和国家教学标准［J］. 清华大学教育研究，2014，35（3）：11-27.

［88］林启武. 介绍体育运动社会学［J］. 北京体育学院学报，1982，3：74-76.

［89］林顺英. 论普通高校体育教育本科专业教学质量保障［D］. 福州：福建师范大学，2008.

［90］刘纯献. 我国体育政治软实力研究［J］. 体育文化导刊，2011，05：1-5.

［91］刘光涛. 全球化与体育政治功能转变初探［J］. 北京体育大学学报，2004，04：448-449，457.

［92］刘青. 以创新求是精神 全面深化高等体育院校教育综合改革——兼论我校学科专业特色与人才培养目标［J］. 成都体育学院学报，2016（4）：5-6.

［94］刘小强. 高等教育学学科分析：学科学的视角［J］. 高等教育研究，2007（7）：72-77.

［95］刘一民，曹莉. 体育人文社会学的功能——体育人文社会学元问题研究之三［J］. 武汉体育学院学报，2008，05：20-24，46.

［96］刘一民，房蕊.体育学的逻辑起点及其学科体系重建：体育行为观视角
　　　［J］.天津体育学院学报，2012，27（5）：404-407.

［97］刘则渊，王海山.近代世界哲学高潮和科学中心关系的历史考察［J］.科
　　　研管理，1981（1）：9-23.

［98］刘仲林.交叉科学时代的交叉研究［J］.科学学研究，1993，02：11-18，4.

［99］龙天启，李献祥.现代体育科学体系初探——学习恩格斯《自然辩证
　　　法》关于科学分类问题的体会［J］.北京体育学院学报，1981，3：5-6.

［100］卢石，刘文娟，王会寨.SCI体育期刊评价指标的分析［J］.2002
　　　（4）：440-442.

［101］鲁长芬，罗勤鹏.体育学体育科学与体育学科辨析［J］.天津体育学院
　　　学报，2009，4：285.

［102］鲁长芬.中国体育学科体系研究述评［J］.体育学刊，2007，06：1-6.

［103］陆费逵.《书业商会二十周年纪念册》序［A］//俞筱尧，刘彦捷.陆费
　　　逵与中华书局［C］.香港：中华书局，2002：440.

［104］路甬祥.学科交叉与交叉科学的意义［J］.中国科学院院刊，2005，
　　　01：58-60.

［105］路云亭.体育的贫困——关于体育学的成长性问题［J］.体育与科学，
　　　2013，34（6）：28-31，16.

［106］罗建新.运动生物力学［M］.武汉：中国地质大学出版社，2011：9.

［107］罗时铭.近代中国留学生与近代中国体育［J］.体育科学，2006，10：
　　　38-42.

［108］罗志田.近代"道出于二"语境下学科认同的困惑［J］.天津社会科
　　　学，2015（1）：175.

［109］骆柳宁.《图书情报工作》自引分析［J］.图书情报工作，2002（5）：
　　　41-44.

［110］马卫平，谭广，刘云朝.从"科学主义"与"人文主义"思潮的融合看
　　　我国体育科学研究的未来走向［J］.北京体育大学学报，2006（7）：
　　　885-887.

［111］齐立斌，崔英波等.俄罗斯第三代体育专业国家教育标准的解读及启
　　　示［J］.北京体育大学学报，2013，36（8）：95-112.

［112］钱学森.系统科学、思维科学与人体科学［J］.自然科学，1981，1：7.

［113］史庆华.影响因子评价专业学术期刊的科学性与局限性［J］.2006（1）：
　　　35.

［114］苏竞存.我国近代体育中的自然体育学派［J］.体育文史，1983，01：21-26.

［115］孙绵涛.学科论［J］.教育研究，2004（6）：49-55.

［116］谭华.中国近代体育史分期问题之我见［J］.成都体院学报，1984，04：11-15.

［117］唐东辉，覃立.体育科学跨学科研究简论［J］.西安体育学院学报，2010，27（1）：19-22.

［118］唐炎.体育学学科体系现状考察及建构研究［D］.重庆：西南师范大学，2002：23-28.

［119］田野，王清，李国平，等.中国体育科学学科发展综合报告（2006—2007）［J］.体育科学，2007，04：3-14.

［120］田雨普.试析体育科学体系［J］.哈尔滨体育学院学报，1983，1：36.

［121］屠忠俊.传播研究中的学科交叉跨度［J］.华中科技大学学报（社会科学版），2008，01：35-40，50.

［122］王彩.《中国图书馆学报》自引分析［J］.甘肃社会科学，2003（1）：157-161.

［123］王东亮."结构不上街"的事故调查［J］.读书，1998（7）：61-67.

［124］王恩华.俄罗斯高等教育国家标准评价：以生物学为例［J］.高等教育研究，2013，34（10）：101-109.

［125］王颢霖.从学科交叉与分化管窥近代中国体育学演进发展［J］.体育科学，2015，06：3-12，24.

［126］王颢霖.对中国近代体育学术史分期的讨论［J］.体育科学，2014，10：83-92.

［127］王建华.学科承认的方式及其价值［J］.中国高教研究.2012（2）：12.

［128］王健.新中国高校体育本科专业设置的变迁与启示［J］.上海体育学院学报，1999，23（4）：7-13.

［129］王亮，基于SCI引文网络的知识扩散研究［D］.哈尔滨工业大学博士学位论文，2014：2.

［130］王旻霞，赵丙军.中国图书情报学跨学科知识交流特征研究——基于CCD数据库的分析［J］.情报理论与实践，2015，38（5）：94-99.

［131］王琪，黄汉升.体育科学与相关学科关系演变的实证研究——基于《研究季刊》期刊共被引知识图谱的视角［J］.南京体育学院学报（社会科学版），2011，04：21-26.

［132］吴静.民国时期学位制度探析［D］.浙江大学，2002.

［133］吴忠魁.现代两大哲学思潮与教育改革——20世纪教育改革中的科学与人学之争［J］.教育科学，1992（2）：1-9.

［134］熊斗寅.“体育”“运动”和“体育运动”［J］.武汉体育学院学报，1980，3：64-65.

［135］熊斗寅.体育科学是一门综合性科学［J］.武汉体育学院学报，1983，4：1-2.

［136］宣勇，凌健.“学科”考辨［J］.高等教育研究，2006，04：18-23.

［137］杨文轩.体育学科体系重新构建刍议［J］.天津体育学院学报，2009，4：279.

［138］杨小永，王健.体育学科体系的分类：宏观、中观与微观［J］.武汉体育学院学报，2009，7：20.

［139］姚敏.体育救国：民国时期全运会研究［D］.武汉：华中师范大学，2011.

［140］易剑东，熊学敏.当前我国体育学科发展的问题［J］.体育学刊，2014，01：1-10.

［141］于涛，周建东.美国体育“学科革命”对体育学知识体系构建的影响［J］.上海体育学院学报，2017（2）：75.

［142］俞大伟.苏联对新中国体育援助的历史审视［J］.北京体育大学学报，2015，04：12-17，25.

［143］张向东.对我国社会学发展道路的反思［J］.宁夏社会科学，1989，02：49-52.

［144］张岩.体育学的性质论［J］.体育与科学，2005（6）：11-15.

［145］张岩.我国体育社会科学的崛起［J］.体育科学，1992，03：1-4，8，92.

［146］赵丙军，司虎克.基于知识流动的体育亲缘学科定量识别探索［J］.图书情报工作，2013，01：122-129.

［147］郑振坤.从我国历史发展上对体育科学属性的研究［J］.体育科学，1982，1：5-7.

三、网络资料

[1] 2016年SCI期刊收录名目［EB/OL］. http：//science. thomsonreuters. com/ cgi–bin/jrnlst/jlresults.

[2] 2016年SSCI期刊收录名目［EB/OL］. http：//science. thomsonreuters. com/ cgi–bin/jrnlst/jlresults.

[3] 美国AKA数据库. American Kinesiology Association. Kinesiology Institution Database［EB/OL］. 2015–10–13. http：//www. americ–an kinesiology. org.

[4] 英国高等教育统计中心JAC3. 0介绍［EB/OL］. 2017–11–10. https：//www. hesa. ac. uk/support/documentation/jacs.

[5] 英国高等教育统计中心学科目录与代码表（JACS 3. 0）［EB/OL］. 2017– 11–18. https：//www. hesa. ac. uk/support/documentation/jacs/jacs3–detailed.

[6] 中国国家自然科学基金学科代码查询系统［EB/OL］. 2017–11–10. http： //www. nsfc. gov. cn/publish/portal0/tab268/.

[7] 中国学位授予和人才培养学科目录（2011版）［EB/OL］. 2017–04–10. https：// http：//www. cdgdc. edu. cn/xwyyjsjyxx/sy/glmd/272726. shtml.

[8] 德国德意志科学基金信息检索系统［EB/OL］. 2017–11–10. http：//gepris. dfg. de/gepris/projekt/259275602.

[9] 德国高等教育发展中心体育学科评估高校排行榜［EB/OL］. 2017–04–11. https：//ranking. zeit. de/che/en/rankingunion/ show?esb=45&ab=3&hstyp=1#&left_f1=309&left_f2=23&left_f3=350&left_ f4=523&left_f5=35&order=alpha&unionview=table&subfach=.

[10] 德国高等教育统计中心统计报告. Bildung und Kultur Studierende an Hochschulen［EB/OL］. 2017–11–10. https：//www. destatis. de/DE/ Publikationen/Thematisch/BildungForschungKultur/Hochschulen/Studieren deHochschulenVorb2110410148004. pdf?__blob=publicationFile.

[11] 德国高等教育统计中心学科分类表［EB/OL］. 2017–04–10. https：// www. destatis. de/DE/Publikationen/Thematisch/BildungForschungKultur/ Hochschulen/StudierendeHochschulenVorb2110410148004. pdf?__ blob=publicationFile.

［12］法国大学学科分类表［EB/OL］. 2016-10-22. http：//www. cpcnu. fr/
　　　listes-des-sections-cnu#groupe12.

［13］教育部高等教育司.《关于印发〈高等学校本科专业类教学质量国家标
　　　准研制工作会议纪要〉的通知》（教高司函〔2014〕22号）［EB/OL］.
　　　2014-05-4. http：//www. moe. gov. cn/s78/A08/A08_gggs/A08_sjhj.

［14］教育部学位与研究生教育发展中心2012年体育学学科评估排名［EB/
　　　OL］. 2017-04-11. http：//edu. people. com. cn/n/2013/0129/c1053-
　　　20361340. html.

［15］美国2015年体育学博士评估高校排行榜［EB/OL］. 2017-04-11. http：
　　　//www. nationalacademyofkinesiology. org/AcuCustom/Sitename/DAM/144/
　　　NAK_Doctoral_Review_Results_9-22-15. pdf.

［16］美国教育统计中心学科目录［EB/OL］. 2017-11-12. https：//nces. ed.
　　　gov/ipeds/cipcode/Files/Introduction_CIP2010. pdf.

［17］日本文部省学科系统分类表［EB/OL］. 2017-07-18. http：//www. mext.
　　　go. jp/b_menu/toukei/001/05122201/006/004/009. htm.